도산 안창호의
정치적 리더십

이영석 지음

Political Leadership

박영사

'애국심'이라는 영원한 사명감을 남겨주신
건국훈장 독립유공자 이기준(李麒俊, 1891~1927) 조부님께.

To My Grandfather, Lee Ki−Joon(1891~1927)
who was awarded the Order of Merit
for National Foundation,
who gave me a life−long mission for patriotism.

머리말

　　그리스 역사가 투키디데스(Thucydides, B.C. 460경~B.C. 400경)는 후대에 『펠로폰네소스 전쟁사』(History of the Peloponnesian War)로 알려진 자신의 저서 제목을 *Eternal Possession*(영원한 자산)이라 하고 서문에 자신의 책이 후세에 영원한 교훈서가 되기를 기대한다고 기록했다.* 같은 의미로 저자는 독립운동을 하신 저자의 할아버지 이기준(李麒俊, 1891~1927)님께서 손자인 저자에게 애국심과 애족정신이라는 '영원한 사명감'을 남기셨다고 여겼다.

　　평북 운산 출생이신 할아버님께서는 대한민국임시정부에 독립자금을 지원하셨고, 동지들과 함께 더 많은 독립운동자금을 모집하다 체포되어 평양감옥에서 옥고를 치르셨다.** 후에 중국에서 해외 독립운동을 하다 다시 체포되어 결국 톈진(天津)감옥에서 고문으로 순국하셨다는 말씀을 어릴 적부터 아버님으로부터 듣고 성장했다. 아버님은 선대의

---

* Thucydides, [*History of the Peloponnesian War. English*], *The landmark Thucydides: a comprehensive guide to the Peloponnesian War*, ed., Robert B. Strassler, trans., Richard Crawley(1840－93) published in 1874, New York: Free Press A Division of Simon & Schuster, Inc., 2008, p 16. 투퀴디데스, 『펠로폰네소스 전쟁사』, 천병희 역, (고양: 도서출판 숲, 2011), p. 45.

** 국가보훈처, "이기준", 독립유공자 공훈록, 공훈전자사료관. 요약 내용은 "이기준은 … 1920년 6월 이래 … 독립운동자금 3,610원을 모집하여 평북 독판부로 보내는 등의 활동을 하다 체포되었다. 1921년 6월 18일 평양복심법원에서 이른바 1919년 제령(制令) 제7호 위반으로 징역 1년을 받고 평양형무소에서 옥고를 치렀다. 정부는 고인의 공훈을 기려 2014년에 건국훈장 애족장을 추서하였다."

공훈으로 후대가 보상받으면 안 된다며 국가유공자 신청을 하지 않으셨다. 그 말씀을 당연히 여기며 성장한 저자는 20대에 접어들면서부터 보상을 바라지는 않으나 장차 결혼 후 자녀를 낳으면 후손들에게 조상님의 독립운동 공훈을 자긍심과 애국심으로 남겨주고 싶다는 생각을 갖기 시작했다. 이후 아버님도 돌아가시고 사회생활에 바쁜 나머지 조부님의 공훈 찾기는 하나의 큰 숙제로만 남아있었다.

　　저자 나이 50대에 들어 사업도 안정되면서 할아버님의 숭고하신 뜻을 손자인 저자가 기리고 이어가기 위해 자신이 할 수 있는 일이 무엇인가 늘 고민해 왔다. 그 중의 하나가 2012년 사회복지공동모금회(사랑의 열매) 아너소사이어티 회원(156호) 가입이었다. 결과적으로 아너소사이어티 가입은 할아버님의 독립운동 발자취를 찾을 수 있는 계기가 되었다. 인터뷰에서 아너소사이어티 가입 이유를 묻는 질문에 저자는 독립자금을 지원하신 할아버님의 뜻을 이어가기 위해 기부를 결심했다는 대답을 하게 되었다. 이것이 계기가 되어 독립기념관과 국가보훈처와의 연계를 통한 독립유공자 공훈 발굴 과정에서 당시 매일신보(1921. 4. 11)와 동아일보(1921. 5. 1 / 1922. 3. 5) 기사 자료와 함께 할아버님의 소중한 독립운동 증거 자료를 발견했다. 할아버님의 평양감옥 수감기록인 신분장지문원지(身分帳指紋原紙)가 지문이 날인된 채 국가보훈처 공훈전자사료관에 남아 있었던 것이다(톈진감옥 기록과 중국에서 함께 독립운동하신 분들의 자료는 앞으로 찾고자 한다). 이때 벅차오르는 감동과 함께 좋은 일을 하면 하늘이 돕는다는 옛말이 틀리지 않음을 절감했다. 결국 2014년 3·1절 기념행사에서 독립투사였던 할아버님께서 순국하신 지 100년 가까운 시간이 흐른 후에 건국훈장 애족장을 수여 받을 수 있었다. 독립유공자 유족들에 대한 수많은 국가 혜택들이 있었지만, 저자의 형제들은 연령이 많이 들어 혜택을 받을 기회들은 이미 지나갔다. 결국 아버님 말씀대로 국가의 큰 보상은 받지 않은 채 국가에서 매달 지급하는 적은 금액의 보상금만을 받지만 큰 영광을 얻게 되었다. 이때부터 매달 모은 보상금은 선대의 뜻을 이어가기 위한 (사)한국지정학연구원의 2016년 창립 기금의 씨앗이 되었다. 그리고 통일부의 사단법인 허가를 받아 통일에 관한 연구를 하는 후배 학자들을 위한 저자의 후원금에 비록 작은 보탬이지만 지금까지도 가치 있게 쓰이고 있다. 그 외에 재산과 목숨을 조국에 바치신 할아버님의 숭고하신 뜻을 받들어 저자는 2013년에 사회복지공동모금회에 사후 유산기부 서약을 했고 환갑, 진갑을 넘긴 2017년에는 어머님과 가족들의 동의를 받아 고려대학교 의과대학에 사후 시신기증 등록(등록번호: 6787)을 했다.

　　할아버님의 유지를 이어가기 위한 또 하나의 새로운 시도는 뒤늦게 시작한 공부였다. 할아버님께서 영향을 받으셨으리라 여겨지는 선각자 도산 안창호 선생과 여러 독립운동가들의 독립운동에 관해 공부하며 도산의 정치적 리더십을 박사학위논문 주제로 선정했다. 우리는 100년 전에는 조국의 독립, 그리고 지금은 조국의 통일이라는 시대 목표를 갖고 있다. 그때나 지금이나 분열과 갈등이 걸림돌이다. 100년 전 도산 안창호는 조국 독립을 이루고 새로운 정치질서인 공화주의 근대 민족국가를 만들고자 했다. 이를 위해 도산은 분열과 갈등을 통합 리더십으로 극복하고자 했지만, 당시 현실의 벽을 넘지는 못했다. 그 현실의 벽은 지금도 공고하게 버티고 있다. 저자는 그 원인 분석과 해결책 연구를 통해 앞으로 다가올 새로운 국가창업인 '통일한국' 시대가 요구하는 통일 리더십을 제시하고 싶었다. 이 책은 저자의 박사학위 논문을 약간 수정 보완해 펴낸 것으로 모두 8장으로 이루어졌으며 각 장의 구성과 내용은 본문 제1장에서 개략적으로 소개했다. 결론은 도산 안창호의 정치 리더십의 특징을 종합하고 평가하며 그가 남긴 애국심의 유산과 오늘에 주는 함의를 제시하고자 했다.

　　이 책의 근간이 된 박사학위논문 탄생에 산파 역할을 해주신 분이 강성학 지도교수님이시다. 강성학 교수님은 2008년 저자가 모교 고려대학교 일반대학원 정외과 석박사통합과정 입학 시 정외과 학부 시절에 배웠던 교수님들 중 유일하게 원로 교수님으로 남아 계셨다. 대학 졸업 후 25년 만에 나이 오십 넘어 다시 공부를 시작한 늦깎이에게 격려와 동정보다는 좋은 논문 아니면 쓸 생각을 말라는 엄격한 말씀으로 일관하셨다. 일주일 밤새워 여러 쪽의 논문 초안을 제출하면 거의 모든 내용이 빨간 줄로 삭제되고 겨우 몇 줄들만이 살아남았다. 너무나 허탈해서 눈물이 날 지경이었다. 이런 과정의 반복으로 살아남은 그 몇 줄들이 모이고 모여 드디어 2015년 박사학위논문으로 탄생했다. 학위논문 심사 통과 때 책으로 출판하라는 칭찬과 격려에 덧붙여 경계의 말씀도 주셨다. 박사학위는 운전면허증과 같으니 이제부터 자신의 주장을 발표할 수는 있지만, 초보운전에 불과하니 겸손하라는 값진 말씀을 저자는 지금도 항상 되새기고 있다. 박사학위 취득 이후 지금까지도 저자의 부족한 학문적 지식과 소양을 지속적으로 충전해 주신다. 향후 제2의 탄생을 추구하는 저자의 목표 달성을 위한 가르침을 계속 베풀어 주시는 '영원한 스승' 강성학 교수님께 저자 탄생의 근원이신 조부모님, 부모님에 이어 감사드린다.

　　정치학을 전공한 저자에게 논문 작성 초기에 큰 걸림돌이 있었다. 그것은 도산 안창호의 리더십에 관한 주제의 연구 가치 여부와 독립운동에 관한 자료와 학식의 부족이었다. 때마침 개최된 도산학회 주최의 도산 학술 세미나에 참가해 윤경로 도산학회장님께 처음 인사드리고 이를 여쭤보았다. 처음에는 도산에 관한 연구는 역사학계에 이미 많아 더할 게 없다며 의아해하셨다. 그러다 저자의 전공이 정치학임을 아시고는 큰 관심을 보이셨다. 정치학 관점의 리더십에 관한 도산 연구가 아직 없어 좋은 주제가 될 것이니 잘 해보라는 격려 말씀을 주셨다. 윤경로 도산학회장님의 이 말씀으로 자신감을 얻어 도산 리더십을 박사학위 논문 주제로 정하게 되었음에 깊은 감사를 드린다.

더 큰 걸림돌이 있었다. 정치학계에 리더십에 관한 연구는 많지만, 안창호와 독립운동에 관한 연구는 전무해 참고 자료가 전혀 없었다. 운 좋게도 2010년 1학기에 고려대학교 한국사학과 대학원에 독립운동사 연구의 권위자이신 국민대학교 장석흥 교수님의 '일제시대의 민족운동 사 I'가 개설되었다. 이 수업을 통해 처음 만난 장석흥 교수님으로부터 독립운동에 관한 큰 맥락과 상세한 역사 사실을 배웠다. 이때 인연이 맺어진 장석흥 교수님은 수강 이후에도 박사학위논문 완료 시까지 도산 과 독립운동에 관한 수많은 자료를 제공해 주셨다. 특히 독립기념관 한 국독립운동사연구소 소장 겸임 시절에 보내주신 『한국독립운동의 역 사』 전 60권은 학위논문의 큰 자산으로 활용되어 여러 각주에 반영되 었다. 이 책에 게재된 모든 사진 역시 장석흥 교수님이 제공해 주신 것 들이다. 그 덕분에 책의 모양새가 독자들에게 더욱 친밀하게 접할 수 있게 되었다. 지금은 동갑내기 친구이자 인생의 동지가 된 장석흥 교수 님께 재차 감사드린다. 그리고 앞에 언급한 세 분과 함께 학위논문 심 사위원으로 두 차례나 심사해 주신 정외과의 김병곤 교수님, 김동훈 교 수님께도 감사드린다.

그 외 감사드릴 분들이 너무나 많지만 지면 관계상 몇 분들께만 간략히 감사의 말씀을 전한다. 저자의 정외과 후배이지만 선학으로서 논문 작성에 기술적인 조언을 해 준 이웅현 박사님과 신희섭 박사님께 도 감사드린다. 함께 대학원에서 동문수학했던 아들딸 뻘 되는 기라성 같은 인재들로부터 받은 학문 열정과 젊은 에너지는 큰 힘이 되었다. 이들은 장차 통일한국을 준비하고 이끌어 나갈 지도자가 되리라 기대 한다. 또 다른 형태의 에너지를 준 고마운 친구들이 있다. 야간 특수대 학원이 아닌 일반대학원에서 어려운 원서 강독 수업과 엄청난 양의 과

제물, 중간고사, 기말고사, 종합시험, 학위논문 자료 수집, 학위논문 작성 등등 힘들고 지칠 때 시원한 생맥주로 활력소를 불어넣어 주고 격려해준 40여 년 지기 윤문권을 비롯한 권재창, 김병량, 정창덕 — 이들을 저자의 야간 지도교수님이라 칭했다 — 께도 감사드린다. 친구들이 학교 앞까지 원정와서 응원해 준 터전인 학교 앞 생맥주 집의 이성빈, 안진경 부부 사장님께서 베풀어 주신 한 쪼끼 따뜻한 마음도 큰 활력소가 되었음에 감사드린다. 도산에 관한 연구로 박사학위를 취득한 외국인 Arthur Leslie Gardner의 박사학위논문 "The Korean Nationalist Movement and An Ch'ang Ho, Advocate of Gradualism"(University of Hawaii, 1979)을 미국 도서관에서 복사 제본하여 보내 주신 『버드나무 그늘 아래: 도산 안창호의 딸 안수산 이야기』 저자이신 존 차(John Cha, 차학성) 재미작가님께도 이제야 감사드린다. 박인주 흥사단 전 이사장님과 강남대 박의수 명예교수님, 전남대 박만규 교수님, 독립기념관 한국독립운동사연구소 김용달 전 수석연구위원님을 비롯해 도산 관련 여러 자료를 제공해 주신 그 외 여러분들께도 감사드린다. 도산 안창호와 독립운동에 관한 연구와 방대한 자료를 집대성한 역사학계의 학자 및 연구자님들께는 저자 논문의 각주를 통해 그간의 학문적 노고에 대한 감사의 뜻을 전해드린다.

　　저자의 박사학위논문이 책으로 출판되기까지 고마우신 분들이 있다. 최우선으로 출판 권유와 함께 박영사를 섭외해 주신 강성학 지도교수님께 감사드린다. 당초 박사학위 취득 직후인 2015년에 출판 권유를 하셨는데 저자의 바쁜 일정을 핑계로 차일피일 미루는 게으름 와중에도 계속 출판을 독촉하셨다. 은근히 부담되었지만 그 독촉과 부담이 없었다면 아직도 출판을 못 했을 것이다. 이번 출판하기까지 오래 기다려 주신 박영사의 조성호 이사님과 세밀하고 친절하게 정성스런 교정과 편집을 해주신 편집부의 조보나 대리님께 깊은 감사를 드린다. 2015년 출판을 결심했던 당시 박사학위논문을 정독해보니 문장 구성에 불필요한 접속사가 너무 많고 곳곳에 오자도 발견되었다. 이를 윤문 교정해 주신 고려대 국제어학원 윤희기 교수님께도 감사드린다. 2008년 당시 대학원 첫 학기에 수강한 학위 취득 자격을 위한 영어 과목의 교수님으로, 여러 번역서도 낸 작가이며 영문학자로서 따뜻한 인품을 가지신 분이다. 이분의 도움으로 문장이 훨씬 부드러워졌다. 그 고마움에 예의상 약소한 인사를 드리려 했으나 한사코 거절해 학교 앞 생맥주 정담으로 대신했었다. 책 출판에 즈음해 다시금 감사의 말씀을 전한다. 끝으로 공부 기간 내내 회사를 경영하고 언제나 든든한 버팀목이 되어준 '영원한 반려자' 강정임에게 깊은 감사의 마음을 전한다. 두 아들 동호, 동현과 며느리 강청, 손자 승규, 손녀 승주에게는 저자의 박사학위가 엄마이자 할머니이신 강정임 여사와의 공동 학위임을 다시금 상기시키고자 한다.

2018년은 "죽더라도 혼이 있다면 독립운동은 계속할 것"이라던 도산 안창호 선생의 탄신 140주년이자, 서거 80주년이 되는 뜻깊은 해다. 대한민국의 미래는 사회적 통합과 남북한 통일에 달려있다. 이 막중한 시대 과제를 달성하기 위해 도산의 리더십과 그가 남긴 애국심의 함의를 찾고자 한다. 모쪼록 이 책이 새로운 '통일한국'을 창업할 차세대 통일 리더들의 지침서가 되기를 소망한다.

2018년 10월

이 영 석

공립협회 회장 안창호(1905)

한인친목회를 공립협회로 발전시켜
1905년 초대 회장에 피선되었다.

**대한민국 임시정부 내무총장 겸
국무총리 대리 안창호(1919)**

임시정부 통합 성사를 위해 후에 내무
총장 자리를 내놓고, 스스로 노동국
총판을 맡았다.

도산이 직접 도안한 흥사단 단기(1903)

황·홍·백·청 네 가지 색은 무실·역행·충의·
용감을 뜻하고, 기러기는 선비 사(士)를 형상화하여
단결과 정의돈수를 의미한다.

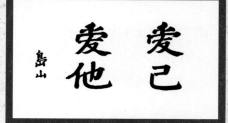

도산이 친히 쓴 휘호 '愛己愛他'

도산 핵심 사상 중 하나인 '愛己愛他' 정신이다.

* 사진제공: 장석흥(국민대학교 한국역사학과 교수 /
제13대 독립기념관 한국독립운동사연구소 소장 역임)

'한국혁명영수안도산선생사십년혁명분투사략'(1938)
안창호에 관한 최초 역사저술로 1938년 도산 서거 후 차리석이 집필했다.

미국 유학 여권(1902)
도산은 자신과 조국의 힘을 키우기 위해 새로운 신식 문명국 미국에서 교육학을 배우기 위해 유학했다.

어린 시절의 대동강과 모란봉(1880 무렵)
안창호는 고려 말기 성리학을 처음으로 수입한 안유의 26대 후손으로 1878년 평남 강서군 초리면 칠리 봉상도(일명 도롱섬)에서 출생했다.

독립협회 평양지회 시절 20세 안창호(1898)
안창호의 애국연설은 민중들에게 깊은 감명을 주는 것으로 명성이 높았다. 특히 평양지부 쾌재정 연설로 안창호의 명성은 관서 일대에 진동했다.

점진학교 학생들과 교사들(1932)

독립협회 강제 해산 후 구속을 면하고 실패의 쓰라린
마음을 안고 고향에 내려와 1899년 초 점진학교를
세워 교육 계몽 활동에 전념하다 이혜련과 결혼
하고 미국 유학의 길을 떠난다.

대성학교 학생과 교사(1908 무렵)

신민회 사업의 일환으로 세운 평양의 대성학교
(1908)와 청년학우회(1909) 등은 대한제국을
수호해 보려는 안창호의 마지막 몸부림이었다. 대
성학교 교육에서 가장 강조한 것이 애국주의와 실
력양성이었다.

**리버사이드 오렌지농장 노동자들과 도산
(1913 무렵)**

병합 전 한국을 떠난 재미한인들은 일본 신민이 아
니라며, 헤멧 사건을 계기로 미정부는 한인과 일인
분별을 공식화했고 대한인국민회는 재미한인 대표기
관 대우를 받았다.

**공립협회 창립회원(1905)
앞줄 왼쪽부터 송석준, 이강, 안창호,
뒷줄 임준기, 정재관**

안창호의 주도로 1905년 미주지역 한인사회를 기
초로 창립된 공립협회는 정치운동과 독립운동을 전
개하며 소멸된 국가를 대신할 공사관과 영사관 역
할을 했다.

흥사단 제4주년 기념대회(1916)

자력주의, 성실주의, 인본주의는 흥사단 이념체계
의 내면세계를 구성한다. 그 외연에 민족주의와
대공주의라는 흥사단의 또 다른 이념체계가 존재
한다. 민족의 자주독립과 번영은 안창호 삶의 목
표이며 흥사단 창립의 이유에 속한다.

멕시코 흥사단원들(1918)

1917년 10월부터 1918년 8월까지 안창호는 멕시
코 한인사회 곳곳을 돌아보았다. 한인동포들에게
신용이야말로 모든 사업의 자본이 된다는 것을 강조
하고 거류 한인들 생활이 안정되도록 도와주었다.

흥사단원동위원부 창립대회(1921)

1921년 국내를 비롯한 중국·연해주·일본 등
지를 관할하는 지부로 흥사단원동임시위원부가 정
식 출범하고 흥사단 제7회 대회를 개최했다.

**통합임시정부로 처음 맞은 신년축하식
기념사진(1919)**

1919년 9월 6일 안창호는 조선, 러시아, 중국, 미
국 등에 있는 각 독립운동 세력을 통합해 통합정부를
수립했다. "오늘 나의 기쁨은 극도에 달하여 마치 미
칠 것 같다." 그러나 안창호의 기쁨은 헛된 기쁨이었
고, 임시정부 내부 분규는 도리어 이 날부터 격화되
어 갔다.

임시정부 국무원 성립기념(1919. 10. 11)
앞줄 왼쪽부터 신익희, 안창호, 현순, 뒷줄
김철, 윤현진, 최창식, 이춘숙

출범하는 통합임시정부에서 도산은 노동국총판에
임명되었다. 임시의정원 의원들은 노동국을 노동
부로 격상하고 총판이 아닌 총장으로 직함을 변경
할 것을 권고했지만 도산은 강경하게 반대했다.

임시정부 및 임시의정원 신년축하식
기념사진(1921. 1. 1)

1919년 통합정부가 수립된 지 2년도 되기 전에 통합정부는
또 다시 갈등이 야기되어 분열 위기를 맞았다. 이에 1921년
5월 안창호는 임시정부 각료직을 사임하고 분열 수습을 위
해 1922년부터 약 1년 동안 국민대표회의를 추진했으나 개
조파와 창조파의 대립으로 결국 결렬되고 말았다.

도산이 상하이로 떠나기 전 마지막
가족기념사진(1926)

앞줄 도산, 수라, 이혜련, 수산,
뒷줄 필립, 필선

도산은 미주 동지들의 후원을 얻기 위해 미
주로 와서 대한인국민회와 흥사단 조직 재
정비 후 생애 마지막으로 가족들 품을 떠나
1926년 다시 상하이로 돌아왔다. 이후 1
932년 4월 피체될 때까지 흥사단 확대,
이상촌 건설, 대독립당 조직이라는 새로운
구상을 중국에서 실천해 나갔다.

일경에 취조 받을 당시 도산
(1930 중반)

역사에서 가정이란 부질없는 일이라
지만 그가 1938년 만 60세의 나이
에 타계하지 않고 살아서 독립 투쟁
을 계속할 수 있었다면 정치 지도자
로서 분명히 더 많은 업적을 달성할
수 있었을 것이다.

차 례

제1장

들어가며

제1장

들어가며

　　2015년은 도산 안창호(島山 安昌浩, 1878.
11. 9~1938. 3. 10)가 "죽더라도 혼이 있다면
독립운동은 계속할 것"[1]이라며 평생을 바
쳐 염원했던 조국 광복을 맞이한 지 70주년
이 되는 뜻깊은 해이다. 2014년 8월 영화
"명량"이 개봉 12일 만에 관객 1,000만 명을
돌파하자 국내 언론들은 그것이 국민들의
"리더십에 목마름"을 표출한 것이라고 보도
했다.[2] 일관된 애국심과 구국의 영웅으로 잘
알려진 성웅 이순신(李舜臣, 1545~1598) 장군[3]

임시정부 국무총리 서리 겸 내무총
장으로 활동하던 안창호(1919)*

과 함께 성군 세종대왕(世宗, 1397~1450)의 동상이 광화문 세종로에 있다.
위대한 두 인물이 나라와 백성(민족)을 위해 무엇을 했었는지 모르는 한
국인은 없다. 한편 강남엔 안창호 동상이 서있는 도산공원과 도산대로
가 있다. 세종과 이순신 두 인물처럼 도산 안창호도 동상과 함께 그를

---

* "대한민국임시정부 내무총장 겸 국무총리 대리로 활약할 당시의 안창호" 『島山安
　昌浩全集』, 제14권: 사진, p. 118.
1) 姜齊煥 編, 『島山安昌浩雄辯全集: 一后·民族修養書』, (서울: 雄辯俱樂部出版部, 단기
　4283[1950]), p. 7.
2) "리더십에 목마르다", 『매일경제』, 2014. 8. 9. A1면, A6면.
3) "나는 朝鮮사람 중에 두 사람을 崇拜합니다. 하나는 넷사람으로 李舜臣이오 하나
　는 이제사람으로 安島山입니다." 李光洙, "李舜臣과 安島山"(『三千里』1931年 盛夏
　號), 『島山安昌浩全集』, 제13권: 논찬·추모록, 도산안창호선생전집편찬위원회
　편, (서울: 社團法人 島山安昌浩先生記念事業會, 2000), p. 50. 이하 "『島山安昌浩全
　集』, 제O권"으로 약칭.

기리는 큰 대로와 거대한 기념공원까지 조성된 것이다.

미국 애틀랜타(Atlanta)의 '세계 인권 명예의 전당'(International Civil Right Walk of Fame)에는 아시아인으로는 처음으로 안창호의 발자국이 헌액되어 새겨져 있다.4) 캘리포니아(California) 주 리버사이드(Riverside) 시에는 마틴 루터 킹(Martin Luther King Jr., 1929~1968), 마하트마 간디(Mahatma Gandhi, 1869~1948)의 동상과 함께 안창호의 동상이 나란히 서 있고, 로스앤젤레스(Los Angeles)에도 여러 기념물5)이 있다. 이는 동시대인 이승만(李承晩, 1875~1965), 김구(金九, 1876~1949), 안중근(安重根, 1879~1910) 등의 독립운동 지도자들보다 안창호가 국내외에서 더 큰 숭모의 대상이 되고 있음을 나타낸다. 안창호가 독립운동 지도자라는 사실을 부인할 수는 없지만, 과연 어떤 위대한 업적을 남겼기에 그렇게 추앙 받는 것일까? 그 이유와 배경을 알고 있는 사람은 얼마나 될까?

우리 시대의 저명한 정치학자이자 정치 지도자인 헨리 키신저(Henry A. Kissinger, 1923~)에 의하면, "위대한 정치가는 종종 예언자들의 운명을 공유한다."6) "그러므로 위대한 정치 지도자는 자신의 창의적 영감이 이미 실제상의 경험이며 사실인 것처럼 행동하지 않으면 안된다… 그러나 미래의 비전은 실제에 앞서는 것이기 때문에 자신의 예언자적 비전을 국내적으로 정당화"하려 한다고 주장했다.7) 16세기 초 『군주론』(The Prince)을 집필한 니콜로 마키아벨리(Niccolò Machiavelli,

---

4) "도산 안창호 '세계 인권 명예의 전당' 헌액", 『조선일보』, 2011. 9. 2. A35면.

5) 도산 안창호 하우스(Dosan Ahn Chang Ho Family House), 도산 인터체인지(Dosan Ahn Chang Ho Memorial Interchange), 도산 우체국(Dosan Ahn Chang Ho station post office) 등이 있다.

6) 피터 딕슨(Peter Dickson), 『키신저 博士와 歷史의 意味』(Kissinger and the Meaning of History), 初版, 姜聲鶴 譯, (서울: 博英社, 1985), pref. iii.

7) 강성학, 『무지개와 부엉이: 국제정치의 이론과 실천에 관한 논문 선집』, (서울: 博英社, 2010), p. 687.

1469~1527)는 새로운 국가(New Dominion)를 건설하는 정치 지도자들을 예언자(prophets)라 칭하며, 무장한 예언자(armed prophets)와 비무장 예언자(unarmed prophets)로 구분했다. 나아가 마키아벨리는 위대한 인물들의 역사 사례를 들어 무장한 예언자들은 모두가 성공한 반면에 비무장 예언자들은 모두가 실패했다고 설파했다.[8]

구한말의 조선을 마키아벨리의 조국 피렌체의 운명에 비유한 강성학은 조선이 멸망한 것은 당시 조선에는 무장한 예언자가 부재했기 때문이라고 주장했다.[9] 조국을 빼앗긴 대한제국의 안창호를 비롯한 독립운동가들이 처한 상황은 16세기 초 피렌체의 마키아벨리가 직면했던 그것과 유사하다는 것이다. 조선은 순한 양처럼 유교 미덕을 추구하면서 '마키아벨리의 국제정치 바다'에 떠 있는 외로운 '플라톤의 섬'이었다.[10] 반면 일본은 1868년 메이지(明治)유신 이후 줄곧 부국강병책으로 근대국가를 수립했다. 아시아를 향해 질풍노도처럼 밀려왔던 서양 제국주의에 편승하며 제국주의 정책을 실행했다.

20세기의 여명, 대한제국의 국권이 일제의 손에 빼앗기자 안창호를 비롯한 수많은 애국지사들은 조국을 되찾기 위해 독립운동에 뛰어들었다. 1905년 을사늑약 이래 1945년 해방 때까지 무려 40년간 지난하게 전개된 독립운동 과정에 무장 투쟁의 길을 택한 애국지사들이 있는가 하면, 비무장 투쟁의 길을 택한 독립운동가들도 적지 않았다. 무장 투쟁론을 주장한 이동휘(李東輝, 1873~1935)가 전자였다면, 외교독립론을 주장한 이승만은 후자의 대표 인물이었다.[11] 이동휘와 달리 이승

---

8) Niccolò Machiavelli, *The Prince*, trans., Luigi Ricci, (New York: Signet Classic, 2008), pp. 23 – 26.

9) 강성학, 『시베리아 횡단열차와 사무라이: 러일전쟁의 외교와 군사전략』, (서울: 고려대학교출판부, 1999), pp. 626 – 628.

10) 위의 책, p. 118.

11) 高挺然, "李承晩의 上海'방문'과 臨政의 진로문제", 『임시정부 초기 세 지도자의 노선 비교: 이승만, 이동휘, 안창호의 독립운동 방략』, 第16回 島山思想研究發表

만은 국가 힘의 절대 열세를 인식하고 강대국들 간의 관계를 활용하는 외교적 방법을 주된 수단으로 삼았던 것이다.

이들과 함께 민족 지도자로 추앙받는 안창호 역시 조국독립을 위해 평생을 바쳤고, 독립 이후 새로운 체제의 국가를 건설하려는 야망을 가지고 있었다. 그는 자신을 혁명가라 불렀고, 민족혁명은 정치운동이라 갈파했다.[12] 마키아벨리를 원용하자면, 안창호는 새로운 국가를 건설하려는 예언자적 정치 지도자였다. 그는 구체적으로 어떤 지도자였으며, 어떠한 비전을 가지고 어떠한 길을 선택했을까? 선택한 길을 어떻게 어디까지 밟아 갔을까? 민족의 해방과 독립의 지도자로서 그는 어떠한 정치 리더십을 지니고 또 발휘했을까? 기존 연구와 통념에서 그려지는 것처럼 그는 단순히 민족교육자로만 한정지을 수 있을까? 조국의 독립이 실현되는 과정에 안창호가 기여한 바는 무엇이며, 그것을 정치적으로 어떻게 평가해야 할 것인가? 오늘의 시점에서 그의 정치 지도력, 즉 그의 정치 리더십은 어떻게 평가될 수 있을까? 그가 남긴 유산은 무엇이며, 우리는 그의 정치 리더십으로부터 무엇을 배울 수 있으며, 또 배워야 할 것인가?

1. 안창호 리더십에 대한 연구의 필요성

안창호 이외에도 일제 치하에서 조국의 해방과 주권의 회복을 위해 일생 동안 헌신했던 민족의 지도자들은 많았다. 그들 모두 분명히 민족의 위대한 선각자요 지도자들이었음이 분명하다. 그럼에도 불구하고 도산 안창호가 우리 시대에 그들보다 더 추앙받는 이유는 무엇일까?

會, 1996년 6월 8일, 서울: 도산회관 3층 강당, p. 8.

12) 안창호, "우리 혁명운동과 임시정부문제에 대하여"(상해 삼일당 연설, 1926. 7. 8), 『安島山全書』, 증보판, 주요한 편저, (서울: 홍사단 출판부, 1999), pp. 752-753, 757.

이 책은 이러한 의문들에 대한 답을 찾기 위한 시도이다.

안창호는 일본의 강압적 포함외교(gunboat diplomacy)로 체결된 강화도조약 2년 뒤인 1878년에 태어나 1938년 종로감옥에서 옥고로 더해진 합병증으로[13] 운명했다. 일본의 제국주의 군국주의가 중일전쟁 (1937~1945)과 난징(南京)대학살(1937. 12~1938. 1) 등 극도의 광기를 부리며 팽창해 가면서 식민지 조선에 대한 가혹한 압제를 본격적으로 가속화하던 시기에 도산은 떠났다. 안창호의 일생은 일본 제국주의자들에게 침략당하고 종국에는 주권을 상실하여 독립 투쟁을 전개한 한민족의 치열한 역사와 궤를 같이했다.

일제 강점기 고통의 시대는 많은 독립투사들과 애국지사들을 낳았다. 어떤 의미에서 안창호는 시대가 낳은 민족 지도자들 가운데 한 사람이었다. 그렇다고 동시대의 모든 한국인들이 민족 지도자가 된 것은 아니었다. 그러나 안창호는 서양제국주의를 모방한 일본이 동아시아에서 제국주의 침략과 팽창을 자행하던 시대에 조국의 독립 투쟁을 위해 국내와 해외에서 앞장섰던 민족의 선구자 가운데 한 사람이었음에 틀림없다.

20세기 전반기 아시아와 아프리카 및 아랍의 민족주의는 식민지 민족주의라는 공통점을 갖고 있다.[14] 제국주의 강대국의 식민지하에서 자국 민족의 독립을 도모한 지도자들도 많았다.[15] 그들은 지도자의 인격을 상징화하여 카리스마 지도체계를 구축한 자들이었다.[16] 현대 정

---

13) 白基昊, "島山先生 別世時 病名"(『興士團報』 1948年 4月號), 『安島山全書』, 주요한 編著, (서울: 三中堂, 1963), pp. 883−884.

14) 李鍾麟, "亞 · 阿 民族主義의 成長過程", 『論文集』, 第五輯, 東國大學校, 1968, p. 286.

15) 예를 들면, 영국 식민지 인도의 간디(Mahatma Gandhi, 1869~1948), 프랑스 식민지 베트남의 호치민(Ho Chi Minh, 1890~1969), 영국 식민지 미얀마의 아웅 산(Aung San, 1915~1947), 프랑스 식민지 알제리의 아흐메드 벤 벨라(Ahmed Ben Bella, 1918~2012) 등.

16) 李鍾麟, "亞 · 阿 民族主義의 成長過程", 앞의 책, p. 288.

치학이나 행정학에서 말하는 통치자 혹은 최고 정책결정권자가 아니라
일종의 비제도(non-institutional) 정치 지도자들이었고 모두 혁명가들이
었다. 안창호 역시 일본 제국주의의 식민지가 된 조국의 자주독립을
위해 투쟁한 그런 정치 지도자이자 혁명가들 중 하나였다. 그는 '대통
령감', '조선민중의 지도자', '한국독립운동의 지도자', '한국혁명지사'(革
命志士), '한국혁명영수'(革命領袖) 등으로 일컬어졌다.17)

    그럼에도 불구하고 안창호의 정치 역할과 업적, 다시 말해서 그의
정치 리더십에 대한 연구는 거의 없다. 이승만이나 김구에 대한 연
구18)와 달리 안창호의 리더십에 대한 조사와 연구는 주로 동포들을 위
한 근대교육과 같은 비정치 분야에 집중되었다. 그 이유는 일제의 군

17) 김일성[金日成, 본명 金成柱, 1912~1994], "안창호의 시국대강연", 『회고록 세기
    와 더불어』, 1-3, (평양: 조선로동당출판사, 1999), pp. 285, 288; 李光洙, "朝鮮
    民衆의 指導者總觀: 安昌浩論—事情으로 이一篇을 昺합니다.[검열삭제]"(『三千里』
    1935. 3), 『島山安昌浩全集』, 제13권, p. 78; 김구, 『도왜실기(屠倭實記)』, 2판, 엄
    항섭 엮음, (서울: 범우사, 2002), p. 85; "안창호씨의 해괴한 체포"(『대륙보』,
    1932. 5. 3. 사설), 『도왜실기(屠倭實記)』, p. 99; 여상한인추도안도산선생대회주
    비처(旅湘韓人追悼安島山先生大會籌備處), "韓國革命領袖安島山先生遺像", 『島山安
    昌浩全集』, 제11권, p. 45; "여상한국혁명지사추도안창호(旅湘韓國革命志士追悼安昌
    浩)"(『新華日報』, 1938. 4. 15), 『島山安昌浩全集』, 제13권, p. 182; Helen H. Hong,
    AHN CHANG HO—Korea's Abraham Lincoln(『新韓民報』, 1938. 3. 24), 『島山安
    昌浩全集』, 제13권, p. 295 등 참조.
18) 예를 들면 이승만 연구는 유영익 편, 『이승만 연구: 독립운동과 대한민국 건국』,
    현대한국학연구소 학술총서, 제2권, (서울: 연세대학교출판부, 2003); 서중석,
    『이승만의 정치 이데올로기』, (서울: 역사비평사, 2005); 유영익, 『건국대통령
    이승만: 생애, 사상, 업적의 새로운 조명』, 연세대 이승만연구원 학술총서, 제5
    권, (서울: 일조각, 2013). 김구 연구는 김구, 『백범일지』, 도진순 주해, (파주: 돌
    베개, 2008); 정경환, 『백범김구의 정치사상』, (부산: 이경, 2008); 백범학술원(사
    단법인 백범김구선생기념사업협회 부설) 편, 『백범과 민족운동 연구』, 제10집,
    2013; 이승만과 김구의 비교연구는 孫世一, 『李承晩과 金九』, (서울: 一潮閣,
    1977)이고, 최근 출판본으로 손세일, 『이승만과 김구』, 손세일의 한국현대사
    1부(1875~1919), 1권; 2권; 3권, (파주: 나남, 2008)이 있다. 부정적인 시각의 기
    술로 논란을 일으킨 김상구, 『다시 분노하라: 이승만의 숨겨진 친일행적』, (서울:
    도서출판 책과 나무, 2014)와 김상구, 『김구 청문회: 독립운동가 김구의 정직한
    이력서』, 1; 『김구 청문회: 김구는 통일의 화신인가?』, 2, (서울: 매직하우스,
    2014)이 최근에 발간되었다.

국주의가 중국에서 벌인 침략전쟁이 본격화된 직후인 1938년 3월에 도산이 운명함으로써 1945년까지 일제 말기의 가공할 압제와 탄압 또는 회유에 맞서는 투쟁에 참여하지 못했기 때문일 것이다. 더욱이 1945~1948년 해방정국의 치열한 권력 투쟁과 이념 투쟁에 참여할 수 없었기 때문일 것이다. 정치 리더십이 보다 선명하게 혹은 보다 극렬하게 나타날 수 있었던 시기에 그는 없었던 것이다.

그러나 조국 독립을 위해 일생을 바친 민족 지도자를 좁은 의미의 교육자로만 인식할 수는 없다. 독립운동과정에서의 그의 활동은 국가가 없는 비제도 상황에서 비권력적이고 비무장 투쟁일 수밖에 없었지만, 결국 그의 모든 투쟁의 궁극 목표는 민족의 독립과 새 국가의 건설이라는 정치적인 것이었다. 이 책은 이러한 문제의식을 바탕으로 안창호는 정치 혁명가이자 민족의 정치 지도자였음을 분명히 밝히며 그의 정치 리더십의 특성을 규명하려는 시도이다.

2. 이 책의 개요

이 책은 안창호와 관련된 모든 역사 사실들을 포함시키는 전기방법(biographical)으로 접근하지 않는다. 안창호에 대한 전기와 여러 증언집은 이미 많이 나와 있다. 그 대부분이 도산이 주창하고 실천한 무실(務實)·역행(力行)·충의(忠義)·용감(勇敢)의 흥사단 4대 정신[19]과 그가 지닌 리더십의 덕목 등을 일화와 사례를 통해 기술한 것들이다.

이 덕목들은 결국 막스 베버(Max Weber, 1864~1920)가 『직업으로서의 정치』(Politics as a Vocation)에서 열정, 책임감, 균형감각으로 제시한 정치 지도자의 3대 자질[20]에 해당된다고 볼 수 있다. 이뿐 아니라 '선

19) 흥사단 중앙수련원, 『도산 안창호와 흥사단운동』, 수련교재 제1집, (서울: 흥사단 출판부, 2004) p. 168.

천적 혜택(先天的 惠澤)인 늠름한 체격과 성실한 성품, 탁월한 두뇌, 외
유내강, 대응변가, 하늘이 준 정직성, 인자한 마음'21) 등을 갖춘 인물
로 안창호를 그려내고 있다. 즉, '전적으로 지도자 개인의 카리스마'(the
purely personal charisma of leader)22)를 부각시켜 안창호의 리더십을 위대
한 지도자로 묘사하고 있다. 또 다른 연구들도 실천력, 포용력, 애국심,
조직력, 설득력 등 안창호가 지도자로서 갖추었던 덕목들을 중심으로
서술하고 있다.23) 그러나 이러한 연구들은 일관성 있는 구체적 사례와
증언들을 바탕으로 안창호의 지도자 덕목을 구명하고는 있지만, 정치
리더십을 분석하지는 않는다.

　　바꾸어 말하면, 안창호의 정치 리더십에 관해서는 거의 학문 연구
가 되어 있지 않다. 뿐만 아니라 제국주의에 항거하여 새로운 독립국
가를 세웠던 식민지국가들의 독립운동 지도자들이 보여준 정치 리더십
에 관한 일반 모델도 수립하지 못했다. 마키아벨리가 조국의 통일과
새로운 국가의 건설을 열망했듯이, 이 책에서는 안창호와 독립운동가
들도 조국의 독립과 새로운 국가의 건설을 위해 정치가인 동시에 혁명
가로서 활동했다는 점에 주목하려고 한다. 그들이 행사한 정치 리더십
의 성격을 보다 정확하게 이해하고 설명할 수 있는 리더십의 유형을
조사하고 그 정치 리더십의 보편 모델을 제시하여 그에 비춰본 안창호
의 정치 리더십을 정의하고 평가하려 한다.

　　이를 위해 안창호와 관련된 역사 사실과 사건들 중 정치 활동의

20) Max Weber, *The Vocation Lectures*: *"Science as a Vocation" "Politics as a Vocation"*, ed., David Owen and Tracy B. Strong, and trans., Rodney Livingstone, (Indianapolis: Hackett Publishing Company, Inc., 2004), p. 76. 번역본 막스 베버, 『직업으로서의 정치』(*Politics as a Vocation*), 전성우 옮김, 나남신서 · 1190, (파주: 나남출판, 2007) 참조.
21) 한승인, "민족의 빛 도산 안창호", 『島山安昌浩全集』, 전11권, pp. 698–709.
22) Weber, *op. cit.*, p. 34.
23) 이 책의 제2장 기존연구의 특징과 평가 참조.

사례들을 광범위하게 사용할 것이지만, 그렇다고 해서 그의 모든 정치
활동들을 상세하게 연대순으로 정리하는 편년체(historiographical) 접근방
법을 취하지는 않을 것이다. 그보다는 정치 리더십에 대한 이론적
(theoretical) 접근을 시도할 것이다.

　　제2장에서는 기존연구의 현황을 주제별로 분석하여 안창호가 민
족의 교육자로 축소 평가되고, 위대한 민족 지도자로만 막연하게 평가
되고 있는 한계를 논할 것이다. 제3장에서는 고전 리더십 이론가인 마
키아벨리와 막스 베버를 통해 권력(power)과 권위(authority)의 정당성
문제를 규정하고, 현대 리더십 이론가인 제임스 맥그리거 번스(James
MacGregor Burns, 1918~2014)의 변환 리더십(transforming leadership) 이
론24)을 적용한다. 이를 통해 안창호의 정치 리더십을 분석·평가할 수
있는 독립운동가의 정치 리더십 모델을 제시할 것이다. 제4장에서는
당시 국내와 국제 배경에서 안창호가 성장하고 교육을 받으며 어떻게
자신의 정치 비전을 형성할 수 있었는지를 논할 것이다. 제5장에서는
안창호의 비전과 전략을 통해 그의 정치 리더십의 형성과 한계를 규명
하고자 한다. 제6장에서는 자신의 정치 비전의 구현을 위해 안창호가
일본제국을 상대로 어떻게 투쟁하고 실천하려고 했는지를 밝힐 것이
다. 즉 '비무장 카리스마 변환 리더십'(unarmed charismatic transforming
leadership)을 실제로 얼마나 발휘했는지를 역사학계의 기존 연구 성과
와 자료를 활용하여 국내외에서 그가 수행한 역사적 실천 사례를 통해

---

24) James MacGregor Burns, *Transforming Leadership: A New Pursuit of
Happiness*, (New York: Grove Press, 2003). 번역서는 제임스 맥그리거 번스
(James L. MacGregor Burns), 『역사를 바꾸는 리더십: 변혁의 정치 리더십 연구』
(*Transforming Leadership*), 조중빈 옮김, (서울: 한국방송통신대학교출판부,
2008). 참고로 James L. MacGregor Burns, *Leadership*, First Harper Paperback,
(New York: Harper & Row, Publishers, 1979)에서 번스는 정치 리더십에 관한
방대한 역사 사례와 자료를 분석하고 해석하며 리더십을 하나의 독자 학문 분
야로 개척했다. 번역서는 제임스 맥그리거 번스, 『리더십 강의』(*Leadership*),
한국리더십연구회 옮김, (서울: 생각의 나무, 2000).

규명할 것이다. 제7장에서는 국권 회복을 위한 독립운동과 독립 후 건
설할 새로운 국가의 체제를 구상하며 추진한 안창호의 혁명적 정치 활
동에서 그가 실천한 정치 리더십을 평가할 것이다. 제3장에서 제시한
모델에 비추어 객관적이고 보편성 있는 평가를 시도할 것이다. 마지막
으로 제8장 맺는말에서는 안창호의 정치 리더십의 특징을 종합하고 그
가 남긴 정치 유산과 오늘에 주는 함의를 제시할 것이다.

Political Leadership

제2장

기존연구의
특징과 평가

제2장

기존연구의 특징과 평가

1. 개관

그동안 학계 및 일반에 나와 있는 안창호 관련 연구 성과와 1, 2
차 자료 또는 전기·일대기 등은 학술 논문, 자료집, 단행본 등 다양한
형태로 발표되고 출판되었다. 이는 1,500여건에 달하며 이 중 안창호
와 직접 관련된 연구와 단행본들은 400건 가까이 된다.[1] 기존 연구는
연구자와 연구 주제에 따라 연구 시각과 접근 방법이 다양하다. 이 책
에서는 이제까지 연구 발표된 내용들을 주제별로 분류·분석함으로써
연구의 출발점으로 삼고자 한다.

안창호 연구를 학문 분야별로 보면, 초기에는 학계 영역의 구분
없이 연구되다가[2] 점차 역사학계와 교육학계 위주로 분화되었다. 1985

---

[1] 한국교육학술정보원(KERIS), "학술연구정보서비스(RISS)", 2014. 12. 1, <http:
//www.riss.kr/search/Search.do?detailSearch = false&searchGubun = true&oldQue
ry = &query = %EC%95%88%EC%B0%BD%ED%98%B8&x = 41&y = 18>. 통합검
색 "안창호"는 1,859건이고 상세검색 제목 "안창호"는 400건이다. 이는 간접관
련 연구와 일부 중복 및 동명이인이 포함되어 있다. 참고로 2018. 9. 7. 현재 통
합검색 결과는 2,241건이다.

[2] 연구 발표년도 별로 예를 들면 愼鏞廈, "新民會의 創建과 그 國權恢復運動"(上,
下), 『韓國學報』, 제8집: 31－75, 제9집: 125－188, 서울: 일지사, 1977; 安炳煜,
"基督敎와 民族思想: 島山思想을 中心으로", 『한국기독교 연구논총』, 1집, 숭실대
학교 한국기독교문화연구소(Korea Institute for Christian Culture Studies), 1983, pp.
75－117; 張乙炳, "島山 安昌浩의 政治와 思想", 『島山思想研究』, 제1집, 도산사상
연구회, (서울: 흥사단 출판부), 1986, pp. 9－52; 李光麟, "舊韓末 平壤의 大成學
校", 『東亞研究』, 제10輯, 西江大學校 東亞研究所, 1986, pp. 89－118; 朴義洙, "安
島山의 漸進主義 敎育思想과 그 現代的 意義", 『江南社會福祉學校 論文集』, 第十七
輯, 강남사회복지학교 편, 1987, pp. 165－182; 尹慶老, 「「105人事件」을 통해 본
新民會 研究」, 高麗大 博士學位 論文, 1988[『105인사건과 신민회 연구』, 개정증보

년 도산사상연구회3) 발족 이후 2000년도까지 역사학계가 주축이 되어
관련 자료를 발굴·수집·편찬하여 집대성한 것은 역사학계의 큰 업적
이다.4) 이를 바탕으로 안창호 연구의 관심 분야가 세분화되어5) 심도
있는 안창호 연구의 기반이 확충되었다. 또 이 집대성 자료를 활용하
여 교육학계는 주로 안창호의 교육이념과 교육사상의 측면에서 연구를
진행해 왔다.6) 그 결과 안창호 관련 연구는 꾸준히 많은 성과가 발표
되었으나, 정작 국내의 박사학위논문은 안창호의 신민회를 연구한 윤
경로와 안창호의 중국에서의 독립운동을 연구한 이명화를 포함하여
1988년 이후 2014년 현재까지 6편에 불과하다.7)

판, (서울: 한성대학교출판부, 2012) 참조]; 朴萬圭, "島山 安昌浩의 大公主義에 대
   한 一考察", 『韓國史論』, 26, 서울大學校 人文大學 國史學科, 1991, pp. 207-234 등.
3) 도산사상연구회는 1985년 3월 9일 창립되어 2002년 12월 18일 도산학회로 개명
   되었다. 학회의 사업목적과 상세한 사업내용은 홈페이지 참조.
   島山安昌浩先生記念事業會, "도산안창호기념관·도산학회 홈페이지", 2014. 12. 1.
   <http://www.ahnchangho.or.kr/site/main/f01_02.php>.
4) 특히 독립기념관 한국독립운동사연구소, 국회도서관, 도산안창호선생기념사업
   회가 발간한 자료집들은 본 논문 참고문헌 참조.
5) 예를 들면 김용달, "도산 안창호와 임시정부 국내특파원", 『도산사상연구』, 제6집,
   도산사상연구회, (서울: 도산사상연구회, 2000), pp. 243-276; 이명화, 『島山 安
   昌浩의 獨立運動과 統一路線』, (서울: 경인문화사, 2002); 김도형, "멕시코지역
   대한인국민회의 조직과 활동", 『國史館論叢』, 第107輯, 국사편찬위원회, (서울: 국
   사편찬위원회, 2005), pp. 225-266; 한시준, "도산 안창호의 피체와 석방운동",
   『歷史學報』, 第210輯, (서울: 역사학회, 2011), pp. 203-227 등.
6) 교육학계의 연구는 具奉洙, "도산(島山) 안창호(安昌浩)의 교육사상", 『淸州敎育
   大學 論文集』, 第20輯: 7-38, 1983; 第21輯: 73-89, 청주교육대 편, (청주: 청주
   교육대, 1983; 1984); 李光麟, "舊韓末 平壤의 大成學校", 앞의 책, pp. 89-118;
   朴義洙, "개화기 대성학교의 교육사적 의의", 『韓國敎育史學』, 第19輯, 한국교육
   학회 교육사연구회(The Korean Society for History of Education), 1997, pp.
   179-202. 세 연구자 외에는 주로 교육대학원 석사학위논문에서 다루어져 왔
   다. 예를 들면, 李一天, 「島山 安昌浩의 敎育의 理念과 運動」, 高麗大 敎育大學院
   석사학위논문, 1969; 禹慶鳳, 「島山安昌浩의 敎育方法論에 關한 硏究」, 高麗大 敎
   育大學院 석사학위논문, 1975; 李鎭鶴, 「島山 安昌浩의 國權回復運動 硏究」, 檀國大
   敎育大學院 석사학위논문, 1986; 柳和榮, 「島山 安昌浩와 피히테의 敎育思想 比較
   硏究」, 建國大 敎育大學院 석사학위논문, 1990; 具滋喆, 「도산 안창호 교육사상이
   현대에 주는 의미」, 仁川大 敎育大學院, 석사학위논문, 2001; 최진영, 「도산안창
   호의 교육사상과 교육운동」, 한양대 교육대학원 석사학위논문, 2010 등.

1990년부터 1992년까지 3년에 걸쳐 독립기념관 부설 한국독립운동사연구소에서 간행한『도산안창호자료집』(1), (2), (3)⁸⁾은 안창호 연구의 새로운 전기를 마련하는 계기가 되었다. 안창호 유품 중 서신·문서류의 1차 자료를 집대성함으로써 연구자들의 연구의욕을 높여주고 체계적인 연구에 도움을 주고자 발간했다는 취지는 의의가 있다. 하지만 고어(古語) 한글의 육필원고를 그대로 복사 게재하여 열독(閱讀)하는 데 어려움이 있으므로 현시대 연구자의 연구 편의를 위해서 현대의 한글화 작업이 필요하다. 1990년대 전후 안창호 연구는 당시 시대 요구를 반영하며 달라지기 시작했다. 역사해석은 현 시대와 상황을 반영하듯이, 당시 사회 이슈인 민주화 운동을 "오늘날 우리가 직면하고 있는 '변혁기의 개혁운동'"이라 보고, "오늘의 시점에서 도산을 되돌아"보며 도산사상의 "현대적 재조명"을 통해 "우리가 당면하고 있는 '민족과제를 푸는 열쇠'를 탐구하는 시각에서" 현실 사회문제와 안창호 연구를 연계하는 양상으로 새롭게 변모한 것이었다.⁹⁾

---

7) 박사학위논문은 尹慶老, 앞의 박사학위논문, 1988; 李明花,「中國에서의 安昌浩의 獨立運動研究」, 弘益大 박사학위논문, 2000; 張圭植,「日帝下 基督教 民族運動의 政治經濟思想: 安昌浩·李承晚 계열을 중심으로」, 연세대 박사학위논문, 2000; 손동유,「안창호의 정치활동연구」, 홍익대 박사학위논문, 2004; 심옥주,「島山 安昌浩의 政治哲學에 관한 研究: 그의 국가·자유·정의·평화의 관점을 중심으로」, 동의대 박사학위논문, 2013; 황수영,「도산 안창호의 사회철학」, 충남대 박사학위논문, 2014 등이다. 해외 박사학위논문으로 Arthur Leslie Gardner, "The Korean Nationalist Movement and An Ch'ang Ho, Advocate of Gradualism", Ph. D. diss., University of Hawaii, 1979가 있다.(『버드나무 그늘 아래』 저자인 존 차 재미작가가 미국에서 복사 제본하여 보내 주심에 감사드린다.) 참고로 재클린 박,「도산 안창호와 한국 민주주의의 근원」, 런던대 역사학 박사학위논문의 제목은 안창호 연구자들의 참고문헌 목록에서 간혹 눈에 띄지만 그 실체를 확인할 수 없다.

8) 독립기념관 한국독립운동사연구소 편,『島山安昌浩資料集(1): 在露同胞와의 書信類』, 韓國獨立運動史資料叢書, 第4輯;『島山安昌浩資料集(2): 在中國關內·滿洲·유럽同胞와의 書信類』, 韓國獨立運動史資料叢書, 第5輯;『島山安昌浩資料集(3): 在露領·中國關內·滿洲·유럽·國內同胞와의 書信類』, 韓國獨立運動史資料叢書, 第6輯, (天原: 獨立記念館 附設 韓國獨立運動史研究所, 1990). 이하 "한국독립운동사연구소 편,『島山安昌浩資料集』, (O)"로 약칭.

9) 도산사상연구회 엮음,『도산사상연구』, 제2집: 변혁기의 개혁운동과 도산사상,

이와 같이 새로운 연구 풍토가 조성되면서, 도산사상연구회가 1994년 2월 미국 로스앤젤레스에서 현지 태평양평화연구소와 <도산: 코리안 아메리칸> 국제학술회의를 공동 개최했다. 이어 국내에서 개최된 '국제학술회의 후속좌담회'에서는 안창호 연구의 쟁점들을 점검하는 자리가 마련되었다. 향후 연구 과제를 진단하는 논의들이 이루어졌으며,10) 본 국제학술회의에서 발표된 논문은 미국에서 영문으로 출간되었다.11) 안창호 관련의 문헌자료를 보다 폭넓게 발굴해야 한다는 의견이 제기되었고, 아울러 도산과 함께 활동했거나 도산에 관한 어떤 사실을 알고 있는 당시 독립운동가들 중 현재 생존자들로부터의 구술자료도 더 늦기 전에 수집·기록해야 한다는 중요성도 제기되었다.12)

도산사상연구회는 1995년과 1996년에 3회에 걸쳐 도산 연구의 현

(서울: 언구사, 1993), pp. 7, 11, 13, 15 참조. 제2집에 게재된 1990년대 전후의 연구논문을 보면 당시 안창호에 관한 연구 주제의 변화 동향을 알 수 있다. 우선 전두환(全斗煥, 1931~) 군사정권 말기 6월 항쟁과 6.29선언 직후인 1987년 11월에 개최된 「제2회 세미나: 도산사상의 현대적 재조명」은 도산의 정치사상, 사회사상, 교육운동을 현대적으로 재조명하려는 '구현의 연구'였고, 이어 노태우(盧泰愚, 1932~)의 제6공화국 중반인 1991년 9월 7일 개최된 「제3회 세미나: 변혁기의 개혁운동과 도산사상」은 민족운동가로서의 안창호의 활동을 개혁운동의 지침으로 연계하려는 '시도의 연구'였다면, 그 다음 해 김영삼(金泳三, 1927~2015), 김대중(金大中, 1924~2009) 양김의 경쟁구도 속에서 김영삼이 승리하는 제14대 대통령 선거 직전인 11월의 「제4회 세미나: 도산사상과 한국민주주의」는 민주주의 실천가로서의 안창호가 대공주의에 입각하여 조직하고 건설하려 했던 자유와 평등이 조화된 참된 민주국가를 실현해야한다는 당면과제 '제시의 연구'였다.

10) "도산: 코리안 아메리칸 국제학술회의 보고서", 『도산사상연구』, 제3집: 도산 안창호의 사상과 민족운동, 도산사상연구회 편, (서울: 학문사, 1995), pp. 3, 261-307; "국제학술회의는 많은 역사학자들뿐만 아니라 다양한 전공을 대표하는 다수의 국내외 한국학 연구자들이 참석하여, 도산 연구에 대한 새로운 획을 그었다."고 평가되었다. 도산사상연구회 편, 『도산사상연구』, 제4집, (서울: 도산사상연구회, 1997), p. 3. 이하 "『도산사상연구』, 제O집"으로 약칭.

11) Tschung-Sun Kim and Michael Reinschmidt, ed., *Strengthened Abilities: Assessing the Vision of Tosan Chang-Ho Ahn*, (Cerritos: Academia Koreana, Keimyung University, 1998)

12) 『도산사상연구』, 제3집, p. 4.

황과 향후 과제를 점검하는 학술회의를 개최했다.13) 특히 제13회 연구
발표회에서 윤경로는 "도산연구의 새 지평 사례와 몇 가지 제안" 주제
발표를 통해 도산연구의 새 지평은 원사료들을 발굴하여 발췌·정리·
분석하는 일로부터 시작해야 한다고 제안했다. 그는 직접 신문류, 『도
산안창호자료집』 (1), (2), (3) 등의 원사료들을 분석한 연구 성과를
사례로 발표했다.14) 스스로 말하지 않는 역사에서 실증성과 객관성이
중요하듯이15) 안창호에 관해서도 사실 나열이나 혹은 그의 위대성을
주창하기보다는 과학적이며 객관적인 설득력 있는 역사 평가를 해야
한다. 이를 위해 실증적 탐구방법(worm's-eye view)과 함께 총체적 안
목(bird's-eye view)이라는 두 눈에 의한 연구의 새 지평을 열어야한다
고 주장했다.16) 실증적 탐구는 1997년과 1998년 국회도서관의 『도산
안창호자료집』 Ⅰ, Ⅱ권의 발간17)에 힘입어 현실화되었다. 2001년 11
월 도산안창호선생기념사업회는 국내외에 걸친 광범위한 도산 자료를

---

13) 주제는 1995년 3월 제12회의 "도산 안창호 연구현황과 주제", 7월 제13회의 "도
   산연구의 새 지평 사례와 몇 가지 제안", 1996년 9월 제17회의 "도산 안창호 연
   구의 관점과 자료 검토"이다. 島山安昌浩先生記念事業會, 앞의 홈페이지, 2014.
   12. 1에서 "기념사업회 연혁" 참조.
14) 윤경로, "도산연구의 새 지평을 위한 사례 연구: 도산의 행적 추적을 중심으로",
   『도산사상연구』, 제4집, pp. 225-252. 실증연구 사례로서 尹慶老, "도산의 국내
   에서의 행적과 구국계몽활동(1907~1910)", 『도산사상연구』, 제3집, pp. 48-51,
   69-86의 "<표> 국내에서 도산의 연설회 및 행적 일지(1907~1910) (자료:
   <대한매일신보>와 <공립신보>)"와 "<자료> 도산의 국내활동 및 행적
   (1907~1910) (자료: 『대한매일신보』와 『공립신보』)" 참조.
15) 윤경로, 『한국 근현대사의 성찰과 고백』, (서울: 한성대학교출판부, 2008), pp.
   16, 18.
16) 윤경로, "도산연구의 새 지평을 위한 사례 연구", 앞의 책, pp. 245-246.
17) 國會圖書館 收書整理局 編譯, 『抗日獨立運動關係 島山安昌浩資料集(朝鮮總督府警務局
   所藏 秘密文書)』, <Ⅰ>, 비매품, (서울: 國會圖書館, 1997); 國會圖書館 收書整理局 編
   譯, 『抗日獨立運動關係 島山安昌浩資料集(朝鮮總督府警務局 所藏 秘密文書)』, <Ⅱ>,
   비매품, (서울: 國會圖書館, 1998). 日帝治下 朝鮮總督府警務局의 秘密文書인 『抗日
   獨立運動關係記錄』(마이크로필름집 총26롤) 중 오직 안창호와 관련된 부분만을
   拔萃[발췌]했다. 이하 "國會圖書館 編譯, 『島山安昌浩資料集』, <O>"로 약칭.

조사하고 수집·정리하여 문헌과 관련 자료를 집대성한『島山安昌浩全集』전14권을 발간했다. 이는 도산 연구를 크게 심화시키는 계기가 되었다.[18] 2005년 도산학회 창립 20주년 기념으로 도산안창호선생기념사업회의 지원을 받아 도산학회가 편찬한『미주국민회자료집』전22권도 도산 연구의 새로운 전기를 마련했다.[19]

한편, 기존 연구 성과들의 분류 기준을 보면, 연구 목적과 주제에 따른 학문적 분류라기보다는 학위논문, 학술·연구 논문, 단행본 등 발표유형별로 분류되었다. 이런 상황에서 이명화는 기존의 연구 성과들을 10여년에 걸쳐 꾸준히 정리·분석하는 성과를 이루어 냈다.[20] 특히 1980년대 이후 안창호에 관한 비판 견해[21]를 가진 학계의 연구들을 면밀하게 분석하여 향후 과제를 제시한[22] 것은 학설사적으로 의미있는

---

18) 도산안창호선생전집편찬위원회 편,『島山安昌浩全集』, 전14권, 총목차, (서울: 도산안창호선생기념사업회, 2000). 권별 내용은 제1권: 시문, 서한 I, 제2·3권: 서한 II·III, 제4권: 일기, 제5권: 민족운동·대한인국민회, 제6권: 대한민국임시정부·유일당운동, 제7권: 홍사단, 제8권: 홍사단 원동위원부, 제9·10권: 동우회 I·II, 홍사단우 이력서, 제11권: 전기 I, 제12권: 전기 II, 제13권: 논찬·추모록, 제14권: 사진이며 별권으로『총목차』가 있다.

19) 박의수, "제2주제: 도산의 교육사상에 관한 연구성과와 과제", 도산 탄신 133주년 기념 도산학회 정기 학술회의, 2011년 11월 9일, 서울: 도산안창호기념관 점진홀, p. 26.

20) 이명화는 기존 연구현황과 향후 연구과제를 1994년, 1997년, 2001년, 2010년에 걸쳐 정리 발표하였다. 李明花, "도산 안창호 연구의 성과와 과제".『한국근현대사연구』, 제6집, 한국근현대사학회, 1997, pp. 267－302; 이명화, "도산 안창호 연구의 현황과 과제", 도산아카데미 창립 21주년 기념 세미나, 2010년 12월 17일, 서울: 도산기념관 점진홀 등이 있다.

21) 위의 기념 세미나 발표, pp. 4－13. 이명화는 "도산상은 구체적 행적이 생략된 채 일방적으로 폄하되었다. 도산과 이동휘를 대비시켜 도산은 독립전쟁을 거부하고 …, 이동휘는 독립전쟁을 주창하며 … 하는 식의 기술이 그것이다… 도산은 무장 투쟁론에 대비된 실력양성론자이며, 비타협주의에 대비된 분열주의·패배주의적 인물로 기술됨은 무엇보다도 역사적 사실이 아니라는 점에서 당혹스럽다… 왜곡된 도산상은 비판적 인식의 무리한 논점을 잘 보여준다."며, 쟁점이 되는 일곱 가지 논점으로 '民族改良主義·부르주아 民族主義右派', '社會進化論·自强論·實力養成運動論', '자치론과 무장항일투쟁 반대 노선', '民族改造論', '興士團運動', '國家建設論과 독립당과 大公主義', '被逮와 死亡'을 적시한다.

작업이었다. 그렇지만 역사 사실을 조망하고 해명하며 이해하는 역사학 관점에 치중했다는 점에서 아쉬움은 남는다. 즉 역사학 관점을 넘어서 사회과학 관점으로 '안창호는 그때 그 상황에서 왜 그런 결정과 선택을 했는지? 또 그 결과는 어디에 어떠한 영향을 미쳤는지?' 등을 심층적으로 분석하고 해석하며 재해석하는 새로운 차원의 연구 방향의 제시에는 이르지 못했다.

도산학회는 2011년 "도산학 연구의 회고와 전망"이라는 대주제의 학술회의를 개최하여 안창호의 구국계몽 활동, 교육사상, 대한민국임시정부, 홍사단운동 등의 주제별로 기존 연구성과를 평가하고, 향후 연구의 방향과 연구 과제를 제시했다.[23] 이는 고무적인 일이지만 그 연구과제는 여전히 역사학 접근으로 인문사회과학 분야에 치중되었다. 안창호가 실현코자 했던 이상촌 건설에 관해 건축학이나 토목학 분야의 연구로도 확장될 수 있을 것이다. 평양 마산동 자기회사의 실패 요인도 경영·경제적 이유나 재료 수급 또는 입지 선정의 문제 등으로 세분화하여 경영학, 경제학, 재료공학, 부동산학 등의 분야에서도 연구해 볼 수 있을 것이다. 그리 된다면 안창호 연구의 지평은 폭이 더욱 넓어지고 활성화되어 진정한 의미의 독립된 '도산학'으로 거듭날 수 있을 것이다.

이상과 같이 기존연구들의 현황을 회고해 보면 『島山安昌浩全集』

---

22) 위의 기념 세미나 발표, pp. 16 – 18. 향후 연구과제로 신민회에서의 도산의 위치와 역할, 도산이 신민회 우파로 분화되어 부르주아 개량주의화로 빠진 이유, 미주 공립협회와 도산, 국내 신민회의 연관성, 홍사단 조직의 특성과 홍사단운동의 정체성, 도산과 홍사단 단원들의 지방열 등을 예로 제시했다.

23) 윤경로, "제1주제: 도산의 구국계몽운동에 관한 연구성과와 과제", pp. 7 – 21; 박의수, "제2주제: 도산의 교육사상에 관한 연구성과와 과제", pp. 25 – 39; 한시준, "제3주제: 도산과 대한민국임시정부에 관한 연구성과와 과제", pp. 43 – 56; 이명화, "제4주제: 도산과 홍사단운동에 관한 연구성과와 과제", pp. 57 – 78, 도산 탄신 133주년 기념 도산학회 정기 학술회의, 2011년 11월 9일, 서울: 도산안창호기념관 점진홀.

전14권이 발간된 2000년대 초반을 기준으로 연구 주제의 유형이 두 부류로 정리된다. 그 이전의 연구는 안창호 피체 및 사망 이후인 1930 년대 중후반부터 주로 안창호의 생애를 다룬 평전이나 일대기를 시작 으로 한다. 교육자로서의 교육사상과 독립운동가로서의 행적 등 안창 호가 주체가 되는 연구 주제였다.24) 반면 2000년대 초·중반 이후의 연구는 그 동안 편찬된 자료집을 바탕으로 다양한 1·2차 자료에 의거 한다. 안창호가 주체 또는 객체가 되는 '안창호와 관련된 모든 것'(관련 된 인물·사건·상황 등 여러 다양한 대상), 즉 안창호와 관계성 있는 모든 것 이 연구 주제의 대상이 되어 연구의 폭이 넓어지고 다양해졌으며 그 깊이와 내용도 심화되었다.25)

　　새로운 자료의 발굴과 도산 연구자들의 증가는 연구 경향에 커다 란 변화를 가져 왔다. 도산 안창호에 관한 국내의 기존 연구를 정리해

---

24) 본 장의 각주 2), 6) 참조. 그 외에 정영숙, "도산 안창호의 생애와 교육사상", 『靑坡敎育』, 10호, 淑明女子大學校 文理大 敎育硏究會, 1972, pp. 155－166; 朴明 圭, "島山 安昌浩의 社會思想", 『한국학보』, 제33집, 1983, pp. 28－75; 尹慶老, "신민회의 창립과정"『史叢』(Sa Chong: The Historical Journal), 第30輯, 고대사 학회(The Historical Society of Korea University), 1986, pp. 227－260; 박만규, "한말 안창호의 비밀 결사 조직과 독립 전쟁 준비론", 『島山學術論叢』, 제2집: 남북 통일 문제 연구, 島山아카데미硏究院, 1992, pp. 269－290; 박의수, "도산 안창호의 4대정신", 앞의 『도산사상연구』, 제3집, pp. 125－150; 유병용, "한국 의 중도파 정치사상에 관한 일고찰: 안창호의 정치사상을 중심으로", 『한국정치 학회보』, 29집, 4호, 한국정치학회, 1996, pp. 29－44 등이 있다.

25) 본 장의 각주 5) 참조. 그 외에 이명화, "島山 安昌浩의 理想村運動에 關한 硏究", 『韓國史學報』, 제8호, 3월, 고려사학회, 2000, pp. 121－182; 김용달, "박은식과 안창호의 민족운동 비교연구", 『북악사론』, 제10권, 국민대학교 북악사학회, 2003, pp. 321－349; 장동진, "식민지에서의 '개인', '사회', '민족'의 관념과 자유주 의: 안창호의 정치적 민족주의와 이광수의 문화적 민족주의", 『한국철학논집』, 제16집, 한국철학사연구회, 2005, pp. 41－70; 이현주, "임시의정원 내 정치세력 의 추이와 권력구도변화(1919~1925)", 『정신문화연구』, 제30권, 제3호(통권108 호), 한국학중앙연구원, 2007, pp. 173－201; 박의수, "개화기 인성교육의 특징과 안창호의 인격혁명론", 『한국교육학연구』, 제13권, 제2호, 안암교육학회, 2007, pp. 5－24; 張圭植, "1900~1920년대 북미한인유학생사회와 도산안창호", 『한국근 현대사연구』, 제46집, 가을, 2008, pp. 105－146; 김도형, "안창호의 위임통치청원 관련 자료 검토", 『한국근현대사연구』, 제68집, 봄, 2014, pp. 104－139 등.

보면 대체로 새로운 세기에 들어와 연구주제의 세분화와 실증 연구방법을 모색하는[26] 경향이 나타나고 있음을 알 수 있다. 이 책에서는 이러한 흐름의 변화를 감안하여 도산에 관한 기존 연구들을 검토하기로 한다.

2. 전기와 평전

차리석이 집필한 '한국혁명영수안도산선생사십년혁명분투사략'

안창호에 관한 최초의 역사저술은 차리석(車利錫, 1881~1945)의 『島山先生略史』이다. 윤봉길(尹奉吉, 1908~1932)의사 의거일 상하이(上海)에서 체포된 안창호가 국내로 압송된 직후인 1932년 8월 도산의 최측근 차리석이 어떤 중국인의 요구에 의해 중국어로 작성했다.[27] 안창호의 독립운동 활동을 전체적으로 서술[28]하고 있다는 점에서 이 문헌은 가

---

26) 최근에 윤경로는 세분화된 연구의 예로서 "도산의 사사로운 개인 생활사에 관한 試論的 小考"로서 일차자료인 "<일기>와 <편지>에 천착한 연구"를 발표했다. 윤경로, "제2주제: 도산의 상해생활과 개인적 고뇌에 관한 소고", 도산 탄신 136주년 기념 도산학회 정기 학술회의: 도산 안창호의 인격과 사상, 2014년 11월 7일, 서울: 도산안창호기념관 점진홀. pp. 59-86.

27) 장석흥, 『임시정부 버팀목 차리석 평전』, (서울: 역사공간, 2005), p. 230. 원문의 번역은 pp. 232-239 참조.

치가 높다고 하겠다.[29] 이후 안창호의 서거 소식이 알려지자 중국에 있는 혁명동지들이 중국 창사(長沙)에서 여상한인추도안도산선생대회주비처(旅湘韓人追悼安島山先生大會籌備處)를 결성하고 1938년 4월 15일 안도산선생추도대회(安島山先生追悼大會)를 개최하며 펴낸 「한국혁명영수안창호선생사십년혁명분투사략」(韓國革命領袖安昌浩先生四十年革命奮鬪史略)도 있다.[30]

국내에서는 해방 이후 1946년에 이을(李乙)이 도산유고(島山遺稿)라며 『웅변법강사론』(雄辯法講師論)을 반포했다. 이을은 안창호의 대성학교 제자로 40여 년간 심장[深藏: 깊이 감추어 둠]했던 대성학교 시절 안창호의 저서라고 주장했으나[31] 그 진위에 대해 학계에서는 반론을 제기한다.[32] 1947년 도산안창호선생기념사업회의 위촉을 받아 발간된 춘원 이광수(李光洙, 1892~1950)의 『도산 안창호』[33]와 1954년 박현환(朴賢

---

28) 한국독립운동사연구소, 『島山安昌浩資料集』, (3), p. 256; 전문(全文)은 pp. 246- 255. 차리석은 자신의 이 글이 단시간에 임시로 草(초)한 것이라 疎畧[소략: 꼼꼼하지 못하고 간략함]하지만, 선생님 역사의 골자는 大槪成立(대개성립)되었다는 요지의 '附言(부언)'을 말미에 남겼다.

29) 장석흥, 앞의 책, p. 230.

30) 한국독립운동사연구소, 『島山安昌浩資料集』, (3), pp. 261-266. 그 외에 [홍진] 주석, 이동녕, 차리석, 조성환, 조소앙, 이청천 등이 참석했음을 알 수 있는 "안도산선생추도대회순서(安島山先生追悼大會順序)" 및 "도산선생추도가(島山先生追悼歌)"와 "안창호선생약력(安昌浩先生略歷)"이 수록된 "여상한인추도안도산선생대회주비처계(旅湘韓人追悼安島山先生大會籌備處啓)"의 [초청장]은 pp. 257-260 참조.

31) 李乙 記, "卷頭辭". 姜齊煥 編, 下卷 講論篇, 앞의 책, p. 0. "本書는 泰嶽(태악)의 大節과 掀天(흔천)의 神辯인 愛國巨人 島山 安昌浩先生의 靑年著이다."[띄어쓰기 해서 옮겼다.]

32) 『島山安昌浩全集』 편찬위원 최기영은 제1권의 해제(p. 129)에서 "현재 알려지기로는 姜齊煥 편집의 『島山安昌浩雄辯全集』(雄辯俱樂部 出版部, 1950)의 후반부인 『講論篇』이 안창호의 저작으로 되어 있다. 그러나 편찬위원회의 검토에서 안창호의 저작으로 보기 어렵다고 하여 전집에서 빼기로 하였다."고 밝혔다.

33) 이광수, 『도산 안창호』, (서울: 大成文化社, 단기 四二八〇년[1947년]); "島山 安昌浩", 『李光洙全集』, 7, 新撰藏書版, 서울: 三中堂, 1976. pp. 116-218. 첫 한글판(三版)은 1953년판이며 "한글판 서문"은 1959년판 참조. 이 책에서는 『도산안창호』, 한글판(五版), (서울: 大成文化社, 단기四二九二[1959년])과 『도산안창호』,

煥)의 『속편 도산안창호』34) 및 1963년 주요한(朱曜翰, 1900~1979)의 『안
도산전서』35)가 발간되었다. 그 외에도 여러 유형의 전기들이 2000년
에 편찬·발간된 『도산안창호전집』의 제11권과 제12권에 수록되어 안
창호 연구의 기본 토대가 되었다. 1965년에는 재일교포 사업가이자 안
씨 문중의 안재호가 『안유 안창호 안중근 약전』36)을 발간했지만, 연구
자료로 활용하기에는 부족한 면이 있다.

1970년 봄 출간된 장리욱(張利郁, 1896~1983)의 『도산의 인격과 생
애』37)에 이어 1987년 안창호의 글과 말 모음집인 『나의 사랑하는 젊

2판, (파주: 범우사, 2008)을 참조했다. 참고로 이광수는 「한국혁명영수안창호선
생사십년혁명분투사략」을 참고하여 저술했음을 "초판예언"(初版例言)에서 밝혔
다. 1959년 판본 p. 3의 "초판예언" 참조.

34) 박현환[島山記念事業會 刊行], 『續篇 島山安昌浩』, (서울: 三協文化社, 단기四二
八七[1954]), p. 17. 이하 "박현환, 『續篇 島山安昌浩』로 약칭. 이 책이 왜 '속편'
인가에 관해 주요한은 머리말에서 "춘원의 『도산안창호』 발행에 이어 도산언행
록(言行錄)을 편찬하려던 계획이 6.25사변으로 자료가 소실되어, 나머지 자료와
추가로 수집된 자료를 모아 놓은데 불과하여 책 이름을 『續篇 島山安昌浩』라 하
여 세상에 내보내는 것"이라 밝히고 있다. 이 책에는 중요 자료 "도산 선생 심
[신]문기(訊問記)"(pp. 72-94)와 "도산언행유습(遺拾): 해운대 좌담 기록(海雲臺
座談記錄)"(pp. 95-193)을 발굴하여 수록했다.

35) 주요한 編著, 『安島山全書』, (서울: 三中堂, 一九六三). 이하 "주요한 編著, 『安島
山全書』, 1963년 판"으로 약칭; 주요한 編著, 『安島山全書』, 新訂版(修正增補版),
(서울: 三中堂, 一九七一)은 上篇: 行蹟과 思想, 下篇: 島山語文集, 附錄: 島山觀
抄로 구성되어 있다. 이하 "주요한 編著, 『安島山全書』, 新訂版"으로 약칭; 주요
한 著, 『安島山全書』, 上: 傳記篇, (서울: 범우사 출판부, 1990). 이하 "주요한
著, 『安島山全書』, 上"으로 약칭; 도산기념사업회 編, 『安島山全書』, 中: 言論·資
料 篇, (서울: 범양사 출판부, 1990). 이하 "도산기념사업회 編, 『安島山全書』,
中"으로 약칭; 도산사상연구회 編, 『安島山全書』, 下: 研究 論文 篇, (서울: 범양
사 출판부, 1993). 이하 "도산사상연구회 編, 『安島山全書』, 下"로 약칭; 주요한
편저, 『安島山全書』, 증보판, (서울: 흥사단 출판부, 1999). 이하 "주요한 편저,
『安島山全書』, 증보판"으로 약칭. 이 책에서는 모든 판을 참고하되, 주요한 편
저, 『安島山全書』, 증보판을 위주로 했다.

36) 安在祜(안재호) 편, 『安裕 安昌浩 安重根傳』, [출판사 불명], 1965. 안재호가 일
본에 있는 재일교포 2세와 3세들에게 애국애족심을 고취시키고자 안창호를 비
롯한 순흥 안씨 문중의 위인 약전으로 발행했다.

37) 張利郁, 『島山의 人格과 生涯』, (서울: 大成文化社, 1973); 장리욱, 『도산의 인격
과 생애』, (서울: 흥사단 출판부, 1998); 장리욱, 『도산의 인격과 생애』, (서울:

은이들에게』38)와 1999년의 화보집 『수난의 민족을 위하여』와 서간문
모음집 『나의 사랑 혜련에게』 등39)이 있다. 안창호의 글, 말, 서간문
등은 일기와 함께 『도산안창호전집』의 "제1권: 시문, 서한 I, 제2·3권:
서한 II·III, 제4권: 일기"에 수록되었다. 안창호 측근들의 회고와 증언
기록은 이루 헤아릴 수 없을 정도인데, 주로『동광』40), 『삼천리』41),
『기러기』42) 등의 잡지에 다수 기고되었거나43) 단행본으로 발간되었다.

────────────────

　　흥사단 출판부, 2010) 세 판 모두 내용이 동일하다. 1965~1968년 『기러기』, 제14호,
　　제26~27호, 제29~32호, 제35호에 연재되었고, 『島山安昌浩全集』, 제11권, pp.
　　333－382에 수록됨.

38) 안창호, 『나의 사랑하는 젊은이들에게』, 1판, 안병욱 엮음, (서울: 지성문화사,
　　1987). 이 책에서는 2008년도 7판을 참조했다. 그 외 『도산 안창호 에세이: 한국
　　청년에게 고하는 글』, 靑木에세이, (서울: 靑木文化, 1988); 『젊은이들에게 보내
　　는 따스한 공기: 안도산 연설문집』, 안암신서, 2, (서울: 고려대학교출판부, 1998)
　　이 있다.

39) 도산안창호선생기념사업회, 『수난의 민족을 위하여』, (서울: 도산안창호선생기
　　념사업회, 1999); 안창호, 『나의 사랑 혜련에게』, 박재섭·김형찬 편저, (서울:
　　도서출판 小花, 1999) 외에 2000년대 들어 새롭게 편집한 안창호 지음, 『그대 가
　　슴 속에 살아있고 싶다』, 윤병욱 엮음, (서울: 샘터사, 2007)이 있다.

40) 韓國學文獻硏究所 編, 『東光』, 영인본, 4: 1931. 5~10, 5: 1931. 11~1932. 3, 6: 1932.
　　4~7, 7: 1932. 8~1933. 1·2월 합병호, (서울: 亞細亞文化社, 1977) 등.

41) 金英植 編, 『三千里』, 영인본, 全32卷(1929~1950), 二版, (서울: 圖書出版 한빛,
　　2008); 金英植 編, 『三千里 號別目次 및 索引: 1929~1950』, 영인본, 32, 二版, (서
　　울: 圖書出版 한빛, 2008)

42) 『기러기』, 1968. 3월 第44號, 特輯: 島山 先生 逝去 30周忌 記念; 5월, 제46호, 창단
　　55주년 기념특집; 11월, 제52호, 제55차 단대회 특집; 1984. 1월, 신년호 등.

43) 예를 들면 山翁[안창호의 필명], "靑年에게 呼訴함: 人格完成, 團結訓練에 對하야"
　　[『東光』, 1931. 2.], 『島山安昌浩全集』, 제1권, pp. 211－212; 安昌浩, "比律賓視察記
　　[필리핀시찰기]"(1933年 三月號의 pp. 10－11.), 『三千里』, 5(1933. 2~1933. 12),
　　全32卷, 二版, 영인본, 金英植 編, 서울: 圖書出版 한빛, 2008, pp. 220－221;
　　"比律賓視察記"(『三千里』, 1933. 3.), 『島山安昌浩全集』, 제1권, pp. 222－223; 洪箕
　　疇[홍기주], "安島山의 校長時代: 一學生의 메모란담", 『東光』, 第五卷 第一號, 一·
　　二月合倂號, 1933, 『東光』, 7, 韓國學文獻硏究所 編, (서울: 亞細亞文化社, 1977),
　　pp. 585－589와 일문하생(一門下生), "안도산의 교장시대(일화)", 『續編 島山安昌
　　浩』, 박현환, pp. 235－244는 동일한 내용이다; 張利郁<前駐美大使>, "安島
　　山 秘錄: 내가 지내 본 島山이야기"[『思想界』, 1965. 3], 『島山安昌浩全集』, 제13
　　권, pp. 445－461; 張利郁, "가깝게 본 도산"[외솔회, 도산안창호 특집호, 계간
　　『나라사랑』, 제39호, 11권 2호, 1981], 『島山安昌浩全集』, 제1권, pp. 471－478;
　　李善行·張成心·安聖潔, "女性이 본 島山先生"[『기러기』, 1968. 3], 『島山安昌浩

이 또한『도산안창호전집』제1권과 제13권에 수록되었다.

1970년 3월에 안병욱(安秉煜, 1920~2013)은 안창호의 사상을 체계적으로 정리하고 해설을 가한『島山思想』44)을 발간하여 안창호의 교육사상을 체계화시키는데 기여했다. 1973년의 을유문화사는 안창호의 글과 연설을 모아『도산안창호논설집』45)을 발행했다. 1980년 한승인(韓昇寅, 1903~1990)의『민족의 빛 도산 안창호』는 도산의 전기를 저술하면서 자신의 해석을 덧붙인 점이 다른 전기와 차별성이 있다.46) 1983년 임중빈의『도산 안창호 그 생애와 정신』은 도산의 일대기를 소설 형태를 빌어 기술하는 독특함을 보였다.47) 1986년 이만근이 새로 발굴·수집한 자료를 엮어 출판한『도산여록: 도산안창호 새자료집』48)은 후에 도산기념사업회가 수정증보한『安島山全書』中49)에 반영하게 한 기여도가 크다. 1995년 윤병석·윤경로가 엮은『안창호 일대기』50)는 도산과 가까운 동지인 곽림대(郭臨大, 1884~1971)의 필사본 전기『안

全集』, 제13권, pp. 639-640; 具益均, "島山先生의 大公主義 思想"[『기러기』, 1980. 6]: pp. 726-728; "上海에서의 島山: 證言·中國 上海時節"(『기러기』, 11월호, 1980): pp.737-740,『島山安昌浩全集』, 제13권; 피천득, "도산島山",『인연因緣』, 개정판, (서울: 샘터사, 2002), pp. 144-146와 "島山"(『珊瑚와 眞珠』, 一潮閣, 1969),『島山安昌浩全集』, 제13권, pp. 465-466는 동일한 내용이다. 피천득 외 3명, "도산과 춘원─인연에 대하여": 8-16; "죽음도 배워야 한다─나이듦에 대하여": 58- 65,『대화』, (서울: 샘터사, 2005) 등이 있다.

44) 安秉煜 著,『島山思想』, (서울: 大成文化社, 一九七0). 3판은 1974년 三育出版社이 간행했고, 이 책에서는 重版, (서울: 三育出版社, 2007) 본을 참조했다.
45) 安昌浩 著,『島山安昌浩論說集』, (서울: 을유문화사, 1973). 이 책에서는 1974년 판본을 참조했다.
46) 한승인, "민족의 빛 도산 안창호",『島山安昌浩全集』, 제11권, pp. 675-941.
47) 임중빈,『도산 안창호 그 생애와 정신』, (서울: 명지사, 1983). 이 책에서는 2000년 중판본을 참조했다.
48) 李萬根 엮음,『島山餘祿: 島山安昌浩 새資料集』, (서울: 흥사단 출판부, 1986).
49) 본 장 각주 35) 참조.
50) 윤병석·윤경로,『안창호 일대기』, (서울: 역민사, 1997). 참고로 곽림대의 필사본 전기 "안도산"을 옮긴 pp. 23-153에서 생략된 "도산의 인격", "도산의 연설과 언론", "敬愛하는 利郁君"의 원본과 직해는『島山安昌浩全集』, 제11권, pp. 577-601 (원본), 664-674(직해)에 각각 수록됨.

도산』51)을 활자화하여 간행한 점에 의의가 있다. 이후에도 2013년 흥
사단창립 100주년을 맞이하기까지 전기류, 평전, 서간집 등은 지속적
으로 발표되었다.52) 특히 이태복의 『도산 안창호 평전』53)은 안창호의
구국운동과 독립운동에서 나타난 성과와 실패를 객관적으로 해석하고
평가한 차별성은 돋보인다. 하지만 이 역시 정치 관점에서의 평가는
아니다. 마지막으로 해외에서의 연구현황을 살펴보면 1979년 아더 레
슬리 가드너(Arthur Leslie Gardner)의 박사학위논문 외에 몇 권의 영문 단
행본들이 있다.54)

　　이상의 기록과 저술들은 초기 연구자들에게 많은 참고가 되었으
며 역사성의 자료 가치도 지니고 있지만 체계적 연구의 틀을 갖춘 것
은 아니었다. 이에 대해 윤경로는 도산에 관한 전기들은 사실 나열이
나 혹은 그의 위대성을 주창하는 논지를 벗어나 독립운동이라는 공적
인 삶 이면의 개인 삶을 진솔하게 밝혀보는 일종의 생활사 전기 등을

---

51) "안도산"(원본), 『島山安昌浩全集』, 제11권, 도산안창호선생전집편찬위원회 편,
　　서울: 島山安昌浩先生記念事業會, 2000, pp. 455-601. "안도산"(직해)는 pp. 603-674
　　에 수록했다.
52) 존 차 지음, 『버드나무 그늘 아래: 도산 안창호의 딸 안수산[安繡山, Susan Ahn
　　Cuddy, 1915~2015] 이야기』,(WILLOW TREE SHADE: The Susan Ahn Story) 문
　　형렬 옮김, (서울: 문학세계사, 2003); 안병욱, 안창호, 김구, 이광수 외, 『안창호
　　평전』, (서울: 도서출판 청포도, 2005); 김경옥 지음, 『지조를 지킨 지도자들: 도
　　산 안창호』, (서울: 월인, 2011); 윤병욱 엮음, 『도산의 향기, 백 년이 지나도 그
　　대로: 안창호의 세계와 사상』, (서울: 기파랑, 2012); 오동춘박사·안용환박사,
　　『애국가와 안창호』, (서울: 사단법인 흥사단, 2013); 김삼웅 지음, 『투사와 신사
　　안창호 평전』, (서울: 현암사, 2013) 등.
53) 이태복, 『도산 안창호 평전』, (파주: 도서출판 동녘, 2006).
54) Gardner, op. cit., 1979; Byung-il Kim, Korean American Pioneer Dosan: A Biography
　　of Chang-ho Ahn, trans. and ed., The Pacific Institute for Peacemaking, (Cerritos,
　　The Pacific Institute for Peacemaking, 1995); Hyung-chan Kim, A Profile of a
　　Prophetic Patriot, (Seoul: Tosan Memorial Foundation, Seattle: Korean American
　　Historical Society, Los Angeles: Academic Koreana, Keimyung-Baylo University,
　　1996); Tschung-Sun Kim and Michael Reinschmidt, ed., op. cit..; Yoon Byung-wook
　　and Lee Chang-hoon ed., Heungsadan International Movement, (Los Angeles: Young
　　Korean Academy(Heungsadan), 2013) 등.

구명하는 작업이 병행되어야 한다고 주장했다. 이 같은 연구시각의 필
요성은 최근 구미 역사학계의 새로운 연구 경향으로 생활사 연구방법
이 주목받고 있다는 점에서 고려해볼 만한 방법이라는 윤경로의 주장
은[55] 향후 도산학계의 발전을 위해 시사하는 면이 있다.

3. 안창호 교육사상에 관한 연구

교육학계에서의 안창호 연구는 앞에서 논의했듯이 박의수 등 소
수 연구자들 외에 초기 연구자들은 1969년 이래로 주로 교육대학원의
석사과정 연구자들이 대부분이다.[56] 이들 연구는 안창호의 생애와 4대
정신, 인격수양론 등 안창호의 교육 활동과 연계한 논문들이다. 논문
제목과 주제들이 거의 대동소이하고, 이광수, 주요한, 장리욱, 안병욱
등의 저술 수준을 넘지 못하고 있는 점에서 한계를 지니고 있었다. 예
를 들면, 김외선의 "도산 안창호의 교육사상"[57]은 도산의 생애와 인간
상, 교육의 실천면을 통해 도산의 교육이념과 교육방법을 고찰하여 현
대 의미의 한국 교육이념 정립을 시도했다는 점에서 평가할 수 있지만,
안병욱의 『도산사상』 수준을 넘지 않고 거의 그에 의존한 전형적인 유
형이다. 연구자들 대부분이 일선 교육현장의 교사들이므로 청소년들에

---

55) 윤경로, "도산연구의 새 지평을 위한 사례 연구", 『도산사상연구』, 제4집, pp. 245 – 246.
56) 박의수, "제2주제: 도산의 교육사상에 관한 연구성과와 과제", 앞의 도산 탄신 133주년 기념 도산학회 정기 학술회의, p. 27. 박의수는 1969년 이일천의 석사 학위논문으로부터 2010년 최진영의 석사학위논문까지 41년 동안 83편으로 파악 되었다며 "교육대학원 석사과정에 도산 안창호에 관한 논문이 많은 이유는 1960년대 말에 설립되기 시작한 교육대학원이 학문 중심이라기보다 현직 교사 의 재교육 과정의 성격이 강하고, 일종의 통과의례로서 학위논문을 써야한다는 점이 크게 작용했을 것으로 보인다."고 해석했다.
57) 金外善, "島山 安昌浩의 敎育思想", 『敎育學論集』, 권5호, 효성여자대학교, 1988, pp. 49 – 65.

게 안창호의 독립운동과 사상을 알리고 전파하는 데에는 기여했다.[58)]
안창호의 독립운동 업적과 활동보다는 그의 인품과 사상을 인성교육의
측면에서 강조하다 보니 '위대한 독립운동가'인 안창호의 면모를 제대
로 알리기보다는 오히려 '훌륭한 인격의 교육자'로 축소 인식되도록 한
측면이 있다.[59)]

　　교육대학원 석사학위논문들 이외의 석사학위논문과 학술논문들은
각론 성격의 연구 논문으로서 주로 민족개조론, 대성학교, 체육교육,
현대 한국 교육의 지향점과 연계한 연구들이다.

　　구봉수의 "도산(島山) 안창호(安昌浩)의 교육사상"[60)]은 안창호의 교
육사상에 관한 초기 연구임에도 불구하고 이를 체계적으로 정리함으로
써 많은 논점을 제시하고 도산 사상의 현실적 한계를 지적하고 있다.
그러나 이 논문 역시 그 한계가 어디서 비롯하는지를 지적하지 못하고
있다. 이진학의 「도산 안창호의 국권회복운동 연구」[61)]는 안창호의 교
육이념과 교육실천이 당시 19세기의 전통 교육에서 20세기의 근대 교
육으로 전환하는 데 기여했다. 국권회복운동의 일환으로 정치사나 근
대 교육사 측면에서 높은 평가를 받아야 한다고 주장한 점[62)]은 독창적
이지만, 정작 그 주장의 명확한 근거를 제시하지 못하고 있다. 이광린
의 "구한말 평양의 대성학교"는 대성학교에 관한 "관계문헌을 수집하

58) 박의수, "제2주제: 도산의 교육사상에 관한 연구성과와 과제", 앞의 도산 탄신
　　133주년 기념 도산학회 정기 학술회의, p. 28. 박의수는 이에 대해 "이들이 논문
　　을 쓰는 동안 도산에 관한 이해가 두터워지고 아울러 도산의 삶과 사상에 공감
　　하고 애정을 갖게 되어 그것이 그의 교육활동에 표면적으로 혹은 잠재적 교육
　　과정으로 작용한다고 볼 때 도산사상의 보급과 전파에 많은 공헌을 했을 것으
　　로 보인다."고 밝힌다.
59) 박정현, 「역사적 인물에 대한 인지도 분석 - 6학년을 중심으로」, 청주교육대학교
　　교육대학원 석사학위논문, 2000, p. 51.
60) 본 장 각주 6) 참조.
61) 이진학, 앞의 석사학위논문, 1986.
62) 위의 논문, p. 49.

여 정리"한 실증 자료를 토대로 대성학교의 설립부터 교과 과목 소개를 거쳐 폐교까지의 전 과정을 상세히 기술했다. 안창호의 교육철학과 실천과정을 연계하여 함께 규명함으로써 "한국 근대교육사뿐만 아니라 개화사의 일면을 밝히"고자 한 연구자의 연구목적63)을 달성했다. 안창호 자료가 체계화 되지 않았던 1980년대 당시로서는 탁월한 실증 연구로 꼽을 수 있다.

　　이광린의 연구 이후 대성학교와 안창호의 교육사상에 관한 연구가 활발히 진행되었다. 그 중 박의수의 "개화기 大成學校의 교육사적 의의"는 '이광린의 연구를 기초로'64) 한다면서 도산의 교육 업적에 관한 더욱 진일보된 연구 성과를 이루었다. 대성학교 설립의 교육사적 배경과 설립과정에서의 기부금에 관한 이광린의 착오를 밝혀내고 교사, 학생, 시설, 교육과정 등 세부 부분에도 천착했다. 안창호의 교육이념과 교육방법을 재고찰하고 대성학교의 교육사적 의의를 더욱 발전적으로 조명하며 오늘날의 교육 현황에 시사점을 제시했다.65) 또 "도산 안창호의 '통일'사상이 통일교육에 주는 시사점"66)은 안창호 통일사상의 본질이 인류 평화에 기여함이라고 파악했다.67) 안창호 통일사상의 구조를 개인－사회－민족의 세 차원에서 각각 인격주의, 공동주의, 대공주의 이념으로 분석하고, 교육 훈련의 내용과 방법 및 목표를 제시한 점에서 연구 수준을 한 단계 끌어 올린 것이라 판단된다. 나아가 박의수는 대성학교, 통일사상, 흥사단 등 세부 주제연구와 함께 교육사적 의미를 고찰하며 안창호의 교육사상을 심층적이고 체계적으로 정리하

---

63) 李光麟, "舊韓末 平壤의 大成學校", 앞의 책, p. 91.
64) 朴義洙, "개화기 大成學校의 교육사적 의의", 앞의 책, p. 180.
65) 위의 논문, pp. 180, 184－185, 201.
66) 박의수, "도산 안창호의 '통일'사상이 통일교육에 주는 시사점", 『한국교육학연구』, 제11권, 제1호, 안암교육학회, 2005, pp. 5－24.
67) 박의수, "제2주제: 도산의 교육사상에 관한 연구성과와 과제", 앞의 도산 탄신 133주년 기념 도산학회 정기 학술회의 발표 논문, p. 32.

여 현재의 교육 방침과 미래의 교육정책에 연계했다.[68] 하지만 이런
연구 업적과 기여에도 불구하고 교육학자인 박의수는 정치가·혁명가
로서 독립운동가인 안창호의 진면목을 밝히는 연구에까지 이르지는 못
했다.

4. 독립운동가 안창호에 관한 연구

교육자 안창호를 연구하는 한편으로 독립운동가 안창호를 조
망하는 연구도 함께 진행되어 왔다. 교육 부분에 대한 연구 외에는
거의 모두가 안창호의 독립운동에 관한 연구라 해도 과언이 아니다.
독립운동가로서 안창호를 주목한 연구의 주된 성과는 안창호의 행적과
사상을 세부 주제로 분화하여 연구한 것이다. 가장 중요한 성과는 역사
학계의 큰 업적으로 안창호의 방대한 자료를 발굴하고 정리하여 편찬한
일이다. 이러한 업적은 독립운동가 안창호를 정치가·혁명가로서 규명
하는 정치학계에서의 후속 연구의 시도가 가능할 수 있는 토대를 마련
했다.

독립운동가 안창호에 관해서 수많은 연구가 발표되었지만, 그 가
운데 이명화와 손동유의 박사학위논문이 주목된다.[69] 2000년 이명화
의 「中國에서의 安昌浩의 獨立運動硏究(1919~1932)」와 2004년 손동유
의 「안창호의 정치활동연구」 박사학위논문은 안창호 전기 내지 평전이
나 교육자 안창호를 넘어서는 연구의 지평을 열었다고 볼 수 있다. 이
명화의 학위논문은 여러 곳의 기술적 오류가 눈에 띄지만, 이 논문을
수정·보완하여 2002년 단행본으로 출간한 『도산 안창호의 독립운동

---

68) 이 외 연구 및 단행본으로는 박의수·이순복, "흥사단운동의 특징과 교육사적
   의의", 『한국교육학연구』, 제18권 제3호, 안암교육학회, 2012, pp. 293-314; 박
   의수, 『도산 안창호의 생애와 교육사상』, (서울: 학지사, 2010) 등.
69) 본 장 각주 7) 참조.

과 통일노선』70)은 안창호 연구를 보다 전문가 수준에서 추구했다는 점
에서 학계에 공헌도가 높다. 그 후에도 지속적인 연구 성과 발표와 함
께 향후 연구과제도 제시하는 등 안창호의 후속 연구를 위해서 꾸준히
기여했다.71) 손동유는 안창호의 국내외 독립운동을 정치 활동으로 해
석했다. 안창호를 단지 민족주의 우파 지도자가 아닌 대공주의(大公主
義)를 바탕으로 민주공화정을 실현코자 했던 민족해방운동가로 평가했
다. 미주에서 대한인국민회와 흥사단의 조직을 정비하고 결성한 동포
통합 조직운동과 중국에서 임시정부에 참여하여 민족운동진영 통합운
동을 전개한 안창호를 통합주의 정치가로 새롭게 해석하여72) 안창호를
정치가로 부각시킨 연구였다. 하지만 이명화, 손동유의 연구들이 안창
호의 사상과 활동을 역사학 관점에서만 접근함으로써 정치가로서 안창
호의 실체가 정치학 관점에서 제대로 구명되지 못했다. 이는 연구 분
야가 다른 학계의 특성상 어쩔 수 없는 한계이다. 심옥주의 "도산 안창
호의 정치활동의 성격과 의미: 공립협회와 신민회 활동의 연계성을 중
심으로"는 국외 공립협회의 활동과 국내 신민회 활동의 연계성을 분석
했다. 안창호의 정치 활동의 변화양상과 국내외 정치 활동의 연계적 성
격과 의미를 파악한 특징과 장점이 있다.73) 그러나 연구 시각과 소제목
의 참신성에 비해 필자 자신의 주관적 견해가 강조되고 있어 학계의 기
존연구 성과를 반영하는 데 소홀한 점이 약점으로 지적될 수 있다.

---

70) 본 장 각주 5)와 7) 참조.
71) 예를 들면, 이명화, "興士團 遠東臨時委員部의 人的 構成과 그 性格", 『한국근현대
사연구』, 제22집, 가을, 한국근현대사학회, 2002, pp. 88-160; 이명화, "도산의
교육관과 초기 미주 한인사회의 교육: 대한인국민회의 교육운동을 중심으로",
『한국독립운동사연구』, 제31집, 독립기념관 한국독립운동사연구소, 2008, pp.
37-86 등. 향후 연구과제 제시는 본 장 각주 13) 외에 앞의 도산 탄신 133주년
기념 도산학회 정기 학술회의 발표 논문 참조.
72) 손동유, 앞의 박사학위논문, pp. 4, 51, 59, 73-78, 131.
73) 심옥주, "도산 안창호의 정치활동의 성격과 의미: 공립협회와 신민회 활동의 연계
성을 중심으로", 『민족사상』, 제6권, 제1호, 한국민족사상학회, 2012, p. 137.

5. 안창호 정치사상에 관한 연구

기존 연구에서 보듯이 안창호의 사상은 곧 교육사상이라 여겨질 만큼 안창호의 교육사상에 대한 연구는 양산되었다. 그에 비해 안창호의 정치사상에 대한 연구는 상당히 적은 실정이며, 연구 주제도 대체로 개괄적이거나 기독교 사상, 대공주의 등에 제한적으로 다루어져 왔다.[74]

1970년 대 초기 연구인 안병욱의 "기독교와 민족사상: 도산사상을 중심으로"는 천주교, 유교, 불교, 천도교가 민족운동과 사상에 큰 영향을 주지 못한 반면, 개신교인 기독교가 민족주의 사상과 운동에 주도 역할을 했다고 주장했다. 그 원인을 규명하고 기독교가 안창호의 사상 형성에 미친 영향을 분석했다.[75] 도산의 연설문 등에서 기독교의 영향을 찾아낸 이 연구는 안창호의 사상을 이해하는 데 길잡이 역할을 담당했다. 하지만 정치가로서 안창호의 정치사상을 다루는 것에는 미치지 못했다. 안창호의 사상을 개괄적으로 분석한 이석희의 "도산사상 구조론"은 '도산사상의 구조 분석의 틀'을 제시하고 사회 구성체 차원에서 개인-집단(조직)-민족-사회(국가)라는 4단계의 틀로 도산사상을 추적한 연구이다.[76] 시각과 접근 방법에서 독창적일 뿐만 아니라 실증 연구를 동원한 점이 돋보이지만, 역시 도산의 정치사상 측면을 분석하

---

74) 예를 들면, 安炳煜, "基督敎와 民族思想: 島山思想을 中心으로"(1983), 앞의 책; 李錫熙, "島山思想 構造論", 『島山과 힘의 哲學』, 이당 안병욱 교수 정년 퇴임 기념 흥사단 아카데미 문집 발간 위원회, (서울: 흥사단 출판부, 1985), pp. 64-96; 張乙炳, "島山 安昌浩의 政治와 思想"(1986), 『도산사상연구』, 제1집, pp. 9-52; 鄭榮國, "島山 安昌浩의 政治變動觀과 獨立運動", 『사회과학논집』, 2권, 연세대학교 사회과학연구소, 1990, pp. 71-97; 양호민, "도산 정치사상의 현대적 구현"(1993), 『도산사상연구』, 제2집, pp. 43-72; 유병용, "도산의 정치사상"(1995), 『도산사상연구』, 제3집, pp. 151-176 등이 있다.

75) 安炳煜, "基督敎와 民族思想", 앞의 책, pp. 76-78.

76) 李錫熙, "島山思想 構造論", 앞의 책, pp. 65, 94.

지는 않았다.

그러나 최근에 이르러 안창호의 정치사상에 초점을 맞춘 연구들이 등장하기 시작했다. 정영국의 "도산 안창호의 정치변동관과 독립운동"은 시민사상에 기초한 공화정체의 국민국가 수립을 궁극 목표로 설정하고 힘이 정치변동의 결정 동인이라 이해한 안창호의 정치변동관을 설명했다. 기존의 잘못 이해된 평가에 대한 수정을 제시하고 안창호가 정치권력의 생리에 대한 통찰이 결여된 점을 지적[77]한 면은 평가할 만하나 구체 사례를 실증적으로 제시하지는 못했다.

대공주의에 관한 연구로는 박만규의 "도산 안창호의 대공주의에 대한 일고찰"이 주목된다. 그는 기존의 대공주의 연구가 이광수, 주요한이 쓴 전기에 기초하고 있지만, 정작 이들은 각기 1921년과 1926년에 중국에서 귀국하여 대공주의 주창 당시의 안창호를 직접 접하지 못했음을 지적한다. 이에 박만규는 홍사단원동위원부 회원이며 안창호 피체 때까지 측근 인물이었던 구익균(具益均, 1908~2013)의 증언[78]을 토대로 대공주의의 민족운동사적 배경과 내용 및 사상사적 성격을 규명했다. 그 후 유병용도 대공주의에 관한 연구를 발표했으나, 박만규의 연구 수준을 뛰어 넘는 것은 아니었다. 근 20년이 지난 최근에서야 장석흥은 대공주의의 실체를 추적한 "차리석의 '한국독립당 당의의 이론 체계와 초안(1942)과 안창호의 대공주의" 연구 논문을 발표했다. 그에 의하면 대공주의는 1930년 한국독립당의 당의와 당강에서 그 원형이 찾아지며, 삼균주의와 달리 정치·경제·교육의 균등에 앞서 광복을 최고 이념으로 삼은 것이 특징이라고 했다. 이를 계기로 안창호의 독립 사상이자 정치 이념인 대공주의의 실체를 규명하는 작업이 더욱 심화되어야 할 것이다.[79]

---

77) 鄭榮國, "島山 安昌浩의 政治變動觀과 獨立運動", 앞의 책, pp. 76, 82, 92-93.
78) 朴萬圭, "島山 安昌浩의 大公主義에 대한 一考察", 앞의 책, pp. 210, 232.

2000년에 들어 "도산 안창호의 정치사상에 관한 연구"에서 정경
환이 안창호 사상의 가장 핵심 내용인 정치사상을 구체적으로 규명하
기 위해서는 도산의 국가, 민족 및 인간에 대한 기본 인식을 알아보는
것이 중요하다[80]고 본 관점은 높이 평가된다. 그러나 "필자가 살펴본
도산의 정치사상은 우선 교육양성론으로 설명될 수 있다."[81]고 주장하
여 기존 연구와 별반 다른 결론을 이끌어내지 못했다. 민족역행론이
도산 정치사상의 핵심을 이루고 도산의 실천론을 대변하고 있는 용어
라고 주장했다.[82] 이런 정경환의 주장은, 엄격한 도덕주의에 근거하고
있는 도산 자신이 '쏟아내고' 있는 수많은 구호와 원리들은 연결 짓기
난해하고 현실에서 실천하기는 더욱 혼돈되고 어렵게 만드는 요인이라
고 평가[83]한 부분과 배치된다.

정경환의 또 다른 연구인 "도산 안창호의 국가론에 관한 연구"[84]
는 안창호의 정치사상을 국가론으로 체계화했다. 도산의 다양한 사상
측면을 자유주의 국가관이라는 개념으로 정리한 강점이 있으나, 사상
사의 보편 개념을 구사하면서 지나치게 포괄적이고 도산의 단편적 언
급을 확대 해석하여 논리 근거가 뒷받침되지 못하고 있다. 정경환의
연구들은 창의적 노력과 연구 의욕에서 장점을 보이나 지나치게 현학

79) 柳炳勇, "大公主義 정치사상 연구", 앞의 책, 1995, pp. 211-233; 유병용, "한국
   의 중도파 정치사상에 관한 일고찰", 앞의 책, pp. 29-44. 장석흥, "차리석의
   「한국독립당 당의의 이론체계 초안(1942)」과 안창호의 대공주의", 『한국독립운
   동사연구』, 제49집, (천안: 독립기념관 한국독립운동사연구소, 2014)[박사학위논
   문에는 2014. 12. 출판예정으로 표기], pp. 153-186. 대공주의에 관한 상세한
   논의는 이 책 제5장 제3절 '대공주의: 이상주의자의 소프트 파워' 참조.
80) 정경환, "도산 안창호의 정치사상에 관한 연구", 『통일전략』, 제10권, 제2호, 한
   국통일전략학회, 2010, pp. 129, 134-136.
81) 위의 논문, pp. 129, 149.
82) 위의 논문, p. 175.
83) 위의 논문, pp. 177-178.
84) 정경환, "도산 안창호의 국가론에 관한 연구", 『민족사상』, 제5권, 제3호, 한국민
   족사상학회, 2011, pp. 43-86.

적인 부연으로 인해 오히려 논점의 초점이 흐려지는 면이 있다. 심옥주
의 박사학위논문 「島山 安昌浩의 政治哲學에 관한 硏究: 그의 국가·자
유·정의·평화의 관점을 중심으로」85)는 정경환의 연구를 계승 발전시
키려는 의도가 엿보이나 논리의 차별성을 이루어내지 못한 것으로 파
악된다.

　　이상에서 보듯이 안창호의 정치사상에 관한 초기 연구는 기독교
사상 및 대공주의에 관한 연구와 함께 개괄적인 연구가 주류를 이루었
다. 2000년 이후 안창호의 인간관, 여성관, 국가관 및 정치 활동 등을
기반으로 한 정치사상 연구86)로 영역이 확장되어 갔다. 그렇지만 소수
의 연구자에 의해 진행되고, 윤리·철학과에서의 철학적 접근에 제한된
연구 동향을 띠고 있는 실정이다. 그런 점에서 정치학 분야의 정치사
상 접근의 연구도 요청된다고 하겠다.

6. 인물비교 연구

　　정치학의 분과학으로 개념화된 정치전기학(political biography)에서
"역사(歷史)란 결국은 인간의 역사(役事), 즉 사람이 살다간 모습일 수밖
에 없다."고 했듯이87) 독립운동의 주체였던 독립운동가에 대한 연구는

85) 심옥주, 앞의 박사학위논문, 2013.
86) 예를 들면, 김윤미, 「島山 安昌浩의 女性觀」, 단국대 교육대학원 석사학위논문,
　　2004; 박광득, "도산 안창호의 민주주의론에 관한 연구", 『민족사상』, 제5권,
　　제3호, 한국민족사상학회, 2011, pp. 9-42; 정경환, "도산 안창호의 인간관에 관
　　한 연구", 『민족사상』, 제6권, 제3호, 한국민족사상학회, 2012, pp. 9-37; 심옥
　　주, "도산 안창호의 문명관에 관한 연구", 『민족사상』, 제6권, 제3호, 한국민족
　　사상학회, 2012, pp. 39-70; 정경환·신왕철, "도산 안창호의 역사관에 관한 연
　　구", 『민족사상』, 제6권, 제3호, 한국민족사상학회, 2012, pp. 71-99; 박광득,
　　"도산 안창호의 국가관에 관한 연구", 『민족사상』, 제6권, 제4호, 한국민족사상
　　학회, 2012, pp. 65-96; 박병철·박동국, "도산 안창호의 국제관에 관한 연구",
　　『민족사상』, 제6권, 제4호, 한국민족사상학회, 2012, pp. 97-129 등이 있다.
87) 신복룡, 『한국의 정치사상가: 전기정치학을 위한 試論』, (서울: 집문당, 1999),

무엇보다 중요한 과제이다. 그동안 독립운동가에 대해서는 학문 연구
이든 소위 문중 사학에 의한 집필이든 우후죽순처럼[88] 나왔다. 안창호
에 대한 인물 연구도 역시 상하이 피체 이후 전기나 회고 형태로 많이
나왔다. 본격적인 실증 자료와 사료에 의한 연구는 본 장에서 밝힌 대
로 안창호 관련 자료집들이 체계적으로 발간된 2000년 이후이다. 이명
화의 "독립운동기 인물사연구의 현황과 과제"[89]에 의하면, 일제하에서
인물연구는 역사인물의 영웅 행위를 부각하여 애국심을 고취하는 방편
으로 연구되었다. 참고로 일제하 1937년 님 웨일즈(Nym Wales는 필명, 본
명은 Helen Foster Snow, 1907~1997)가 김산(金山, 본명은 張志樂, 1905~1938)을
인터뷰하고 1941년 일본에서 최초로 번역 출판한 『아리랑』에 1920년
대 김산이 직접 만나 겪은 이동휘, 안창호, 이광수에 대해 비교한 내용
이 있다. 해방 후에는 주요 독립운동가들에 대한 인물 연구가 활발히
진행되다가 6.25전쟁을 거쳐 냉전체제가 구축되면서 인물연구는 현저
히 줄어들었다.[90] 1980년대 들어 중국, 러시아의 개방으로 이들 지역
의 자료가 발굴, 공개되면서 역사 대중화의 일환으로 쉽게 읽는 인물
사 연구가 등장하다가 학위논문으로 인해 지역 활동, 운동이념별 인물
연구로 연구의 심도가 높아지게 되었다.[91] 그 결과 인물 간 비교연구
가 이루어졌고, 안창호 역시 관련 자료집 발간과 함께 주변 인물과의

---

pp. 9-10, 51-52. 신복룡은 '정치전기학'이라는 용어 대신에 '전기정치학'이라
는 용어를 처음 사용하며 다음과 같이 정의했다. "전기정치학이라 함은 정치
(사)학자가 정치가(정치가·군인·혁명가)의 일대기를 통하여 정치학적 의미를
도출하는 학문이다."

88) 위의 책, pp. 45-46. "한국의 역사학이 다른 나라와 비교하여 특이한 부분이 문
중 사학의 비중이 높다는 사실이고 「자식이 출세하면 조상을 붓으로 키운다」는
속담에 충실하여 무슨무슨학, 무슨무슨 사상연구회가 우후죽순처럼 생겨났다."

89) 이명화, "독립운동기 인물사연구의 현황과 과제", 『한국인물사연구』, 창간호, 한
국인물사연구소, 2004, pp. 137-173.

90) 위의 논문. pp. 138-139. 님 웨일즈·김산 지음, 『아리랑』, 송영인 옮김, (파주:
동녘, 2005), pp. 148-153의 "안창호와 이광수" 참조(초판은 1984년에 출판됨).

91) 위의 논문. pp. 144-145.

비교연구가 활발하게 진행되었다.

우선 1990년 안창호와 관련해 최초의 인물비교 연구라 할 수 있
는 주정숙의 "춘원과 도산"[92]은 두 사람 생애의 비교 내용에 특별한
것이 없다. 춘원이 도산을 모델로 창작한 소설 「선도자」[93]의 주인공
이항목과 실제 인물 안창호와의 비교는 흥미로운 소재이나 두 인물의
비교의 내용과 준거가 약하다. 또 춘원의 민족개조론이 발표되자 독자
들의 항의와 사회적 물의가 일었다는 부분은 소개하면서도, 도산의 민
족개조론과의 차이점을 못 밝히고 명확한 근거 제시 없이 두 사상이
동일하다고만 주장하는 약점이 있다. 역시 초기 연구로서 박상원의
"한국 근대 민족운동가들의 지도노선에 대한 비교 검토(이승만·안창호·
이동휘·신채호를 중심으로)"[94]는 새로운 시각에 대한 기대가 있었으나 네
사람의 전기를 나열한 것으로 그쳤다. 2002년 11월 9일 도산 탄신
124주년을 맞아 도산사상연구회는 "도산 안창호와 민족수난기의 지도
자"라는 주제 하에 민족수난기의 지도자로서의 위상을 실증하기 위하
여[95] 기념학술회의를 개최했다. 기조 발표한 윤병석의 "민족수난기의
지도자, 도산 안창호"[96]를 시작으로 안창호와 다양한 민족 지도자들을
비교하는 기초 연구 성과들이 나왔고,[97] 이는 나중에 안창호 리더십

---

92) 周貞淑, "春園과 島山", 『晋州專門大學論文集』, 第12輯, 晋州專門大學, 1990, pp.
     67-80.
93) 李光洙, "先導者"[동아일보, 1923. 3. 27~7. 17 연재], 『李光洙全集』, 3, 新撰藏書
     版, 上篇: pp. 518-557, 中篇: pp. 557-625, (서울: 三中堂, 1976), pp. 518-625.
     주요한, "先導者 作品解說"『李光洙全集』, 3, 新撰藏書版, 서울: 三中堂, 1976. pp.
     633-634 참조.
94) 朴尚煥, "한국 근대 민족운동가들의 지도노선에 대한 비교 검토(이승만·안창호·
     이동휘·신채호를 중심으로)", 『人文科學』(HUMANITIES), 제7권, 弘益大學校 人文
     科學研究所(THE INSTITUTE OF HUMANITIES HONG-IK UNIVERSITY), 1999,
     pp. 255-278.
95) 윤병석, "간행사", 『도산사상연구』, 제8집, 도산사상연구회, (서울: 도산사상연구
     회, 2002), p. 3.
96) 윤병석, "민족수난기의 지도자, 도산 안창호", 위의 책, pp. 99-114.

연구의 발판이 되었다.

　　그 중 김용달의 "박은식과 안창호의 민족운동 비교 연구"[98]는 박
은식(朴殷植, 1859~1925)과 안창호의 사상과 운동을 토대로 두 사람의 활
동상의 동질성과 차별성을 찾아 민족운동의 양상을 비교 검토한 특징
이 있다.[99] 그러나 두 사람 사이에 독립운동 노선이 크게 차이가 있었
던 것이 아니므로, 비교의 준거가 모호한 점이 있다. 장동진은 "식민지
에서의 '개인', '사회', '민족'의 관념과 자유주의: 안창호의 정치적 민족
주의와 이광수의 문화적 민족주의"[100]에서 안창호의 정치적 민족주의
는 민족과 국가를 연결하고 사적 자유에 우선하는 공적 덕목을 강조한
다고 보았다. 그 중심 내용은 힘의 철학과 대공주의로 대표되고 정치
적 주권 회복을 위한 구체적인 정치적 실천의 노력은 이상촌 건설로
나타난다고 규명했다. 반면 이광수의 문화적 민족주의는 민족과 국가
를 분리하고 문화적 접근을 통해 민족의 정체성을 유지한다고 보며 사
적 자유를 중시하고 계몽적 엘리트의 역할을 강조한다고 해석했다.[101]
이처럼 이 양자 사이의 차이를 정치적 결정권을 상실한 민족의 국가

---

97) 예를 들면, 김용달, 『한국독립운동의 인물과 노선』, (파주: 한울아카데미, 2004); 윤
　　경로, "민족수난기 안창호와 양기탁의 민족운동가 동지애", 위의 책, pp. 115－155;
　　이만열, "도산 안창호와 백범 김구", 위의 책, pp. 157－199; 반병률, "도산안창호와
　　성재 이동휘", 『도산학연구』, 제9집, 도산학회, (서울: 도산학회, 2003), pp. 135－174;
　　이재호, "안창호와 안정근·공근형제", 『도산학연구』, 제10집, 도산학회, (서울:
　　도산학회, 2004), pp. 105－127; 김도훈, "안창호와 이강", 『도산학연구』, 제10
　　집, pp. 129－150; 김희곤, "대한민국 임시정부를 지켜간 동반자: 안창호와 이동
　　녕", 『도산학연구』, 제10집, pp. 151－174; 김도훈, "재미한인사회 조직의 리더
　　와 오피니언 리더: 안창호와 홍언", 『도산학연구』, 제11·12집, 도산학회, (서울:
　　도산학회, 2005·2006), pp. 191－208; 홍선표, "백일규의 민족운동과 안창호",
　　『도산학연구』, 제11·12집, pp. 209－237 등이 있다.
98) 김용달, "박은식과 안창호의 민족운동 비교 연구", 앞의 책, pp. 321－349.
99) 위의 논문, p. 322.
100) 장동진, "식민지에서의 '개인', '사회', '민족'의 관념과 자유주의", 앞의 책, pp.
　　41－70.
101) 위의 논문, pp. 43－45, 57, 62.

없는 식민지 상황102)이라는 당시의 시대적 한계성을 잘 인식하면서 대
비적으로 잘 분석했다. 하지만 정작 두 민족주의가 일제 통치의 정치
구조 하에서의 실천이 실패했거나 안주한 현실적 한계와 그 이유를 명
확하게 설명하지는 못했다.

7. 흥사단에 관한 연구

2013년 5월 13일 흥사
단 창립 100주년을 기념하
기 위해 흥사단은 다양한
기념행사를 기획하며103) 방
대한 내용의 『흥사단100년
사: 1913-2013』을 편찬
발간했다.104) 이는 1955년
『흥사단운동(興士團運動)』이

흥사단 단기

후 1964년 『흥사단운동 50년사』와 1986년 『흥사단운동 70년사』에 이
은105) 세 번째 발간이다. 흥사단에 대한 학문 연구는 1994년 이명화가
발표한 "흥사단원동임시위원부와 도산 안창호의 민족운동"106)이 거

---

102) 위의 논문, p. 43.

103) 흥사단 100년사 편찬 외에도 창작 오페라 "선구자, 도산 안창호" 공연, "도산의
발자취를 찾아서" 중국의 상하이, 난징(南京), 충칭(重慶) 방문 및 제22회 회원
수련회 등의 행사들이 있었다.

104) 흥사단100년사위원회 편찬, 『흥사단100년사: 1913-2013』(100 Years of the
Young Korean Academy), (서울: 사단법인 흥사단, 2013).

105) 박현환, 『흥사단운동(興士團運動)』, (서울: 大成文化社, 단기四二八八[1955]); 흥
사단사편집위원회, 『흥사단50년사』, (서울: 大成文化社, 1964); 흥사단 운동 70
년사 편찬 위원회, 『흥사단운동七〇년사』, (서울: 흥사단 출판부, 1986).

106) 李明花, "興士團遠東臨時委員部와 島山 安昌浩의 民族運動", 『한국독립운동사연구』,
제8집, 독립기념관 한국독립운동사연구소, 1994, pp. 229-254.

의 유일했다. 그 외에는 본 단 자체 목적의 세미나107)와 출판물108)들이 대부분이었다. 반면 흥사단 외에 안창호가 창설한 미주의 공립협회와 국내의 신민회 및 흥사단 전신인 청년학우회에 관한 연구109)와 안창호가 창설하지는 않았지만 활발히 활동했던 단체에 관한 연구110)는 많은 진

---

107) 도산아카데미연구원 엮음,『한국 사회의 변화와 도전』, 세미나 보고서 제2집, (서울: 도산아카데미연구원, 1992); 島山아카데미硏究院,『島山學術論叢』, 제7집, (서울: 島山아카데미연구원, 1999), pp. 200－204 참조. 세미나 주제는 흥사단 이념의 현대적 고찰과 민족사적 사명(1990년), 흥사단 이념과 시민운동의 방향(1993년), 21세기 흥사단과 아카데미 운동－아카데미 운동의 진로와 과제(1994년), 흥사단 운동의 중장기 발전 전략과 과제(1995년), 흥사단 재정 확충 및 수익사업 방안 모색(1996년), 21세기를 준비하는 흥사단(1997년), 흥사단 운동의 의의와 전망(1998년) 등이다.

108) 출판물로는 월간『기러기』외에『흥사단』[흥사단 홍보 책자], (서울: 흥사단 본부, 1950?);『흥사단교본(興士團敎本)』, (서울: 흥사단, 1978); 李萬甲 外 著,『狀況 '80: 興士團 금요개척자강좌 代表選集』, (서울: 도서출판 多樂園, 1980);『한국 사회 발전과 흥사단 시민운동: 월간『기러기』특별부록 ③』, (서울: 흥사단, 2002);『도산 안창호와 흥사단 운동: 수련교재 제1집』, (서울: 흥사단 중앙수련원, 2004);『21세기 흥사단과 시민운동: 수련자료 제2집』, (서울: 흥사단, 2005);『흥사단운동 최근 20년 자료집(1984년~2003년)』, (서울: 흥사단, 2004); 도산아카데미 엮음,『한국 사회의 발전과 도산 안창호』, (서울: 흥사단 출판부, 2007) 등이 있다.

109) 예를 들면, 愼鏞廈, "新民會의 創建과 그 國權恢復運動"(上, 下), 앞의 책, 1977; 尹慶老, 「「105人事件」을 통해 본 新民會 硏究」, 앞의 博士學位 論文, 1988; 金度勳, "共立協會(1905~1909)의 民族運動 硏究",『한국민족운동사연구』제4집, 한국민족운동사연구회, 1989, pp. 5－51; 崔起榮, "舊韓末『共立新報』·『新韓民報』에 關한 一考察",『東亞 硏究』, 제17집, 西江大學校 東亞硏究所, 1989, pp. 575－607; 이명화, "도산의 교육관과 초기 미주 한인사회의 교육: 대한인국민회의 교육운동을 중심으로", 앞의 책, 2008, pp. 37－86; 심옥주, "도산 안창호의 정치활동의 성격과 의미－공립협회와 신민회 활동의 연계성을 중심으로", 앞의 책, pp. 135－172; 권두연, "청년학우회의 활동과 참여 인물＝ 靑年學友會の活動とその參加人物",『현대문학의 연구』, Vol. 48, 한국문학연구학회, 2012, pp. 119－181; 윤경로,『105인사건과 신민회 연구』, 개정증보판, 2012 등.

110) 예를 들면, 김건호, "도산안창호가 활동한 단체들의 성격비교",『도산학술논총』, 제1집, 1991, pp. 321－348; 박윤재, "1920年代 初 民族統一戰線運動과 國民代表會議",『學林』, 第十七輯, 연세대학교 사학연구회, 1996, pp. 131－185; 이명화, "1910년대 재러한인사회와 大韓人國民會의 민족운동",『한국독립운동사연구』, 제11집, 1997, pp. 67－97; 이현주, "임시의정원 내 정치세력의 추이와 권력구도 변화(1919~1925)", 앞의 책, 2007, pp. 173－201; 장규식, "1900~1920년대 북미 한인유학생사회와 도산안창호", 앞의 책, 2008, pp. 105－146; 조철행, "국

척이 있었다. 그럼에도 불구하고 해방 전후 중추인물을 배출하여 대한민국 건국 초기에 정치·경제·사회·문화적으로 실질 영향을 끼친 흥사단에 관한 학문 연구는 그렇지 못했다. 그 이유에 대해 이명화는 독립운동 시기 흥사단이 도산의 사조직으로 치부되었고, 특히 일부 단원들이 1930년대 후반 일제의 민족말살의 황국신민화정책이 강압되었던 시기에 전향하고 전시 총동원에 참여함으로써 흥사단의 정체성에 심각한 폐해를 주었을 뿐 아니라, 흥사단 조직과 흥사단운동에 대한 자료의 미비와 비판 시각이 이어졌던 것과 무관하지 않다고 진단했다.111)

그러던 중 1998년 도산아카데미는 "흥사단운동의 의의와 전망"을 주제로 <개원 9주년 기념 세미나>를 개최했다. 여기서 이만열의 "흥사단운동의 역사적 의의", 권대봉의 "흥사단운동의 사회 교육적 의의", 이화수의 "흥사단 운동과 시민 운동, 그 의의와 과제" 등 세 편의 논문이112) 발표되었으나 후속 연구가 활성화 되지는 못했다.113)

그 후 흥사단 창립 100주년을 앞두고 2011년 도산학회가 개최한 학술대회에서 선정한 주제 중 하나인 "제4주제: 도산과 흥사단 운동에 관한 연구 성과와 과제"114)를 계기로 비로소 국내와 미주 흥사단을 중

민대표회의 개최과정과 참가대표", 『한국민족운동사연구』, 제61집, 한국민족운동사학회, 2009, pp. 21 - 67 등.

111) 이명화, "제4주제: 도산과 흥사단 운동에 관한 연구성과와 과제", 앞의 도산 탄신 133주년 기념 정기 학술회의, 2011, p. 60.

112) 이만열, "흥사단운동의 역사적 의의", pp. 151 - 170; 권대봉, "흥사단운동의 사회 교육적 의의": pp. 152 - 183; 이화수, "흥사단 운동과 시민 운동, 그 의의와 과제", 『島山學術論叢』, 제7집, 1999, pp. 185 - 198. 세 논문 모두 편집자 주: "본 연구원이 '흥사단운동의 의의와 전망'을 주제로 개최한 <개원 9주년 기념 세미나> (1998. 6. 13. 흥사단 강당) 발표 논문으로 이후 수정 보완한 것임."

113) 후속 연구로 李明花, "興士團 遠東臨時委員部의 人的 構成과 그 性格", 앞의 책, 2002, pp. 88 - 160; 이명화, "도산의 교육관과 초기 미주 한인사회의 교육: 대한인국민회의 교육운동을 중심으로", 앞의 책, 2008, pp. 37 - 86 등뿐이다.

114) 이명화, "제4주제: 도산과 흥사단 운동에 관한 연구성과와 과제", 앞의 도산 탄신 133주년 기념 도산학회 정기 학술회의.

심으로 연구가 활성화되기 시작했다.[115]

2011년 장규식의 "미군정하 흥사단 계열 지식인의 냉전 인식과 국가건설 구상"은 미군정기 흥사단 출신의 정치 영향력과 국가건설 참여 역할에 관해 여러 실증 근거 자료[116]를 분류하고 분석한 거의 최초의 실증 연구의 장점을 갖추었다. 하지만 당시 애국적 교양훈련운동단체[117] 정도의 성격을 지닌 흥사단이 과연 흥사단 계열 지식인으로 파악될 수 있을 만큼의 정치 결집력과 거기서 비롯하는 영향력을 지니고 있었는가는 의문이다. 한편 미주 흥사단은 2013년 흥사단 창립 100주년 기념일에 맞추어 영문판 단행본인 *Heungsadan International Movement*를 발간했다. 비록 학문 연구 성과는 아니지만 재미 흥사단원들과 국내 학자들이 함께 필진으로 참여해 초기 흥사단 시절부터 현재의 당면 과제에 이르기까지 미주 흥사단의 역사를 조망했다. 아직 흥사단의 초창기 자취가 남아있는 미주 현장과의 연계는 향후 국내 연구자들의 연구에 도움이 될 수 있는 계기를 마련했다는 데 의의가 있다. 특히 미주 초기이민 시절의 흥사단우들과의 인터뷰 내용은 구술 자료로서 활용될 수 있는 이점이 있다.

앞에서 언급한 2011년 11월 도산학회는 정기 학술회의에서 "흥사단 창단의 시대 배경, 흥사단의 정체성과 운동노선, 흥사단은 도산 안창호의 사조직인가, 흥사단원들은 자산층 부르주아들인가, 흥사단은 자치운동을 하였나, 흥사단의 사업, 인물을 통해 본 흥사단운동" 등 18개

---

115) 예를 들면 장규식, "미군정하 흥사단 계열 지식인의 냉전 인식과 국가건설 구상", 『韓國思想史學』, 第38輯, 韓國思想史學會, 2011, pp. 245－285; 박의수·이순복, "흥사단 운동의 특징과 교육사적 의의", 앞의 책, pp. 293－314 등.

116) 장규식, 위의 논문, pp. 250－253. "<표> 미군정 참여 흥사단계 인사", "자료: 「興士團友 國內在籍者[舊團友]」(1947. 11); 『大韓民國人事錄』(1950), 內外弘報社; 『신한민보』 외"

117) 위의 논문, p. 249. "흥사단은 본래 국민교화를 목적으로 하는 애국적 교양훈련운동단체로서 정치단체가 아니었다."

항목 이상의 향후 연구과제를 제시했다.118) 이는 홍사단 창립 100주년을 넘어 도산 탄신 140주년, 도산 서거 80주년을 맞이한 2018년 현시점에서 홍사단을 재평가할 수 있는 시의적절하며 바람직한 연구 제안이다.

8. 안창호 리더십에 관한 연구

안창호에 관한 연구는 여러 면에서 외연(外延)이 넓어졌고 내용도 심화되었다. 하지만 안창호의 리더십에 관한 연구는 오랫동안 미지의 분야로 남아 있다가 2000년대 들어서야 비로소 중요성이 강조되기 시작했다. 2000년대 이전의 초기 연구는 안창호의 행적 중에 나타난 지도자의 모습을 그려낸 위인전 식의 전기 및 평전이나 회고의 형태에 머물고 있었다.119) 그 후 2002년의 <도산 안창호 선생 탄신 124주년 기념 학술회의>에서 시작된 독립운동 지도자들에 관한 인물연구를 토대로 리더십 연구가 추진되었다. 여기에서 윤병석의 "민족수난기의 지도자, 도산 안창호"와 이만열의 "리더십의 대가 도산 안창호"120)는 '안창호 리더십'이라는 화두를 던졌다. 향후 연구의 방향을 제시했다는 점에서 의미를 지니고 있지만, 안창호 리더십을 너무 포괄적인 시각에서

---

118) 이명화, "제4주제: 도산과 홍사단 운동에 관한 연구성과와 과제", 도산 탄신 133주년 기념 도산학회 정기 학술회의, pp. 63－78.

119) 본 장 "2. 전기와 평전" 참조. 그 외에 안병욱, 『민족의 스승 도산안창호』, 비매품, (서울: 大成文化社, 1966); 백낙준, "위인 안 도산의 진면목"(외솔회, 도산안창호 특집호, 계간 『나라사랑』, 제39호, 11권 2호, 1981), 『島山安昌浩全集』, 제13권, pp. 467－470; 유경환 엮음, 『겨레의 스승 도산 안창호』, (서울: 홍사단, 1984)[1992년 3판본 참조.]; 유한준, 『안창호 리더십: 나라를 사랑하라(Love the Country)』, (파주: Book Star, 2013) 등 청소년용이 많다.

120) 윤병석, "민족수난기의 지도자, 도산 안창호", 『도산사상연구』, 제8집, pp. 99－114; 이만열, "리더십의 대가 도산 안창호", 『역사의 중심은 나다: 우리 역사를 말하는 푸른 화법』, (서울: 현암사, 2007), pp. 284－305.

다루었다. 윤병석이 "도산은 40여 년 동안 … 혁명운동 내지 독립운동
의 지도자와 지도급 인사를 찾아 그들과 교유하고 혁명운동을 협조 추
진하였다… [이들 중] 현재까지 큰 명성을 떨친 몇 사람을 들어 도산과의
인연과 협력사항을 살피면 상호 간의 위상이 보다 부상될 것 같다."[121]
며 지도자로서의 안창호의 위상을 비교우위의 상대평가를 한 점은 참
신하기는 하지만, 안창호 리더십의 특성이 구체적이고도 실증적으로
규명되지는 않았다. 하지만 윤병석과 이만열이 도산학계 중진으로서
안창호 리더십 연구의 중요성을 강조하고 새로운 연구 영역의 출발을
알리는 메시지를 중량감 있게 전파했다는 점에 의의가 있다.

    또 도산아카데미연구원이 개설한 <도산 리더십 아카데미> 강좌
에서 각계의 전문가들이 강의한 내용과 발표문을 통해 도산의 리더십을
다각도로 조명하고자 단행본으로 출판한 『도산 안창호의 리더십』[122]이
있다. 비록 소책자이지만 도산연구 업적이 많은 연구자들이 당시 2004
년 무렵 한국사회의 여러 이슈와 소재를 안창호의 리더십과 연계하여
'도산의 리더십'이라는 단일 주제로 집약한 것은 안창호 리더십 연구에
이정표가 될 수 있다는 점에서 의의가 있다. 하지만 도산의 리더십 보
급을 위해 일반인들도 친밀하게 접근할 수 있도록 사회교육 프로그램
의 일환으로 집필·편집했기 때문에 학문 체계를 갖추지는 않았다.

    이후 2008년에 발표된 장규식의 "1900~1920년대 북미 한인유학
생사회와 도산안창호"는 안창호의 리더십에 관한 직접 연구는 아니지
만 그와 관련된 조직에 관해 역사학 접근방법을 시도한 논문이다. 북

---

121) 윤병석, "민족수난기의 지도자, 도산 안창호", 위의 책, p. 104. 참고로 지도급
    인사로서 비교의 예로 든 일곱 인물은 松齋 徐載弼(1864~1951), 佐翁 尹致昊
    (1865~1945), 雩岡 梁起鐸(1971~1938), 誠齋 李東輝(1873~1928), 白巖 朴殷植
    (1859~1925), 白凡 金九(1876~1949), 雩南 李承晚(1875~1965)이다.
122) 도산아카데미연구원 엮음, 『도산 안창호의 리더십』, (서울: 흥사단 출판부,
    2004).

미 한인유학생총회에서 이승만의 동지회계에 비해 흥사단계 학생들의 진출이 두드러지고 안창호의 유학생 순방을 계기로 유학생 총회의 주도권이 흥사단계로 넘어갔음을 "<표4> 북미유학생총회 역대 임원"123) 현황의 실증 자료를 통해 제시함으로써 안창호의 조직 리더십을 파악하는 데 기여한 연구이다. 이를 통해 안창호의 정치 리더십 연구가 실증적으로 규명될 수 있음을 보여준다는 점에서 장규식의 연구 방법은 안창호의 리더십 연구에 참고할 만하다.

2009년 교육학자 박의수는 교육자 안창호라는 기존 연구 방향에서 일전(一轉)하여 안창호의 리더십 분석이라는 새로운 연구를 시도했다. 안창호의 리더십은 서번트 리더십의 전형이라 주장한 그의 "도산

도산 휘호 '愛己愛他'

안창호의 서번트 리더십 연구"124)는 최초의 안창호 리더십 연구라는 점에 의의가 있다. 하지만 태평성대의 평화로운 시대가 아닌 ― 잃은 나라를 되찾고 새로운 국가를 세우고자 목숨 걸고 투쟁하는 전쟁과 같은 ― 혼돈의 시대에서 이를 극복하고 실천하고 쟁취하고자 했던 지도자 안창호는 분명 서번트 리더십의 덕목을 초월하는 어떤 다른 정치 리더십의 덕목이 있었을 것임을 간과한 면이 있다. 2010년 서상목·안문혜의 『도산 안창호의 애기애타 리더십』125)은 안창호 핵심 사상 중

---

123) 장규식, "1900~1920년대 북미 한인유학생사회와 도산 안창호", 앞의 책, p. 140.

124) 박의수, "도산 안창호의 서번트 리더십 연구", 『教育問題研究』, 제33집, 동국대학교 교육문제연구소, 2009, pp. 1–27.

125) 서상목·안문혜, 『도산 안창호의 애기애타 리더십: 사랑 그리고 나눔』, (성남: 북코리아, 2010); 영어 번역판은 Suh, Sang–mok and Ahn Moon–hye, *Dosan's Way to Leadership: Love Yourself, Love Others*, trans., John Cha,

하나이며 도산이 친히 쓴 휘호인 "愛己愛他" 정신을 '愛己愛他 리더십'
으로 변환한 독창성이 돋보이고 그 리더십의 요소와 조건을 체계적으
로 분석했다. 하지만 이 역시 집필 의도에서 밝혔듯이[126] 리더십 교육
프로그램 개발 및 교육의 의미는 있으나 안창호의 정치 리더십을 학술
적 연구의 형태로 조망하지는 않았다.

    이상과 같이 안창호에 관한 학문 또는 비학문 저작·출판물이나
연구발표가 1938년 안창호 순국 이후 현재까지 여러 형태로 지속 생산
되어 왔다. 이들은 공통으로 안창호가 독립운동 과정에서 사상·활동·
실천 등 거의 모든 면에서 탁월한 민족 지도자였음을 역설하고는 있지
만, 정작 정치 지도자와 혁명가로서 발휘한 정치 리더십의 요체를 밝히
지는 못했다. 즉 안창호 정치 리더십의 본질이 무엇이며, 그것은 어떤
요인과 영향에 의해 형성되었고, 어떤 유형으로 규정할 수 있는지를
밝히는 정치학 관점에서의 정치 리더십 연구에는 이르지 못했다. 또
그의 정치 리더십의 성공과 실패를 평가하는 연구도 아직 없다. 따라
서 안창호가 위대한 민족 지도자라는 진면목을 구체화하고 교육자라는
범주를 넘어 혁명가·정치 지도자로서의 안창호의 정치 리더십을 구명
하고 평가하는 연구가 필요하다.

Seongnam—si, Bookorea, 2011이다.
126) 위의 책, p. 9.

●
●
●

제3장

새로운
'독립운동가
리더십'
모델을 위하여

새로운 '독립운동가 리더십' 모델을 위하여

　　잃어버린 조국을 강대국의 제국주의로부터 탈환하여 새로운 정치
질서와 국가의 수립을 추구하는 식민지 독립운동가의 독립 투쟁을 가
장 잘 특징지을 수 있는 리더의 모습은 어떤 것일까? 오늘날 수다한 매
스미디어들이 전하는 정치에 관한 뉴스는 사실상 국가 지도자들의 리
더십에 관한 보도들이라고 해도 과언이 아니다. 또 온갖 리더십에 관
한 서적들이 종종 베스트셀러가 되기도 한다. 그런데 이런 리더십에
관한 논의들은 거의 모두가 국가나 기업과 같은 거대한 조직의 효과적
인 운영에 관한 것이다. 리더십에 관한 학문적 관심도 예외는 아니다.
　　오늘날 리더십에 관한 학문 연구들은 대부분 행정학이나 경영학
에 관련된 것들이다. 정치 리더십에 관한 거의 모든 논의들도 주어진
국가를 어떻게 개혁하느냐의 문제이거나, 어떻게 하면 다음 선거에서
승리할 수 있을 것인가 하는 문제들이다. 근래 들어 민족해방이나 혁
명에 관한 이론들은 더 이상 학계의 관심사가 아니게 되었다. 새로운
국가의 수립과 같은 과업을 추구하는 혁명 리더십에 관한 논의는 발견
하기가 쉽지 않다.[1] 따라서 새로운 정치질서의 수립, 국가의 건설, 혼
란으로 점철된 국제질서 속에서의 국가의 독립과 유지 등에 필요한 리
더십의 탐구를 위해서는 고전으로 되돌아갈 수밖에 없다. 국가의 독립

---

[1] 최근 옥스퍼드 대학 출판부가 간행한 3권의 편람(Michael G. Rumsey, ed., *The Oxford Handbook of Leadership*, New York: Oxford University Press, 2013; David V. Day, ed., *The Oxford Handbook of Leadership and Organizations*, New York: Oxford University Press, 2014; R. A. W. Rhodes and Paul't Hart, ed., *The Oxford handbook of Political leadership*, New York: Oxford University Press, 2014.)도 이러한 추세를 반영하고 있다.

은 경영이나 행정의 문제가 아니라, 정치와 권력의 문제인 것이다. 독립운동의 리더십을 고찰하려면 정치와 권력의 문제를 국가의 건설과 연결 지어 설파한 근대 정치철학자에 의지하지 않을 수 없다.

제1절 무장한 예언자와 비무장 예언자

16세기 초 마키아벨리는 야만인들로부터 이탈리아를 해방시킬 것을 촉구[2]했다. 그는 프랑스와 스페인에 점령되어 주권을 상실한 조국 이탈리아의 부활을 갈망하던 피렌체의 애국시민이었다. 그런 점에서 마키아벨리의 촉구는 해방된 근대국가를 세우려는[3] 모든 독립운동가들에게 적용될 수 있다. 마키아벨리는 자신의 능력으로 군주가 된 모세(Moses)[4]ㆍ키루스(Cyrus)[5]ㆍ테세우스(Theseus)ㆍ로물루스(Romulus)와 같은 지도자들을 예로 들었다. 군주가 조국을 다시 얻기 위해서는 '무장한 예언자'(armed prophets)로서의 지도자가 되어야 한다고 주장하며 '비무장 예언자'(unarmed prophets)는 실패할 수밖에 없음을 단호하게 강변

---

2) Machiavelli, *op. cit.,* pp. 108-112.
3) 마키아벨리의 군주론의 저술목적을 전통적인 소위 "마키아벨리즘"이라는 어두운 측면에서 벗어나 새로운 근대 국가라는 정치질서의 창조라는 관점에서 해석해야 한다는 가장 최근의 주장에 대해서는 Philip Bobbitt, *The Garments of Court and Palace: Machiavelli and the World That He Made*, New York: Grove Press, 2013을 참조.
4) Machiavelli, *op. cit.,* pp. 24, 26. 모세의 리더십에 관한 좀 더 상세한 논의는 이사야ㆍ서형석, 『성서와 리더들』(*Bible and Leaders*), (서울: 북코리아, 2010), pp. 84-113 참조.
5) Machiavelli, *op. cit.,* pp. 24, 26. 키루스의 리더십에 관한 좀 더 상세한 논의는 Xenophon, *Cyropaedia Books 1-4*, ed., Jeffrey Henderson, trans., Walter Miller, Loeb Classical Library, (Cambridge, Massachusetts: Harvard University Press, First published 1914), pp. 131-213 참조. 번역서 크세노폰(Xenophon), 『키로파에디아: 키루스의 교육』(*Cyro Paedia*), 이은종 옮김, (인천: 주영사, 2014) 참조.

했다.6)

마키아벨리는 새로운 국가질서를 수립하는 것은 새로운 규칙과 규정을 다루는 것보다 훨씬 어렵고, 성공을 확신할 수 없으며 위험하다는 것을 고려해야 된다고 전제했다. 그 이유는 구질서에 의해 이익을 얻었던 모든 사람들은 개혁가에게 적이 될 것이고, 새로운 질서에 의해 이익을 얻을 사람들은 단지 미온적인 지지자가 될 뿐이기 때문이라고 지적했다.7) 이 문제를 철저하게 조사하기 위해서 이들 개혁가들이 독립적인지 의존적인지 검토할 필요가 있다. 다시 말해서, 자신의 계획을 추진하기 위해서 반대자들을 설득하고 간청해야 하는지 아니면 강제로 관철시킬 수 있는지를 검토할 필요가 있다고 했다.8) 그 결과 전자의 경우는 예외 없이 개혁가들이 어렵게 간신히 성공했거나 아무것도 성취하지 못했다. 그러나 그들 자신만의 힘에 의존하여 무력을 사용할 수 있을 때 그들은 거의 실패하지 않았다고 강조했다. 모든 무장한 예언자들은 반대자들을 정복했지만 비무장 예언자들은 실패했다고 결론지었다.9) 즉 마키아벨리는 지도자의 가장 중요한 본질을 권력 사용으로 본 것이다. 권력을 사용하여 성과를 내는 것과 권력을 사용하여 성과를 내지 못하는 것 사이에서 권력 사용의 정당성 여부가 문제가 되는 것이 아니다. 결과가 문제인 것이며 성과를 내지 못한다면 이것은 지도자로서 실패하게 되는 것이다. 그런 점에서 볼 때 권력을 사용하는가의 문제보다 목적을 달성했는가의 문제가 더 중요한 문제가 된다. 즉 결과주의 접근이 되는 것이다.

하지만 권력으로 무장한 지도자가 모두 성공하는 것은 아니다. 결

---

6) Machiavelli, *op. cit.*, pp. 25 – 26.
7) *Ibid.*, p. 25.
8) *Ibid.*, p. 25.
9) *Ibid.*, p. 25.

국 실패하는 지도자도 있기 마련이다. 그러나 실패가 만일 무장을 하지 않았기 때문에 벌어지는 것이라면 이것은 실패의 결과도 문제지만, 권력의 중요성을 인지하지 못한 것과 준비가 부족한 것도 문제이다. 다시 말해 적나라한 권력 투쟁의 정치 무대에서 권력을 등한시하여 자신의 정치 목적을 달성하지 못했다면 그것은 무능한 지도자인 것이다. 무장을 하지 않은 즉 권력을 사용하지 않은 지도자는 그런 점에서 정치의 본질을 이해 못한 무능력한 지도자가 될 수밖에 없는 것이다.

　　마키아벨리의 관점에서 보면 안창호는 분명 '비무장 예언자'였다. 뿐만 아니라 결과주의 관점에서 보면 독립운동가로서의 안창호는 조국의 독립이라는 목표와 성과를 달성하지 못한 실패한 지도자이기도 하다. 이러한 논리의 연장선 위에서 본다면 그는 무능한 지도자가 될 수밖에 없을 것이다. 그는 과연 지도자로서 의미 있는 평가를 받을 수 없는 무능한 지도자였을까? 독립운동가로서의 그의 리더십에는 도출해 낼 수 있는 그 어떤 자질도 특성도 없는 것일까?

　　여기에 마키아벨리의 지도자론에는 한계가 있는 것은 아닐까? 권력의 생리를 정확하게 이해하고 적절하게 무장한 유능한 지도자라고 할지라도 실패할 수 있다는 '역사의 간지(奸智)'(cunning of history)[10]를 마키아벨리는 간과한 것이 아닐까? 마키아벨리는 이러한 비판의 가능성을 잠재우기 위한 대응논리를 마련해 두고 있었다. 지도자의 역사적 능력과 무능력은 그의 자질(virtú)만으로 결정되는 것이 아니라, 지도자가 처한 시대 상황(fortuna)에 의해서도 좌우된다는 비상구를 열어 두었

---

10) 참고로 여기서 원용한 헤겔의 간지(List) 개념은 '이성의 간지(奸智)'로서, 행위자는 자신이 이성의 도구로 쓰인다는 것을 의식하지 못한 채 역사적 이성을 자신의 주관적 목적으로서 수행한다는 것이다. 학자에 따라 교지(狡智), 교지(巧智), 술지(術智) 등으로도 번역된다. 남기호, "헤겔 철학에서의 이성의 교지(巧智) 개념"(Concept of Cunning of Reason in Hegel's Philosophy), 『시대와 철학』, 제20권 4호, 한국철학사상연구회, 2009, pp. 56, 83-84 참조.

던 것이다.[11]

따라서 제국주의의 강압이라는 시대 상황 속에서 오로지 특성과 자질에만 의존해야 했던 일제 강점기 독립운동가들과 그들의 투쟁 활동을 평가할 때 조국의 독립이라는 목표의 성패 여부만으로 리더십의 효용성을 판단해서는 안 될 것이다. 안창호의 리더십 연구에 있어서도 마키아벨리의 무장한 예언자와 비무장 예언자의 구도를 차용하지만, 그것은 지도자의 자질과 특성을 분석할 때만 유용할 것이다. 독립운동가에게 만난(萬難)을 극복하고 초월할 수 있는 초인(超人, superman)을 기대할 수는 없을 것이며, 그리 해서도 안 될 것이다. 제한된 상황 속에서 지도자로서의 어떤 자질과 특성을 발휘했는지 또는 어떠한 상황 때문에 발휘할 수 없었는지를 분석하는 것은 의미 있는 일이다. 따라서 안창호가 독립운동의 과정에 어떠한 상황의 제약 하에 있었는지, 그것을 어떻게 극복하려 했었는지를 탐구하는 것도 의미 있는 리더십 연구의 한 유형이 될 것이다. 이런 점에서 마키아벨리의 리더십 유형은 매우 적절하고도 효과적이다.

뿐만 아니라 마키아벨리는 무장의 유무와 관계없이 모든 예언자의 특성으로 카리스마 리더십을 상정하고 있다.[12] 따라서 마키아벨리를 통해 찾고자 하는 리더십의 유형에 막스 베버의 리더십 분석이 가미되어야 하는 것이다.

---

11) Machiavelli, *op. cit.*, p. 23. 마키아벨리는 한 개인이 군주가 되기 위해서는 행운(fortuna) 또는 능력(virtú) 중 어느 한 요소가 전제되어야 한다고 했다. '비르투'(virtú)와 '포르투나'(Fortuna)에 대한 상세한 설명은 마키아벨리, 『군주론』(*The Prince*), 개역판, 강정인·문지영 옮김, (서울: 까치, 2007), pp. 200-206 참조.

12) Felix C. Brodbeck and Silke A. Eisenbeiss, "Cross-Cultural and Global Leadership", in David V. Day, ed., *The Oxford Handbook of Leadership and Organizations*, (New York: Oxford University Press, 2014), p. 659.

제2절 카리스마의 원천

이미 제1장에서 언급한 것처럼 막스 베버는 직업정치인으로서 정치 지도자에게 열정(passion), 책임감(a sense of responsibility), 균형감각(a sense of proportion)의 세 가지 자질이 중요하다고 설파했다.13) 동시에 그는 정치가라는 직업은 권력감을 주기 때문에 사람들에 대한 영향력과 지배력을 갖고 있다고 생각해 자신이 평범한 사람들 위에 있다고 느끼게 된다며14) 직업정치인이 가질 수 있는 우월의식을 경계했다. 이는 사실상 윤리 문제인데, 이를 해결하기 위해서는 정치가가 당면문제에 대한 헌신의 열정을 갖되 책임감을 수반해야 한다. 아울러 정치가의 가장 중요한 심리 자질인 균형감각을 통해 내적 평정심을 갖추어야 한다. 그럼으로써 상황을 인식할 때 인간관계와의 간극을 유지해야 한다고 주장했다.15)

정치가는 정치공동체를 이끌고 나가고자 하는 의지로서 정치 권력을 추구하게 만들고 추종자들의 능력을 이끌어 내기 위해 열정을 지녀야 한다는 것이다. 또 정치 지도자가 양을 이끌고 가는 목동이라면,16) 양을 어디로 인도할 것인지 그 결과에 대한 책임감을 가져야 하며, 그렇게 해야 추종자들도 지도자를 신뢰할 뿐만 아니라 공동체 의식을 갖고 지도자와 함께 정치 목적을 향해 나아간다는 것이다. 그러기 위해서는, 정치 지도자는 정치적 결정과 판단을 함에 있어서 어느 한 편으로 쏠리지 않는 균형감각을 갖추어야 한다는 것이다.

---

13) Weber, *op. cit.,* p. 76.
14) *Ibid.,* p. 76.
15) *Ibid.,* pp. 76−77.
16) Joseph S. Nye Jr., *The Powers to Lead,* (New York: Oxford University Press, 2008), p. 34. 번역본 조지프 S. 나이, 『리더십 에센셜』(*The Powers to Lead*), 김원석 옮김, (서울: 교보문고, 2008) 참조.

정치 지도자의 자질은 궁극적으로 추종자들의 지지와 추종에 의해서 완성된다. 상명하복식의 권력을 보유한 권력자이거나 권위를 갖춘 지도자만이 추종자들을 가질 수 있다. 따라서 권력의 보유냐 아니면 권위의 보유냐의 문제를 다루어야 하는데, 이는 발생 주체에 따라 근원적인 차이점을 가진다. 권력은 가지고자 하는 이에 의해서 가지게 되는 것이므로 권력보유자로서의 주체가 중요한 반면 권위는 추종자가 인정해주지 않으면 의미가 없다. 그런 점에서 권위는 추종자가 만들어주는 것이고, 결국 권위를 보유한 자는 객체적이 될 수밖에 없다.

일제 강점기 독립운동가의 입장에 이러한 논리를 적용하면, 당시 국가가 부여하는 강제력으로서의 권력을 가질 수 없었던 상황에서 지도자의 정치 리더십의 발현의 문제는 결국 권위가 어떻게 형성될 수 있는가의 문제로 귀결된다. 즉, 일제 강점기 독립운동가들이 보유한 권위의 원천은 무엇이었는가의 문제이다. 여기서 또 다른 고전 이론가에 의지할 수밖에 없다.

막스 베버에 의하면 권위에는 전통 권위, 카리스마 권위, 합법 권위의 세 가지 유형이 있다.[17] 두말할 나위 없이 독립운동가의 권위의 원천은 카리스마이다. 카리스마 권위의 원천은 전통에의 순응이나 합법성이 아니라 지도자 개인이 지닌 초자연의 힘이다. 과학의 영역을 거부하는 카리스마는 천부의 자질로서 발현된다.[18] 베버는 카리스마를 완전히 새로운 정향을 만들어 낼 능력이 있는 '가장 위대한 혁명적 힘'

---

17) Weber, *op. cit.*, p. 34.
18) "카리스마(Charisma)라는 말은 기원후 50~62년 사이에 쓰인 사도 바울의 서신에서 '하나님의 은총의 선물'이라는 의미로 처음 사용되어 대개 '은사'(恩賜)로 번역된다. 그 후 3세기 말 무렵부터 종교적인 개념으로서의 중요성이 감소되어 여러 세기 동안 잘 안 쓰이다가 20세기 초에 막스 베버의 사회학에서 다시 창조되어 현대에 이르기까지 널리 사용되고 있다." 존 포츠(John Ports), 『카리스마의 역사』(*A History of Charisma*), 이현주 옮김, (서울: 도서출판 더숲, 2010), pp. 13, 24.

이라 했다. 이런 능력을 통해 거의 마술적, 초자연적 혹은 초인적인 특
성과 힘을 가진 것으로 인식된 지도자들에게 추종자들은 개인의 헌신
을 완전히 제공한다고 주장했다.[19] 즉 카리스마 지도자에게 복종하는
것은 관습이나 법규 때문이 아니라 그저 그를 신봉하기 때문이라는 것
이다.[20]

베버가 카리스마 리더십을 제시한 이후 많은 역사적 지도자들이
카리스마 요소를 지녔었다는 막연하고 추상적인 칭송이나 평가를 받았
다. 그럼에도 불구하고 그런 일종의 신비스러운 종교 성격의 카리스마
가 발휘되는 구체적인 기술들에 대한 기준으로 인정된 체계적인 이론
은 발견되지 못했다. 그만큼 카리스마는 '개념의 모호성'(ambiguity)[21]으
로 구체화하기 어려운 자질이라 할 수 있다. 사람들은 어떤 어려운 문
제에 직면했을 때 자신의 이해를 넘어서는 어떤 알 수 없는 부분에 대
해 종종 신의 뜻 또는 하늘의 뜻이었다고 말한다. 정치 리더십의 연구
에 있어서도 합리적 분석을 넘어서는 알 수 없는 부분들을 특정 지도
자가 지닌 카리스마라고 간단히 치부하는 경향이 있었다.

그래서 카리스마가 행사되는 구체적 방법을 조사할 필요가 있는
것이다. 인류 역사상 가장 카리스마적이었다고 평가받는 아돌프 히틀
러(Adolf Hitler, 1889~1945)의 카리스마는 최종적으로는 최악의 악마인
것으로 역사에서 부정적 측면의 완결판으로 귀결되었다. 반면 윈스턴
처칠(Winston Churchill, 1874~1965)을 비롯한 다른 수많은 정치 지도자들
의 카리스마는 역사에서 오히려 긍정적인 것으로 부각되었다. 최근 로
렌스 리스(Laurence Rees, 1957~)는 히틀러의 카리스마 리더십을 비교적

---

19) 강성학, 『평화神과 유엔 사무총장: 국제 평화를 위한 리더십의 비극』, (서울: 고
     려대학교출판부, 2013), pp. 260-261.
20) Weber, *op. cit.,* p. 35.
21) Burns, *Leadership*, p. 243.

철저히 해부하는 연구를 통해 효과적인 카리스마 구사의 기술들을 제시했다.[22] 히틀러가 집권하기 전, 즉 권력으로 무장하기 전 정치운동 과정에서 효과적으로 보여준 전략이거나 수단인 방법들을 분석·정리한 리스의 '카리스마 정치 리더십의 구성요소'가 그것들이다. 리스가 제시한 카리스마 리더십의 구성요소들은 다음과 같다.

첫째, 카리스마 지도자는 삶의 어느 순간에 자신의 사명감을 스스로 발견해야 한다(discovering a mission).[23] 둘째, 타인들 특히 대중들과 감성 연계를 형성해야 한다(making a connection).[24] 셋째, 일종의 구세주 같은 영웅의 출현을 고대하는 대중들에게 어떤 영웅의 면모를 보여주어야 한다(searching for a hero).[25] 넷째, 다가올 미래에 대한 비전을 개발해야 한다(developing a vision).[26] 다섯째, 위기 속에서 민중들에게 희망을 제공해야 한다(offering hope in a crisis).[27] 여섯째, 자신에 대한 확고한 확신을 갖고 일관되며 쉽게 타협하지 않는 견고함을 유지해야 한다(being certain).[28]

이런 여섯 개의 요소나 혹은 방법들이 역사에서 카리스마 지도자가 성공하는 데 필요한 전략 혹은 수단의 조건들이었다면, 그것들은 동시에 다른 카리스마 리더십 연구에도 적용될 것이다. 비제도 리더십이라는 상황 하에서 카리스마 정치 지도자의 성공여부를 규명하는 데 있어서도 효과적 투쟁 여부에 관한 평가의 기준으로 사용될 수 있을

---

22) Laurence Rees, *Hitler's Charisma: Leading Millions into the Abyss*, (New York: Vintage books, 2014), Part One, pp. 9-77. 아돌프 히틀러, (Adolf Hitler), 『나의 투쟁』(*Mein Kampf*), 이명성 옮김, 중판, 고전으로 미래를 읽는다, 012, (서울: 홍신문화사, 2009) 참조.
23) *Ibid.*, p. 9.
24) *Ibid.*, p. 21.
25) *Ibid.*, p. 33.
26) *Ibid.*, p. 44.
27) *Ibid.*, p. 56.
28) *Ibid.*, p. 68.

것이다.

안창호는 카리스마 지도자였을까? 그렇다면 추종자들은 그의 어떤 면모에서 카리스마를 감지하고 있었을까? 사명감, 추종자들과의 감성 연계, 영웅의 면모, 비전의 개발, 희망의 제공, 확고한 확신이라는 카리스마 지도력의 요소들 가운데 도산이 갖추고 있었던 것은 무엇일까? 사명감과 확고한 확신은 열정에서, 감성 연계는 대중 설득의 능력에서, 영웅의 면모는 투쟁의 성과에서, 비전의 개발은 효과적인 투쟁노선의 제시에서 비롯한다. 이 모든 것이 갖추어질 때 대중은 지도자를 통하여 일종의 희망을 제공받게 된다. 도산은 이러한 여러 요소들 가운데 어떤 것을 갖추고 있었기 때문에 혹은 갖추지 못하고 있었기 때문에 카리스마 지도자가 되거나 혹은 그렇지 못했을까? 이 책에서는 이러한 요소들이 도산의 독립운동의 과정에 어떻게 투영되고 표출되었는지 혹은 그에 실패했는지 등을 저변에 깔고 그의 투쟁과정을 기술, 분석할 것이다.

추종자들이 지도자에게 느낄 수 있는 연대감, 비전, 희망 등은 사실 지도자 개인의 특성과 자질의 범위를 벗어나는 것이기도 하다. 지도자와 추종자의 상호관계에서 규정되는 이러한 카리스마 리더십의 요소들은 마키아벨리나 베버의 자질과 특성 중심의 고전 리더십 분석의 틀로는 설명하기 어렵다. 새로운 리더십 분석의 유형을 가미해야 하는 이유이다.

제3절 거래 리더십과 변환 리더십

조지프 나이(Joseph S. Nye Jr., 1937~)에 의하면 현대의 리더십 이론가들은 카리스마를 변환 리더십이라는 광의의 개념에 포함시켰다고 한다.29) 이러한 현대 리더십 이론의 주요한 줄기를 그는 '네오카리스마적 변환의 접근 방법'이라고 묘사했다.30) 여기서 말하는 변환 리더십이란 어떤 것일까?

제임스 맥그리거 번스에 의하면, 베버의 '순수한'(pure) 카리스마 리더십은 지도자－추종자 관계를 왜곡하여 추종자들이 너무나 충성스럽고 순종적이어서 지도자에게 영향을 거의 주지 못하는 것으로 묘사하고 있다고 했다. 따라서 베버의 리더십 틀에는 지도자－추종자 간의 창의적인 상호작용이 결여되어 있다고 비판했다.31) 그러면서 번스는 카리스마 리더십의 가장 강력한 구성요소는 추종자들로 하여금 스스로의 비전을 찾게 해주고, 열정을 불러일으키고, 스스로가 할 수 있도록 해주는 것이라는 조직학 연구자들의 주장을 소개했다.32) 번스는 이것들이 바로 변환 리더십의 기능이며 이는 추종자들을 노예화하는 것이 아니라 그들을 자유롭게 하고 힘을 돋아줌으로써 달성된다고 주장했다.33) 이를 토대로 번스는 리더십을 다음과 같이 정의했다. 즉 리더십이란 지도자와 추종자들이 공유하는 가치와 동기 — 욕구와 요구, 열망과 기대 — 에 해당하는 분명한 목표들을 위해 추종자들이 행동하도록 지도자들이 유도하는 것이다.34) 이때 지도자와 추종자 간의 관계에서 중요한 것은 공통 또는 공동의 목적을 추구하는 과정에서 기술을 포함한 서로 다른 수준의 동기와 잠재 권력을 가진 사람들 사이에서 이루어지는 상호작용이다. 번스는 거래 리더십(transactional leadership)과 변환 리더십(transforming leadership)이라는 근본적으로 다른 두 가지 형태

29) Nye, *op. cit.,* p. 61.
30) *Ibid.,* pref. xi. "neo－charismatic and transformational approach"라 했다.
31) Burns, *Transforming Leadership,* p. 27.
32) *Ibid.,* p. 27. 참고로 두 사회학자는 David A. Nadler와 Michael L. Tushman이다.
33) *Ibid.,* p. 27.
34) Burns, *Leadership,* p. 19.

로 구분했다.[35]

첫째, 거래 리더십은 한 일방이 주도권을 가지고 가치의 교환을 목적으로 상대방과 접촉할 때 발생한다. 이때 거래당사자들은 서로 상대방의 권력 자원과 태도를 의식하면서 거래 과정에서만 그들의 관계가 유지될 뿐이다. 그들을 결속시킬 영속적인 목적은 갖고 있지 않다.[36] 이것은 더 높은 목적을 상호 간에 지속적으로 추구하도록 지도자와 추종자들을 결속시키는 리더십이 아니다.[37]

둘째, 변환 리더십은 지도자와 추종자가 서로 상대방의 동기와 도덕성을 더 높은 수준까지 끌어 올리려고 서로 어우러질 때 발생한다. 그들의 목적은 거래 리더십의 경우처럼 각각 따로 시작되었다 하더라도 결국은 융합하여 힘의 기반은 일대일 대응이 아니라 공통의 목적 성취를 위해 서로 지지함으로써 연결된다.[38] 변환 리더십은 지도자와 추종자가 서로의 인간행동과 윤리적 열망의 수준을 끌어 올리면서 양쪽 모두를 변환시키는 효과를 갖게 된다는 점에서 궁극적으로 도덕적이 된다.[39]

변환 리더십을 구사하는 지도자들은 추종자들을 변화의 과정에 참여시키기 위해 동원하고 집단 정체성과 집단 효능감을 고취시키며 앞장선다. 이로 인해 그 사람들이 더욱 강한 자긍심과 자기 효능감을 갖도록 해준다.[40] 이러한 과정을 표현하는 단어가 '힘 돌아주기'(empowerment)이

---

35) *Ibid.*, p. 19. 참고로 번스가 최초로 주장한 'transforming leadership'의 개념은 이후 바스(Bernard M. Bass)나 나이 등에 의해 'transformational leadership'이라 표현되기도 했으나 거의 동일한 의미이다. Bernard M. Bass and Ronald E. Riggio, *Transformational Leadership*, 2nd ed., Mahwah, Nj: Lawrence Erlbaum, 2006; 제임스 맥그리거 번스, 『리더십 강의』, pp. 53-54 참조.
36) Burns, *Leadership*, pp. 19-20.
37) *Ibid.*, p. 20.
38) *Ibid.*, p. 20.
39) *Ibid.*, p. 20.
40) Burns, *Transforming Leadership*, p. 25.

다.[41] 이 힘 돋아주기는 리더십 자체의 역할을 감소시키는 것이 아니라 오히려 진작시키고, 추종자가 지도자가 되고 반대로 지도자가 추종자가 되는 것처럼 리더십은 조직체계를 활성화시킨다.[42] 변환의 지도자와 추종자 간의 활기찬 상호작용은 그 자체가 변화를 위한 서로의 강력한 인과력(因果力, causal force)이 된다.[43] 현대의 변환 리더십의 가장 훌륭한 사례는 인도의 마하트마 간디이다. 그는 수백만 인도인의 희망과 욕구를 불러일으키고 끌어 올리는 과정에서 그의 삶과 인격도 더욱 앙양(昻揚)되었다.[44]

안창호는 간디와 같은 변환 리더십의 소유자는 아니었을까? 변환 리더십의 주창자인 번스는 리더십이란 세상에서 가장 많이 관찰되지만 가장 적게 이해된 현상이라고 갈파했다.[45] 이 표현을 빌면 어쩌면 우리는 독립운동가의 리더십을 가장 적게 관찰했으면서도 가장 많이 이해하고 있다고 자부하고 있는 것은 아닐까? 외세에 의해 주어진 독립과 해방이라는 체념 속에서 안창호를 포함한 많은 독립운동가들의 투쟁 방식과 지도력을 그 결과로만 재단하는 우를 범하고 있는 것은 아닐까? 안창호 리더십의 한 측면을 새로운 리더십의 프레임으로 설명하는 것은 이러한 체념을 극복하는 시도가 될 수 있을 것이다. 이 책의 리더십 분석 틀로서 지도자의 특성과 자질을 중심으로 하는 전통 리더십 유형에 지도자와 추종자 사이의 관계라는 특성을 가미함으로써 독립운동가들 특히 안창호 리더십 분석에 새로운 접근방법을 모색하려는 것도 그 때문이다.

요컨대 이 책은 독립운동가의 정치 리더십 이론화를 최종 목적으

41) *Ibid.*, p. 26.
42) *Ibid.*, p. 185.
43) *Ibid.*, p. 25.
44) Burns, *Leadership*, p. 20.
45) 강성학, 『평화신과 유엔 사무총장』, p. 24.

로 하지만, 그 구체 사례로서 안창호의 정치 리더십 분석을 시도하는 것이다. 이를 위해 마키아벨리의 리더십 유형, 베버의 리더십 유형, 번스의 리더십 유형을 기본 틀 혹은 전제로 하여, 권력을 가질 수 없었던 시대의 지도자의 가능성과 한계를 서술하려고 한다. 위에 언급한 여러 모델들을 묶어 표현하자면 '비무장 카리스마 변환 리더십'(unarmed charismatic transforming leadership)이 될 것이다. 이를 종국적으로는 일제 강점기 조국 독립을 위해 헌신했던 지도자들을 설명하는 하나의 모델로 삼으려는 것이다.

새로운 근대국가라는 정치질서 창조를 모색하는 마키아벨리의 '예언자'에게는 베버가 제시한 '카리스마 리더십'이 필수였다. 베버의 카리스마를 현대에 해석한 리스와 번스에 의하면 그것은 윤리적 열망을 통한 변환 리더십으로 추종자들을 감화시킴으로써 나타난다.

마키아벨리 시대 권력 보유 여부와 정치성과 획득 여부로 판단되던 고전 리더십은 현대의 번스에 이르면 지도자와 추종자의 감정 연대의 성패 여부로 판단된다. 다시 해석하면 리더십의 성패 여부는 단기 성과 중심에서 장기 성과 획득을 위한 토대 형성의 가능성 여부로 바뀌어 온 것이다. 무장 투쟁에 전념하지 않은 비무장 예언자 안창호와 같은 한국의 독립운동가들의 정치 리더십도 새로운 국가와 정치질서를 실제로 창조했느냐의 여부에 의해서만 평가할 수 없다. 지도자와 추종자들 사이의 조국독립이라는 공동 목표를 향한 연대감 형성에 어느 정도 기여했는가? 어떠한 비전을 제시하고 희망을 제공했는가 하는 점 등에 의해서도 새롭게 평가받고 분석되어야 할 것이다.

제4장

안창호의
정치 비전
배경과 형성

제4장

안창호의 정치 비전 배경과 형성

한 개인이 어떠한 행동을 하면서 그 결과를 스스로의 마음속으로 예상하여 그려보는 것을 심리학 용어로 인식의 지도(cognitive map)[1]라 한다. 이는 개인이 습득, 축적하는 복잡다양한 지식과 정보가 외적으로 나타나는 현상과 그 과정을 설득력 있게 구성하는 일종의 개념화 작업 이라고 할 수 있다. 여기서 중요한 비중을 차지하는 것은 그 개인이 성 장과정에서 체득한 경험 또는 인식이 행동으로 외면화되는 시점의 정 치사회 환경이다.

정치 리더십 연구에서는 이러한 인식의 지도를 지도자의 정치 행 위와 비전을 설명하는 데 적용하는 경우가 많다. 원래 인식의 지도란 자신의 행위가 초래하는 결과에 대한 사전 인지의 과정을 스스로가 구 성하는 것이다. 그런데 정치 지도자에 관한 연구에서는 연구의 대상이 되는 지도자를 객관화하여 그의 성장과정과 정치사회 경험 등을 살펴 봄으로써 그의 정치 행위와 비전을 설명하게 된다.

본 장에서는 안창호의 정치 행위와 비전에 관한 객관적인 인식의 지도를 그려보려고 한다. 그가 성장과 교육 과정에서 갖게 된 경험과 인식이 후일 그의 리더십 형성에 어떤 영향을 주었는가? 또 그의 성장 과정에서 발생한 국내외 사건, 정치사회 상황, 이에 대한 그의 인식이 어떤 리더십 유형의 토대가 되었는가를 살펴보려는 것이다.

---

1) 강성학, "제15장 지성과 정책: 지도자의 상황인식과 정책결정", 『무지개와 부엉 이』, p. 651. "사람들의 머릿속에 저장되어 있는 기억은 외부 환경을 인식하는 방식을 통제하는 인식의 지도를 만들어내며, 한 인간의 인식의 지도는 가치체계 에 따라서 정보의 수집을 처리하고 선별하는 역할을 수행한다는 점에서 이데올 로기와 같은 것이다."

지도자의 인식형성과 그 결과 행위를 연결 기술하는 것은 사실상 심리학 차원의 논의가 될 가능성이 크고, 결과론적 추정에 불과할 수도 있다. 리더십 연구에서는 극복하기 어려운 그러나 용인할 수밖에 없는 현실적 한계이기도 하다. 안창호는 어떠한 국내외 상황에서 성장했으며, 시대적 격랑을 어떻게 받아들이며 지도자로서의 인식의 지도를 그려 나갔을까? 본 장에서는 안창호의 탄생 시부터 조선의 몰락 시기까지 조선의 국내 배경과 국제 배경을 살펴보고, 마지막으로 이를 배경으로 한 안창호의 정치사회 인식의 형성과정을 분석한다.

제1절 근대화 실패와 왕조 몰락: 국내 배경

안창호가 태어나고 성장했던 조선 말기 당시 일본은 세계 시대 조류에 맞추어 서구 문명을 받아들이고 메이지 유신을 통해 근대화 개혁에 성공했다.[2] 반면 은둔의 왕국(Hermit Kingdom) 조선은 수백 년 동안 유교적 정치체제를 그대로 변함없이 유지해 온 '플라톤의 미덕의 왕국'으로 근대화 개혁에 실패했다. 그 결과 조선은 '마키아벨리적인 사무라이 제국'으로부터 위협을 받으며 몰락해 가고 있었다.[3]

은둔의 왕국 조선이 세상에 문을 연 것은 안창호가 태어나기 불과 2년 전 1876년에 체결된 강화도조약 때문이었다. 이 조약은 조선 역사상 최초의 근대 국제법 제도에 의해 처음으로 근대외교관계를 수립한 역사적인 사건이었으며[4] 치외법권을 포함한 불평등조약이었다.[5] 이때

---

2) 야마구치 게이지(山口啓二), 『일본근세의 쇄국과 개국』(鎖國と開國), 김현영 옮김, (서울: 도서출판 혜안, 2001), p. 332. 저자는 메이지 신정부는 천황제 '국민국가'로서, 국내적으로는 자유·민주주의의 확립 대외적으로는 '부국강병'을 기치로 제국주의 시대를 눈앞에 둔 자본주의 세계체제의 일각으로 나아갔다고 평가한다.

3) 강성학, 『시베리아 횡단열차와 사무라이』, p. 619.

부터 조선은 자본주의체제에 편입됨에 따라 종래의 낡은 봉건 사회에
내재된 모순과 갈등이 표면화되었고 청국과 일본을 비롯한 외세의 폭
력적 외압마저 받게 되었다.6)

한편 개국 이전부터 실학사상의 한 갈래인 북학사상의 영향을 받
은 박규수(朴珪壽, 1807~1877) 등 초기 개화사상가들은 청국에서 유입되
는 서적을 통해 서양사정을 잘 알고 있었다. 병인·신미양요를 겪으면
서 개국의 필요성을 절감하고 있었으며, 후일 정치세력으로서의 개화파
로 등장하는 김옥균(金玉均, 1851~1894) 등 젊은 신진관료들에게 개화사
상을 교육하고 있었다.7) 개국이 되자 이들 젊은 신진관료들은 고종과
함께 근대화 개혁에 본격적으로 착수했다.8) 이후 고종(高宗, 1852~1919)
과 개화파 집권세력이 추진한 위로부터의 개혁과 민중들이 자발적으로
추진한 아래로부터의 개혁은 일곱 번9)이나 시도되었다.

4) 위의 책, p. 113.
5) 姜在彦, "甲申政変百年", 『季刊 三千里』, 40號 特輯: 朝鮮の近代と甲申政変, 冬,
   1984, p. 22.
6) 하원호, "개화사상과 개화운동의 역사적 변화", 『한국근대 개화사상과 개화운동』,
   한국근현대사회연구회 지음, (서울: 도서출판 신서원, 2001), p. 9.
7) 구선희, "개화파의 대외인식과 그 변화: 갑신정변 이전단계를 중심으로", 위의
   책, pp. 113, 115–119. 초기 개화사상가들은 박규수, 강위, 오경석 등이고, 젊은
   신진관료들은 김옥균, 홍영식, 서광범, 박영효 등이다.
8) 김용구, 『세계관 충돌과 한말 외교사, 1866–1882』, 서남동양학술총서, 14, (서
   울: 문학과 지성사, 2004), p. 294. '제대신헌의'를 변화의 분수령으로 삼았는데,
   그 경위와 주요 내용 요약은 이 책의 pp. 295–299 참조.
9) 朴殷植, 『韓國痛史』, (上), (下), 李章熙 譯, 박영신서 1, 2, (서울: 博英社, 1996); 박은
   식, 『한국독립운동지혈사』(韓國獨立運動之血史), 김도형 옮김, (서울: 소명출판,
   2008), pp. 18, 37. 하원호, "개화사상과 개화운동의 역사적 변화", 앞의 책, pp.
   9–31. 박은식은 일제로부터의 독립을 혁명운동이라 규정하고 갑신년독립당의
   혁명[갑신정변]을 기점으로 동학당의 평민혁명, 유림의 의거와 지방의병, 독립
   협회운동, 120인의 테라우치 암살모의 사건[105인사건]을 축으로 하고 아국개혁
   지신정(我國改革之新政)[갑오경장]을 개혁이라 하여 여섯 가지로 구분한다. 참고
   로 하원호는 이 논문에서 개화운동의 역사적 변화를 동도서기론, 갑신정변, 농민
   전쟁, 갑오개혁, 독립협회운동, 광무개혁의 여섯 가지로 구분한다. 이 책은 이 두
   논의를 참고하여 동도서기론을 추가하고 105인사건을 뺀 일곱 가지로 구분한다.

첫 번째는 1881년 이른바 동도서기론(東道西器論)10)을 바탕으로 국가개혁을 추진하여 신식군대인 별기군(別技軍)을 창설하고 부국강병을 이루고자 한 것이었다. 강화도조약 체결 직후 1876년 일본의 요청11)에 의해 파견한 제1차 수신사 김기수(金綺秀, 1832~미상) 일행은 주로 군대를 시찰하고 일본의 부국강병에 대해 보고했다. 이때부터 부국강병에 대한 고종의 관심이 고조되기 시작했다.12) 그러나 이 시기의 개혁 세력은 일본의 팽창주의 정책을 정확하게 파악하지 못했으며, 일본의 우월주의와 제국주의가 지닌 침략성을 간과13)하고 말았다.

1880년 제2차 수신사 김홍집(金弘集, 1842~1896) 일행이 가져 온 후 앙쭌시엔(黃遵憲, 1848~1905)의 『사의조선책략』(私擬朝鮮策略)은 당시 국제관계의 변화에 어둡던 정권담당자에게 새로운 세계관을 제공했다. 정관응(鄭觀應, 1842~1921)의 『이언』(易言)은 서양의 근대적 생산력의 우수성을 소개하여 조선의 지식인들에게 큰 영향을 주었다.14) 고종은 본격적인 개혁을 위한 중심기구로 청국의 총리각국사무아문(總理各國事務衙門)을 본떠 통리기무아문(統理機務衙門)을 설치했다. 이듬해 1881년 1월 일본에 조사시찰단(朝士視察團)15)과 9월에는 청국에 영선사(領選使)를 파

---

10) 許東賢, 『近代韓日關係史硏究: 朝士視察團의 日本觀과 國家構想』, 韓國史硏究叢書, 15, (서울: 國學資料院, 2000), p 259. 거의 동일한 내용으로 일반인들이 쉽게 접할 수 있도록 출판한 책이 있다. 허동현 지음, 『일본이 진실로 강하더냐: 근대의 길목에 선 조선의 선택』, (서울: 도서출판 당대, 2000), pp. 320－323. 본 책에서는 『近代韓日關係史硏究』를 참고해 인용했다. 동도서기론(東道西器論)은 조선의 전통적인 문화와 제도를 온존시키는 범위 안에서 국가의 부강과 백성의 후생에 도움이 되는 서양의 제도와 기술을 선별적으로 수용한다는 개혁안이다.

11) 김용구, 앞의 책, p. 220. 강화도조약이 체결되자 일본은 자국의 근대화된 모습을 보여줌으로써 조선을 자국에 의존시키려는 의도로 6개월 이내에 조선의 수신사를 파견할 것을 요청했다.

12) 하원호, "개화사상과 개화운동의 역사적 변화", 앞의 책, p. 17.

13) 許東賢, 『近代韓日關係史硏究』, p. 260.

14) 하원호, "개화사상과 개화운동의 역사적 변화", 앞의 책, p. 17.

15) 許東賢, 『近代韓日關係史硏究』, pp. 48－66. 조사단(朝士團) 일행은 향후 갑신정변과 갑오경장에서 주도적 역할을 하게 되는 중요한 의미가 있으므로 그 구성

견하여 양국의 정부·군사 조직 및 근대식 신무기와 주요 산업시설을 시찰하고 학습토록 하며 근대화 개혁을 추진했다.[16]

그러나 1882년, 개국 이래 계속된 개화파와 수구파의 대립이 임오군란이라는 반(反)개화파 운동으로 표출되었다. 일본과 청은 군란 진압을 구실로 군대를 파견하여 양측은 조선 땅에서 직접 대립을 하게 되었다.[17] 군란이 진압된 후 일본은 호위 병력만 남기고 철수했으나, 청국은 조선 반도에서의 전통적인 우월성을 부활시키고자 군대를 계속 주둔시키고, 조선 군대의 근대식 훈련을 맡게 되었다. 결국 조선은 다시 청국의 지도와 지원에 의존하지 않을 수 없는 상황을 맞이했다.[18] 이와 같이 종주국 청국에 대한 복고적 의존상태로 회귀하자 청국을 모델로 하는 온건한 시무(時務)개화파의 동도서기론에 반대하고 일본을 모델로 하는 급진적 변법(變法)개화파가 등장해 개화파의 분화가 시작되었다.[19] 첫 번째 개혁인 동도서기론은 임오군란의 발발과 함께 일본과 청국의 개입을 초래했으며, 개화파의 내부 분화를 야기했다.

두 번째 개혁은 1884년 10월 17일 급진적 변법개화파[20]가 일본의 힘을 빌려 일으킨 갑신정변이었다. 임오군란이 진압되고 흥선 대원군(李昰應, 1820~1898)은 청국으로 압송되자 개화파들은 33일 만에 다시

및 역할에 대한 상세한 연구는 <표1> - <표6> 참조.

16) 하원호, "개화사상과 개화운동의 역사적 변화", 앞의 책, p. 18.

17) 강성학, 『시베리아 횡단열차와 사무라이』, p. 119.

18) 위의 책, p. 120.

19) 하원호, "개화사상과 개화운동의 역사적 변화", 앞의 책, p. 12. 참고로 개화파의 내부적 분화를 구분하는 용어는 '온건과 급진', '개량적과 변법적', '양무와 변법', '시무와 변법' 등이 있으며 각 개념의 제설(諸說) 검토와 구분의 전제에 관한 상세한 논의는 이 논문 pp. 10-17 참조.

20) 조민, "변법개화파의 정치적 개혁구상", 『한국근대 개화사상과 개화운동』, 한국 근현대사회연구회 지음, (서울: 도서출판 신서원, 2001), pp. 43-57. 특히 변법 개화파의 개혁구상에 관한 상세한 내용 참조.

집권하게 되었다. 이들은 강압적인 청국보다는 경제·군사 발전이 현저한 일본에 주목하고 있었고, 일본정부 또한 조선의 국내 개혁을 열망하고 있었다.[21] 때마침 발발한 청불전쟁으로 조선 주둔 청군 병력의 일부가 철군하자, 이 틈을 타 조선에서의 세력을 넓히려 했던[22] 일본은 김옥균 등에게 지금이야말로 청의 속박을 벗어날 수 있는 절호의 기회라고 부추겼다.[23] 그러자 이들 젊은 급진적 변법개화파들은 친일적이라기보다는 반청적인 민족감정을 반영했다.[24] 이들은 기존 친청노선의 시무개화파[25]와는 달리 일본의 메이지유신을 모델로 조선의 국가독립과 개화를 통한 부국강병의 국가 건설을 목표로 위로부터의 개혁을 단행했다.[26]

갑신정변은 14개조 「정령」[27]을 내세우며 입헌군주제와 인민평등권을 주장한 근대 정치개혁운동[28]이었으나 청국의 한성 주둔군인 위안스카이(袁世凱, 1859~1916)의 무력에 의해 삼일천하로 끝나고 말았다. 비록 실패로 끝나고 말았지만 한국의 근대적 변혁의 역사적 단계에서 '위

---

21) 강성학, 『시베리아 횡단열차와 사무라이』, p. 120.
22) 許東賢, 『近代韓日關係史研究』, p 270.
23) 최문형, 『한국을 둘러싼 제국주의 열강의 각축』, (서울: 지식산업사, 2006), pp. 57-58.
24) 김기혁, 『근대 한·중·일 관계사』, 현대한국학연구소 학술총서, ⑪, (서울: 연세대학교출판부, 2007), p. 157.
25) 한철호, "시무개화파의 개혁구상과 정치활동", 『한국근대 개화사상과 개화운동』, 한국근현대사회연구회 지음, (서울: 도서출판 신서원, 2001), pp. 79-108. 특히 시무개화파의 개혁구상에 관한 상세한 내용 참조.
26) 박은숙 번역, 『추안급국안(推案及鞠案) 중 갑신정변 관련자 심문·진술 기록』, (서울: 아세아문화사, 2009), pp. 37, 58.
27) 강범석, 『잃어버린 혁명: 갑신정변 연구』, (서울: 솔출판사, 2006), pp. 102-103; 참고로 갑신정변 평가의 근거 사료인 『갑신일록』은 김옥균의 회상록이고 「갑신정강」은 그들의 집권을 위한 정견일 뿐이라는 사료의 한계에 관한 상세한 논의는 이 책 "제2장 수나가문고와 「김옥균 석필일기」"와 "제3장 3편의 일록과 그 행간" 참조.
28) 강성학, 『시베리아 횡단열차와 사무라이』, p. 120.

로부터'의 변혁 가능성과 비전을 보여주었다는 점에서 큰 의의가 있
다.[29] 하지만 갑신정변을 추진했던 개화세력들이나 관련자들은 대역부
도의 죄인으로 몰려 거의가 목숨을 잃거나 국외로 축출되는 등[30] 희생
이 너무나 컸다. 그 후로는 '개화'라는 말은 입에 담을 수조차 없게 된
'잃어버린 혁명'이 되었다.[31]

갑신정변 이후부터 동학농민혁명과 청일전쟁이 발발한 1894년 갑
오년까지의 10년을 당시 역사가들은 소위 '태평 십년'이라 일컬었으
나[32] 실상은 '자못 태평치 못한'의 세월의 연속이었다. 이 10년 동안
조선은 서양문물을 일부 도입[33]하기는 했으나 제도와 체제의 개혁을
추진하지는 못했다. 오히려 위안스카이의 무례한 전횡과 강압적인 내
정간섭으로 통제력이 심화되었다.[34] 양반 관료정치의 파탄과 탐관오리

---

29) 조민, "변법개화파의 정치적 개혁구상", 앞의 책, p. 38.
30) 박은숙 번역, 앞의 책, pp. 13−61. 상세한 처벌의 내역은 특히 "갑신정변 관련
    자 심문·진술 기록에 대하여" 참조.
31) 강범석, 앞의 책, p. 342. 『윤치호 일기』는 "'개화'를 입에 담기조차 마다하게 됐
    다."며 갑신정변 직전후의 일반적 세태를 표현했다.
32) 주요한 편저, 『安島山全書』, 증보판, pp. 40, 42. "갑신정변 이후부터 갑오동학란
    의 직전까지를 흔히 '태평 십년'이라고 일컫는다.... 그러나 이 동안의 내외 정세
    를 다시금 따져 보면, 청·일 양국의 일시적인 균세 정책은 도리어 어부지리를
    노리는 제로(帝露)에게 적극 진출의 호기회를 장만해 주었고, 나아가 일제(日帝)
    와의 묵계 아래 청국의 무모한 내정 간섭만이 증대되었다.... '태평 십년'은 실로
    허탈 상태의 왕조를 위하여 폭풍 전야의 정적(靜寂)이요, 구안(苟安)이 아닐 수
    없었다(《한국사》〈 최근세사 〉789쪽)."
33) 참고로 전신 전선 개설, 광혜원 설립, 이화학당과 육영공원 설립 등이 있었고,
    1889년에는 유길준이 『서유견문』을 저술했다. 다홀편집실 편, 『한국사 연표: 북한·
    세계사 포함』, (서울: 다홀미디어, 2007), pp. 386−391의 '1885년~1893년' 참조.
34) 최문형, 『명성황후 시해의 진실을 밝힌다: 선전포고 없는 일본의 대러 개전』,
    (서울: 지식산업사, 2006), pp. 141−142. 궁중 법도와 하마(下馬)비를 무시해 교
    자를 타고 편전 계단까지 무상출입하는 등 조선의 상왕처럼 구는 무례를 범하
    고 '제2차 한러밀약' 사건을 조작해 조선의 병합을 시도하는 횡포를 부렸다. 일
    본 공사 오오이시 마사미(大石正己)의 오만불손함은 위안스카이를 능가했다. 이
    에 반해 새로 부임한 베베르(Karl Ivanovich Weber) 러시아 공사 부부의 예절바
    른 자세와 친절은 고종과 민왕후의 환심을 사는 데 큰 역할을 해 향후 '인아'(引
    俄)정책의 견인차 역할을 하게 되었고 아관파천의 계기가 되었다.

의 횡포도 더 심해지고 청·일 상인들의 침투가 확대되어 백성들의 삶은 극도로 피폐해졌다. 특히 무자년(戊子, 1888년) 대한재(大旱災) 이후로는 민란이 전국으로 급격히 번져나갔다.35) 이 시기에 주목할 것은 동학의 교세 확장이었다. 이미 20여 년 전에 창도된 동학은 1880년대 들어 보국안민(輔國安民)의 민족주의 성격이 잔반(殘班) 신분과 농민들에36) 파고들어 교세는 전국으로 확대되어 갔다.

　　세 번째 개혁인 1894년의 제1, 2차 동학농민혁명은 농민과 민중에 의해 주도된 아래로부터의 평민혁명37)이었으나 청일전쟁 발발의 원인만을 제공하고 이 역시 실패로 끝났다. 동학운동이 종교적인 관심에서 정치적인 관심으로 현저히 변환되는 전환점은 척왜양창의(斥倭洋倡義)의 기치를 내건 충청도의 보은취회(報恩聚會)였다.38) 초기에는 종교적인 대중시위에 한정되었다. 이후 농민봉기에 대중이 합류하여 정부군을 상대로 한 무장 투쟁의 시기에는 혁명의 모든 특징을 갖추고,39) 동학의 교세는 조직을 정비하여 큰 정치세력으로 확대되어 갔다.40) 2월에 일어난 반봉건의 제1차 봉기 때 정부가 청국에 지원을 요청하자 동학혁명군은 6월 초 자진 해산하며 12개조의 폐정개혁안을 공포하고

---

35) 한우근, 『동학 농민 봉기』, 교양 국사 총서, 19, (서울: 교양국사총서 편찬위원회, 2000), p. 88.

36) 위의 책, pp. 141－142.

37) 박은식, 『한국독립운동지혈사』, p. 47. 박은식은 "만약 외국인의 간섭이 없었고, 또 그 무리 안에서 유능한 자가 나왔다면 … 하나의 신선한 독립국가를 건설하는 것도 처음부터 불가능한 일은 아니었다."고 평가했다.

38) 이정식, 『韓國民族主義의 運動史』(The Politics of Korean Nationalism), 미래신서, 28, (서울: 미래사, 1986), p. 48.

39) 위의 책, pp. 44－45, 48－49. 이정식은 첫 번째 단계는 1892년과 1893년 사이이고 두 번째이자 마지막 단계는 고부군수 조병갑의 악정이 발단이 된 1894년 2월부터 11월까지로 나눈다.

40) 이동초, 『천도교 민족운동의 새로운 이해』, (서울: 도서출판 모시는 사람들, 2010), p. 32. 제2대 교주 최시형(崔時亨, 1827~1898)은 초인적인 의지와 공력으로 『동경대전』과 『용담유사』를 간행하고 조직을 정비하여 교세는 더욱 큰 정치세력으로 확대되어 갔다.

지방의 개혁과 치안을 추진하였다.[41] 하지만 아산만에 상륙한 청군은 퇴각하지 않고, 뒤이어 인천에 상륙한 일본군과 긴장 관계를 유지하다 결국은 청일전쟁이 발발했다.[42] 10월 제2차 봉기를 하여 반외세의 항일구국 투쟁을 하다가[43] 일본의 후비보병독립대대에 의해 결국 모두 패산되고 말았다.[44] 곧 이어 청국은 본토의 웨이하이(威海)가 일본군에 함락되자 1895년 2월 12일 항복하고 청일전쟁은 끝났다.

청국의 패배는 수세기 동안 지속된 동북아의 전통적 지역질서를 붕괴시키고 새로운 질서 형성의 시작을 '규정짓는 순간'(defining moment)이었다.[45] 그 순간은 당시 젊은 신세대들에게도 자신들이 성장한 세상의 질서가 붕괴되어 새로운 세계관의 형성을 '규정짓는 순간'이기도 했다. 이 시기를 20세 이하의 나이에 직접 겪은 이승만, 김구, 안중근이 남긴 자서전을 보면,[46] 각자 나름의 소명의식과 세계관이 싹트기 시작했음을 알 수 있다.

제3절에서 상술하는 바와 같이 그 시기는 16세의 안창호에게도 인생의 전환점이 되는 시점이었다. 청일전쟁의 평양전투에서 직접 목격한 참혹한 상황에 대해 필대은(畢大殷)[47]과 담론한 끝에 "타국이 마

41) 한우근, 앞의 책, pp. 207-209. 전라도 53주(州: 邑)의 관청 안에 집강소를 두고 노비제 폐지, 과부재가 허용, 토지 균분 등의 봉건적 제도를 타파하는 혁신적인 내용이 포함된 폐정개혁안을 실행했다.
42) 강성학, "용과 사무라이의 결투: 중일전쟁의 군사전략적 평가",『용과 사무라이의 결투: 중(청)일전쟁의 국제정치와 군사전략』, 강성학 편저, (서울: 리북, 2006), pp. 49-54의 "전쟁의 발발 과정" 참조.
43) 한우근, 앞의 책, pp. 227-228, 233. 일본군의 병참 기지를 습격하고 군용 전신선을 절단하는 등의 후방 교란 작전을 했다.
44) 위의 책, pp. 241, 243, 247, 282. 후비보병독립대대(後備步兵獨立大隊)는 동학군 섬멸의 특별 임무를 띠고 조선에 파견되어 1895년 1월에 모두 패산시켰다.
45) 강성학,『용과 사무라이의 결투』, p. 46.
46) 이정식,『초대 대통령 이승만의 청년시절』, 권기붕 옮김, (서울: 동아일보사, 2002), pp. 38, 40; 김구,『백범일지』, pp. 47-48; 안중근 옥중집필,『안중근 의사 자서전(安應七 歷史)』, 편집부 엮음, 107·사르비아총서, (서울: 범우사, 2000), pp. 14-18.

음대로 우리 강토에 들어와서 설치는 것은 우리나라에 힘이 없는 까닭
이다."라는 결론을 얻었다.[48] 안창호가 평생 주창한 힘의 철학이 이때
형성되었고, 이 시기에 절감한 조국독립의 필요성은 그의 평생 목표가
되었다.

네 번째 개혁인 갑오경장은 동학농민군들의 대대적인 봉기로 인
해 성립한 개화파 정권[49]에 의해 1884년 7월의 제1기부터 1886년 2
월 아관파천으로 끝날 때까지 제6기에 걸쳐 추진되었다.[50] 일본의 지
원 하에[51] 정치·경제·사회 전반에 걸친 제도개혁으로[52] 조선은 처음
으로 중국의 영향권을 이탈하여 서구 중심의 근대 국제질서에 편입되
면서 근대국가의 모습을 갖추게 되었다.[53] 그러나 이 개혁도 아관파천
에 의한 러시아 세력의 등장으로 중도에서 좌절하게 된다. 갑오경장
개혁에 영향력을 행사해 오던 일본이 청일전쟁 승리 후 체결한 시모노
세키조약(下關條約)으로 랴오둥(遼東) 반도까지 할양받게 되자, 러시아·

47) 필대은(畢大殷)은 황해도 안악 출신으로 도산보다 3~4세 위의 청년 선각자로 어
    린 안창호의 행동과 사상에 지대한 영향을 주었으나 젊은 나이에 요절했다. 필
    대은에 관한 좀 더 상세한 논의는 주요한 편저, 『安島山全書』, 증보판, pp.
    43-45 참조.
48) 위의 책, pp. 42-43; 이광수, 앞의 책, p. 12.
49) 갑오개혁에 관한 심도있는 연구는 왕현종, "조선 갑오개혁 정권의 대일 정략과
    종속의 심화", 『청일전쟁기 한중일 삼국의 상호전략』, 동북아역사재단 연구총
    서, 48, 왕현종 외, 서울: 동북아역사재단, 2010, pp. 16-78 참조. 朴萬圭, "甲午
    改革의 政治的 指向", 『갑오개혁의 사회경제사적 의의』, 경제사학회, 1994, pp.
    1-10.
50) 柳永益, 『甲午更張硏究』, (서울: 一朝閣, 1990), p. 180의 〈表1〉"甲午更張의 分類·
    內閣變動 및 主要 改革文件" 참조.
51) 위의 책, pp. 1-2. 참고로 유영익은 갑오경장이 일본이 주도 내지 강요한 '他律
    的' 성격의 개혁이라 규정하는 기존의 '갑오경장 타율론'에 대한 수정적 비판으
    로 '自律的' 개혁이었음을 주장한다.
52) 위의 책, pp. 201-203. '보국안민, 편민이국, 부국강병, 이용후생'의 기치 하에
    홍범14조와 교육칙어를 비롯해 664개의 조칙·개혁안 및 법령을 발포하고 제도
    개혁을 추진했다. 각 분야 개혁에 관한 상세한 논의는 이 책 pp. 204-219 참조.
53) 위의 책, p. 178.

독일·프랑스는 삼국간섭을 결성해 일본을 견제했다. 이때 명성황후(明成皇后, 1851~1895)는 러시아가 일본에 대한 강력한 견제 세력이 되도록 지원하며 인아거일(引俄拒日)의 친러 정책을 추진했다.54) 그러자 일본은 조선에 대한 러시아의 연결고리를 끊기 위해 10월에 명성황후를 시해하는 을미사변의 만행을 저질렀다. 이에 분노한 유림들이 일으킨 을미의병은 11월 단발령을 계기로 전국으로 확산되어 또 다시 혼란에 빠졌다.55) 이 틈을 타 러시아는 을미의병 진압을 구실로 제물포에 정박 중이던 군대를 입경시켰고, 고종은 이때 아관파천을 단행했다.56) 이로써 친일 개화파 김홍집 내각은 숙청되고 제1기부터 제6기까지57) 추진된 갑오경장에 의한 근대화 개혁은 또 다시 좌절되었다.

갑오경장은 좌절됐지만 이 시기가 안창호에게는 '도산경장(島山更張)'의 성공시대라 할 수 있겠다. 1895년 17세에 구세학당에 입학해 1897년 19세에 졸업하기까지58) 안창호는 단발하고 신학문과 기독교 사상에 입문함으로써59) 안창호 자신을 개혁하고 새롭게 하는 시기였다.

다섯 번째 개혁은 1898년 10월 28일부터 11월 2일까지 6일간 독립협회가 주최한 관민공동회(官民共同會)에서 결의한 헌의6조60)였다.

54) 최문형, 『명성황후 시해의 진실을 밝힌다』, p. 180. 각주 34) 참조.
55) 최문형, 『한국을 둘러싼 제국주의 열강의 각축』, p. 188.
56) 위의 책, pp. 197, 199. 아관파천은 왕이 일본의 영향으로부터 벗어나 러시아의 포로가 되었을 뿐이라는 비판을 받았다.
57) 柳永益, 『甲午更張硏究』, pp. 180, 196.
58) "도산선생 심[신]문기(訊問記)", 『續編 島山安昌浩』, 박현환, p. 77. 판사의 신문에 안창호는 "十七歲 때에 단신으로 상경하여 당시 정동(貞洞)에 있는 원두우 학교의 보통반에 입학하여 동반을 졸업하고, 특별반에 들어가 十九歲 때에 졸업"했다고 진술한다.
59) 구세학당과 기독교 입문에 관한 개괄적 내용은 주요한 편저, 『安島山全書』, 증보판, pp. 48-53 참조.
60) 愼鏞廈, 『獨立協會硏究: 독립신문·독립협회·만민공동회의 사상과 운동』, (하), 新版, 신용하저작집 6, (서울: 일조각, 2006), pp. 491, 501-502에서 각조의 상세한 내용 참조.

이는 전제군주제를 입헌대의정체(立憲代議政體)로 개혁할 것을 민중이
아래로부터 요구한 차원 높은 국정개혁안이었다.61) 이들이 만민공
동회를 통해 평등사상과 집회·결사의 자유(Freedom of assembly and
association)62)를 스스로 실천한 시민의식은 근대 서양의 시민의식 수준
에 비견할 만했다. 또 이를 민주 절차에 따라 진행63)한 점도 큰 의의
가 있었다. 이를 전환점으로 중추원이 개편되어 의회가 설립되고 개혁
자강 내각이 수립되었다. 국민의 힘에 기초한 자주독립을 지킬 수 있
으리라64) 모두가 믿고 있었다.

　　그러나 조병식(趙秉式, 1823~1907) 등 수구파가 익명서 사건을 조작
하여 모함상소를 올렸다. 격분한 고종황제는 독립협회 지도자 20명을
체포하라 명령하고 독립협회 혁파 조칙을 발표했다.65) 이에 분노한 민
중들과 독립협회 회원들은 다음날인 11월 5일 다시 만민공동회를 개최
하여 50여 일 동안 계속 투쟁했다.66) 이처럼 독립협회는 개개 인민의
힘(people's power)을 조직화해 행동적인 민중집회를 배경으로 국권·민
권운동을 전개하며 민의를 국가정책에 반영했다. 받아들여지지 않을
시에는 정부에 정면 도전하여 쟁취하려 했다.67) 과거 동학농민혁명 때

61) 위의 책, p. 500.
62) 柳永烈, 『大韓帝國期의 民族運動』(Studies on the National Movements in the Era of Great Korean Empire, 1897~1910), (서울: 一潮閣, 1997), pp. 30, 39.
63) 愼鏞廈, 앞의 책, pp. 492, 507에 기술된 6일간의 진행 절차를 보면 그리스의 직접 민주주의를 연상케 한다. 이를 간략 소개하면, 민중들은 우선 대회장을 선출하고 개막연설자로 천민출신 백정을 지정했다. 그리고는 독립협회 발의 개혁안을 만장일치로 통과시키고, 참석 대신들이 서명 동의하여 황제에게 주청케 한 후 '조칙5조'로 받아낸 다음 자진해산했다.
64) 위의 책, p. 507.
65) 위의 책, pp. 510-511. 독립협회가 군주제를 폐지하고 박정양을 대통령으로 하는 공화제를 실시하려한다고 모함했다.
66) 위의 책, p. 517. 11월 5일 이승만의 배재학당 학생 40~50명이 경무청 앞에서 항의를 시작한 것이 도화선이 되었다.
67) 柳永烈, 앞의 책, p. 3, 7. 13. 유영렬은 이와 같이 독립협회의 민권운동 전개과정을 서술하며 민력조성기, 민중운동기, 민권투쟁기라 명명하여 구분했다.

의 폐정개혁 12개조는 농민수탈완화의 요구에 중점을 두었고, 갑오개
혁 때의 홍범14조는 국왕이 종묘에 고하는 전근대 형식을 취하여 선포
했다. 이와 달리 독립협회는 자신들의 주장과 사상을 강령화하여 민중
대회에서 통과시켰던 것이다.68)

　이상과 같이 근대 정치체제, 근대 시민의식, 민주 절차의 요소를
동시에 갖춘 독립협회 운동은 한국 근대사회의 기점69)으로 볼 만 하
다. 그러나 잠시 재건되었던 독립협회는 황국협회의 사주를 받은 보부
상들의 습격70)과 일본 공사 가토 마스오(加藤增雄, 1853~1922)의 권고에
의해71) 동원된 군대의 무력탄압으로 1898년 12월 25일 해산되어 이
역시 실패하고 말았다.72) 이리하여 세계사에 기록될 만한 평화로운 무
혈의 명예혁명을 이룰 수 있는 기회가 수구파의 모함과 고종황제의 우
유부단함으로 또 무산된 것이었다.

　여섯 번째 광무개혁(光武改革)73)은 1897년 10월 대한제국(大韓帝國)
선포 이후 1904년 2월 9일 러일전쟁 발발 때까지 고종과 그 친위세력
이 주가 되어 추진했다. 구본신참(舊本新參)74)의 점진적이고 주체적인

---

68) 愼鏞廈, 앞의 책, p. 500 참조.
69) 柳永烈, 앞의 책, p. 23.
70) 조재곤, 『근대격변기의 상인 보부상』, (서울: 서울대학교출판부, 2003), pp. 80, 93,
　　115. 보부상들은 임오군란, 갑신정변, 동학농민혁명 시에도 친정부적 입장에서
　　정치자금과 물리력을 동원하고 준군사적 역할을 하며 이들을 진압했다.
71) 고종황제는 가토의 대한(對韓)인식을 전혀 모른 채 그의 권고를 받아들이는 실
　　책을 범했다. 당시 『The Japan Daily Mail』에서 인용 보도한 가토의 말은 愼鏞
　　廈, 앞의 책, p. 651 참조. "한국은 꾸준히 퇴화하고 있다. 한국의 소위 독립이라
　　고 하는 것은 헛된 전설이다. 한국은 전혀 독립할 수 있는 힘(strength)을 갖고
　　있지 않다. 그의 재정은 무질서하고 내정은 혼돈상태에 있으며 외교는 무(無)와
　　다름없다... "
72) 愼鏞廈, 앞의 책, pp. 640-641.
73) 왕현종, "[특집 - 역사용어 바로 쓰기] 광무개혁 논쟁", 『역사비평』, 통권 73호,
　　역사비평사, 겨울호, 2005, pp. 28-32. 단행본은 왕현종, "광무개혁을 둘러싼
　　논쟁", 『역사용어 바로 쓰기』, 『역사비평』 편집위원회 엮음, (서울: 역사비평사,
　　2006), pp. 63-75 참조.

'위로부터의 근대화'를 표방하고[75] 황제권의 강화와 부국강병을 자주
적으로 실행하고자[76] 추진했다. 그러나 고종황제가 독립협회와 만민공
동회를 탄압하고 『독립신문』마저 폐간함으로써 민중들의 자발적인 개
혁의지를 활용하지 못했다. 측근친위세력으로만 근대적 토지 제도와
상공업 진흥책 등의[77] 개혁을 추진하던 중 러·일 간의 긴장이 급박해
지면서 모든 개혁은 중단되고 미처 성과를 보기도 전에 러일전쟁을 맞
아 이 역시 실패한 개혁이 되었다.[78]

러일전쟁 발발 직후 일본은 2월 23일 한일의정서를 체결해 러시
아에 대한 공수동맹을 명분으로 대한제국 영토 내에서 군사 행동 허용
권과 군략상 필요지점에 대한 수용권을 얻었다.[79] 1905년 9월 종전되
고 얼마 지나지 않아 이토 히로부미(伊藤博文, 1841~1909)는 군대와 헌병
대를 대동하고 강압적으로 고종의 재가도 없이[80] 11월 18일 을사늑약
(乙巳勒約)[81]에 날인했다. 대한제국의 외교권은 박탈당했고 일본의 대한

74) 서영희, "광무정권의 형성과 개혁정책 추진", 『역사와 현실』, Vol. -No. 26, 한국
  역사연구회, 1997, pp. 42-43. 참고로 '구본신참(舊本新參)'이 아닌 오히려 신본
  구참(新本舊參)의 적극적 개혁이었다는 주장도 있다.
75) 楊尙弦, "東道西器論과 光武改革의 性格", 『東洋學』, Vol. 28 No. -, 단국대학교 동
  양학연구소, 1998, pp. 389-390. 고종은 갑오 개화파에 의한 급진적이고 외세
  의존적인 근대화를 거부하고 옛 제도를 근본으로 하여 새로운 제도를 참작한다
  고 했다.
76) 강성은, 『1905년 한국보호조약과 식민지 지배책임: 역사학과 국제법학의 대화』,
  한철호 옮김, 선인한국학연구총서, 036, (서울: 선인, 2008), p. 145. 저자는 이것
  이 현재 학계의 평가라고 주장한다. 학계의 논쟁은 왕현종, 앞의 논문 참조.
77) 왕현종, "광무개혁 논쟁", 앞의 책, p. 30.
78) 서영희, "광무정권의 형성과 개혁정책 추진", 앞의 책, pp. 54-55.
79) 최덕수 외, 『조약으로 본 한국 근대사』, (파주: 열린책들, 2010), pp. 572-575.
80) 강압적인 체결 당시 상황에 관한 상세한 논의는 강성은, "1차사료를 통해서 본
  '을사조약'의 강제 조인 과정", 『한국병합과 현대: 역사적 국제법적 재검토』, 국
  제공동연구, 이태진·사사가와 노리가츠(笹川紀勝) 공편, (파주: 태학사, 2009)
  pp. 196-236 참조.
81) 최덕수 외, 앞의 책, p. 635. 조약 원본의 제목이 없어 공식 명칭이 없는 이 조약
  의 명칭에 관한 논의는 이 책 참조. 일제에 의해 강제로 체결된 이 조약은 을사
  조약, 한일신협약, 제2차 한일협약, 을사늑약, 을사보호조약, 한일협상조약 등

제국 병합[82]은 기정사실이며 시간문제였다.[83]

일곱 번째 개혁은 항일의병 투쟁으로 국권회복을 위한 무장 투쟁이었다. 1895년 을미의병으로 시작된 항일의병 투쟁은 1905년 을사의병과 1907년 정미의병으로 이어졌다. 1910년 병합 후에는 만조우(滿洲) 또는 연해주로 이동하여 독립군으로 성장해 계속 항쟁을 하게 된다.[84] 초기에는 양반·유생에 의한 위정척사론의 형태였던 항쟁이 을사늑약 이후 척왜독립론(斥倭獨立論)에 평민·군인 출신 의병장들이 가세하여 점차 국권회복운동으로 발전했다.[85] 을사늑약이 강제 날인되자, 이 '을씨년스런'[86] 소식은 곧 바로 11월 20일자 『황성신문』 사장 장지연(張志淵, 1864~1921)의 '시일야방성대곡'(是日也放聲大哭)[87] 논설을 통해 알려졌다. 『황성신문』이 폐간되자 『대한매일신보』[88] 주필 박은식은 "조약

여러 명칭으로 불리고 있다. 강압적인 체결이었으므로 이 책에서는 '을사늑약'으로 명칭한다.

82) 한상일, 『1910 일본의 한국병탄』, (서울: 도서출판 기파랑, 2010), pp. 15−17. 합방과 병합(합병) 또는 병탄 등 표기에 관한 논의는 이 책 참조. 참고로 조약 원문은 국한국과 일문 공히 '병합'(倂合)으로 표기했고 영문으로는 'annexation'으로 표기했다. 최덕수 외, 앞의 책, p. 979. 이 책에서는 조약 원문에 의거 '병합'으로 표기함.

83) 최문형, 『국제관계로 본 러일전쟁과 일본의 한국병합』, (서울: 지식산업사, 2006), p. 328. 최문형은 모리야마 교수 등 일본 학자의 표현을 인용했다.

84) 趙東杰, 『대한제국의 의병전쟁』, 于史 趙東杰 저술전집, 04, (서울: 역사공간, 2010), p. 259.

85) 柳永烈, 앞의 책, pp. 336−339.

86) 조항범, 『정말 궁금한 우리말 100가지』, (고양: 위즈덤하우스, 2009), pp. 40−41. 을사늑약 체결 3년 후인 1908년에 이해조의 신소설 「빈상설」에서 처음으로 사용한 '을사년시럽다'는 단어가 그 어원이라 한다. 당시 조선 민족의 일제 강점에 대한 슬픔과 허탈함과 울분을 이렇게 표현했다고 한다.

87) 朴殷植, 『韓國痛史』, (下), p. 141. "황성신문이 이미 보호조약이 강제로 체결되었다는 사실을 폭로하자 「방송대곡」 일편은 거의 집집마다 보관하고 외웠다." 원문은 이 책에 수록된 〈 韓國痛史 原文 〉 참조.

88) 위의 책, p. 142. 『황성신문』 폐간 후 "다행히 대한매일신보(大韓每日申報)가 있었으니,… 하루에 만여 장이 나갔으며, 이로 말미암아 뜨거운 피가 더욱 격동되어 모두 이대로 참을 수 없다…"

체결의 전말을 자세하고 빠짐없이 기재하여 이토를 공격하고 많은 사람의 울분을 격발시켰다."[89]고 이를 평가했다. 이때 고종황제가 각지의 유생들에게 의병으로 궐기할 것을 촉구하는 밀칙을 내렸다.[90] 최익현(崔益鉉, 1833~1906)은 전국에 격문을 포고하고 의병을 일으켜 투쟁하다 체포되어 단식 순국하면서[91] 전국 각지의 유생·평민 의병장들의 무장 투쟁은 더욱 확대되어 갔다.[92] 이후 전국에서 조직된 13도 창의군이 서울진공작전을 수차례 감행했으나 우월한 일본군에 의해 진압되었다.[93]

이렇듯 일곱 번의 개혁이 일곱 번 모두 실패한 데에는 공통된 원인이 있었다. 우선 국내적으로 기존 권력을 유지하려는 부패한 수구세력들이 새로운 개혁의 시도를 막고 탄압했다. 또 국외적으로는 밀려오는 외세 열강의 간섭과 방해가 있었다. 조선은 이런 국내외 훼방 세력에 대항할 경제력과 군사력이 없었다. 또 그럴 힘이 없다면 오히려 그 상황을 역이용하고 적절히 대응하여 위기를 기회로 활용할 줄 아는 리더십이 있어야 했는데 고종은 그러지도 못했다. 이런 나약함과 무능함은 선각자적인 개화파와 민중들의 개혁 의지와 실천을 꺾어 버렸을 뿐만 아니라 오히려 설상가상 격으로 외세를 끌어들이는 역작용이 되었다. 그야말로 조선의 국운은 '뒤로 자빠져도 코가 깨지고' 그 깨진 코마

---

89) 박은식, 『한국독립운동지혈사』, pp. 60-61. 당시 상황은 "독자들의 피가 끓어 오르고, 학생들은 학교 문을 닫고 통곡하였으며, 교인들은 하느님을 부르며 슬피 울었다. 상인들은 시장을 철폐하고 미친 듯이 울부짖고, 유생들은 글을 지어 통곡하였으며, 원로대신들도 여러 날 항의하였다."

90) 강성은, 앞의 책, pp. 154-156. "〈표4〉 의병에 대한 고종의 밀칙" 참조.

91) 朴殷植, 『韓國痛史』, (下), pp. 167-174. 포고문 내용은 '제41장 찬정 최익현이 전국 사민에게 격문을 포고함'(贊政崔益鉉檄告全國士民) 참조. 최익현은 대마도 유배 중 일본인이 주는 음식을 "내가 어찌 너의 음식을 먹고 살겠느냐"고 거절하며 굶어 죽었다.

92) 박은식, 『한국독립운동지혈사』, pp. 71-86의 '제11장 각지 의병의 약력' 참조.

93) 趙東杰, 앞의 책, pp. 198-200.

저 '접시 물에 빠져 죽는' 불운의 연속이었다.

결국 을사늑약 이후 5년 만에 대한제국 최후의 어전회의에서 한 일병합조약안(案)은 강제 승인되었다.94) 일주일 뒤 1910년 8월 29일 일본정부는 공식발표를 통해 한국의 최고 통치권자는 "한국정부에 관한 일체의 통치권을 완전하고도 영구히 일본국 황제폐하에게 양여"하고, "일본국 황제폐하는 양여를 수락하고 병합을 승낙"한다고 천명했다. 마치 한국이 적극적으로 병합을 간청하여 일본이 수동적으로 받아들였다는95) 치욕적인 모습으로 500년 조선 왕조는 완전히 패망하여 지도에서 사라지고 말았다.

안창호는 중국 망명 중 병합 소식을 들었다. 칭다오회담(靑島會談)이 독립운동 방략에 대한 동지들 간의 견해 차이로 결렬된 직후96)였기 때문에 그 비장감은 더했다. 회담의 실패와 조국의 몰락이라는 참담한 현실을 목도하고 다시 도미했다. 안창호가 느낀 '실망 · 낙담'97)의 심경은 평생 독립운동 동지였던 박은식의 탄식과도 상통하는 것이었다.

> "아! 슬프다! 동아세아 한반도의 4천 3백년의 역사를 가진 한국이 경술년(1910) 8월 29일 마지막을 고한다니, 하느님 맙소서!"98)

---

94) 한상일, 앞의 책, p. 20; 조선일보, "韓 · 日 강제병합 100년… 조선의 운명을 가른 '다섯조약' 현장을 찾아", 2010. 8. 10일자, A18면.
95) 한상일, 앞의 책, pp. 18; 조선일보, "'합병조약'이 '중요문제'로 둔갑하다", 「제국의 황혼 '100년 전 우리는', 239: 1909. 8. 29~1910. 8. 29」, 2010. 8. 24일자, A29면.
96) 주요한 편저, 『安島山全書』, 증보판, pp. 142-143.
97) "豫審訊問記 補遺(예심신문기 보유)", 『安島山全書』, 주요한 編著, 1963년 판, p. 897; "島山先生 訊問記", 앞의 책, 李萬根 엮음, p. 93. "해삼위에서 듣고 실망 낙담하다."
98) 朴殷植, 『韓國痛史』, (下), p. 248.

제2절 근대국가 일본의 침략 제국주의: 국제 배경

망국의 슬픔을 겪게 된 국가들이 공통으로 겪은 상황은 내우외환
이었다. 19세기 동아시아 조·일·청 삼국은 18세기 후반부터 시작된
소빙기(小氷期)로 근 백년간 계속된 자연재해로[99] 인해 극심한 기근에
시달리고 있었다. 세 나라 모두 피폐해진 삶과 지배층의 부패와 수탈
에 못 견뎌 전통 봉건 질서에 항거하는 민란이 끊임없이 발발하는 내
우의 혼란을 공통으로 겪고 있었다.[100]

한편 서구 유럽은 르네상스와 종교개혁을 거쳐 산업혁명으로 근
대화를 이루었다. 이들은 새로운 시장 개척과 자원 획득을 위해 인도
와 동남아를 거쳐 극동지역으로 밀고 들어왔다.[101] 동아시아 국가들의
국내 혼란을 틈타 회유와 협박, 선교와 전쟁의 방법 등으로 국교 개시,
산물교역, 개항, 개발, 포교, 거주 및 행동의 자유 등을 요구했다.[102]
포함외교를 앞세워 조·일·청 쇄국[103]의 문을 두드리며 위협을 가하
는 서구 제국주의 열강의 존재는 이들 삼국에게 공히 외환이었다.[104]

---

99) 야마구치 게이지, 앞의 책, p. 283.
100) 조선은 무자년(戊子, 1888년) 대한재(大旱災) 이후 전국적으로 민란이 급격히
번져나갔다. 한우근, 앞의 책, p. 88; 중국은 1차 아편전쟁 패전과 1840년대에
걸쳐 수재·가뭄·메뚜기피해가 빈발하여 항조(抗租)폭동, 항량(抗糧)폭동, 천지
회(天地會)폭동 등이 일어났다. 코지마 신지(小島晋治)·마루야마 마쓰유끼(丸
山松幸), 『中國近現代史』, 朴元熇 譯, (서울: 지식산업사, 2006), pp. 24-25; 일
본은 지독한 냉해와 대홍수로 덴포(天保, 1830~1844)의 기근 이후 민란과 '때
려부수기운동'이 격화되었고 막번 권력에 대한 반란이 일어났다. 야마구치 게
이지, 앞의 책, pp. 283-284, 288.
101) 金俊燁·金昌順, 『韓國共産主義運動史』, 〈第1卷〉, 亞細亞問題研究所 北韓共産圈
研究叢書, ①, (서울: 高麗大學校 亞細亞問題研究所, 1967), p. 3.
102) 위의 책, p. 3.
103) 강성학, 『시베리아 횡단열차와 사무라이』, p. 110. 당시 조선과 일본 모두 2세
기가 넘는 기간 고립, 배타, 쇄국정책을 추구했다.
104) 조선은 1866년의 미국 제너럴셔먼호(General Sherman號)와 1875년의 일본 운
요호(雲楊號) 사건이 있었다. 그 이전에 일본은 1853년의 미국 페리호(Perry號)
사건이 있었고, 청국은 우발적인 사고를 빌미로 영국이 일으킨 1859년의 애로

당시 국내·국제 배경은 삼국 모두 동일한 조건이었으나 이를 극복하기 위한 각 삼국의 대응책은 달랐다. 일본은 이 외환을 주체적으로 대응한 반면 조선과 청국은 외세 의존 대응으로 일관하다 결국은 외세의 등쌀에 못 견디어 자멸한 꼴이 되었다. 그 결과 일본은 아시아의 맹주가 되었고 조선은 일본의 식민지가 되었으며 청국은 스스로 몰락했다.

처음에는 일본도 조선이나 청국과 같은 내우외환을 겪으며 국가 존망의 위기에 처해 있었다.[105] 하지만 1868년 9월 메이지유신에 성공하여 구주적(歐洲的) 제국을 국가목표로 내세워 오히려 군사대국으로 급성장했다.[106] 이후 일본은 1894년 청일전쟁과 1902년 러일전쟁에서 승리해 아시아에서 식민지를 영유하는 유일한 지배민족이[107] 되었다. 두 전쟁은 청국과 러시아의 국내정치 상황에도 영향을 주어 1911년 신해혁명과 1917년 러시아 혁명을 계기로 새로운 국가체제로 전환되게 하였다. 일본은 서양 제국주의 열강과 대등한 반열에까지 올라 제국주의를 더욱 팽창해 나갔다. 일본이 서구 제국주의 열강들 틈에서 자주독립 확립과 부국강병을 이루어 제국주의 국가로 성장한 국제 배경을 각 삼국의 개국 시점부터 조선의 상황과 연계하여 밝히려 한다.

19세기 중후반 조·일·청이 개국할 당시 국내외 배경은 이러했다. 우선 국내 배경을 보면, 조선은 앞 절에서 논했듯이 동도서기론의 개혁, 갑신정변, 동학농민혁명 모두 실패했고, 청국도 태평천국운동(1850~1864)과 양무운동(1861~1894)의 내부 개혁에 실패했다. 반면 일본만은 메이지유신으로 개혁에 성공했다.

우호(Arow號) 사건이 있었다.

105) 야마구치 게이지, 앞의 책, pp. 330－331. '외환'을 피하기 위한 개국으로 '내우'가 너무 치명적이어서 국가존망에 대한 위기감이 있었다.

106) 위의 책, p. 8.

107) 코지마 신지·마루야마 마츠유끼, 앞의 책, p. 49.

국제 배경을 보면, 가장 먼저 개국한 청국은 1842년 8월 영국과의 아편전쟁(1840~1842)에서 패배한 후 난징조약을 계기로 근대화의 기점을 맞이했으나 오히려 반(半)식민지화되고 말았다.[108] 한편 조선은 유럽 중심의 국제체제에 편입된 동아시아의 마지막 국가였다.[109] 조선은 1876년 강화도조약으로 개국한 이래 1882년 미·영·독과 수호통상조약을 체결하고 힘없는 '눈치보기' 중립으로[110] 일관했다. "힘없는 중립은 승자의 전리품이 된다."는 격언대로 조선은 최후의 승자인 일본의 전리품이 되고 말았다.

반면에 일본은 외환의 위기를 주체적으로 받아들여[111] 근대화와 부국강병을 이루고 강력한 제국주의 국가로 성장했다. 이런 엄청난 간극은 작은 차이에서 비롯되었다. 일본은 주체적으로 국제정세의 조류에 따랐고, 두 나라는 외세 의존적이며 국제정세의 흐름에 역류했기 때문이다.

일본은 아편전쟁과 난징조약의 소식을 듣고 외압 의식을 강화했으나,[112] 결국은 '검은 배'(黑船: black ship)[113] 8척을 이끌고 온 미국 페

---

108) 위의 책, p. 23.

109) 강성학, 『시베리아 횡단열차와 사무라이』, p. 109.

110) 모리야마 시게노리(森山茂德), 『近代韓日關係史硏究: 조선식민지화와 국제관계』(近代韓日關係史硏究), 김세민 옮김, (서울: 玄音社, 1994), pp. 159−160. 조선의 독립유지 방법 모색 과정에서 나타난 것이 중립화안이었다. 신개화파 유길준의 「중립론」(中立論)이라는 논책이 있었지만 청국의 국제 지위가 저하된 상황에서 군사 지원을 할 수 있는 대국으로는 러시아와 일본밖에 없었기 때문에, 조선이 한 편과 동맹관계를 맺는 것은 다른 한편을 적으로 만드는 것이므로 힘없는 조선은 어정쩡한 중립의 태도를 보이면서 상황에 따라 친러·친일책을 취했다. 상세한 논의는 이 책 "제3장 조선 중립화안과 그 좌절" 참고.

111) 야마구치 게이지, 앞의 책, pp. 317, 319−320. 열강의 '외압'을 주체적으로 받아들여, '외국봉행'의 독립된 외교 담당 기구를 설치해 기존의 '해방괘'(海防掛)가 터놓은 근대외교의 길을 확장시키고 그동안의 역사와 외교절충을 통해 근대외교를 배울 수 있도록 외교사료집·외교문서집을 편찬했다.

112) 위의 책, p. 296.

113) 강성학, 『시베리아 횡단열차와 사무라이』, p. 101. 당시 '黑船'이라고 부른 미국의 증기선은 침략군으로 인식되어, 에도(江戶)만[도쿄만의 옛 이름]에 출현하

리(Matthew Calbraith Perry, 1794~1858) 제독과 1854년 3월 가나가와조약
(神奈川條約: the Treaty of Kanagawa)을 체결했다.114) 이는 서양국가와 맺
은 최초의 개항조약으로 약 250년간 계속된 일본의 고립정책을 종식시
킨 역사의 전환점이었다. 하지만, 도쿠가와 바쿠후(德川幕府) 정부에겐
종말의 시작이었다.115) 무능한 바쿠후 정부가 대포의 위협에 겁먹고
불평등조약에 조인했다며 비판한 반대파들은116) 일본으로 들어오는 서
양 선박들을 공격했다. 이에 대해 열강들은 보복을 가함으로써 외환은
현실화되었다. 일본은 내부 정치 투쟁도 격화되어 민족 위기에 놓이게
되었다.117)

영·미·프·네덜란드 4개국의 합동원정군은 가장 맹목적으로 반
대했던 하급 사무라이 출신 지역인 죠슈(長州)를 소탕했다. 이 사건은
오히려 죠슈가 반서양 입장을 포기하고 자신의 병력을 서구화하기 시
작하는 계기가 되었다.118) 이들은 강화된 서양식 군사력을 갖추고 도
쿠가와 바쿠후 정권을 무력 투쟁으로 타도하여 봉건 영주제를 폐지했
다. 마침내 일본은 강력한 근대 중앙집권국가로 탄생하게 되었다.119)

일본은 근대화가 지상명령이며 국가생존을 보장하는 유일한 길임
을 확실하게 인식하고, 자국의 생존을 위해 서양과 타협하고 또 비굴
하다고 할 만큼 모방하기로 결정했다.120) 일본은 서양 열강들의 제국

면 외국의 침공 소문에 놀란 사람들은 가재도구를 챙겨 산 속으로 도망쳤다.
114) 위의 책, pp. 102–103. 이 조약 체결 후 일본은 같은 해 영국과 1855년 러시아
와 1856년 네덜란드와 비슷한 내용의 조약을 체결했다. 그 후 1858년 6월에 미
국, 7월에 네덜란드·러시아·영국, 9월에 프랑스와 속속 수호통상조약을 체결
했다. 야마구치 게이지, 앞의 책, p. 319.
115) 강성학, 『시베리아 횡단열차와 사무라이』, pp. 102–103.
116) 위의 책, pp. 103–104.
117) 야마구치 게이지, 앞의 책, p. 328.
118) 강성학, 『시베리아 횡단열차와 사무라이』, p. 105.
119) 위의 책, p. 108.
120) 위의 책, p. 196.

주의 정책을 선별하여 모방하고 스스로 서양 국제체제의 일원임을 자처하며 제국주의 정책에 편승(bandwagoning)했다.[121] 마키아벨리적 모방정책은 결국 일본을 마키아벨리적 제국주의 국가로 탈바꿈시켰다.[122] 이렇게 일본이 국제정세를 '여우' 같이 파악하고 자국에 유리한 쪽으로 '사자'처럼 적극적인 행보를 하자, 조선과 청국은 물론 러시아의 '곰'까지도 위협을 느끼게 되었다.[123]

'여우'[124]의 첫 행보는 조선과의 강화도조약이었다. 조선은 1873년 대원군 실각 후 고종이 친정을 시작할 때였다. 당시 일본은 소위 정한당난(征韓黨亂)의 진압과 대만출병 등에 급급해 조선 문제에 대하여는 소극적인 타협책을 택하려던 차였다.[125] 이런 분위기를 전혀 감지하지 못한 고종과 민왕후 일파는 정부의 약화로 인한 국내 정책의 혼란과 불안이 심해지자 대일본 관계 개선을 위해 일본에 우호적 태도를 보이기 시작했다.[126] 이를 기화로 일본은 기존의 타협과 양보에 의한 대조선 방침을 철폐하고 힘과 압력을 가하는 일본식 포함외교의 방침으로 전환했다.[127] 그 결과 1875년 9월 운요(雲揚)호로 위협해 체결한 1876

---

121) 위의 책, p. 109.
122) 위의 책, pp. 108-109. 강성학은 마키아벨리의 가르침을 일본이 철저히 실천했다고 한다. 포르투나(Fortuna)의 세계에서 국가가 생존하기 위해서는 힘, 즉 비르투(Virtú)가 무엇보다도 필요해서 훌륭한 본보기를 열정적으로 모방하는 것이 힘의 원천이다. "마키아벨리는 자신의『로마사론』(The Discourse)과 『전쟁론』(The Art of War)의 서문에서 모방의 유용성을 강조했었다."고 소개한다. 니콜로 마키아벨리, 『군주론/정략론[로마사논고]』(Il Principe/Discorsi), 황문수 옮김, (서울: 동서문화사, 2007);『마키아벨리의 전술론[전쟁론]』(The Art of War), 이영남 옮김, (서울: 스카이, 2011) 참조.
123) Machiavelli, op., cit. p. 73의 'the fox'(여우)와 'the lion'(사자)을 원용함.
124) 저자의 박사학위논문에서는 '사자'로 표현했으나 이 책에서는 '여우'로 정정한다.
125) 김기혁, 앞의 책, p. 143. 1873년 말은 일본의 정한론자들이 패배하여 하야한 직후였다.
126) 위의 책, p. 144.
127) 위의 책, p. 144. 일본을 개항시킨 1853년 미국 페리 제독의 방식 그대로를 일본도 조선에 적용했다.

년 2월 강화도조약 중 조일수호조규 제1관은 "조선국은 자주국이며 일본국과 더불어 평등한 권리를 보유한다."는 내용으로 시작된다.[128] 이는 1871년에 체결된 청일수호조규[129] 제1조의 '양국 소속방토(所屬邦土)의 불상침월(不相侵越)' 조항을 전면 부인하는 것이었다.[130] 이같이 청나라의 종주권을 부인한 것은 동아시아 세계에 있어서 중국의 종속 체제에 대한 정면 도전이며 화이질서의 종언을 의미했다.[131] 이때부터 사대교린(事大交隣) 질서 중 교린 질서라는 한 축이 무너지게 되어 장차 동북아 국제 질서에 파란을 야기하게 되었다.[132]

조선의 초기 개화파 인사들은 새로운 대일 관계를 수립할 필요를 느꼈다. 국제 정세에 관한 정보 수집을 위해[133] 1880년 제2차 수신사로 파견한 김홍집은 후앙쭌시엔의 『사의조선책략』(私擬朝鮮策略)[134]을 가지고 돌아왔다. 조선 정가에 돌풍을 일으킨 이 책은 러시아 남진정책의 위험을 예방해야 한다는 방아론(防俄論)과 새로운 외교 질서는 중국의 지휘를 받아야 한다는 내용이었다. 그 속뜻은 청나라의 종주권을 재확인하고 속방을 계속 유지하라는 것이었다.[135]

---

128) 최덕수 외, 앞의 책, p. 33. "일반적으로 강화도조약 또는 병자수호조규라고 불리는 조약문은 1876년 2월 26일 강화도에서 조인한 「조일수호조규」와 같은 해 8월 24일 체결한 「조일수호조규부록」과 「조일무역규칙」을 통칭한다."
129) 김기혁, 앞의 책, pp. 84-85. 그동안 동아시아 화이질서의 종주국이었던 청조와 속방으로 간주했던 일본이 서로 서구식 국제관계의 이념과 원칙에 입각하여 대등한 조건으로 맺어진 최초의 조약이었다. 이 조약을 맺음으로써 중·일 간 조공체제가 서구식 조약체제로 편입되어 주권 국가로서 호혜평등에 근거한 국제질서에 의한 동등한 관계로 정립되었음을 뜻한다.
130) 위의 책, p. 109.
131) 위의 책, p. 127.
132) 김용구, 앞의 책, p. 199.
133) 위의 책, p. 274.
134) 黃遵憲, 『조선책략』(朝鮮策略), 김승일 편역, 범우문고, 229, 사회과학, (파주: 범우사, 2007), pp. 14-15. 당시 일본주차 청국 공사관 참찬관이었던 黃遵憲은 한미수교에 관해 자신의 의견을 개진한 것처럼 형식상 앞에 '사의'(私擬)를 붙였다.

'연작처당'(燕雀處堂)136)의 처지인 조선은 '친중국 결일본 연미국'(親中國 結日本 聯美國)137)의 균세(均勢) 외교정책을 통해 자강(自强)을 도모하는 것이 방책의 으뜸(策之上)이라 했다.138) 이것은 리홍장(李鴻章, 1823~1901)의 견해가 그대로 반영된 것이었고, 청조의 기본 외교노선이기도 했다.139) 조선에 대해 상국을 자처하던 청국의 리홍장은 일본과 러시아의 일방적인 조선 침투를 막는 수단으로 조선을 서양 국가들의 조약 체제에 편입시켜 한반도의 균세지국을 조성하자는 구상으로 '서방열국입약권도책'(西方列國立約權導策)을 고종에게 권유했다.140) 고종은 1882년 4월과 5월 미국·영국·독일과도 수호통상조약을 체결141)함으로써 조선 한반도는 일본과 청국 외에 서양 열강도 진입하여 그야말로 이권 쟁탈을 위한 각축장이 되었다.

1882년 임오군란을 계기로 일·청 양측이 파견한 군대가 직접 대립하게 되었다.142) 그동안 일본의 조선 침투에 위기를 느끼고 있던 청국은 군란 진압 후 최정예군을 한성에 주둔시키고 우세한 군사력으로 일본을 압박했다.143) 이에 일본은 러시아의 개입 가능성을 두려워해 영국과 미국을 끌어 들이려했으나 실패했다.144) 일본은 8월 30일 조선

---

135) 김용구, 앞의 책, p. 283. 김용구는 임오군란 이후 현실로 나타난 청국의 적극적인 속방론(屬邦論)은 이때에 그 징조가 나타났다고 주장한다.

136) 黃遵憲, 앞의 책, p. 100.

137) 위의 책, p. 15. 김홍집이 귀국할 때 黃遵憲이 『사의조선책략』의 핵심 요지의 글을 적어 전달한 것으로 즉, 중국과 친하고 일본과 결속을 다지고 미국과 연대하라는 내용이다.

138) 김용구, 앞의 책, pp. 284, 288. 그 외에 격변이 일어나지 않고 틈이 생기지 않기만을 바라는 것은 방책의 끝(策之下)이고, 변이 일어나면 비로소 비굴하게 온전하기를 구하는 것은 무책(無策)이라 했다.

139) 黃遵憲, 앞의 책, p. 16.

140) 구선희, "개화파의 대외인식과 그 변화", 앞의 책, p. 120.

141) 각 조약의 체결 배경과 조약 본문은 최덕수 외, 앞의 책, pp. 63-80 참조.

142) 강성학, 『시베리아 횡단열차와 사무라이』, pp. 119-120.

143) 許東賢, 『近代韓日關係史硏究』, p 265.

과 제물포 조약(the Treaty of Chemulpo)을 체결해 거액의 보상금과 공사
관 수비 명분의 군대 주둔을 확보한 후145) 소수 병력만 남기고 철수했
다. 반면 청국은 조선이 청의 속국임을 국제 사회에서 공인받고자 10
월 4일 「조청상민수륙무역장정」을 체결했다. 전문에 '중국이 속국을 우
대한 것'이라는 문구를 넣어 종주국 청국이 종속국 조선에게 내리는 시
혜의 성격에 입각해 제정되었음을 밝히고146) 조선의 내정·외교문제에
적극적으로 간섭하며 더욱 종주권을 강화해 나갔다.

　　1884년 청·불전쟁이 발발해 조선 주둔 청군 병력 중 1,500명을
월남으로 급파하게 되자, 일본은 한반도에서의 패권경쟁에서 청국을
누르고 기선을 장악하려 했다.147) 이는 불과 수년 전 청국이 러시아와
신장성에서 이리(伊犁)분쟁148)에 말려들어 일본의 조선침략을 막을 여
력이 없어지자, 이 기회를 포착한 일본이 강화도조약 체결, 대만원정,
류큐(琉球)병합을 단행한 경우와 유사했다.149)

　　이와 달리 조선은 청·불전쟁의 기회를 청국 영향력에서 벗어나는
계기로 활용하지 못했다. 군사력도 없고 국제정세에 대처하는 외교력
도 부족해 일본에게 오히려 역이용 당하고 말았다. 김옥균 등 급진 개
화파는 이때가 청국의 압제에서 벗어나 독립국가를 이룰 수 있는 절호
의 기회로 판단은 했다. 아직 청국군이 주둔해 있는 상황에서 무장력
이 전무한 이들은 미국이나 일본의 군대를 끌어들이려 했다.150) 이들

---

144) 강성학, 『시베리아 횡단열차와 사무라이』, p. 120.
145) 최덕수 외, 앞의 책, pp. 269－271. 이때 별도의 「조일수호조규속약」도 함께 체
　　 결해 그동안 조선이 계속 거부해오던 이권까지 획득하게 되었다.
146) 위의 책, pp. 110－112.
147) 최문형, 『한국을 둘러싼 제국주의 열강의 각축』, p. 58.
148) 위의 책, p. 32. 1871년부터 1881까지 러시아가 청국령 투르키스탄(新疆省)을
　　 점령하자 발생한 분쟁이다.
149) 위의 책, p. 33. 류큐(琉球)는 지금의 오키나와(沖繩)로 개칭되었다.
150) 許東賢, 『近代韓日關係史硏究』, p. 270.

군대를 끌어들여도 조선을 침략하는 '섣부른 짓'은 하지 않을 거라[151] 오판을 했다.

먼저 도움을 요청받은 미국은 근대 한·미 외교에서 불개입 원칙을 고수하고 있었다. 특히 열강의 이해관계가 얽혀 있는 정치 문제는 중립 입장을 견지했다.[152] 반면 일본 공사 다케조에 신이치로(竹添進一郎, 1842~1917)는 이 기회에 최대한 자국 세력을 확보하라는 훈령을 받고 김옥균을 부추겨 갑신정변을 일으켰다.[153] 하지만 이들의 계획과 달리 청국의 무력에 의해 삼일천하로 끝났다.

정변의 사후처리로 일본은 약자인 조선과 1885년 1월 「한성조약」을 체결했다. 자국 군대의 명백한 군사 개입이었음에도 불구하고 오히려 사죄와 배상금을 받아내며[154] 그들의 영향력을 계속 유지했다. 4월에는 강자인 청국과의 「톈진(天津)조약」으로 조선에서의 양국 군대 동시 철수, 제삼국 교관의 파견, 동등한 출병권을 규정했다.[155] 군사 문제에 청일 양국이 대등한 권리를 지니게 되어 전쟁 가능성이 제기되었으나, 아직은 양국 모두 전면전쟁을 수행할 준비가 되어 있지는 않았다.[156]

단지 조러밀약설과 영국의 거문도점령사건으로 영·러·청·일 강대국 간에 조선을 둘러싼 군사전략적인[157] 신경전은 있었지만, 일본과 러시아는 한반도에서 청국의 우위를 인정할 수밖에 없었다.[158] 청국은

---

151) 李光麟, "甲申政變에 대한 一考察", 『開化黨研究』, 李光麟 著, (서울: 一朝閣, 1975), pp. 140 – 149, 許東賢, 위의 책, p 270에서 재인용.
152) 손정숙, "한국 주재 미국 공사관의 외교전략: 푸트와 앨런 공사를 중심으로", 『개항기의 재한 외교공관 연구』, 동북아역사재단 연구총서, 38, 하원호 외 5명 지음, (서울: 동북아역사재단, 2009), pp. 115.
153) 許東賢, 『近代韓日關係史研究』, p 270.
154) 한성조약 내용은 최덕수 외, 앞의 책, pp. 286 – 287 참조.
155) 톈진조약 내용은 위의 책, p. 298.
156) 강성학, 『시베리아 횡단열차와 사무라이』, p. 121.
157) 위의 책, p. 126.

갑신정변 이후 10년간 조선의 국내외 문제에 거의 절대적인 통제력을 행사했다. 반면 일본은 자국의 근대화 계획에 집중하는 이토 히로부미에 의해 청국과는 협력관계를 유지하고 러시아와는 적대감을 줄 수 있는 자극을 피했다.159) 근대화에 착수한지 4반세기가 지난 시점이 되자 일본은 국제무대에 데뷔할 때가 되었다고 여겼다.160) 그 결과 일본 제국주의 침략 전쟁의 기원161)이 된 청일전쟁162)을 일으키게 되었다.

1894년 조선에서 동학농민혁명이 발발했다. 일본은 이때야말로 1884년의 불명예를 씻고 일본제국이 조선뿐만 아니라 세계에서 '존경' 받고 '두려움'의 대상이 되게 하는 절호의 기회라며 이를 환영했다.163) 청국이 군대를 파병하자, 일본도 제물포조약과 텐진조약의 절차에 따라 파병했다. 그 수는 일본정부의 판단에 따를 것이라며, 초기 400여 명의 해병에 이어 기병과 포병 포함 1만 명까지 증병 파병했다. 일본의 목적이 방어 이상이라는 사실을 청국과 러시아 및 다른 강대국들에게 암시하는 것이었다.164) 이렇게 구미 각국의 간섭을 방어하기 위해 군사 기선을 잡은 일본은165) 청군을 기습공격하고 8월 1일 선전포고함으로써 청일전쟁은 시작되었다.166) 일본군은 초반 성환 전투에 이어

---

158) 최문형, 『명성황후 시해의 진실을 밝힌다』, pp. 126-128.
159) 강성학, 『시베리아 횡단열차와 사무라이』, p. 127.
160) 강성학, 『용과 사무라이의 결투』, p. 51.
161) 왕현종 외 4인, 『청일전쟁기 한중일 삼국의 상호전략』, 동북아역사재단 연구총서, 48, (서울: 동북아역사재단, 2010), p. 11.
162) 강성학, 『용과 사무라이의 결투』, p. 45. 한국은 '청일전쟁'이라 부르지만, 중국에서는 '갑오전쟁'이라 부르고, 일본은 '일청전쟁', 국제적으로는 '중일전쟁 1894~1895'으로 지칭된다.
163) 강성학, 『시베리아 횡단열차와 사무라이』, p. 129.
164) 위의 책, pp. 130-132.
165) 다이둥양(戴東陽), "갑오 중일전쟁 기간 청 정부의 대일정책", 『청일전쟁기 한중일 삼국의 상호전략』, 왕현종 외 4인 지음, p. 254.
166) 청국과 일본의 군대 철수에 관한 양국의 공방과 개전하기까지 상세한 논의는 다이둥양(戴東陽), 위의 논문, pp. 248-352 참조.

안창호의 고향에서 벌어진 평양전투와 황해 해전에서도 잇달아 승리했다. 1895년 2월 웨이하이웨이(威海衛)까지 점령하자 청국은 항복하고 청일전쟁은 일본의 승리로 끝났다.[167]

전쟁의 대의명분을 조선의 독립과 개혁을 위한 것이라 한 일본은 승전 후에도 조선 독립의 영속과 열강과의 협동이라는 방침을 표방했다.[168] 1895년 4월 시모노세키조약은 제1조 '조선의 완전한 독립' 조항으로 청국의 영향력을 배제시켰다. 그뿐 아니라 랴오둥 반도와 타이완(臺灣) 및 펑후(澎湖) 열도까지 영유해 열강과 동등한 지위를 얻고 제국주의 국가로 등장하게 되었다.[169] 이를 견제하기 위해 러시아가 독일, 프랑스와 함께 삼국간섭을 하자 일본은 굴복했다. 결국 일본은 그 해 11월 8일 랴오둥환부조약(遼東還附條約)[170]을 체결해 랴오둥 반도를 청국에 반환했고, 조선을 보호국화하려던 기도는 좌절되었다.[171] 청일전쟁의 이면에는 조선의 개혁과 자립의 몸부림, 동북아로의 팽창을 노리는 일본의 야망, 쇠퇴해 가는 제국 청국의 실상이 모두 오버랩 되어 있었다.[172]

청일전쟁은 전통적 강자였던 청국에게 '아시아의 병자'(the Sickman of Asia)라는 오명을 준[173] 치욕어린 충격이었다. 화이질서 내의 소국에 불

---

167) 개전 시 기습공격부터 종전까지의 개괄적인 전투 상황은 강성학, 『용과 사무라이의 결투』, pp. 52–65 참조.
168) 오비나타 스미오(大日方純夫), "청일전쟁 전후 일본정치의 동아시아 질서 구상", 앞의 책, 왕현종 외 4인, p. 163.
169) 최덕수 외, 앞의 책, pp. 327–328. "제1조 청국은 조선국이 완전무결한 자주독립국임을 확인한다. 따라서 자주독립에 해가 되는 청국에 대한 조선국의 공헌(貢獻)·전례(典禮) 등은 장래에 완전히 폐지한다."; "韓·日 강제병합 100년… 조선의 운명을 가른 '다섯조약' 현장을 찾아", 2010. 7. 21, 조선일보, A19면.
170) 위의 책, p. 337.
171) 유영익, 앞의 책, p. 195.
172) 왕현종 외 4인, 앞의 책, p. 4–5.
173) 강성학, 『시베리아 횡단열차와 사무라이』, p. 136.

과하다고 여겼던 일본에게 패전당한 사실은 캉유웨이(康有爲, 1858~1927)
를 비롯한 젊은 사대부층을 각성시켜 변법(變法)을 추진토록 했다.[174]
캉유웨이는 사대부층에 대한 계몽운동과 병행해 광수디(光緒帝, 1875~1908)
에게 거듭 상소를 올렸다. 외국의 침입과 태평천국과 같은 반란 등 국
가 위기를 벗어나기 위해서는 전제정체를 군민(軍民)일체의 정체로 바
꾸어야 한다고 주창했다. 일본의 메이지유신이나 러시아의 표트르
(Pyotr, 1672~1725) 대제의 개혁처럼 황제 자신이 주도권을 행할 것을 주
장했다.[175]

1898(戊戌)년 6월 광수디는 「국시를 정하는 조(詔)」를 공포하고 신
법·신제도를 추진했으나 이로 인해 권위의 근원을 잃게 되는 관료와
완고파의 극심한 반대와 시타이호우(西太后, 1835~1908)의 탄압으로 결
국 실패했다.[176] 무술변법운동은 혁신적인 사대부층에 의한 민족주의
성격을 지닌 최초 구국운동이었다. 그러나 완강한 보수세력에 대립하
는 개혁은 넓은 민중운동의 기반이 없는 위로부터의 개혁만으로는 실
현 불가능하다는[177] 교훈을 남겼다. 무술변법운동은 동일한 시기에 일
어난 대한제국의 독립협회 운동과 함께 계몽조직과 관민협조의 정치개
혁을 통한 근대 개혁운동이었다. 이는 자주국권 수호운동으로서 민족
주의·민권운동·근대적 성격이라는 공통의 의의가 있었다.[178]

변법운동을 전후해 1897년 11월 독일군이 칭다오(靑島)에 상륙하
면서 촉발된 소위 '극동의 위기'는 러시아, 영국 등 강대국들이 중국영
토를 잠식하는 계기를 마련했다.[179] 이때 산둥(山東) 지역에서 독일의

---

174) 코지마 신지·마루야마 마츠유끼, 앞의 책, p. 52.
175) 위의 책, p. 53.
176) 위의 책, p. 54.
177) 위의 책, p. 55.
178) 민병학. "한·중 근대 개혁운동의 비교연구: 독립협회운동과 무술변법운동을
    중심으로", 『大韓政治學會報』, 10집 3호, 대한정치학회, 2003, p. 264.
179) 강성학, 『시베리아 횡단열차와 사무라이』, p. 165.

포교 활동에 반발하여 일어난 반기독교 폭동은 점차 격화·확대되어 의
화단(義和團)은 1899년 11월 부청멸양(扶淸滅洋)의 배외·반제국주의운동
으로 발전했다.180) 이듬해 7월 러시아군에 쫓긴 의화단 무리가 대한제
국 북부에 침입하려는 움직임이 있자, 러시아 공사 파블로프(Aleksandr
Ivanovich Pavlow, 巴禹路厚)는 의화단 진압을 이유로 러시아군의 한국 진
출을 허가해 줄 것을 요청해 왔다.181) 일본도 또한 이를 진압하기 위해
일본군을 주력군으로 한 8개국 연합군을 결성하여 베이징(北京)을 점령
했다. 이후 7만으로 증강된 연합군은 서쪽은 산시(山西) 동부, 북쪽은 멍
구(蒙古)의 장자커우(張家口), 남쪽은 허베이(河北)의 바오딩(保定) 일대까
지 점령했다.182) 진압 후 1901년 9월 청조와 열강 간에 체결된「북경
의정서」는 청국을 반식민지의 위치로 만들었다. 반면 일본은 베이징 주
변의 주둔권을 화베이(華北) 지역 진출의 지렛대로 사용하여183) 대륙 침
략의 발판을 마련했다. 이렇듯 의화단사건은 한국을 위기로 몰고 가는
악재로 작용했으며 그만큼 한국의 위기의식도 높아졌다. 의화단 같은
민란이 한국에서도 일어날 경우, 열국이 출병하게 되고 그것이 한국 분
할의 발단이 될 가능성이 있다고 보았던 것이다.184)

　　이 무렵 발생한 명성황후 시해사건은 일본의 소행임이 밝혀졌음
에도 불구하고 구미 외교관들은 고종의 안전과 질서회복을 가해자인
일본에 의뢰했다. 이는 그들 스스로가 한국에 대한 일본의 우위를 인

---

180) 코지마 신지·마루야마 마츠유끼, 앞의 책, pp. 55-56; 이은자,『의화단운동 전
　　후의 산동: 민간종교결사와 권회에 관한 연구』, (서울: 高麗大學校 出版部,
　　2004) 의화단운동에 관한 상세한 논의는 이 책 참조.
181) 장석흥, "대한제국의 멸망 과정과 동북아시아질서의 재편",『史學硏究』, 第88號,
　　한국사학회, 2007, p. 158.
182) 코지마 신지·마루야마 마츠유끼, 앞의 책, pp. 57-58. 독일·일본·영국·미국·
　　프랑스·러시아·오스트리아·이탈리아의 8개국 연합군이 공동 출병했다.
183) 위의 책, p. 58. 참고로 화베이(華北) 지역은 베이징시(北京市), 톈진시(天津市),
　　허베이성(河北省), 산시성(山西省), 네이멍구자치구(內蒙古自治區)가 포함된다.
184) 장석흥, "대한제국의 멸망 과정과 동북아시아질서의 재편", 앞의 책, p. 158.

정한다는 증거였다.185) 명성황후 시해에 분개한 민중들은 전국의 을미
의병에 자원해 일본에 대항했으나 역부족이었다. 신변의 두려움을 느
낀 고종은 아관파천을 단행했다.

　아관파천을 계기로 조선 지배권을 강화한 러시아는 '베베르 – 고무
라 각서'(Waeber – Komura Memorandum, 1896. 5)체결을 통해 아직까지 갖
지 못했던 군대 주둔권을 일본과 동일한 주둔 지역에 동일한 수로 가질
수 있게 되었다.186) 또 '로바노프 – 야마가타 의정서'(Lobanov – Yamagata
Protocol, 1896. 6)는 조선에서 러 · 일의 평등한 권리를 인정했다. 양국 균
형을 회복한 것처럼 보였으나 러시아가 주도적 영향력을 행사했다.187)
러시아는 국제체제의 주요 행위자인 동시에 동북아 지역체제의 주요 행
위자가 되었다.188)

　이때 일본은 조선의 독립에 대한 위협요소가 중국에서 단지 러
시아로 대치되었을 뿐이라는 것을 깨달았다. 러시아도 '떠오르는 해'
(Rising Sun) 일본이 만조우와 조선에서 자국의 이익에 위협이 됨을 느
꼈다. 양국은 심각한 이익의 갈등을 인식하기 시작했다.189) 고종이 환
궁하여 대한제국을 선포한 이후 조선에 대한 영향력의 추는 점차 러시
아에서 일본으로 이동하고 있었다. 이때 뤼순(旅順) · 다롄(大連)의 조차
계획을 가진 러시아가 일본에 협상을 제의했다. 일본은 만한교환론(滿
韓交換論)으로 대응하여 '대일양보의 총결산'이라 불리우는 로젠 – 니시

---

185) 최문형, 『한국을 둘러싼 제국주의 열강의 각축』, p. 187.
186) 최문형, 『국제관계로 본 러일전쟁과 일본의 한국병합』, pp. 83 – 84.
187) 강성학, 『시베리아 횡단열차와 사무라이』, pp. 157 – 158. 참고로 야마가타는
　　조선을 북위 38선에서 분할하고 북만조우와 남만조우를 각각 러시아와 일본의
　　이익권으로 하자는 제안을 했으나 러시아 측은 이를 거절했다.
188) 위의 책, p. 158. 강성학은 아시아의 강대국 일본과 유럽의 강대국 러시아가 전
　　쟁의 개연성이 상존하는 가운데 직접 대립함으로써 국제체제의 소위 세계화
　　(Globalization)가 완성되었다고 평가한다.
189) 위의 책, p. 158.

협정(Rosen-Nish Convention, 1898. 4)을 체결했다. 이로써 한반도에 관한
한 1898년에는 러·일의 대립이 사실상 끝난 상황이었다. 일본의 독점
지위가 굳혀졌다.[190]

  그러자 러시아는 조선 대신 만조우로 눈을 돌렸다. 1900년 5월
청국의 의화단운동 진압 후 동북삼성(東北三省)의 요지를 점령하고[191]
병력을 철수하지 않고 뤼순항에 주둔시켰다. 일본은 이를 조선반도에
대한 사활적 위협으로 간주했다.[192] 영국도 러시아의 대규모 해군증강
계획과 만조우 침략을 견제했다(balancing). 러시아와 직접 대립 중인 일
본에 편승(bandwagoning)할 필요성을 인식하고 양국은 1902년 1월 30
일 제1차 영일동맹조약을 체결했다.[193] 그 결과는 일본에 대한 러시아
의 인식이 악화되고, 일본은 러시아에 보다 단호하고 적극적인 자세를
견지하게 되었다. 이는 러일전쟁의 발발에 기여하는 역기능으로 작용
했다.[194]

  이후 일본은 조선에 대한 배타적 영향력의 보장과 러시아군의 즉
각적인 만조우 철수를 요구하는 협상과 함께 군사적인 전쟁준비를 병
행했다. 1904년 2월 뤼순항에서 러시아 함대를 기습공격하고 다음 날
선전포고함으로써 러일전쟁이 발발했다.[195] 전쟁 시작 즉시 일본은 전
략적 이유를 들어 자신들의 생명선이라 일컬었던 조선반도를 사실상
군사적으로 점령했다.[196]

---

190) 최문형,『국제관계로 본 러일전쟁과 일본의 한국병합』, pp. 94-95.
191) 코지마 신지·마루야마 마츠유끼, 앞의 책, p. 58.
192) 강성학,『시베리아 횡단열차와 사무라이』, pp. 283-284.
193) 위의 책, pp. 168, 174. 조약의 전문은 이 책 pp. 728-732 참조. 조선일보, "韓·日
    강제병합 100년… 조선의 운명을 가른 '다섯조약' 현장을 찾아", 2010. 7. 28일
    자, A18면.
194) 위의 책, pp. 178-179.
195) 위의 책, pp. 285, 287-288.
196) 위의 책, p. 288.

　　이런 와중에 대한제국은 그동안 외교방안으로 추진하던 중립정책
이 내부 분열과 국제 환경으로 난항을 겪고 있었다.[197] 그러자 민영환
(閔泳煥, 1861~1905)과 한규설(韓圭卨, 1848~1930)은 1882년에 체결한 조미
수호통상조약 제1조의 우호조항을 수행하도록 미국에 요청했다. 시어
도어 루즈벨트(Theodore Roosevelt, 1858~1919) 대통령에게 서신을 전달하
기 위해 1904년 11월 5일 이승만을 출국시켰다.[198] 그러나 다음 해
1905년 8월 루즈벨트를 만난 때는 미국과 일본이 이미 7월 27일 태프
트-가쯔라 협정(The Taft-Katsra Agreement)[199]을 비밀리에 체결해 조선
에 대한 일본의 종주권을 인정한 후였다.[200] 곧 이어 8월 12일에 서명
한 제2차 영일동맹에서는 대한제국의 독립과 영토적 순결에 관한 언급
조차 빼버렸다.[201] 전쟁이 진행되면서 일본은 병력과 재정이 한계에
봉착했고 러시아도 자국 내의 혁명을 잠재우기 위해 평화가 필요해졌
다. 양국은 루즈벨트 대통령의 중재로 9월 5일 포츠머스 조약(The Treaty

197) 玄光浩, 『大韓帝國의 對外政策』, (서울: 도서출판 신서원, 2002), pp. 125-126.
198) 이정식, 『초대 대통령 이승만의 청년시절』, pp. 221-225. 제1조의 한문과 영문
　　조약문의 차이점에 관한 논의는 이 책 pp. 221, 240 참조. 한문 조약문은 영문
　　조약문보다 더 많은 것을 약속하고 있었다. "만약 제3국이 어떤 불공평하고 경
　　솔한 행동을 한다면 통보를 하고 필수로 서로 간에 도와야 할 것이고, 알선을
　　통해 평화적인 타협에 도달할 수 있게 하며, 그렇게 함으로써 그들의 우호관계
　　를 보이도록 한다." 그런데 영문판에는 필수상조라는 용어가 빠져 있었고, 또
　　'통보를 하고'라는 말이 '통고를 받은 후'로 되어 있었다.
199) 태프트-가쯔라 비밀협약에 대해서는 데넷(Tyler Dennett) 교수가 루즈벨트의
　　서한집에서 이를 발견할 때까지 근 20년간이나 세상에 알려지지 않았다. 그러
　　나 1924년 데넷 교수의 발표를 통해 그 존재가 밝혀지자 이는 '비밀협정'(secret
　　agreement)·'비밀조약'(secret pact)·'행정협정'(executive agreement) 등 국제
　　법상 구속력을 가진 명칭으로 불리게 되었다. 최문형, 『국제관계로 본 러일전
　　쟁과 일본의 한국병합』, p. 306 참조.
200) 이정식, 『초대 대통령 이승만의 청년시절』, pp. 236-237.
201) 강성학, 『시베리아 횡단열차와 사무라이』, p. 531. 제1차 영일동맹에 만족했던
　　고종황제는 러일전쟁 발발 시에도 조선의 독립을 유지한다는 일본의 약속을 믿
　　고 군사작전의 기지로서 조선영토의 사용을 인정했던 것이었다. 제1차 영일동
　　맹과 달리 실망스런 제2차 영일동맹 조약의 전문은 이 책 pp. 750-755 참조.

of Portsmouth)을 체결하고 전쟁은 종식됐다.202)

한편 러시아는 연이은 패전소식으로 차르와 전제정치에 대한 민음이 손상되고 극심한 자원과 식량 부족으로 1905년 혁명이 일어났다. 역사상 처음으로 의회(Duma)가 수립되고 준입헌군주제로 전환되는 듯했으나 이듬해 의회 해산으로 혁명은 실패로 끝났다.203) 반면 일본은 종전 후 조선에서 무제한의 자유를 획득하고 뤼순과 랴오둥 반도를 확보해 동북아에서 일본이 주도국임을 국제사회에서 인정받는 계기가 되었다.204) 그러나 극단적 민족주의(Ultra-nationalism)에 취해 국수주의 경향을 가진 국민대중은 이를 불완전한 승리로 받아들였다. 결국 가쓰라 내각(桂內閣)은 물러나고 군부의 위상은 크게 부상되어 일본의 대륙지향 제국주의는 더욱 박차를 가하기 시작했다.205)

일본은 즉시 1905년 11월 을사늑약으로 조선의 주권적 외교권을 박탈하여 보호국화했다. 앞으로 5년 후 병합을 목표로 만조우에 대한 러시아와 미국의 견제를 해소하는206) 수순을 밟아 나갔다. 고종황제는 전국 유생들에게 의병궐기를 촉구하는 밀칙을 내렸다.207) 세계열강을 상대로는 조약의 무효 확인을 요구하는 친서전달·밀사파견208) 등의

---

202) 위의 책, p. 380. 포츠머스 조약의 전문은 이 책 pp. 733-749 참조; 조선일보, "韓·日 강제병합 100년… 조선의 운명을 가른 '다섯 조약' 현장을 찾아", 2010. 8. 4일자, A17면.

203) 강성학, 『시베리아 횡단열차와 사무라이』, pp. 430, 438.

204) 위의 책, p. 427, 453.

205) 위의 책, pp. 450-452. 강성학은 일본이 서양 강대국들의 억압에 굴복했듯이 일본은 더 약한 국가들을 억압하는 것을 "억압의 전이현상"으로 설명한다. 이는 엄격한 수직 질서에서 상위 계급으로부터 받은 억눌린 감정을 아래 사람들에게 권력을 마음대로 행사함으로써 밑으로 이전시키는 현상을 뜻한다.

206) 최문형, 『국제관계로 본 러일전쟁과 일본의 한국병합』, p. 328.

207) 강성은, 앞의 책, pp. 154-156. 상세한 내용은 "〈표4〉의병에 대한 고종의 밀칙" 참조.

208) 박은식, 『한국독립운동지혈사』, pp. 421-533 부록 참조. 『한국독립운동지혈사』는 상편, 하편, 부록으로 구성되어 있는데, 박은식은 부록에 「독립운동에 대한 세계의 여론」을 소개했다.

비밀외교를 전개했다.209) 최후의 구국외교로서 1907년 6월부터 개최
되는 제2차 헤이그 평화회의에 대한제국 특파위원으로 이상설(李相卨,
1870~1917), 이준(李儁, 1859~1907), 이위종(李瑋鍾, 1887~미상) 3인을 파견
했다. 강제된 을사늑약의 무효 파기와 일본의 침략상을 알려 국권회복
을 위한 열강들의 후원을 얻고자 했다.210)

그러나 일본의 방해와 러시아와 미국을 비롯한 열강들의 외면으
로 회의 참석이 거부되자, 언론을 통한 국제여론에 호소했다.211) 이에
대해 『이상설일기초』(李相卨日記抄)는 "국제협회에서 연설할 수 있게 되
었다. 이위종으로 하여금 불어로 연설[한국의 호소(A Plea of Korea)]하게
하여 방청자가 대단히 많았다. 각국 신문이 매일같이 한국의 사정을
논하는 한편 '억일부한지정'(抑日扶韓之情)을 발표하였다. 그러나 각국 대
표위원들은 공례(公例)를 빙자하여 '막연무응'(漠然無應)하였다."고 당시
상황을 기록했다.212) 이 밀사사건을 빌미로 일본은 고종을 강제 폐위
시키고 군대까지 해산한 후 1910년 8월 29일 조선을 강제로 병합했다.
이는 1905년 11월 을사늑약 이래 불과 5년 만에 전광석화처럼 절차상
의 합법성이 결여된 채 강제로 진행되었다.213) 군사력을 상실한 힘없
는 나라의 예고된 운명이었다.

한편 안창호가 3·1운동 이후 해외독립운동의 주무대로 활동했던
중국과 러시아의 상황은 조선의 상황과 비견할 만한 격동 그 자체였다.

209) 강성은, 앞의 책, pp. 148-149. 상세한 내용은 "〈표3〉 고종의 외교공작과 을
    사5조약 무효화 활동" 참조.
210) 尹炳奭, "만국평화회의와 한국특사의 역사적 의의", 『헤이그특사와 한국독립운동』,
    헤이그 한국특사 100주년 기념, 독립기념관 한국독립운동사연구소, (천안: 독립
    기념관 한국독립운동사연구소, 2007), pp. 14, 45; "韓·日 강제병합 100년… 조
    선의 운명을 가른 '다섯 조약' 현장을 찾아", 2010. 8. 11, 조선일보, A19면.
211) 위의 논문, pp. 50-51.
212) 위의 논문, p. 57.
213) 이태진, "1904~1910년 한국 국권 침탈 조약들의 절차상 불법성", 앞의 책, 이
    태진·사사가와 노리가츠(笹川紀勝) 공편, pp. 148-151.

1901년 의화단운동이 8국 연합군에 토벌되자 시타이호우는 신정(新政)을 개시했다. 신식학교를 설립하고 유학생을 대량으로 파견해 신지식 계층을 탄생시켰다. 그러나 민중에게는 아무 이익도 없는 중세(重稅)만을 의미할 뿐이므로214) 각지에서 반세(反稅) 투쟁과 폭동이 일어났다. 신지식층은 일본의 메이지유신 이후의 발전과 중국의 상황을 대비하며 혁명사상과 입헌사상을 받아들였다.215)

이때 혁명의 횃불을 처음으로 든 사람이 쑨원(孫文, 1866~1925)이었다.216) 쑨원의 공화혁명의 효시는 청일전쟁의 패색이 짙었던 1894년 11월 미국 유학 중 하와이 화교로 조직한 흥중회(興中會)라는 비밀결사였다.217) 이듬해 쑨원은 홍콩(香港)에서 청조 타도와 공화제 국가 수립을 목표로 내건 최초의 혁명단체인 흥중회총부(興中會總部)를 창립하고 광조우(廣州)에서 최초의 거병을 감행했으나 계획 누설로 실패했다.218) 이후 해외 망명생활 중 해외 혁명조직을 만들고, 1905년 8월 일본에 왔다. 때마침 일어난 러시아 혁명의 영향을 받아 혁명 제단체의 대동단결을 추진하여 중국혁명동맹회를 결성했다.219) 이때 혁명강령으로 민족주의, 민권주의, 민생주의의 삼민주의를 선포했다.220) 동맹회는 각

---

214) 코지마 신지·마루야마 마츠유끼, 앞의 책, pp. 60 – 61.

215) 위의 책, p. 61.

216) 위의 책, p. 61.

217) 민두기, 『辛亥革命史: 중국의 共和革命(1903~1913)』, 대우학술총서·인문사회과학, 76, (서울: 민음사, 1994), p. 26.

218) 코지마 신지·마루야마 마츠유끼, 앞의 책, p. 62.

219) 키쿠치 타카하루(菊池貴晴) 지음, 『신해혁명과 중국근대화』(辛亥革命と中國近代化), 엄영식 옮김, 한벗신서, 16, (서울: 도서출판 한벗, 1982), pp. 103 – 105. 해외 혁명 조직으로 벨기에의 안트워프(Antwerp), 베를린(Berlin), 파리(Paris)와 도쿄(東京)본부를 만들었고, 국내 조직으로 홍콩, 광조우, 마카오(澳門), 상하이에 지부 설립을 준비했다.

220) 위의 책, pp. 105 – 109. 민족주의는 민족혁명으로 "오랑캐를 몰아내고, 중화를 회복한다.", 민권주의는 정치혁명으로 민주정치를 추구하고, 민생주의는 사회혁명으로 사회주의와 동의어로 사용했다. 이 삼민주의에 관한 약점 및 평가는 이 책 pp. 110 – 112 참조.

지에서 거병해 1911년 신해(辛亥)년 우창(武昌)봉기를 계기로 발발한 신해혁명은 전국으로 파급되었다. 12월에 난징을 점령하고 1912년 1월 1일 수립된 중화민국 임시정부에서 쑨원은 임시 대총통에 선출됐다.[221] 그러나 위안스카이의 등장과 일본 영국을 비롯한 열강들의 간섭, 봉건제도 타파 실패, 내부 분열 등의 이유로 혁명은 좌절되고 군벌이 항거하는 혼란한 시대를 맞게 되었다.[222]

한편 1905년 러시아 혁명 실패 후 1914년 제1차 세계대전에 참전한 러시아는 물자와 식량 부족으로 생활이 극도로 핍박해졌다. 근로자들의 파업(strike)에 군대도 합류한 1917년 2월 혁명으로 로마노프(Romanov) 왕조는 붕괴되고 임시정부가 수립되었다.[223] 이때 망명에서 귀국한 블라디미르 레닌(Vladimir Il'ich Lenin, 1870~1924)은 4월 테제를 통해 부르주아 성격의 임시정부 하에서의 전쟁은 제국주의 전쟁이라며 제1차 대전을 비판하고 소비에트(Soviet) 공화국 수립을 주장했다.[224] 레닌은 10월 혁명에서 케렌스키(Aleksandr Fyodorovich Kerenski, 1881~1970) 임시정부를 타도하고 소비에트 정부로서 인민위원회를 구성했다. 의장에 선출된 레닌은 모든 국가권력을 이행했음을 선언하고,[225] 혁명은 전국으로 확대되었다.

그러자 일본은 소비에트 러시아(Soviet Russia)에 대한 무력간섭을 연합국 중 맨 먼저 개시했다. 특히 블라디보스톡(Vladivostok)항과 이르크츠크(Irkutsk)까지 시베리아(Siberia) 철도를 점령해 이 지역을 식민지로 만들려 했다.[226] 일본 제국주의는 중국대륙에 이어 러시아 대륙까지 야

---

221) 코지마 신지 · 마루야마 마츠유끼, 앞의 책, pp. 70−71.
222) 키쿠치 타카하루, 앞의 책, pp. 301−304.
223) 申相楚, 『레닌과 러시아 혁명』, (서울: 明文堂, 1992), pp. 152−153.
224) 위의 책, p. 156.
225) 위의 책, p. 178.
226) 金俊燁 · 金昌順, 앞의 책, p. 101.

심차게 세력을 넓혀가고 있었다. 비무장한 다윗(David)에 불과한 안창
호에게 일본은 더 대적하기 어려운 무장한 골리앗(Goliath)으로 다가오
고 있었다.

제3절 안창호의 정치인식 형성: 사명의 발견227)

    안창호의 출생 및 성장 과정은 이광수와 주요한을 비롯한 측근
들이 해방 후 집필한 전기물과 증언록 및 기타 연구 등을 통해 연보적
인 내용은 알 수 있다. 하지만 아동기의 안창호에게 미쳤을 배경과 영
향을 유추해볼 수 있는 당시 고향 주민들의 증언록이나 당시 인구, 동
족집락 현황, 산업, 경제, 풍속, 사고 성향 등의 자료들은 거의 전해지
지 않고 있다. 행정자료나 통계자료 등 실증 자료는 당시 조선총독부
가 조선에 대한 일사분란의 통제와 통치를 위해 만든 자료에 의존할
수밖에 없는 실정이다.228) 어린 시절 안창호가 겪었을 직·간접 경험
과 그로 인해 받았을 영향을 추론할 수 있는 1차 자료는 거의 없다.
안창호가 자신의 출생과 성장 과정을 안창호 자신이 1913년 미국에서
직접 작성한 흥사단 입회청원 서류229)인 자필이력서230)가 있을 뿐이

---

227) Laurence Rees, *op. cit.*, p. 9의 "discovering a mission".

228) 江西郡誌增補版編纂會 編, 『江西郡誌 增補版』, 비매품, (서울: 江西郡誌增補版編纂會,
    1987), p. 197. "일제는 구한국(정식국호는 「大韓帝國」)을 병합하자 이를 「朝鮮」이
    라 개칭하고 국도=한성부를 경성부(지금의 「서울」)로 고치는 동시에 여기에다
    조선총독부를 설치하고 총독과 정무총감을 파견하여 전국을 제국주의적 압정 밑
    에 얽매두고 지배하였다. 지방행정구역은 전국을 13도·12부(시)·2백20군·2도
    (島)·2천5백21면으로 구획하고 도에 도장관(나중에 지사로 고침) 부에 부윤(시장
    급) 군에 군수, 면에 면장, 동에 구장을 두고 일사분란의 통제를 하였다."

229) 崔起榮, "해제", 『島山安昌浩全集』, 제1권, p. 130.

230) "자필이력서", 『島山安昌浩全集』, 제1권, pp. 149-153. 이력서 내용은 "出生時,
    出生地, 居住地, 職業, 學藝, 所有, 最長技能, 宗敎, 團體, 家族"등의 항목으로 구분
    하여 자필로 기록했으나, 오탈자 및 틀린 기록을 수정하지 않고 흘려 쓴 것으로

다. 안창호의 출생일231)과 출생지, 이사하여 성장기를 보낸 이거지(移
居地), 순흥 안씨의 세거지(世居地)에 대한 기록들이 이력서 또는 다른
관련 자료들과 내용이 달라232) 연구자들 간에 논란이 있다.233)

안창호는 1878년 11월 9일에 평남 강서군 초리면 칠리 봉상도(일명
도롱섬)에서 출생하였다.234) 안창호는 고려 말기 성리학을 처음으로 수입

보아 초안인 듯하다. 간략히 요약 정리하면 다음과 같다. 성명은 안창호(35세)이
며 현주소는 북미가주하변[캘리포니아 리버사이드]이다. 建國元年 4211년[1878년]
11월 9일에 韓國 平安南道 江西郡 草里面 七里 鳳翔島(봉상리)에서 출생하여 6세
[5세의 착오인 듯]부터 7세까지 가정에서 수학했다. 7세에서 8세까지는 평양 대
동강면[지금의 大同郡 소속] 국수당(國水堂)에서 살다가 9세에서 13세까지는 출
생지로 돌아와 가정에서 서숙(書塾)하며 황해도 구월산 등을 유람했다. 13세에
서 14세까지는 평양 南釜山面['釜'는 '斧'의 오기인 듯하다. 『平安南道誌』 p. 1182
에는 '斧'로 표기됨] 노남리(魯南里)에서 살았고, 14세부터 16세까지 출생지 강
서군(江西郡) 심정리(心貞里)의 한문서당에서 수학하고 목동(牧童)으로 농사를
도우며 놀았다.[주요한은 『安島山全書』, 증보판, p. 38에서 아마도 이곳에서 김
현진(金鉉鎭)에게 유학(儒學)을 배웠고, 필대은을 만났을 것이라 추측했다.] 16
세에 [구세학당에서 입학하여] 야소교(耶蘇敎)를 신봉하고 20세까지 수학(修學)
했다. 19세 때 일신회(日新會)와 독립협회(獨立協會)에 가입하고 23세까지 전국
(本邦京鄕)을 주유(周遊)하며 團을 창설했다.[이때 안창호는 독립협회 평양지부
를 창설하고 전국을 주유하며 애국계몽 활동을 했고, 쾌재정 연설과 종로 만민
공동회 연설도 했을 것이다.] 23세부터 24세까지는 [독립협회 강제 해산 후 고
향에 돌아와] 개황작묘(開荒作苗)를 하며 학교관리(學校管理)[점진학교 운영]를
했다. 24세부터 29세까지는 미국에 있었다.
231) 안창호의 출생일에 대해 다음과 같이 차이가 있다. 이광수, 앞의 책, p. 11에는
"서력(西曆) 1878년 무인년 11월 12일"로 되어 있다. 반면에 주요한 편저, 『安
島山全書』, 증보판, p. 38에는 "비문에는 음 10월 6일이라 하였으니, 이를 양력
으로 고치면 11월 10일이다. 가족에게 물어도 확실히 기억되지 아니한다 하므
로 이 책에서는 자필 이력서에 있는 대로 11월 9일(陽)을 채택하기로 하였다."
고 되어 있다.
232) 江西郡誌增補版編纂會 編, 앞의 책, p. 197; 平安南道誌編纂委員會 編, 『平安南道
誌』, (서울: 平安南道誌編纂委員會, 1977), pp. 1181, 1197－1198. 1914년 3월 1
일부터 본격적으로 행정 구역이 병폐합되고 새롭게 편제되어 지역 명칭 등이
변경되었다. 예를 들어 안창호의 고향인 대동군, 강서군 지역도 행정 구역과
지명이 변경되었으나, 멀리 떨어진 미국에서 1913년에 이력서를 작성한 안창
호는 변경된 지명을 몰랐기 때문에 어린 시절 평양부에 영속되었던 시기의 옛
지명을 기재했을 것이다.
233) 이태복, 앞의 책, p. 27.
234) 江西郡誌增補版編纂會 編, 앞의 책, p. 197; 平安南道誌編纂委員會 編, 앞의 책,
pp. 1181, 1197－1198. 안창호가 '노내미집 셋째'로 불리게 된 유래가 된 선산

어린 시절의 대동강과 모란봉(1880년대)

한 대유학자이며 순흥 안씨 시조인 안유(安裕, 1243~1306)235)의 26대 후손으로 평양 동촌(東村)에 집성촌을 이루고 사는 가정환경에서 성장했다.236) 비록 정치적으로 몰락하고 경제적으로도 빈한한 평민 가정에서 태어났지만 대학자의 후손이라는 자긍심과 선비 가풍을 유지하는 집안의 분위기237)는 안창호의 선비적이고 고매한 인격 형성에 영향을 주었을 것이다. 7세에 평양 대동강변 국수당(國水塘)으로 이사했으나, 2년 만에 부친 안흥국(安興國, 1851~1889)이 별세하면서 다시 도롱섬으로 들어가 조부 밑에서 성장했다. 평민 신분으로 글 잘하고 엄한 할아버지는 부친을 여읜 어린 손자를 조선 전통사회의 유교교육 방식으로 엄격하게 훈육했다.238) 말하자면 안창호가 인식형성기에 받았던 교육은 전통적인 유교관념을 중심으로 한 것이었다. 훗날 안창호는 유학의 근본정신은 받아들였으나

이 있는 大同郡 南串[곶]面 魯南里의 경우, 이 지역은 원래 平壤府에 領屬되어 있었으나 1914년 3월 1일자로 평양부에서 분리하여 신설된 대동군에 영속되었다. 또 출생지인 강서군 초리면과 이거지(移居地)로서 호적상 원적이 된 동진면 고일리의 경우에도, 1906년 9월 24일 이래로 1914년 4월 1일과 1916년 2월 1일에 걸쳐 수차례 병합을 거듭하였다.

235) 주요한 편저, 『安島山全書』, 증보판, p. 40. 안유는 이름이 향(珦)이요, 고려 말기의 이름난 유학자로서 남송에서 일어난 정·주(程·朱)의 성리학을 처음으로 수입했다. 조선 중종 때에 그가 글을 가르치던 풍기에 백운동 서원을 창설한 것이 서원제도의 효시가 되었다. 안창호의 가계는 순흥 안씨 참의공파인데, 참의공 종검(從儉)은 고려 공민왕 때 공조참의를 역임하였으며 안창호의 17대조가 된다.

236) 이태복, 앞의 책, p. 26.

237) "선산 밑에는 문성 안유(文成安裕)의 영당(影堂)이 있었다. 안씨의 시조로 높이는 것이다. 도산은 여기도 절하였다." 이광수, 『도산안창호』, p. 154.

238) 주요한 편저, 『安島山全書』, 증보판, p. 46의 이강(李堈)의 증언 참조.

"이조 500년의 역사는 공담공론(空談空論)의 역사였다."고 극언을 하며
비판했다.239)「동지들께 주는 글」중 "무정한 사회와 유정한 사회"(『東光』
1926. 6 게재)의 기고문에서는 유년 시절을 회고하며 집안 어른과 어린 아
이들과의 정이 없음을 비판하며 가정과 사회에서 정의(情誼)가 중요함을
강조했다.240) 안창호가 유년 시절에 조부로부터 받은 엄한 유교식 교육
에 대한 반작용이 오히려 정치인식 형성 중 현실적이고 실용적인 사고를
형성하는데 영향을 주었을 것이다.

　　출생과 가족 환경이 안창호의 정치인식 형성에 영향을 미쳤듯이
또 하나의 '우연히 주어진'241) 운명 요인으로 평안도 출신이라는 점에
주목해야 한다.242) 안창호가 태어난 봉상도는 평양과 같은 생활 권역
이었다.243) 평안도 출신이라는 인연으로 독립운동 과정에서 서북 출신
동지들을 얻었고 서북학우회와 흥사단을 통해 서북 출신의 젊은 인재
를 양성하기도 했다.244) 반면에 그런 지역 배경이 서북파의 우두머리
로 지방열로 인한 파벌을 조성한다는 오해와 야심가라는 악평을 받았
다.245) 이는 분열된 독립운동 세력들을 하나로 통합하려는 안창호의

---

239) 이광수, 『도산안창호』, pp. 145-146.
240) 주요한 편저, 『安島山全書』, 증보판, pp. 46-47. 전문(全文)은 pp. 538-543 참조.
241) 딘 자로스(Dean Jaros), 『정치사회화』(Socialization to Politics), 임영철·김항원
　　공역, (서울: 지구문화사, 1986), p. 128.
242) Gardner, diss., p. 5. 이 점을 간파한 가드너는 그의 박사학위논문 Chapter I 첫
　　단락을 다음과 같이 시작한다. "There is a story that a staunch supporter of An
　　Ch'ang-ho once sadly said to the nationalist leader: 'Oh, why were you born
　　in P'yŏngan province and not in Ch'ungch'ŏng or Kyŏnggi province?'" 이는 안
　　창호의 측근인 대구 출신 송종익이 탄식하며 "선생은 왜 충청도나 경기도에서
　　출생하지 못하고 평안도 강서에서 출생하였는가?"라고 도산에게 말했다는 주요
　　한 편저, 『安島山全書』, 증보판의 p. 179의 내용을 가드너가 인용한 것이다.
243) 이태복, 앞의 책, p. 27.
244) 장규식, "미군정하 흥사단 계열 지식인의 냉전 인식과 국가건설 구상", 앞의
　　책, pp. 250-253. "<표> 미군정 참여 흥사단계 인사" 참조.
245) 주요한 편저, 『安島山全書』, 증보판, pp. 300-307. 여기서 주요한은 "'지방열',
　　'야심가' - 이런 말은 도산을 오해하거나 악평하는 이들이 항용 사용한 말이

발목을 잡는 요인이 되기도 했다. 평안도 출신이라는 점이 '서북'이라
는 브랜드로 독립운동 기간 내내 따라 다녀 안창호에게 좋든 나쁘든
간에 미친 영향246)을 이해하기 위해서는 평안도 지역의 사회 · 역사 배
경에 대해 조망할 필요가 있다.

평안도는 조선시대에 극심한 정치 차별 대우를 받았다. 평안도인
이 정치와 관직에 참여했을 때는 곳곳에서 차별이 가해져 높은 직위에
오를 수가 없었다.247) 그로 인해 지역 위상이 크게 낮아지게 되었고,
평안도인들은 경제 활동을 위주로 성장할 수밖에 없었다.248) 반면 황
해도 출신의 이승만은 왕족의 후예라는 자긍심249)을 가지면서 비록 부
패한 과거 제도 때문에 낙방은 했지만 그래도 과거에 응시할 수 있었
던 처지였다. 이러한 점에서 안창호를 비롯한 평안도 출신들은 신분이
나 사회적으로 열등하다는 편견을 받았다. 이들은 이런 편견을 독립운
동 중 강한 결집력으로 극복하려고 했고, 이것이 지방열, 파벌 형성의

다. 이를 분석하기 전에 도산의 일기와 연설 중에서 스스로 말한 사실을 추려
보기로 한다."며 수많은 사례를 예시했다.
246) 金東元, "平壤人 氣質과 그 出身 人物들"(『民聲』, 1949. 12), 『島山安昌浩全集』, 제
13권, p. 424. "平安道 特히 平壤사람들의 氣質을 알랴면 … 感情을 감추지 못하
는 것이다. 있는 대로 쏟아놓아야 백이는 性格이다. 그러나 그뒤가 없다. 勿論
이러한 性格이 政治家로써의 性格일 수는 없다. 그러나 正義를 지키는 守護神일
수는 있는 것이다. 이러한 意味에서 그 典型的인 人物로 島山 安昌浩先生을 들
수 있다."고 했듯이 평안도 사람 안창호에 대한 이런 평가가 정확하게 표현된
것인지 아니면 편견인지의 여부가 중요한 것이 아니라 세인(世人)들이 이런 선
입견을 가지고 있었다는 사실은 도산에게 어떤 형태로든 영향을 미쳐 그의 리
더십 행사에도 연계가 될 수밖에 없었다.
247) 이중환 지음, 『택리지』, 허경진 옮김, (파주: 서해문집, 2007), p. 48. "혹 과거
에 오른 자가 있다 해도 벼슬이 (종5품) 현령 정도였고, 대간이나 시종에 오른
자가 있지만 역시 드물었다."
248) 김상태, 「근현대 평안도 출신 사회지도층 연구」, 서울대 박사학위논문, 2002,
pp. 16, 18.
249) 이정식, 『초대 대통령 이승만의 청년시절』, p. 34, 251. 이승만은 자서전에서
"만일 16대 전의 나의 선조[양녕대군]가 그렇게 관대하게 상속권을 그의 동생
[세종대왕]에게 넘겨주지 않았더라면 나는 고종의 위치에 놓였을지도 모른다."
고 기술했다.

시각으로 보였을 것이다. 18세기 전후 평안도 지역은 상업을 중심으로 사회적 잉여가 창출되었고, 이를 둘러싼 사회세력들 간의 대립과 봉건 지배체제의 모순이 심화되었다. 결국 1811년 평안도농민전쟁[홍경래 난]에서 그 대립과 모순이 정점을 이루게 된다.250) 이 같은 정치 · 경제 특성 때문에 평안도의 사회질서는 삼남 지방의 사족 지배체제와는 다른 면모를 보이고 있었다.251) 그 특징은 "평안도민의 풍속이 본래 순박하고 두터워 가문의 높고 낮음을 논하지 않았다."는 숙종 5년 민종도(閔宗道, 1633~미상)의 발언에서 볼 수 있다. 다른 지역에 비해서 주민들의 일체감이 강한 공동체 사회질서를 유지할 수 있었던 것은 단순히 고유의 풍속에서 나온 것이 아니었다. 확고한 신분 우위를 누리는 계층이 존재하지 않던 사회여건으로 인해 가능한 것이었다.252) 이러한 안창호 성장 시절의 지역사회 분위기도 훗날 그의 평등사상과 민주주의 의식 형성에도 지대한 영향을 미쳤다고 볼 수 있다.

어린 시절의 안창호는 자신의 조국 조선이 궁궐 내부의 권력 투쟁과 제국주의 열강의 침탈로 인해 격변의 와중에 있다는 사실을 알 수는 없었을 것이다.253) 하지만 평양의 대동강 변에서 태어나 성장하면서 1811년 경 평안도 일대를 뒤흔든 홍경래의 난(1811. 12~1812. 4)에 대한 이야기254)를 들으며 조선사회에 대한 인식을 구체화했을 것이라 추측할 수 있다. 또 1866년 동네 근처에서 발생한 제너럴셔먼(General Sherman)호 사건에 관해서도 이야기255)를 들으며 '서양의 나라'에 대한

250) 고석규, "18세기말 19세기초 평안도지역 鄕權의 추이", 『한국문화』, 11, 규장각 한국학연구소, 1990, pp. 342-344.
251) 吳洙彰 著, 『朝鮮後期 平安道 社會發展 硏究』, (서울: 三信文化社, 2002), p. 238.
252) 위의 책, p. 239.
253) 주요한 편저, 『安島山全書』, 증보판, p. 42.
254) 平安南道誌編纂委員會 編, 앞의 책, pp. 135-138, 146-147. '5. 洪景來亂 腐敗勢 道政治와 民亂…情況', '黨爭으로 疎外된 西北人…遠因', '敗戰과 그 後日譚'
255) 위의 책, pp. 148-151. '平壤官民과 「셔어먼」號의 悲劇'

이미지를 형성했을 것이다. 말하자면 유교 중심의 교육을 받으면서도, 조선사회의 모순에 대한 사고의 단초를 제공받았고, 조선사회가 처한 국제환경에 관한 인식의 소재를 접했다고 할 수 있다. 후일 안창호가 강조한 '자유문명국으로서의 민(民)의 자신(自新)'이라는 개념은 유교의 수기치인(修己治人)에서 발전된 개념이지만, 유학의 공리공론으로 인해 조국이 위기에 빠질 수밖에 없었다는 비판 의식에 바탕을 둔 것이다. 안창호가 평생 무실(務實)을 강조한 것은 결국 이러한 성장과정에 받은 교육과 현실의 유리 현상 때문이라고 할 수 있다.256)

안창호가 김현진(金鉉鎭, 생몰 미상)이란 서당 훈장에게서 한문을 배웠다는 것은 알려진 사실이지만, 상세한 수학 정도는 잘 알려져 있지 않다. 이에 대해 안창호의 평생 동지였던 곽림대는 다음과 같이 회고했다.

> 도산의 학업을 상고하면 그 수학시기가 단촉하였고 범위가 협소하였다. 15세까지는 한문서당에서 공부하였는데 그 시대에 한문선생들이 아동에게 가르치는 한문은 천자로 위시하여 동몽선습과 사략과 통감(중국력사)이오 그 다음에는 4서3경에 올나가는 것이다. 보통으로 아동이 15세까지 계속하야 공부한다면 당나라 혹은 명나라 사적에 지나지 못하는 것인즉 도산의 한문서당 성적은 통감을 필하지 못하였을 것이오 17세시에 도산은 구세학당에 가서 2년간 수학하였는데 그째에는 평야[평양]에 숭실학교 설립이전이오 교과서라구 사용한 서책은 번연요한의 종교소설 천로역정과 사민필지(국문출판)라는 초등 만국지지와 초등수학과 성경과 물론 찬송가로 련습하는 음악에 지나지 못한 것이다.
> 그런즉 원래 서적이 없는 한국안에서 한문독서와 사민필지 등을 송독한 것 뿐이였으니 도산의 수학 정도는 초등교육에 지나지 못한 것이 사

256) 이태복, 앞의 책, pp. 27-28. 참고로 '자신'(自新)은 신식교육과 신산업 등 사회 전반의 개화를 의미하며, 청년학우회와 흥사단운동으로 발전하면서 보다 자아 혁신의 개념으로 구체화된다고 이태복은 주장한다.

실이었다.257)

　　이런 연유로 대학교 출신이나 학위를 가진 인물들은 '무식한 안창호'라 명칭하여 비웃으며 평론했다고 곽림대는 회고했다. 당시 사서삼경 이상은 과거 응시자들에게만 필요한 교과 과정이었으며, 그 과거제도마저도 갑오개혁으로 1894년 7월에 폐지되었다. 젊은이들은 장래에 대한 새로운 활로를 모색해야 하는 시절이었다.258) 더구나 극심한 정치 차별 대우를 받은 평안도 출신 안창호는 이미 어린 시절부터 과거를 통해 입신양명하려는 뜻을 접었을 것이다. 그러나 김현진 문하에서 사서삼경까지259) 배웠다면 안창호는 그 시대 그 연령대에 맞는 유학교육 과정을 이수하여 과거시험에 응시할 실력은 갖추었다고 봐야 할 것이다. 단지 정규 교육을 받지 못했다는 이유만으로 무식하다는 선입견에 근거한 편협된 세간의 평판을 받았던 것이다.

　　안창호가 유년기를 지나 사춘기를 맞았을 때 황해도 안악 출신의 4년 연상인 청년 선각자 필대은을 만났다. 그를 통해 안창호는 새로운 세상을 알게 되고 '민족'이라는 개념을 깨닫게 되었다. 소년 안창호의 인생에 절대 영향을 미친 필대은은 멘토와 다름없었다.260) 어린 안창호가 볼 때 성숙해 있었던 필대은은 유능한 청년으로 중국의 고전을 두루 섭렵하고 글씨 또한 명필이었으며 이미 새로운 세상에 눈을 뜬 청년이었다.261)

　　집안과 서당 교육만 받던 소년 안창호의 정치인식 형성 과정에서

257) 곽림대, 「안도산」(직해), 『島山安昌浩全集』, 제11권, p. 664.
258) 이정식, 『초대 대통령 이승만의 청년시절』, p. 38.
259) 주요한 편저, 『安島山全書』, 증보판, p. 50. 위의 곽림대 회고 내용과는 차이가 있음.
260) 필대은과 안창호에 관한 상세한 내용은 위의 책, pp. 43-45, 50-52 참조.
261) 이명화, 앞의 책, p. 472.

볼 때 필대은을 만난 이 시기가 자신의 장래 역할에 대한 사명감을 깨
닫게 되는 시점이었다. 안창호는 필대은을 통해 강화도조약이 불평등
조약임을 알았고, 위안스카이를 비롯한 '대국사람'(청국인)들이 한국 땅에
서 한국 사람을 멸시하는 치욕감을 깨닫게 되었다.262) 다른 나라 청·
일 군대가 왜 내 나라 땅에서 전쟁을 하는지에 대해서도 필대은과 밤새
도록 토론하며 우리나라에 힘이 없는 까닭임을 자각하게 되었다.263) 그
러나 1894년 당시 16세의 철든 나이 안창호가 멘토의 언술(言述)로만
이러한 자각을 하지는 않았을 것이다. 그해 9월 15일에 벌어진 청·일
평양전투로 내 고장 평양의 고적과 가옥이 파괴되고 폐허가 되며, 숱한
백성들이 죽거나 다치고 헤어지는 참상을 직접 목도하고,264) 심각한 문
제의식을 갖게 된 것이다. 이 시기가 사춘기 안창호에게는 농사지으며
순탄하게 살 수 있는 사생활을 모두 희생하고 나라와 민족을 위해서만
살고 일하겠다는 민족의식을 자각하게 되는 전환점이었다. 동시에 교육
과 정치에 일생을 바칠 결심을 하는 새 인생관의 출발점이기도 했다.265)
안창호가 막연하게나마 국제관계라는 대외인식과 민족과 국가라는 개념
을 최초로 인지하는 계기가 된 시기가 바로 이때였다.

　　이는 인식의 전환이었다. 국내 편향 사고에서 국제 사고로 전환됨
을 의미했다. 인식전환의 과정에서 안창호는 이때 직접 경험한 청일전
쟁이란 것이, 조선을 사이에 두고 과거의 종주국인 청국과 새로운 지
배자로 부상하던 일본과의 쟁패전이었음을 인지했을 것이다. 이는 사
춘기에 접어든 안창호가 일본에 대한 반항심과 적개심을 갖게 된 계기
가 되었을 것이다. 또 나라의 운명을 결정짓는 것은 강대국과의 국제

262) 필대은으로부터 배운 지식에 대한 상세한 내용은 『安島山全書』, 증보판, 주요한
　　편저, p. 43 참조.
263) 이광수, 『도산안창호』, p. 12.
264) 주요한 편저, 『安島山全書』, 증보판, p. 42.
265) 위의 책, p. 43.

관계라는 점을 인식하며 결국 국가 간의 관계는 힘의 논리라는 사실을
이때 깨달았을 것이라고 판단해도 무리가 아닐 것이다.

김구, 안창호, 이탁

이는 후일 독립운동의 지도
자로 부상하게 되는 동시대 인물
들의 행적과 비교해 보면 더욱 분
명하다. 안창호보다 3년 일찍 황
해도에서 출생한 이승만은 1894
년까지 과거준비에 몰두하다 과
거제도가 폐지되자 배재학당에 입
학했다. 곧이어 서재필이 창설한
협성회에 가담하면서 민족의식 개혁에 눈뜨게 된다.266) 안창호보다 2살
많은 김구는 같은 황해도의 동학 접주가 되어 황해도와 평안도 일대의
동학군 청년 지도자로 활동했다.267) 당시 시대 분위기와 의식 있는 청
년들의 인식 변화를 고려하면, 같은 시기 안창호가 상경하여 구세학당
에 들어가게 된 배경에는 이 두 인물의 사고전환과 같은 의식 변화가
있었음에 틀림없다.

요컨대 1882년(만4세)의 임오군란과 1884년의 갑신정변(만6세) 같
은 정치적 격랑의 실체와 본질에 대해서는 안창호가 유아기였기 때문
에 인지할 수 없었을 것이다. 그는 평양 농촌의 서당에서 전통 유교식
교육을 받고 목동 생활을268) 하며 평범한 소년으로 성장하고 있었다.
소년 안창호는 외침의 격랑에 관해서는 몰랐다 하더라도 지방관의 가

---

266) 이정식, 『초대 대통령 이승만의 청년시절』, pp. 38, 40.
267) 김구, 『백범일지』, pp. 47-48; 김상구, 『김구 청문회: 독립운동가 김구의 정직
    한 이력서』, 1, pp. 15-17, 18-24. 참고로 김상구는 여러 사료 연구를 바탕으
    로 김구의 접주 직책 수행 여부에 관해 의문을 제기하지만 직책과는 관계없이
    김구가 동학군으로 활동했음은 분명하다.
268) 주요한 편저, 『安島山全書』, 증보판, pp. 38, 40.

렴주구와 한재로 인한 민간의 고초와 민란 발생, 화적 출현 등 어수선한 세태와 백성들 삶의 비참함은 느끼면서 성장했을 것이다.[269]

청일전쟁이 끝나고 1895년 17세가 된 안창호의 구세학당 입학은 새로운 세상의 입문이었고 새로운 인생의 전환점이었다. 안창호는 민족의식에 대한 자각을 구체적으로 실현하기 위해서 우선 자신부터 공부하고 힘을 키워야겠다는 결심으로 무작정 한성에 올라왔다.[270] 이때 만난 구세학당은 무료 교육과 숙식이 제공되며 신학문과 새로운 과학문명을 공부할 수 있는 곳이었다. 안창호의 새로운 세계관을 구축할 정신과 지식의 자양분을 축적할 수 있는 소중한 전당이었다. 여기서 안창호는 신학문과 함께 기독교 사상도 익히며 『감리교회죠례』[271]라는 기독교 교육용 책자를 미 선교사와 공동 저술하기도 했다. '이웃을 사랑하고 인류를 사랑하라.'는 경천애인(敬天愛人)의 기독교 기본 정신과 사상은 민족사상과 함께 안창호 사상의 근본 기조를 이루게 되었다.[272] 『새문안교회 100년사』에 언더우드(Horace Grant Underwood, 元杜尤, 1859~1916) 목사 산하에서 초기 복음전파에 큰 공헌을 한 송순명(宋淳明, 1874?~1957) 권사의 증언 기록이 있다. 안창호가 구세 학당에 입학하게 된 계기와 기독교에 입문하게 된 당시 상황을 다음과 같이 전하고 있다.

그[송순명 권사]가 도산(島山) 안창호(安昌浩)를 개심시킨 일을 빼놓을 수 없다. 1895년 청일전쟁이 평양에서 터지자 안창호는 전화(戰禍)를 피하여 서울에 왔다가 그만 집에 돌아갈 노자가 떨어졌다. 그러던 어느 날

---

269) 위의 책, p. 42.
270) "도산언행유습(遺拾)",『續編 島山安昌浩』, 박현환, pp. 98 – 99.
271) 안창호·William, F. E. C. 공편,『감리교회죠례』(Instructions to Methodists), (한국: [발행처불명], 구쥬강성일 일천구백팔년[1908]).
272) 安炳煜, "基督敎와 民族思想: 島山思想을 中心으로", 앞의 책, p. 78.

정동 거리를 지나던 중 외국인 선교사(F. S. Miller, 閔老雅 — 필자주)의 "누구든지 배우고 싶은 사람은 우리 학교로 오시오. 먹고 자고 공부를 거저 할 수 있소."라는 서툰 한국 말 소리를 듣고 ... 찾아간 곳이 바로 새문안교회의 영신학당(永信學堂, 일명 救世學堂, 元杜尤學堂, 閔老雅學堂)이었다. 말하자면 그가 영신학교를 찾은 것은 예수를 믿을 생각에서가 아니라 당장 호구지책을 위해서였던 것이다. 그런데 바로 그곳에서 안창호는 송순명을 만나 그의 끈질긴 전도에 설복되어 마침내 예수를 믿게 되었다. 뿐만 아니라 그 후 안창호는 송순명과 함께 영신학교의 접장(선생)이 되어 한 달에 1원하는 월급을 받으며 3년간이나 활동하였다.273)

1894년 이전까지 안창호의 세계관은 동양의 유교질서였고, 서양 문물과 기독교 세계관에 대한 지식도 의식도 갖고 있지 않았다. 이후 안창호의 사상과 행동에 여전히 유교 관념이 남아 있었다고 하더라도 그것은 1894년을 기점으로 서구문명과 기독교 세계관에 의해 대치되거나 혹은 보완된 것이다. 즉 구세학당 입학은 도산의 세계관이 변모되는 결정적인 전환점이었다고 할 수 있다.

안창호가 구세학당에서 보통과정과 중등과정을 마치고 잠시 접장 생활을 할 때의 기록인 '원두우학당 학생·접장 활동 보고서'가 있다.

'평양에서 온 소년 안창호'(Our Pyeong Yang boy, An Cheang Ho)는 전에 있던 접장(영길이, Yen Kili)보다 훨씬 훌륭하였다. 실제로, 학당은 평양에서 온 이 소년의 열정과 활력 덕분에 새로운 단체가 된 것 같다. (중략) 창호는 자기 주위에서 가장 훌륭한 학생들을 끌어 모아 열정과 활력을 불어 넣고자 노력하고 있다.274)

---

273) 윤경로 지음, 『새문안교회 100년사(1887~1987)』, (서울: 대한예수교장로회새문 안교회 역사편찬위원회, 1995), pp. 136 – 137.
274) 尹慶老, "해제", 『島山安昌浩全集』, 제5권, p. 11. "원두우학당 학생·접장 활동 2"(1896 F. S. Miller, Report of Boys School of Korea Mission, Oct. 16th, 1896), 『島山安昌浩全集』, 제5권, pp. 69, 74 참조.

여기서 안창호가 학당이라는 단체 생활에서 접장으로서 보여 준 리더십은 베버가 제시한 '열정'과 '책임감'이라는 정치 지도자의 자질을 어린 시절부터 갖추고 있었음을 알 수 있다.

이 무렵 동학 군대에 잡혀 얼마 동안 참모 노릇을 하다 도망 나온 필대은이 안창호를 찾아왔다. 두 사람의 관계는 새롭게 발전하여 안창호를 통해 필대은이 기독교를 믿게 되었고, 두 사람은 독립협회가 세워지자 함께 가입하여 활동하기 시작했다.275) 근대 정치체제, 근대 시민의식, 민주 절차의 요소를 동시에 갖춘 독립협회 활동은 한국 근대 사회의 기점276)이었다. 뿐만 아니라 1896년 4월 『독립신문』의 창간과 함께 안창호에게는 정치 인식의 지평을 더욱 넓혀주는 계기가 되었다.

『독립신문』의 창간 선언문은 자유사상과 민주 지식으로 인민을 지도계발하고 계몽된 인민의 힘으로 조국을 '자주독립의 완전한 국가'로 만들자고 했다.277) 이는 안창호뿐만 아니라 조국의 운명을 조금이라도 걱정하는 동시대 청년들에게 '조국은 너를 원한다.'는 정치 격문이었다.278) 안창호의 독립협회 활동은 그의 첫 번째 정치 활동이 되는 셈이었다. 구세학당 졸업 후 학당 접장으로 근무하던 1897년 19세 안창호는 독립협회에 가입하여 주요 주도회원279)으로 활약했다. '소위 별명(別名) 소장·혁신·신진파'로서 '너무 과격하던 십삼인' 중 한 사람으로 주목받고 있었다.280) 젊음이란 미숙함을 의미하기도 하고, 그 미숙

---

275) 위의 책, pp. 44-45.

276) 柳永烈, 앞의 책, p. 23.

277) 이태복, 앞의 책, p. 56.

278) 제2차 세계대전 당시 참전국들이 자국의 병사들을 모집하는 격문이었다. 예를 들면, 미국의 "I WANT YOU FOR U.S.ARMY, NEAREST RECRUITING STATION".

279) 愼鏞廈, 『獨立協會研究: 독립신문·독립협회·만민공동회의 사상과 운동』, (상), 新版, 신용하저작집 5, (서울: 일조각, 2006), pp. 135-136의 '독립협회의 주요 주도회원' 명단 참조.

280) 위의 책, p. 133; 愼鏞廈, 『獨立協會研究』, (하), p. 654. 『독립협회연혁략』에 게

함은 과격함으로 이어지는 경우가 많다. 젊은 시절의 안창호 역시 예
외는 아니었을 것이다.[281]

독립협회 평양지회 시절 도산(1898년 20세 무렵)

안창호의 애국연
설은 민중들에게 깊
은 감명을 주는 것으
로 명성이 높았다. 평
양지부 만민공동회 발
기회에서 지방 수령들
의 탐욕을 성토한 쾌
재정 연설은 결국 이
들이 해직을 자청[282]하게 만들었고 안창호의 명성은 관서 일대에 진동
케 되었다.[283] 이후 한성 만민공동회 석상에서 행한 첫 연설은 20세 시
골 청년에 불과했던 안창호의 명성을 전국에 떨치게 했다.[284] 당시 독
립협회 활동에 대해 훗날 안창호는 "二十세 때에 충군애국(忠君愛國)을
「모토오」로 하는 독립협회(獨立協會)가 생김으로 이에 가입하여 동회 평
양지부에 있다가 뒤에 동 협회가 해산됨으로 자연 이에서 손을 떼"[285]

재된 '너무 과격하던 여등(余等) 십삼인'에서 이름을 밝히지 않은 13명에 관해
신용하는 소장신진파로 주목되던 21명을 꼽았다. 이 중 일부를 연령순으로 소
개하면 이동녕, 이동휘, 이승만, 안창호, 신채호 등이 있다.

281) 이승만, "청년 이승만 자서전", 『초대 대통령 이승만의 청년시절』, 부록 1, 이정
식, p. 259. 과격 인사로 함께 이름 오른 23세 이승만이 기록한 자서전을 보면,
"吉[길영수]이 보부상의 선두에 서서 따라오는 것을 보자 흥분하여 자제를 잃
고 그에게 달려가서 그를 발로 힘껏 찼다… 나 자신 무엇을 하고 있는지 의식
할 새도 없었다." 1898년 11월 만민공동회를 무력으로 해산하기 위해 보부상을
인솔하고 오던 왕당파(수구파)의 두목 길영수와 맞닥뜨렸을 때의 상황을 기록
한 것이다. 젊은 혈기로만 보이기보다는 더욱 과격하고 충동적인 성격이 보인
다. 안창호는 행동보다는 연설 내용의 과격함으로 꼽혔을 것으로 여겨진다.
282) 愼鏞廈, 『獨立協會硏究』, (상), p. 144.
283) 주요한 편저, 『安島山全書』, 증보판, pp. 35 – 38; 이광수, 앞의 책, p. 16.
284) 위의 책, pp. 55 – 56.
285) "도산선생 심[신]문기(訊問記)", 『續編 島山安昌浩』, 박현환, p. 77.

었다고 진술한 바 있다. 당시 안창호와 함께 활약했던 젊은 지식층의 공통점은 동학농민운동과 청일전쟁을 겪으면서 민족의식을 깨닫게 되고 갑오경장 기간에 신문물을 배우기 위해 고향을 떠나 한성으로 왔다는 점이다. 단발 후 신교육학당, 기독교, 독립협회에서 배운 서양문물과 근대 사상을 실천한 만민공동회 활동은 그들 생애의 첫 정치운동이었고 또 첫 실패였다.286) 이때 보여준 안창호의 웅변 능력의 천부적 자질287)은 대중을 모으고 설득함으로써 그를 유명 인사로 부각되게 하였고, 대중들과의 감성 연계(making a connection)를 이룰 수 있는 카리스마 리더십의 기술적 자질을 갖추었음을 보여주었다.288)

　　결국 독립협회가 강제로 해산되면서 구속된 회원 400여 명289) 가운데에는 향후 독립운동을 이끌어 갈 많은 인물들이290) 포함되어 있었다. 그러나 안창호는 구세학당의 외국인 관계와 교회 때문에 구속을 면하고 실패의 쓰라린 마음을 안고 고향에 내려왔다. 1899년 초 점진학교를 세우고 교육 계몽 활동에 전념하다가,291) 1902년 9월 이혜련(李惠鍊,

---

286) 주요한 편저, 『安島山全書』, 증보판, p. 56.

287) "우렁차면서 날카롭지 않고 청아하면서 부드러운 그 음성, 거기에 자연스러운 몸가짐, 선생은 타고난 웅변가이었다. 미국 사람들은 루스벨트 대통령의 목소리를 예찬하나, 선생의 목소리만은 못하다고 생각한다." 피천득, "도산島山", 『인연因緣』, p. 145. 이 외에도 안창호의 웅변 능력의 탁월함에 관한 수많은 증언 기록이 많다. 그 중 成雲朱, "安昌浩氏 演說私評"(『三千里』 1936. 8), 『島山安昌浩全集』, 제13권, pp. 133－135 참조. 全英雨, "演士, 安昌浩의 Ethos에 대하여", 『수원대학논문집』, 제2집, 수원대학교, 1984, pp. 110－114의 '島山 演說의 特性' 참조.

288) Laurence Rees, op. cit., p. 21. 제3장의 각주 24) 참조.

289) 愼鏞廈, 『獨立協會研究』, (상), pp. 133－134의 『독립협회연혁략』에 실린 당시 구속자의 명단 참조.

290) 주요 인사를 연령순으로 소개하면 이상재(49세), 박은식(40세), 남궁억(36세), 양기탁(28세), 이동휘(26세), 이승만(23세), 이갑(21세), 신채호(19세), 신규식(19세), 현채(13세) 등이다. 이때 이승만은 옥중에서 『독립정신』을 집필한다. 조선일보사 편, 『뭉치면 살고…: 언론인 이승만의 글모음(1898~1944)』, (서울: 조선일보사, 1995), p. 53.

291) 주요한 편저, 『安島山全書』, 증보판, pp. 57－58.

1884~1969)과 결혼하고 미
국 유학의 길을 떠나게
된다.[292] 그의 나이 24세
였다. 자신뿐 아니라 약
혼녀까지 신교육을 받게
한 그는 결혼 다음날 미
국으로 건너갔다. 유학의
목적에 대해 안창호는

점진학교 학생들과 교사들(1932)

"그때 본인은 미국에서 교육학을 연구하고 돌아와 국내에서 교육 사업
에 종사하려는 생각과 기독교의 오의(奧義)를 연구하려고 도미하였던 것
이다."[293]라고 말했다. 안창호는 우선 자신이 먼저 서양문물을 배우고,
그 배운 지식과 경험을 힘없고 무지한 백성(국민)들에게 교육과 기독교
정신을 통해 계몽함으로써 제국주의 강대국으로부터 조국을 지켜내겠다
는 사명감을 가졌음이 분명하다. 그런 점에서 볼 때, 이때까지 안창호는
민족의 계몽을 위한 선각자의 역할을 하겠다는 이상을 가지고 있었으
나, 현실 정치가로서의 야망을 갖고 있지는 않았던 것으로 보인다.
1902년 당시 조선 혹은 대한제국이 정치가를 필요로 하는 시절도 아니
었고, 개인 노력으로 정치인이 될 수 있는 시대도 아니었기 때문에 당
연한 일이었다. 다만 조락의 길을 걷는 조국에 계몽과 교육을 통해 기
여할 바가 많은 것으로 생각했음에는 틀림이 없다. 독립협회의 활동은
정치 인식의 형성에는 도움이 되었지만, 안창호의 인식은 현실정치로
이어지지 않았다.

구세학당 시절 처음으로 경험한 미국은 자신과 조국의 힘을 키울
수 있는 새로운 기회의 나라였다. 그 실천의 첫 걸음으로 신식 문명국

---

292) 위의 책, p. 63.
293) "도산선생 심[신]문기(訊問記)", 『續編 島山安昌浩』, 박현환, p. 79.

도산이 미국 유학갈 때의
여권(1902)

인 미국에서 교육학을 배우기 위해 유학의 길을 떠난 것이다.[294] 안창호가 새로운 세상으로 나아가는 첫 걸음을 내딛는 순간에 느꼈을 자신의 각오와 조국의 미래에 대한 사명감을 엿볼 수 있는 것이 '島山'이란 호이다. 이 호는 그가 처음 미국으로 유학 갈 때 망망한 태평양을 지나 십여 일을 가도 육지를 볼 수가 없어 지루하고 갑갑하던 중 하와이 부근을 지날 때 만난 섬을 보고 깊은 감회를 받고 지었다 한다.

하와이 附近을 지나게되엿지요. 茫茫한 水平線 저쪽에 조고마한 섬하나가 있두군요. 그섬을 바라보니 여간 반갑고 그립지안슙디다. 漂茫한 大海中에 홀로 서있는 그섬의氣槪 — 나는 그섬을 바라보고 어떤 大洋의 先驅者나 만난듯하여 여간 感激하지않었읍니다. 그래서 내 號를 島山이라고 하였읍니다… 나는 그때부터 島山노릇을 하였지요.[295]

안창호의 이 말에서 망망대해와 같은 암담한 조국의 상황에서 조국에게 희망을 주는 '조고마한 섬'과 같은 '島山노릇'을 하겠다는 겸손한 선구자로서의 사명의식을 다지게 되었음을 알 수 있다.

안창호는 1902년 10월 샌프란시스코(San Francisco) 도착 후 가정 고용인으로 취업하고 늦은 나이에도 불구하고 샌프란시스코 공립소학교에 입학했다. 샌프란시스코 지방 신문에서는 '기특한 조선 노학생(老

---

294) 미국을 택한 것은 선교사의 주선으로 고학을 하며 학비를 조달할 수 있는 경제적 문제가 해결될 수 있는 이유 때문이기도 했다. 이는 위의 책, p. 79 참조.
295) 安昌浩, "太平洋上의 一小島"(『朝光』 1937. 8), 『島山安昌浩全集』, 제1권, pp. 236-237.

미국유학 당시 도산의 숙소(1902)

學生)'이라는 제목으로 그의 기사가 실리기도 했다.[296] 이 무렵 안창호는 먼저 미국에 이주해 온 한인들 중 인삼 행상들이 장사 구역을 서로 침범했다며 상투를 붙들고 싸우는 것을 백인들이 재미나게 구경하는 광경을 접하게 된다.[297] 이때 그는 교육과 계몽이 먼 미래 문제가 아니라 지금부터라도 당장 해결해야 할 현실 문제라는 점을 인식하게 된다. 이 현실 문제가 바로 당초 유학목적에서 벗어나 그로 하여금 다른 길을 걷게 하는 촉매제가 되었다. 여기서 안창호는 자신의 입신양명이 보장될 수도 있는 공부의 길을 뒤로 미루고 타인들을 위해 봉사하는 희생의 길을 선택했다.

미국 정착 직후 전개된 러일전쟁의 시기에 안창호는 기존에 조직한 한인친목회를 발전시켜 1905년 4월 5일 공립협회를 창립했다. 협회의 목적으로 기존 친목회가 상부상조를 기조로 했던 데 더하여 조국광복을 추가하고 그 해 11월에는 「공립신보」를 발행했다.[298] 안창호는 주로 미주 교민들의 권익 향상을 위해 활동하며 러일전쟁과 을사늑약 등 고국의 소식에 귀를 기울였다. 포츠머스 회담 등 미국 내에서 전개되는 고국에 관한 상황을 예의주시하고 있었다.[299] 당시 공립협회가

---

296) 이 기사 때문에 취학 연령이 지났다는 문제가 제기되어 퇴교 조치되고 다른 학교를 찾아야 하는 곤경에 처했으나 끝까지 나이를 속이지 않는 정직함을 보여주기도 했다. 주요한 편저, 『安島山全書』, 증보판, pp. 65–66.

297) 위의 책, p. 68.

298) 위의 책, pp. 73, 159. 공립협회는 더욱 확대·발전하여 1912년 11월에 대한인국민회(大韓人國民會) 중앙총회가 설립되고 안창호를 총회장으로 선출하였다.

299) 위의 책, pp. 75–76.

초기 미주 유학 시기

안창호에게 포츠머스 강화회의에 조선 대표로 참여할 것을 요청하자, "회의에 참석 못할 것을 뻔히 알면서 동포들이 땀을 판 돈을 쓸 수는 없다."며 거절했다.300) 국가 간의 관계에 관한 이론적이고 정치한 논리를 갖추지는 못했겠지만, 당시 국제 체제 속에서 열강들의 힘의 논리 내지는 국익우선주의 현실노선을 파악하고 있는 행동이었다.

1907년 정미의병운동으로부터 1910년 일제의 조선 강제병합 시까지는 도산의 정치의식이 행동으로 나타난 시기였다. 그동안 형성된 인식의 지도가 행동으로 표출되기 시작한 것이었다. 이 시기 안창호는 미국에서 풍전등화와 같은 조국 소식을 듣고 국내에서 항일구국운동을 전개하기로 한다.301) 1907년 2월 20일 안창호는 대한신민회(大韓新民會)의 전권위원 자격으로 고국으로 돌아오게 된다.302) 귀국 후 안창호는 비밀결사 단체인 신민회를 조직함303)과 동시에 국내에서 일어나는 모든 사건들을 직접 보고 겪게 되었다.

국내에서는 헤이그밀사 파견을 빌미로 한 고종 강제폐위를 반대하는 격렬한 무력시위가 전개되었고,304) 정미7조약에 이어 군대가 해

---

300) 위의 책, p. 75.
301) 위의 책, p. 81.
302) 李明花, "헤이그특사가 국외 독립운동에 미친 영향", 『헤이그특사와 한국독립운동』, 헤이그 한국특사 100주년 기념, (천안: 독립기념관 한국독립운동사연구소, 2007), p. 392. 대한신민회(大韓新民會)는 지속적이며 안정적인 독립운동을 위해 미국에 본부를 둔 통일연합기관의 일환으로 결성되었다.
303) 신민회 창립에 관한 자세한 논의는 尹慶老, "신민회의 창립과정", 앞의 책, pp. 227－260 참조.
304) 金祥起, "高宗의 헤이그특사 파견과 국내항일투쟁", 『헤이그특사와 한국독립운동』, 헤이그 한국특사 100주년 기념, (천안: 독립기념관 한국독립운동사연구소, 2007), pp. 351, 358. 이 시위는 동우회(同友會)에서 주도하고 대한자강회와 황성기독교청년회원 등 시민들이 함께 전개하였다. 동우회는 '황실존중, 청년교

산되었다. 해산 군인들의 서대문 병영 전투 현장[305]에서 안창호는 부상병 구원 활동을 손수 하며 군인들이 살해당하는 참상을 직접 보기도 한다.[306] 제1절에서 언급한 대로 수차례 감행된 13도 창의군의 서울진공작전이 우월한 일본군에 의해 진압[307]되는 현장도 직·간접으로 지켜보며 안창호는 망국의 현실을 절감하지 않을 수 없었다.

비록 의병들의 국권회복 무력 투쟁은 이렇게 진압되었으나 이들이 항쟁했던 1894년 가을부터 1910년대 초반까지 약 20년간의 항일의병 투쟁은 규모나 의병장의 투쟁관에서 본다면 전쟁[308]에 필적하는 것이었다.[309] 특히 의병장 유인석(柳麟錫, 1842~1915)이 주장한 북천지구전론(北遷持久戰論)[310]은 후일 안창호의 주장 즉 독립군기지건설에 기초한 독립전쟁론과 유사한 것이었다. 항일의병 투쟁은 일제 식민지 체제하에서 독립전쟁의 기반이 되었을 뿐만 아니라,[311] 안창호의 독립 투쟁노선에 이론과 경험의 토대를 제시해 주었던 것이다. 이 시기 안창호 가슴에 자리 잡은 것은 단순한 교육과 계몽운동이 아니라 현실적 필요성으로서의 투쟁이었다.

육, 동양평화, 독립유지'를 목표로 설립된 단체이다. 이완용의 집을 방화한 이 시위의 상세한 경위와 과정은 이 책 pp. 350-357 참조.

305) 朴殷植, 『韓國痛史』, (下), pp. 210-215. 항전의 상세한 과정은 '제49장 군대해산과 참령 박승환의 순국'(軍隊解散參領朴勝煥殉國) 참조.
306) 윤병석·윤경로 엮음, 앞의 책, p. 57.
307) 趙東杰, 앞의 책, pp. 198-200.
308) 위의 책, pp. 24-25. 조동걸은 의병운동을 의병전쟁이라 주장한다. 전쟁은 원래 국가 간의 무력충돌로서 전쟁 의사를 결정할 당국의 대내적인 결정 절차에 의한 충돌이며, 그렇지 않은 일부 무장부대 사이의 충돌은 사변이다. 그러나 당시의 대한제국은 전쟁 의사를 결정할 처지가 못 되어 민족 그 자체가 전쟁 의지를 결정한 주체였으므로 의병전쟁이었다고 주장한다.
309) 강성은, 앞의 책, p. 156. 전쟁에 필적한다는 저자의 표현은 조동걸의 의병전쟁론과 대비된다.
310) 柳永烈, 앞의 책, p. 339. 유영렬은 항일의병의 국권회복전략으로 즉각결전론, 대열강지원호소론, 북천지구전론의 세 가지를 든다.
311) 위의 책, p 343. 참고로 유영렬은 '신민회의 독립군기지건설'라 기술했다.

그러나 투쟁에는 현실적인 힘이 필요했고, 도산의 조국은 물론 도산 자신도 가지고 있지 못한 것이 바로 힘이었다. 결국 그는 조국 내에서 독립운동은 가능하지 않음을 깨닫고 신민회 간부들과 최후 대책을 강구하기 시작하였다.

> "우리 애국지사에게 남은 오직 하나의 길은 눈물을 머금고 일보 물러서서 장래의 힘을 기르는 것이다. 우리가 망국의 비극을 당하는 것은 힘이 없는 까닭이니 힘이 모자라서 잃은 것은 힘을 길러야 찾아질 것이다. 국내에 남을 수 있는 이는 국내에서, 남을 수 없는 동지들은 해외로 나가서 인격력과 단결력을 기르고, 교육과 산업을 일으켜 민력을 배양하는 것, 다시 말하면 신민회 운동을 계속하는 것만이 조국을 다시 찾는 오직 하나의 길이다." 이렇게 말하는 안창호는 눈물을 흘렸고 만좌가 다 울었다.312)

힘없는 현실을 깨닫고는 통탄하며 '힘을 키워야 한다.'는 도산의 힘의 철학을 더욱 공고히 다지는 순간이었다. 하지만 안창호가 말한 힘이란 신민회 운동을 통한 소프트 파워였지 마키아벨리가 국가 독립과 수립에 필요불가결하다고 그토록 주창했던 무장한 힘의 개념은 아니었다. 더욱이 안창호를 비롯한 신민회 간부들은 자신들이 마키아벨리식 비무장 상태임을 아직은 깨닫지 못했다. 마키아벨리의 주장대로라면 이들의 독립 투쟁 과정은 실패가 예고된 험난한 노정이었다. 그러나 그들은 그 사실을 알지 못했다. 그러면서 안창호는 동지들과 각자의 임무를 분담하고313) 한일병합 직전인 1910년 4월 거국가를 남기

---

312) 주요한 편저, 『安島山全書』, 증보판, p. 137.
313) 위의 책, pp. 137-138. 신민회 운동의 국내 책임으로 서울에 전덕기, 평양에 안태국, 평북에 이승훈, 황해에 김구 등으로 정하고(후에 이들은 105인사건으로 조직이 붕괴된다.), 해외 망명자들도 구미 방면은 안창호·이갑, 연해주는 이동녕, 북간도는 이동휘, 서간도는 이시영·최석하, 베이징에 조성환, 이종호는 동지들의 해외 운동 자금을 주선하기로 각각 임무를 분담했다. 이들은 탈출 방법은 각자 자유행동으로 하되, 중국 산둥성(山東省) 칭다오(靑島) 항구에서

며 중국으로 망명했다. 이듬해 1911년 9월 안창호는 다시 미국으로 돌아가서 미주에서 해외독립운동을 시작하게 된다.

만나기로 약속하고 망명길에 올랐다.

제5장

안창호의
비전과 전략:
정치 리더십의
형성과 그 한계

제5장

안창호의 비전과 전략:
정치 리더십의 형성과 그 한계

정치 지도자의 비전은 정치 이데올로기로서의 지위와 격식을 갖추어야 한다. 안창호는 현실 정치 지도자는 아니었지만, 민족독립이라는 대의와 그 실천을 위한 방략을 제시하고 실현하려 했다. 이런 점에서 의식이든 무의식이든 또 구체적으로 리더십이라는 용어를 사용하지 않았더라도, 항상 정치 지도자로서의 리더십 구현을 위한 도정에 서 있었다고 할 수 있다. 그는 과연 어떠한 리더십을 구현하려고 했던 것일까?

정치 지도자의 리더십은 고정된 것이 아니다. 시대 변화와 현실 요구에 부응하며 끊임없이 그 모양이 바뀌어 가는 것이 정치 리더십이다. 비전은 추종자들에게 최종 목적지를 제공하는 것이고, 또 그 목적지로 가려는 가능한 한 많은 동반자들을 동원하는 이데올로기 같은 것이다. 리더십은 그 비전 실현을 추구하는 전략 수립과 형성 과정에 추종자 혹은 동반자들의 이탈을 방지하고, 통합과 단결을 유지할 수 있는 정치 매력 또는 마력과도 같은 것.

아름다운 비전을 제시했음에도 불구하고 잠재적인 추종자들을 결합시킬 수 있는 리더십의 결여로 역사의 그늘 속으로 사라져버린 지도자들은 헤아릴 수 없이 많다. 또 거꾸로 추종자들을 규합하고 현실 정치세력으로 형성, 발전시킬 능력을 지니고 있었음에도 불구하고, 정치 비전을 제시할 수 있는 능력을 갖지 못하여 역사의 거인이 되지 못한 정치가들도 적지 않다.

비전 제시능력과 리더십 모두를 겸비한 진정한 지도자를 모두가 갈구하는 이유는 그 희소성 때문일 것이다. 도미 이후 본격적인 독립 운동에 투신한 안창호는 일생의 독립 투쟁 과정에 수많은 비전과 그 비전 실현을 위한 방략을 제시했다. 그 방략과 비전을 연결하는 것이 리더십이라면, 안창호의 리더십은 실체로서 존재하는 것이었을까? 실체로서 존재하지 않았다면 즉 리더십 구현에 실패했다면 그 이유는 무엇이었을까?

본 장에서는 안창호가 독립운동 과정에서 제시한 정치 비전과 그 실현을 위해 추구한 전략들을 일별하고, 그 과정에 나타난 안창호만의 리더십 혹은 그 단초를 모색하려 한다. 민족독립을 대전제로 하면서 그 실현을 위해 안창호가 제시한 전략 내지는 제도 수단들을 제3장에서 제시한 리더십 모델과의 연관성 위에서 분석하려는 것이다.

리더십과 관련한 안창호의 정치 사고는 세 단계에 걸쳐서 형성·변화되었다. 1905년 을사늑약 시기부터 1919년 상하이 임시정부 탄생 시까지, 이 시기부터 1927년 민족유일당촉성운동의 전개 시기까지, 1927년부터 1938년 그의 운명 시까지 세 단계이다. 1919년까지 첫 단계에서 안창호는 비무장 예언자에서 무장한 예언자로의 탈바꿈을 시도하였으나 결국 한계에 봉착하게 된다. 1919년 이후에는 그 한계를 교훈 삼아 새로운 정치 사고와 리더십의 필요성을 느껴 민주공화제를 강조하게 된다. 이 두 번째 시기는 안창호 자신의 리더십 혹은 자신의 지도력에 대한 언급을 하지는 않았지만, 새로운 정치사조로 무장하고 독립운동을 전개하는 안창호에게 이른바 변환 리더십이 발현되는 시기였다. 마지막 1927년 이후의 시기는 대공주의를 표방하면서 또 다른 면모의 리더십을 보여주는 시기가 된다. 본 장에서는 독립을 위한 방략으로서의 안창호 리더십 변화과정을 역사학계에서 제공한 기존 연구 자료를 토대로 정치학 관점에서 분석한다.

제1절 비무장 예언자의 시대: 한계의 인식

1905년 을사늑약의 비보를 미국에서 접한 안창호는 누구보다 망국의 현실을 절실히 깨닫고 있었다. 을사늑약 당시 국내 인사들의 대응은 사실 일제 무력 앞에 무기력했다. 외교권박탈로 미국의 한국 공사관이 폐쇄되고 한인들이 일본 공사관에 예속되는 망국의 위기를 강 건너 불 보듯이 좌시하고만 있을 수 없었던 29세 안창호는 1907년 2월 귀국했다. 국내에서 신민회 조직과 대성학교 · 마산도자기회사 · 태극서관 등을 설립하며 민족운동을 시작했다.[1]

귀국 이후 착수한 신민회 창립은 이미 재미한인사회에서 시작된 것이었다. 망국의 위기를 타파하기 위해 지금까지의 의병운동과 계몽운동과는 다른 차원에서 구국 방도의 일환이었다. 신민회 창건의 구상과 발기는 1907초에 미국 캘리포니아 주 리버사이드(Riverside)에서 안창호에 의해 이루어졌다.[2] 대한신민회를 조직한 뒤 안창호는 본국 파견 대표로 선정되어 '대한신민회 취지서' 및 '대한신민회 통용장정'을 가지고 국내로 들어왔다.[3] 국내에서는 신민회를 공개단체로 할 것인지, 비밀결사로 창립할 것인지에 합의가 이뤄지지 못해 즉각적인 창립에 착수하지는 못했다. 안창호는 평안도 일대를 순행하면서 강연회도 열고 주요 인사들과 긴밀히 접촉하여 국권회복을 위한 실력양성의 필요성을 역설했다.[4] 서울로 올라와 양기탁(梁起鐸, 1871~1938) 등과 긴밀히 접촉하면서 신민회를 비밀결사체로 창립하기로 합의하고 비밀리에 모임을 가지며 신민회를 창립했다.[5]

---

1) 이만열, "도산 안창호와 기독교 신앙", 『도산사상연구』, 제8집, p. 30.
2) 愼鏞廈, "新民會의 創建과 그 國權恢復運動"(上), 『韓國學報』, 제8집, pp. 32, 37.
3) 위의 논문, p. 39.
4) 愼鏞廈, "島山 安昌浩와 新民會의 創立", 『安島山全書』, 下, 도산사상연구회 編, p. 53.
5) 위의 논문, pp. 53-54.

신민회의 주역 양기탁의 옥고
(1910 무렵)

신민회에 참가한 인사들은 각자 자신의 분야에서 애국계몽운동을 하고 있던 사람들이었지만, 예전 독립협회 만민공동회 운동에 앞장서던 청소년 시절부터 이미 서로 잘 아는 사이였다.6) 이들은 대체로 다섯 그룹으로 분류된다. 대한매일신보를 중심으로 계몽운동을 전개하던 신채호(申采浩, 1880~1936)·양기탁 등의 계열, 상동교회를 중심한 전덕기(全德基, 1875~1914)·이동녕(李東寧, 1869~1940)·이회영(李會榮,

1867~1932)·이준·김병헌(金秉憲, 1880~1949)·김구 등의 계열, 구한말 무관출신인 유동열(柳東說, 1877~1950)·이갑(李甲, 1877~1917)·이동휘 등의 계열, 평안도 일대 상인과 실업가 집단인 이승훈(李昇薰, 1864~1930)·안태국(安泰國, 1880~1920) 등의 계열, 미주 하와이지역의 공립협회 인사들인 안창호·이강(李剛, 1878~1964) 등의 계열 등이 망라되어 있었다.7)

이들은 1907년 4월 초 신민회 창건에 합의하고 발기인대회를 열었다. 비밀결사로 출발한 신민회였으므로 발기인대회는 자연 비밀리에 추진했고, 이때 중심 사안은 회칙과 조직의 편성 및 책임자 선임이었다. 이들은 조직의 회칙을 원안대로 통과시키는 한편 임원을 다음과 같이 선정했다. 총감독에는 양기탁, 총서기에 이동녕, 재무에 전덕기, 신입회원의 자격심사를 담당할 집행원에 안창호를 각각 선임했다.8) 신

6) 이 책 제4장 각주 279)의 "독립협회의 주요 주도회원" 명단 참조; 愼鏞廈, "新民會의 創建과 그 國權恢復運動"(上), 『韓國學報』, 제8집, p. 37.
7) 愼鏞廈, "島山 安昌浩와 新民會의 創立", 『安島山全書』, 下, 도산사상연구회 編, pp. 55-56.

민회 회원 수는 비밀결사였기 때문에 정확히 파악할 수 없으나 신민회 정회원 수는 불과 수십 명에 불과했다. 여기에 청년학우회 등 이른바 신민회의 외곽단체 및 표면단체 회원까지를 포함하더라도 전체 회원 수가 300명 선을 크게 넘지 못했을 것으로 판단하는 윤경로의 주장9) 이 타당할 것이다.

1907년 신민회 결성은 한국 독립운동사에서 새로운 전환기를 열어가는 대사업이었다. 신민회는 표면적인 계몽 활동 외에도 비밀리에 독립을 위한 장기 계획을 수립하고 해외독립운동기지를 건설하고자 했다.10) 이를 위해 실력을 양성하는 방법으로 여러 사업 실행을 계획했다.11) 안창호는 신민회를 비밀결사로 조직한 이유에 대해, "당시 인민의 정도가 유치하여 이를 표면단체로 하면 사회의 반감을 사서 방해를 받을 것이요 또 입회 희망자를 전부 참가시키면 어떠한 인물이 섞이는지도 모르고 따라서 동회의 진목적을 달성하기 불가능할지며 또 동회는 정치적이므로 대한민족의 자립 자존을 목적으로 함으로 총감부에게 해산을 당하여서는 안되겠는 고로 실력이 생길 때까지는 비밀결사로 두는 것이 필요한 까닭"12)이라고 밝힌 바 있다.

---

8) 위의 논문, p. 66.
9) 윤경로, 『105인사건과 신민회 연구』, 개정증보판, pp. 311, 314.
10) 愼鏞廈, "島山 安昌浩와 新民會의 創立", 『安島山全書』, 下, 도산사상연구회 編, pp. 57-60.
11) 위의 논문, p. 59. 신민회는 自新을 수행하여 국권회복을 위한 실력을 양성하는 방법으로 다음과 같은 사업을 목표로 설정했다.
  1) 신문·잡지 및 서적을 간행하여 백성의 지식을 계발할 것
  2) 각 곳에 권유원을 파견하여 권유문을 전파하며 백성의 정신을 각성케 할 것
  3) 정미한 학교를 설립하여 인재를 양성할 것
  4) 각 곳의 학교의 교육 방침을 지도할 것
  5) 실업가에게 권고하여 영업방침을 지도할 것
  6) 신민회원의 합자로 실업장을 건설하여 실업계의 모범을 지을 것
  7) 국외에 무관학교를 설립하여 기회가 올때의 독립전쟁에 대비할 것
  8) 국외에 독립군기지를 건설하고 독립군을 창설할 것
12) "도산선생 심[신]문기(訊問記)", 『續編 島山安昌浩』, 박현환, pp. 89-90.

해외독립운동기지의 건설은 기존의 계몽운동 방식으로는 독립을
달성하기 어려운 상황에서 의병의 무장 투쟁 전략을 수용하여, 독립전
쟁에 대비하겠다는 것이었다. 이러한 신민회의 독립군기지개척은 향후
독립군 양성의 기반이 되었다.13) 그러나 1909년 안중근 의거 직후 안
창호는 체포되어 서울 용산헌병대로 이송되었고, 여러 달 고초를 겪어
야 했다.14) 1910년 2월 출옥한 안창호는 새로운 결심을 하기에 이른
다. 일제의 탄압과 감시로 더 이상 국내에서 머물 수가 없게 되자, 신
민회의 숙원 사업인 독립군기지를 개척하기 위해 1910년 4월 거국가
를 남기고 중국으로 망명한 것이다.15)

중국에서는 칭다오회담 후 한때 연해주에 정착하며 독립운동을
전개할 계획이었으나, 독립군기지개척에 따른 경비 조달이 여의치 못
한 상황이었다. 안창호는 미국으로 건너가 '민족성 개량 운동의 단체'
(후일의 흥사단)를 조직하겠다는 결심을 하고 중국을 떠나 1911년 9월 샌
프란시스코에 도착했다.16) 안창호는 기존의 『공립협회』를 위시하여 미
국 본토와 하와이의 여러 단체를 통합하여 국민회를 창립했다. 이후
대동보국회를 참여시키고, 해외 멕시코, 시베리아, 만조우 지방총회를
포함해 1912년 11월 대한인국민회 중앙총회를 설립하고 안창호는 총
회장으로 선출되었다. 이로써 안창호는 해외에 있는 교포들이 한 깃발
밑에 총단결하는 체제를 이루어 칭다오회담에서 주창한 독립운동 방략
의 첫걸음을 내딛었다.17) 이무렵 안창호의 활동 반경은 멕시코 한인사
회로까지 확대되어, 멕시코 어저귀 농장에서 토굴에서 잠을 자며 노예

13) 愼鏞廈, "島山 安昌浩와 新民會의 創立", 『安島山全書』, 下, 도산사상연구회 編,
　　 pp. 59−61.
14) 곽림대, 「안도산」(직해), 『島山安昌浩全集』, 제11권, p. 623.
15) 주요한 편저, 『安島山全書』, 증보판, p. 137.
16) 위의 책, p. 147.
17) 위의 책, pp. 159−160.

공립협회 회장 도산(1912 무렵)

와 같은 노동 생활을 하는 6백 명 한인들의 자유 노동권을 획득하게 했다. 1913년에는 미국 중앙 정부와 교섭하여 여행권 없이 미국에 온 학생들에게 국민회의 보증으로 입국 허가를 받게 했다. 또 한 1914년 4월에는 국민회를 미국 정부로부터 사단법인으로 인가를 받아 영문명칭 "Korean National Association"으로 미국 내 한국인의 대표 기관으로 인정받는 등 미주 교민 사회의 기틀을 잡는 데 큰 기여를 했다.[18]

한편 1913년 5월, 8도 대표를 뽑아 흥사단을 창단하고 향후 조국 광복에 이바지할 인재양성을 목적으로 무실역행·충의용감 정신으로 심신을 단련하는 인격혁명과 인재양성에 나섰다.[19] 미주에 머무는 동안에도 안창호는 연해주와 중국 지역 인사들과 지속적인 정보를 접하고 있었다. 1914년 7월 쑨원과 함께 중국 신해혁명을 일으켰던 황싱(黃興, 1874~1916)이 2차 혁명 실패 후 다시 혁명을 준비하고자 도미했다. 안창호는 황싱과 면담하여 "귀국 사람들은 모든 일을 도모할 때에 우리 제2차 혁명의 실패를 전감[前鑑]하여 모든 것을 확실히 예비한 후

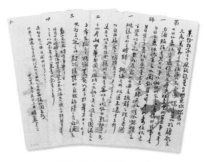
중국의 혁명 정황을 보고한
조성환의 편지

---

18) 위의 책, pp. 164 - 167.
19) 위의 책, pp. 169 - 170.

에 시작하라."는 조언을 받아 조직 정비를 최우선으로 여기고 중앙총회 세력을 강화하는 데 노력했다.[20]

1919년 3·1운동 발발 소식을 접한 안창호는 대한인국민회 전체 대표자회의를 소집해 중앙총회장 명의로 결의안과 포고문을 발표했다. 3·1운동에 대한 적극 지지와 33인 대표성을 인정하는 입장을 공식 표명하고, 중앙총회 전체회의에서 안창호의 중국 파견을 결의했다. 안창호가 1910년대 내내 심혈을 기울였던 이른바 원동사업에 자신이 직접 참여할 것을 결정한 것이다. 이로써 안창호는 국내와 러시아, 만조우지방 한인사회를 활동 범주로 한 원동대표가 되었다. 안창호는 대한인국민회와 흥사단이라는 미주의 안정된 기반을 버리고 독립운동 현장에 직접 투신하는 고난의 길을 선택한 것이다. 그는 독립전쟁을 수행하려던 신민회 당시의 꿈을 실현하기 위해 다시 상하이로 출발했다.[21]

1919년 5월 상하이 임시정부에 도착한 안창호는 서울, 상하이, 루링(露領) 지역에 수립된 세 곳의 임시정부를 하나의 정부로의 통합을 추진했다. 국내 국민 기반을 가진 한성정부를 계승한 내각을 구성하고 의정원은 상하이와 루링의 것을 통합하기로 했다. 마침내 9월 6일 개헌안과 정부개조안을 통과시켜 이승만을 대통령으로 하는 통합정부의 통합헌법을 공포하기에 이른다.[22] 이리하여 국내와 미주, 중국, 루링 각처 해외동포가 모두 참여한 통합정부를 수립하게 되었다. 이는 통합을 추진한 안창호의 남다른 안목과 의지의 결실이었다. 통합 성사를

20) 이현주, "도산과 초기 미주 한인단체", 『한국독립운동사연구』, 제31집, 독립기념관 한국독립운동사연구소, 2008, p. 106. 참고로 전감(前鑑)의 뜻은 '거울로 삼을 만한 경험이나 사실'이다.
21) 이명화, 앞의 책, pp. 50-53.
22) 조동걸, "大韓民國臨時政府의 組織", 『韓國民族主義의 발전과 獨立運動史研究』, (서울: 지식산업사, 1994), pp. 315, 324. 안창호는 "漢城에서 組織된 政府를 表現하자함에 不過하니 執政官總裁를 大統領으로 改하는 외에는 國務總理 以下 勞動總辦까지 그대로 施行하자 함이라."고 제안 설명을 했다. 참고로 루링(露領)은 러시아의 영토 시베리아 일대를 이른다.

위해 안창호는 임시정부를 총괄하던 내무총장 자리를 내놓고, 스스로 노동국 총판을 맡았다. 민족 독립을 위한 길이라면 자신의 지위가 낮아지는 것에도 연연하지 않았던 안창호의 살신성인 정치관을 살필 수 있는 것이다.

도산 안창호 여권사진(1924)

이후 대한민국 임시정부가 통합정부임에도 불구하고 독립운동계는 구심력을 잃고 독립운동 세력들 간 출신지역과 독립운동노선 차이 등으로 분열되었다. 안창호는 1923년 1월 국민대표회의를 주창하면서 새로운 방향을 모색하는 데 앞장 서 나갔으나 당초의 뜻을 이루지 못한 채 무위로 끝나고 말았다. 하지만 이로 인해 안창호는 국내외 독립운동계의 동향을 파악하고 당시 독립운동계 현실을 자각하게 되어 박제된 임시정부를 새로이 개혁하는 계기가 되었다. 이후 안창호의 통일대당 결성의 유일당 운동은 정당 조직운동으로 전개되었다.23)

한편 1923년 말부터 신석우(申錫雨, 1894~1953) · 김성수(金性洙, 1891~1955) · 송진우(宋鎭禹, 1890~1945) · 최린(崔麟, 1878~1958) 등 타협적 민족주의자에 의해 자치론이 대두되었다. 1924년 1월 이광수의 "민족적 경륜론"이 지상에 발표되면서 표면화되었다.24) 당시 정세와 상황이 그들의 정치 행동을 촉발하게 만든 것이다.25) 자치론 대두에는 총독부 당

---

23) 이명화, 앞의 책, pp. 147, 188.

24) 장석홍, 『6 · 10만세운동』, 한국독립운동의 역사 40, (천안: 한국독립운동사편찬위원회, 2009), p. 40. 民族的 徑輪論은 民族百年大計의 要로서 한 민족의 사업을 한 회사의 사업에 비유하며, 조선인은 조선 내에서 삼대 결사를 조직해야 한다고 주장했다. 이 민족적 경륜론은 자치론이 대두되는 출발점이었다. (동아일보, 1924. 1. 2~6일자, 1면).

25) 韓相龜, "1926 - 28년 민족주의 세력의 운동론과 新幹會", 『韓國史研究』, 86집, 한

국의 조선지배 정책 변화와 당시 일본 내 정세도 영향을 미치고 있었다. 이 무렵 일본은 정우회와 헌정회 2대 정당이 교대로 집권하면서 소위 다이쇼 데모크라시(Taisho Democracy, 大正민주주의, 1905~1932)가 일어나고 있었다.[26] 이런 이유로 국내 타협적 민족주의자들은 당시 일본 정세를 이용해 비록 식민지 상태이기는 하지만 한국인 권익을 어느 정도 확보할 수 있다고 판단했다.[27] 이러한 상황 가능성을 현실화하기 위해 움직이기 시작했다.[28]

타협적 민족주의자들의 주장은 일본의 조선지배 상황을 이용해 정치 권리를 최소한 획득하고 단계적으로 신장시킴으로써 어느 정도 여건이 형성되면 그때 가서 민족독립을 이루자는 것이었다.[29] 이런 자치운동 풍설은 1927년 6월 경 최린이 외유에 나서고 헌정회 내각이 갑자기 물러나면서 수그러들기 시작했다.[30] 하지만 이는 국내 실력양성론자들의 민족독립에 대한 신념이 결여된 사상의 실상을 보여주는 것이었다.[31]

일부에서 안창호의 독립노선을 놓고 실력양성론자로 평가하는 경우가 있다. 그러나 임시정부의 독립전쟁론에 대해 방향을 제시한 사람은 안창호였다. 안창호는 국무총리서리 겸 내무총장에 취임한 직후 1919년 7월 9일 임시의정원 제5회의에서 발표한 정부 시행방침 제4항에서 가급적 군사상에 노력할 것이라고 천명했다. 여기서 그는 임시정부 유지방법, 국내에 대한 방법, 재외 동포사회에 대한 방법, 군사상

국사연구회, 1994, p. 141.
26) 위의 논문, pp. 142−143.
27) 장석흥, 『6·10만세운동』, pp. 40−41.
28) 韓相龜, 앞의 논문, p. 146.
29) 장석흥, 『6·10만세운동』, p. 41.
30) 韓相龜, 앞의 논문, p. 146.
31) 장석흥, 『6·10만세운동』, p. 41.

노력방법, 외교방법을 밝혔다.32) 이듬해 1920년 1월 3일과 5일 상하이
교민들의 신년 축하회에서 안창호는 '우리 민족이 단연코 실행할 6대
사'를 발표하면서, 1920년을 독립전쟁의 해로 선포하고 독립운동의 모
든 역량을 독립전쟁에 집중할 것을 주장했다. 특히 군사 면에서 "우리
의 당면의 대과제는 우리 독립운동을 평화적으로 계속하랴 방침을 고
쳐 전쟁하랴 함이오."라고 호소했다. 안창호는 독립전쟁을 준비하기 위
해 국민개병주의에 입각한 군사훈련을 강조하고, 외교 활동의 중요성
과 재정마련을 위한 국민개납주의와 국민개업주의를 주창했다.33)

노백린과 비행학교 훈련생

안창호는 이 자리에서 바
로 실행할 6대사와 그 실천방안
대의만을 발표하고 세부 실천계
획은 정부기밀이므로 발표하지
않았다. 압수된 일제 자료에 의
하면 '임시정부의 독립운동 실
행 및 방략'으로 내정·군사·외
교·재정·사법 각 분야별 방략
실행 내역이 있었다.34) 이 중 특이한 것은 군사 부문의 개전준비 항목
에 비행대대 편성이었다. 그 세부 계획은 미국, 중국, 러시아 등지의
비행학교에서 훈련 중인 비행사들을 중심으로 편성하고 비행기 구입도
추진했으나 성공하지는 못했다. 비행기는 군사적 폭격 용도인 전투기
가 아니라, 임시정부 명령과 지침을 전달해 한인들의 시위운동을 촉발
하고 임시정부 활동을 선전하는 전단 살포 목적 소형 비행기였을 것이

32) 이명화, 앞의 책, pp. 77-78.
33) 안창호, "6대사업"(시국대강연, 1920년 1월 3일 상해교포 신년축하회), 『安島山
    全書』, 증보판, 주요한 편저, pp. 657-658, 660, 664-665. 안창호가 밝힌 6대사
    는 군사, 외교, 교육, 사법, 재정, 통일 등이었다.
34) 이명화, 앞의 책, pp. 81-83.

라 추정된다.[35] 이에 따라 안창호는 미국인 비행대장을 만나 비행기 매수와 기수 고용을 협의하고, 황진남(黃鎭南)에게 장거리 비행기 유무와 구입가격을 알아보도록 지시했다. 김홍서(金弘敍, 1889~1959)에게는 중국 국민당정부 법무총장에게 광둥(廣東)의 비행항해급육해군학교(飛行航海及陸海軍學校)에 한국학생 유학 가능여부를 알아보라고 지시했다. 이는 안창호 일기 여러 군데에 상세히 기록되어 있다.[36]

신년사에서 주장한 독립전쟁의 대업을 이루기 위해 안창호는 '대한민국 2년신원(新元)의 나의 비름'에서 젊은 청년들이 의열 투쟁에 참여할 것을 다음과 같이 촉구했다.

> 二 血戰의 決心
> 大韓國民은 나라를 光復하는 大業의 成就가 오직 義로운 피를 쏠리메잇슴을 切實하게 覺悟하고 獨立戰爭을 斷行하기로 決心하여지이다....
> 五 大大的으로 싸홈
> 義를 爲하야 죽기로 決心한 勇猛잇는 大韓男子는 敵으로 더부러 싸호되 ... 大大的으로 일어나 최후승리를 득하기신지 奮鬪하여지이다.
> 大韓의 男子야 女子야, 우리는 自由를 爲하여 正義를 爲하여 죽는 것이 奴隸로서 사는 것보다 오히려 快함을 覺悟하였나니 응당 죽음에 나아가기를 서슴지 아니하리라.[37]

이는 독립운동계가 비무장 상태일 수밖에 없는 현실의 한계를 인

35) 위의 책, pp. 83−84.
36) 안창호, "일기"(예를 들면 1920년 1월 16일, 20일, 22일, 24일자, 2월 8일, 15일, 17일, 19일 등),『安島山全書』, 증보판, 주요한 편저, pp. 776−790, 806−820. 이하 "안창호 일기"로 약칭.
37) 安昌浩, "大韓民國二年新元의 나의 비름"(『獨立新聞』1920. 1. 13일자),『島山安昌浩全集』, 제6권, p. 226.

식한 안창호가 대안으로 제시한 무장 전략이었다. 즉 국내외에 감사대 (敢死隊)를 조직해 적극 의열 투쟁을 전개하려 한 것이다. 안창호는 정식 독립전쟁 수행의 원대한 목표를 당장 실천하기에는 시기나 역량에 한계가 있으므로, 청년의 비밀파괴단을 조직하여 유격전법으로 나가는 방법을 구상했다.[38] 만조우 혹은 기타 지역에서 폭탄제조법과 사용법을 가르치고 변장 피신하는 연습을 시켜 비상한 투사로 양성하여 2, 3인씩 국내에 보내 유격전을 쓰자는 것이었다. 첫째, 주로 일제 기관을 파괴하여 일본인들이 행정을 마음 놓고 할 수 없도록 할 것, 둘째, 국내 동포들에게 독립운동이 적극 진행되고 있다는 정신적 신념을 갖게 하여 이 파괴운동에 협조할 생각이 나도록 할 것, 셋째, 일본이 한국을 무력으로 지배했다는 것을 세계만방에 선전하여 일본정부가 한국이 일본에 병합하여 즐겁게 지낸다는 거짓 선전을 깨트리자는 전략이었다. 1차 대전 같은 전쟁이 발생한다면 우리나라도 일본에 대항해야 한다. 그러면 한국문제는 확실히 유리하게 전개되어 우리가 목적하는 자주독립 단계로 착착 들어가리라는 것을 확실히 믿는다는 굳은 신념을 지니고 있었다.[39]

이에 안창호가 발기위원으로 참가하고 흥사단원 다수가 참여한 정위단(正衛團)과 임시정부 외곽단체로 흥사단원들을 주축으로 구성한 병인의용대(丙寅義勇隊) 등이 결성되었다.[40] 이들에 대한 일제 비밀문서에 의하면, 병인의용대는 관헌의 모든 시설을 파괴할 것을 목적으로 한 철혈(鐵血)주의의 가장 흉폭한 단체이다. 임시정부 옹호를 목적으로

---

38) 張錫興, "광복단결사대의 결성과 투쟁 노선", 『한국근현대사연구』, 17집, 여름, 한국근현대사학회, 2001, p. 60.
39) 위의 논문, p. 59; 국사편찬위원회, 『한민족독립운동사자료집』, 29: 의열투쟁 Ⅱ, (서울: 국사편찬위원회, 1997), pp. 178－257; 독립운동사편찬위원회(원호처안), 『독립운동사』, 제7권: 의열투쟁사, 서울: 독립유공자사업기금 운용위원회, 1976, pp. 323－324.
40) 이명화, 앞의 책, p. 96.

조직된 정위단을 중심으로 흥사단의 일부를 부가시킨 수십 명의 대원
들로 구성되었다. 이들은 일본 본토와 조선에 잠입하여 관청 폭파와
고관 암살 등을 떠들고 다니며 민심을 선동하고 유혹한다. 상하이에
있는 일본 관헌의 밀정기관을 철저히 없애버린다고 큰소리치며 수색하
고 다닌다고 상부에 보고했다.[41]

    또한 안창호는 김원봉(金元鳳, 1898~1958)의 의열단(義烈團), 한훈(韓
焄, 1890~1950)의 광복단결사대(光復團決死隊), 김석황(金錫璜, 1894~1950)의
의용군 활동도 지원했다. 의열단 김원봉에게는 탄피제조기를 기증했다.
1920년 3월 광복단결사대의 한훈이 사이토 마코토(齋藤實, 1858~1936)
총독 처단 계획을 세울 때 안창호가 깊숙이 개입하여[42] 거사를 위한
무기 등을 제공하며 지원했다.[43] 특히 김석황은 국내조직 구축 임무를
수행하고 7월 초 상하이로 와 안창호를 만나, "義勇團[의용단]이 대확장
이 되어 단원이 … 평양에 오백인, 경성에 백여인, 황해도 등 각처를
합하야 천여인이라. 該人[해인]들의 원하는 바는 속히 무기를 구입하야
敵犬[적견]을 박멸하며, 且[차, 또] 突起[돌기]하야 전쟁이라도 할 뜻이 有
하다."고 전했다. 이에 안창호는 "여하간 의용군이 정부에서 置[치]한
광복군의 통솔하에서 행동하면 可[가]하거니와 其範圍外[기범위외]에서
자유로 행동한다면 대사를 방해하는 것이니, 만일 자유 행동만 力執[역
집, 고집]하면 余[여, 나]는 탈퇴할 수 외에 他途[타도, 다른 방도]가 없다."고
하며, 군사적 행동은 이탁(李鐸, 1889~1930)과 원만히 타협할 것을 지시
했다.[44] 이 지시는 안창호가 광복군을 독립전쟁 수행 무력으로서 임시

---

41) 國會圖書館 編譯, 『島山安昌浩資料集』, <Ⅰ>, p. 127.
42) 張錫興, "광복단결사대의 결성과 투쟁 노선", 앞의 책, pp. 58-61.
43) 이명화, 앞의 책, p. 96. 안창호는 김원봉에게 탄피제조기를 기증했고, 1920년 3
    월 광복단 결사대의 사이토 총독 암살미수 사건 때에도 권총 40정, 탄환 3000
    발, 폭탄 10개를 제공했다.
44) "안창호 일기"(1920년 7월 4일, 5일), 『安島山全書』, 증보판, 주요한 편저, pp.
    950, 952. 원문의 한자를 한글로 일부 변환했음.

정부 군무부 직속의 정규군 조직으로 만조우 지역 기설 단체들에 기초하여 창설하려는 뜻이었다. 그 추진 작업을 때마침 상하이로 내려와 교섭 업무 중이던 대한청년단연합회 출신이며 서간도 대한광복단 단장인 이탁과 긴밀하게 협의 진행하도록 했다. 결국 김석황은 고집을 꺾고 안창호의 당부와 지시에 따르기로 했다.[45]

하지만 안창호는 국내에서 의열 투쟁이 자제되어야 한다는 입장을 취했다. 신중하게 독립운동 조직 간 연계와 기맥을 통한 후 총괄하여 독립운동을 전개하고자 했다.[46] 의열 투쟁이 일제의 극악한 탄압을 초래하여 그간 심혈을 기울여 비밀리에 구축한 연통제와 교통국 등 국내 조직망이 와해될 것을 우려했기 때문이다.[47] 안창호는 산발 투쟁을 지양하고 임시정부 군무부 지휘 아래 통일된 의열 항쟁을 하도록 설득했으나 열혈청년들의 개별적이고 분산적인 의열 투쟁을 막을 수가 없어[48] 성공적이지는 못했다. 이는 결과적으로 현실의 벽을 넘지 못한 또 하나의 한계로서 안창호의 거래 리더십의 한계였다.

한편 1920년을 독립전쟁 원년의 해로 선언한 임시정부는 서간도 일대 독립군 단체의 통일에 실패한 후 그 해 8월 독립군 일부 단체를 규합했다. 군무부 산하 지방사령부로 대한광복군사령부 일명 대한광복단총영을 조직했다.[49] 안창호는 5월 상하이에서 김희선(金羲善, 1875~1925)·이탁 등과 논의를 시작했다. 6월 서간도 청년단연합회 주요 인사들과 대한독립단 대표 김승학(金承學, 1881~1965)이 상하이로 왔을 때 만조우 지역 정부군 조직 문제를 심도 있게 논의했다. 그 결과 두 단체를 결합

---

45) 김영범, 『의열투쟁 I - 1920년대』, 한국독립운동의 역사 26, 한국독립운동사편찬위원회 편, (천안: 독립기념관 한국독립운동연구소, 2009), pp. 58 - 59.
46) 이명화, 앞의 책, p 109.
47) 위의 책, p. 97.
48) 위의 책, pp. 98 - 99.
49) 윤대원, "서간도 대한광복군사령부와 대한광복군총영에 대한 재검토", 『한국사연구』, 133집, 한국사연구회, 2006, pp. 112 - 113.

하여 광복군을 조직하기로 합의가 이루어졌다.50) 1920년 7월 26일 임시정부는 군무부 직할 대한광복군사령부(大韓光復軍司令部) 설치안을 의결하고, 그 규정을 제정하여 8월 1일부 시행으로 공포했다. 사령부 본부는 관뎬현(寬甸縣)에 두고, 8월 10일 사령장 조맹선(趙孟善, 1872~1922)을 위시하여 8개 국, 6개 영(營)의 각 장 등을 포함하는 사령부 간부진과 직원을 임명했다. 기원독립단 단장이던 조맹선은 중·러 국경 지역에서 독립군 양성에 전념해 사령장으로 취임할 수 없는 상황이라 참모장이던 이탁이 사령장 대리를 겸하기로 했다.51) 이후 대한광복군사령부는 적의 통치 거절과 전투 준비 및 각국에 선전 교섭하는 데 행동을 일치키로 하는 운동방침에 합의하고 국내 무력시위는 안동(安東)현 광복군에게 전담키로 했다.52) 그 실행으로써 미국의원단이 국내를 돌아볼 때 곳곳에서 무장 활동을 펼쳐 한국인의 독립의지를 국제사회에 알리려고 노력했다.53)

이에 앞서 선전사업은 안창호가 내무총장에 취임한 직후부터 시작했었다. 1919년 7월 10일 국무원령 제1호로 임시정부 내무부의 국내지방조직으로서 임시연통제를 선포하고 9월 정부가 통합된 이후 노동부총판에 임명되어서도 선전사업만큼은 그대로 수행했다. 안창호는 독립운동의 최전선이라 할 수 있는 국내에 전국적으로 임시정부 조직을 설치하려는 구상을 본격적으로 실행해 나갔다. 국내에 연통제 조직을 비롯하여 교통국, 지방선전부 등을 설치하고 납세의무와 국방의무

---

50) 위의 논문, p. 119.
51) 김영범, 앞의 책, pp. 59-60.
52) 윤대원, 앞의 논문, p. 119.
53) 김희곤, 『대한민국임시정부 I-상해시기』, 한국독립운동의 역사 23, 한국독립운동사편찬위원회 편, (천안: 독립기념관 한국독립운동연구소, 2009), p. 122. '제1지대의 서울 아서원(雅叙園) 거사', '제2지대의 평남 도경 폭파', '제3지대의 선천 경찰서 폭파와 신의주역 폭파' 등의 사례에 대한 상세한 경위는 독립유공자 편찬위원회, 『독립운동사』, 제7권, pp. 321-325.

를 부과하며 임시정부 조직을 총동원하면서 독립전쟁에 필요한 자금 조달에 누구보다 앞장 서 나갔다.54) 연통제는 안창호가 신민회 활동을 하며 구축했던 비밀조직 체계의 원리를 계승 발전시킨 것이었다.55) 안 창호 지휘 아래 국내 전국 각처에 연통제 조직을 건설하고 특파원을 파견하면서 대한독립애국단 등을 비롯해 국내 독립운동조직과 단체를 긴밀히 연계시키며 다양한 활동을 전개했다.56) 인구세·공채·적십자 회비 등의 중요 재정을 수급하는 임시정부의 동맥 같은 역할을 했다. 그러나 연통제 조직은 일제 탄압이 극심해지면서 제 기능을 발휘하지 못하고 짧은 기간에 파괴되어 결국은 조직망을 상실하게 되었다.57)

안창호가 연통제와 함께 세운 것이 교통국이었다. 교통국이 가장 먼저 설치된 곳은 만조우 안둥이다. 안둥은 신의주 대안에 위치한 곳 으로 중국에서 국내로 들어오고 나가는 길목이었다. 압록강을 따라 서 간도지역 한인사회와 연락 통신할 수 있는 요충지로서 일찍이 한인들 이 독립운동 근거지로 삼았던 곳이다.58) 영국의 식민지 아일랜드 출신 인 조지 루이스 쇼우(George Lewis Shaw, 1880~1943)는 반제국주의 민족 의식이 강한 사람으로 자기 조국과 같이 식민통치를 받고 있는 한국인 의 독립운동을 적극 후원하였다. 안창호는 쇼우에게 한국 독립운동 사 정을 호소하여 한국을 위해 끝까지 일하겠다는 다짐을 받아냈다.59) 쇼

---

54) 이명화, 앞의 책, pp. 105-106, 112-113.
55) 위의 책, p. 113; 주요한 편저, 『安島山全書』, 증보판, p. 234.
56) 張錫興, "大韓獨立愛國團 硏究", 『한국독립운동사연구』, 제1집, (천안: 독립기념관 한국독립운동사연구소, 1987), p. 193.
57) 이명화, 앞의 책, p. 116.
58) 위의 책, p. 117. 임시정부는 1919년 8월 20일 '임시지방교통사무국장정'을 반포하 여 지방 교통국의 설치와 조직을 확정하였다. 이후 본격적으로 국내와 만조우 지 역에 교통국 설치를 추진해 갔다. 교통국은 국내의 평안도·함경남도·황해도·서 울 등지에 설치되었고, 만조우에서는 관뎬현(寬甸縣)과 창바이현(長白縣)에 설치 되었다. 지리상으로 이들 지역 모두가 안둥과 쉽게 통할 수 있는 지역이었다. 참고로 안둥은 단둥(丹東)의 옛 이름이다.
59) 이명화, 앞의 책, p. 118. 쇼우와 이륭양행에 관한 상세한 연구는 金峻憲, "大韓民

우가 경영하는 무역 및 해운업 회사 이륭양행(怡隆洋行)의 2층 사무실을 무상 임대받아 지부를 설치했다. 1919년 8월 20일 「임시지방교통사무국장정」이 반포되면서 정식으로 임시안동교통사무국(10월 17일 개칭)이 설치되었다.[60] 그러나 그 해 12월 말 평양에 소재한 교통국 관서지부가 조직 초기에 발각되어 구체 활동은 펴보지도 못했다.[61]

안창호는 그런 상황에서 국내외 활동의 새로운 돌파구를 모색하여 내·외정 부문에서 선전업무 확장과 선전원 파견 방침을 적시했다. 1920년 3월 10일 국무원령 3호 「지방선전부규정」 등을 선포하고 지방선전부를 설치했다. 국무총리 직속 기관으로 설치된 지방선전부는 실제 최고책임자인 총판을 중심으로 부총판과 이사, 선전원을 인선하고 서무과와 선전과의 실무부서를 두었다. 국내에는 하부조직으로 선전대를 설치하고 주요 임무로 임시정부 선전과 독립의식 고취, 국내독립운동 상황 파악, 국민 민심상태, 식민지통치 실상 등을 조사 보고토록 하여 선전대 임무와 활동은 이전 연통제와 크게 다름이 없었다.[62]

안창호는 1921년 5월 "정부에서 사퇴하면서"라는 시국대연설에서 '우리의 독립운동은 계속할까 정지할까', '과거의 독립운동은 어떠한 독립운동', '금후의 독립운동은 어떠한 독립운동'인가를 되짚었다. 안창호는 독립운동의 요체로서 군사·외교·재정·문화·식산·통일운동의 여섯 가지를 꼽고, 독립운동이란 이 여섯 가지 운동을 종합한 것이라 규

國臨時政府의 聯通制와 怡隆洋行: 白山 安熙濟의 關聯活動側面에서", 『社會科學研究』, 4집, 嶺南大學校社會科學研究所, 1984, pp. 178-182 참조.

60) 채영국, "대한민국임시정부 교통국의 설치와 활동", 『대한민국임시정부수립80주년기념논문집』(상), 한국근현대사학회 편, (서울: 國家報勳處, 1999), pp. 360-361.

61) 이명화, 앞의 책, p. 119.

62) 위의 책, p. 107. 張錫興, "대한민국임시정부와 국내독립운동: 1920년대를 중심으로", 『대한민국임시정부수립80주년기념논문집』, (상), 한국근현대사학회 편, (서울: 國家報勳處, 1999), p. 321. 연통제 관련 더 상세한 설명은 제6장 제4절 2. 연통부와 교통국 참조.

정했다.[63] 이는 특히 군사와 외교 등 부분적 노선만을 고집하는 사람
들에게 통일의 중요성을 강조한 것이었다. 통일의 제1방법은 '중앙기관
에 총집중'이고 통일의 제2방법으로 '공론의 성립과 복종'을 제시했다.
즉 독립운동 성패는 통일의 성부(成否)에 달려 있음을 강조하며 분열된
독립운동 세력의 통합을 호소했다.[64]

이어 안창호는 구체 방안으로 군사운동에서 3만 명 내지 5만 명
을 모집하면 이를 바탕으로 수백만 명의 독립군을 모집할 수 있을 것
이라 전망하며 군사를 훈련시킬 사관 양성을 강조했다. 또 혁명운동은
결코 한 두 사람에 의해 전개될 수 없으며, 중앙기관으로 모여 각자 역
할을 분담해 혁명운동을 전개해야 한다는 신념을 피력했다. 그러면서
임시정부가 독립운동 총지휘부의 역할을 상실하고 각 독립운동 노선이
자신들만의 입장을 강조하고 서로 비난하는 것은 단순논리로서 잘못된
것이라 지적했다. 공론을 세우고 그 공론에 복종하자고 설득했다.[65]
준비 없이 전쟁에 나가려 함은 독립전쟁을 가볍게 보는 것이며, 적과
싸워 죽기 전에 기아에 허덕여 죽을 것이라 경고했다. 독립전쟁을 준
비하기 위해 군사훈련과 전쟁자금을 모아야 함을 역설했다. 군사 1명
이 하루 20전을 소요해 만 명을 먹이려면 1개월에 6만 원이 소요된다
는 철저한 계산 아래 독립전쟁을 추진해야 한다며 준비의 중요성을 강
조했다.[66]

이상과 같이 상하이 임시정부 수립을 전후로 안창호의 독립운동
노선과 실제를 살펴보면, 일반적으로 연설을 통한 민족계몽과 실력양
성론 등으로 규정되는 안창호의 독립운동가로서의 모습이 일면적인 것

63) 안창호, "정부에서 사퇴하면서"(시국대연설, 1921년 5월 12일 제1회 연설), 『安
    島山全書』, 증보판, 주요한 편저, pp. 693-696.
64) 위의 책, pp. 700-704.
65) 위의 책, pp. 699-702.
66) 이명화, 앞의 책, p. 91.

임을 알 수 있다. 칭다오회담 이후 독립운동 세력 간 갈등과 충돌의 현
실 속에서도 안창호는 꾸준히 통합을 강조했고, 무장과 무력 사용을
통한 독립 쟁취를 강조하기도 했다. 이러한 안창호의 무장 투쟁론은
실천으로 이어지지 못하고 도상(圖上) 혁명으로 그치고 말았다.

안창호는 자신이 주장하는 주의와 노선에 대해 "나의 가진 주의가
무엇인지 나도 무엇이라고 이름 질 수 없습니다. 민족주의도 아니요,
공산주의도 아닙니다."라며 당시 이데올로기 분파주의를 거부했다.[67]
안창호가 전개한 무장 투쟁론이 독립운동 세력 내부 균열과 갈등을 봉
합하기 위한 전략의 방편으로 무력 의존이라는 강경론으로 흐른 것인
지 아니면 당시 대세로 판단된 투쟁론에 편승한 것인지는 확실하게 알
수 없다. 다만 분명한 것은 안창호는 비무장 예언가이기는 했지만, 민
족독립이라는 비전 실천을 위한 방략으로 줄곧 비무장으로만 남아있을
것을 고집하지는 않았다는 점이다.

제2절 변환 리더십의 단초: 민주공화제

안창호가 민족 독립을 최고 가치로 추구하고 전개한 독립운동 목
표는 독립국가 건설이었다. 독립국가는 1910년에 멸망한 대한제국 복
고가 아니었다. 군주가 주인인 나라를 되찾기 위해 독립운동을 전개한
것이 아니라, 국민이 주인이 되는 민주주의 나라를 건설하는 것이 그
의 목표였다. 안창호는 공화제에 대한 자신의 신념을 일찍부터 밝힌
바 있다. 미국에서 귀국한 직후 1907년 삼선평(三仙坪) 연설에서 다음
과 같이 밝혔다.

---

67) 위의 책, p. 273. 안창호, "우리 혁명운동과 임시정부문제에 대하여", 『安島山全
    書』, 증보판, 주요한 편저, p. 754 참조.

오호라! 오방은 기천년래로 국여민간에 호상 격막하여 민지시국은 타
일개인의 소유로 인하야, 전조시대에는 왈 왕씨의 국이라 하며, 본조에
입하야는 왈 이씨의 국이라 하야, 기흥 기망이 어기 무관이라 하며, 국지
대민은 간작어육하야 대어는 중어 식하고, 중어는 소어 식으로 박할 침탈
로 위일능사하야, 비록 천지가 번복하는 변기가 박두하야도 돈불고념이
라가, 필경은 노예문권을 선급하는데 지하얏으되, 유시 구일 상태로 시위
소찬에 일사를 부주하고, 단히 타인의 미첩을 앙시하야 자기의 휴척을 삼
으니, 천리인정에 영용약시리오. 연즉 국가는 일인의 소유가 아니요 오인
견상에 대한 이자를 각기 담착하야스니, 원컨대 전일 사량을 잉존치 물하
라.[68]

민주공화제에 대한 그의 신념과 꿈은 "우리가 우리 주권만 찾는
것이 아니라, 한반도 위에 모범적 공화국을 세워 이천만으로 하여금
천연의 복락을 누리려 함이오. 그러므로 우리는 생명을 희생하여 이
목적을 달성하여야 하겠소."[69]라며 내무총장 취임연설에서 밝혔다.
"정치의 현상을 파괴하고 새 정치를 실현하는 것, 즉 군주정치를 민주
정치로 만들자는 것과 같은 것은 정치적 혁명"[70]이라는 안창호 연설은

---

68) 안창호(漢北學生 金聖烈 述), "三仙坪演說 초록"(1907년 5월 12일 서북학생친목회
   운동장 연설), 『安島山全書』, 증보판, 주요한 편저, p. 584. 참고로 원문을 옮긴
   다. "嗚呼라! 吾邦은 幾千年來로 國與民間에 互相 隔膜하여 民之視國은 他 一個人
   의 所有로 認하야, 前朝時代에는 曰 王氏의 國이라 하며, 本朝에 入하야는 曰 李氏
   의 國이라 하야, 其興 其亡이 於己 無關이라 하며, 國之待民은 看作魚肉하야 大魚
   는 中魚 食하고, 中魚는 小魚 食으로 剝割 侵奪로 爲一能事하야, 비록 天地가 飜覆
   하는 變機가 迫頭하야도 頓不顧念이라가, 畢竟은 奴隷文券을 繕給하는데 至하얏
   으되, 猶是 舊日 狀態로 尸位素餐에 一事를 不做하고, 但히 他人의 眉睫을 仰視하
   야 自己의 休戚을 삼으니, 天理人情에 寧容若是리오. 然則 國家는 一人의 所有가
   아니요 吾人 肩上에 大韓 二字를 各其 擔着하야스니, 願컨대 前日 思量을 仍存치
   勿하라."
69) 안창호, "내무총장(內務總長)에 취임하면서"(1919년 6월 28일), 위의 책, pp.
   627-628. 상해 임시정부 내무총장으로 취임하면서 행한 연설 개요만 전해온다
   (북경로 예배당에서 1919년 6월 28일).
70) 안창호, "우리 혁명운동과 임시정부문제에 대하여"(상해 삼일당 연설, 1926. 7.
   8), 위의 책, p. 752. 참고로 『신한민보』, 1926. 10. 4.~11. 4일자까지 4회에 걸

안창호의 독립운동이 근대성을 함께 지니고 있음을 나타낸다. 즉 독립운동을 전개하면서 민족 근대화 혁명을 함께 추진했던 것이다.

미국에서 5년간 생활하면서 민주주의 정치를 체험한 안창호는 민주공화제에 대한 굳은 신념을 지니고 있었다. 앞서 언급한대로 신민회 결성 당시 안창호가 작성한 것으로 알려지는 '대한신민회취지서 및 통용장정(通用章程)'에서 "본 회의 목적은 우리 대한의 부패한 사상과 습관을 혁신하여 국민을 유신케 하며 쇠퇴한 교육과 산업을 개량하여 사업을 유신케 하며 유신한 국민이 통일연합하여 유신한 자유문명국을 성립케 함."71)이라고 민주공화제를 천명했다.

구체적으로 설명하면, 첫째, 국권을 회복하고 자유국가, 즉 자유독립국을 수립하고 정치체제는 민주공화정체로 하는 것이었다. 신민회가 국권회복 후 새로운 국가의 정치체제를 전제군주제의 입헌군주제로 개혁하지 않고 일체의 군주제를 폐지하여 민주공화국을 수립할 것을 공식 이념으로 정한 것은 한민족 역사상 최초로 획기적 사건이었다. 둘째, 안창호는 이를 달성하기 위해서는 우선 실력을 양성하고 힘을 키워야한다는 힘의 철학을 역설하며 백성을 새롭게 만들어야 한다는 신민(新民)의 탄생을 주장했다. 신민은 국가의 주인은 국민이며, 특히 민주공화국을 건설함에 있어서는 그 새로운 국가의 주인인 국민이 새로운 국민이 되어야 한다는 이념으로 민주주의 사상에 기초한 것이라 볼 수 있다. 안창호는 이러한 자신의 신념과 이념에 따른 실천의 장으로 신민회를 조직한 것이다.72)

처 연재되었다.

71) 신민회, "大韓新民會趣旨書": pp. 1067-1070; "大韓新民會通用章程": pp. 1071-1072, 위의 책.

72) 愼鏞廈, "島山 安昌浩와 新民會의 創立", 『安島山全書』, 下, 도산사상연구회 編, pp. 57-58. 참고로 신민회의 영어 명칭은 'The New People's Society'이었는데, 'Making of the New People'(신민 만들기)가 신민회의 이념이었다고 신용하는 해석한다.

안창호의 민주공화제에 대한 신념은 대한제국이 멸망한 뒤 독립
운동 과정에서 더욱 구체화되고 실천적인 양상으로 전개되었다. 1919
년 3·1운동을 거쳐 대한민국 임시정부가 수립되면서 결실을 맺었고,
그로 인해 역사의 새로운 장이 열리게 된 것이다. 여기서 주목할 것은
군주가 주인이었던 대한제국으로 멸망한 나라를 독립운동을 통해 되찾
은 후에는 국민이 주인이 되는 민주공화국을 수립하겠다는 이상을 안
창호가 일찍이 품고 있었다는 점이다. 안창호는 민족 혁명에 이런 이
상과 계획이 없으면 그 혁명은 무의미하고 무가치한 것[73]이라고 삼일
당 연설에서 호소했다. 그런 점에서 안창호의 독립운동은 민족 혁명이
자 근대화를 향한 정치 발전의 초석이 되었다. 안창호의 우리 민족에
대한 선견지명의 비전 제시는 다음과 같은 연설을 통해 보다 구체적으
로 확인된다.

나는 여러분의 머리가 되려 하지 않습니다. 여러분을 섬기러 왔습니
다.[74]
우리가 우리 주권만 찾는 것이 아니라, 한반도 위에 모범적 공화국을
세워 이천만으로 하여금 천연의 복락을 누리려 함이오 … 그뿐만 아니라
더욱 세계의 항구적 평화를 돕고자 함이오. 우리가 신공화국을 건설하는
날이 동양 평화가 견고하여지는 날이오, 동양 평화가 있어야 세계 평화가
있겠소.[75]
대한 나라에는 과거에는 황제가 일인밖에 없었지마는 금일에는 이천만
국민이 다 이 황제요 … 과거에 주권자가 일인이었을 때는 국가의 흥망은
일인에 있었지마는 지금은 인민 전체에 재(在)하오. 정부 직원은 노복이
니 이는 정말 노복이오. 대통령이나 국무총리나 다 제군의 노복이외다.[76]

73) 안창호, "우리 혁명운동과 임시정부문제에 대하여"(상해 삼일당 연설), 『安島山
全書』, 증보판, 주요한 편저, p. 754.
74) 안창호, "제1차 북경로 예배당 연설"(1919년 5월 26일), 위의 책, p. 619.
75) 안창호, "내무총장에 취임하면서"(1919년 6월 28일), 위의 책, p. 628.

　신권시대나 군권시대에 있어서는 신의 의사, 군의 의사나 소수인의 의사를 다수 인민이 복종할 것뿐이요, 민의 의사는 소용이 없으니 연설이 있을 필요가 없겠고, 공화시대에 임하여는 국가의 사업을 그 국민 전체 의사에 의하여 행하는 바, 국민 각각 자기의 의사를 표시하여 어느 의사 가 국민 다수 곧 전체의 의사임을 알려 하니, 부득불 연설이 산출되었 소.[77]

　본래 공화국이란 것은 국민의 여론에 의거하여 행사하는 것이라.[78]

　이상은 안창호가 행한 연설들 중에서 일부 발췌한 것이지만, 안창 호의 정치 이념이 공화제와 민주주의에 철저하게 바탕하고 있음을 보 여준다. 뿐만 아니라 한국 민주주의 실현이 동양 평화, 나아가 세계 평 화에 기여하는 것임을 천명하고 있다. 안창호가 생각하는 독립운동 목 표는 한국민 독립을 넘어서 세계 인류의 자유와 평화를 목표로 삼아 민족주의를 초월하는 세계주의를 지향하고 있음을 알 수 있다. 즉 공 자의 경천애인과 기독교의 박애주의에 바탕을 둔 인류애의 애기애타 정신을 바탕으로 민족주의와 세계주의의 조화를 실현코자 했던 것이 다. 독립운동에서 보여준 안창호의 민족주의는 "국가주의를 초월한 세 계주의를 포회하였다 하는 초책(誚責)은 받을지언정"[79]이라고 안창호 스스로가 얘기했다. 어느 특정 분파나 사상에 치우치지 않고 인류의 자유와 평화까지를 지향하는 세계주의 이상도 함께 추구했던 것이다. 안창호의 영향력으로 보아 이런 그의 생각이 독립운동계에도 영향을 주었다고 짐작할 수 있는 것이 후에 주창한 대공주의이다.

---

76) 안창호, "6대사업"(시국 대강연－1920년 1월 3일 재상하이 교포 신년 축하회), 위의 책, p. 655.
77) 안창호, "정부에서 사퇴하면서"(시국 대연설－1921년 5월 12일 제1회 연설), 위 의 책, p. 693.
78) 위의 연설, 위의 책, p. 709.
79) 안창호, "6대사업"(시국 대강연－1920년 1월 3일 재상하이 교포 신년 축하회), 위의 책, p. 667.

상하이 임시정부에 참여한 이후 중국에서 전개한 그의 민족통일
전선운동 역시 공화주의와 일맥상통하는 것이었다. "안창호는 독립운
동의 통합조직으로서 독립당을 일찍이 구상하고 1920년대 내내 이를
관철시키고자 독립운동계에 여러 가지 제안을 하였다. 그것은 대통령
중심제 정부체제로는 독립운동계의 다양한 이념과 노선을 통일할 수
없고 효율적인 독립운동을 지도해 나갈 수 없다고 판단해 현실타개를
위한 대안을 모색해 갔던 것이다."[80]

임시정부 및 임시의정원 신년축하식
기념사진(1921.1.1.)

1919년 9월 6일 안창호는
조선과 러시아, 중국, 미
국 등에 있는 각 독립운동
단체 대표들을 소집해 합
법 절차에 따라 각 세력을
통합해 통합정부를 수립
하고 자신은 말석인 노동
총판을 자임했다. 그러나
통합정부가 수립된 지 2년도 되기 전에 통합정부는 또 다시 갈등이 야
기되어 분열 위기를 맞았다. 이에 1921년 5월 안창호는 임시정부 각료
직을 사임하고 분열 수습을 위해 1922년부터 약 1년 동안 국민대표회
의를 추진했으나 개조파와 창조파의 대립으로 결국 결렬되고 말았다.[81]
이와 같이 거듭되는 분열과 갈등의 치유책으로 안창호가 구상한
것은 새로운 정치체제였다. 그는 독립운동계가 인물 중심으로 이루어
진 현실을 반영해 처음에는 삼두정치론(三頭政治論)을 주장했다. 그러나
국무총리 이동휘의 임정 탈퇴 후에는 대독립당 결성을 주장했다. 국내
외 한인사회 한인들을 대상으로 민적(民籍)을 만들어 임시정부를 유지

---

80) 이명화, 앞의 책, p. 303.
81) 위의 책, pp. 162－179. 특히 "국민대표회의의 경과" 참조.

하고, 대독립당을 결성해 실제 독립운동을 진행할 최고기관으로 운영
하자는 안이었다. 대독립당은 특정 집단 이익을 위한 정당이 아니라
민중 기반을 바탕으로 한 각 독립운동세력의 수평 의결체제인 것이다.
안창호는 독립운동은 민족 혁명이라 규정했다. 최종 목표는 일본 제국
주의를 타도하고 민족국가건설 준비함이 궁극 목표임을 천명했다.[82]
당시 어휘와 용어로 삼두정치론, 대독립당, 민중 혁명 등으로 표현되었
지만, 결국 이는 민주 공화제 사상과 다르지 않았다.

안창호의 민족통일전선운동 자체가 독립운동 세력 각파 입장에서
이념과 노선을 수용해 여러 파벌들 사이에 벌어진 정부 존립 여부에
관한 시비를 조정하고 민족주의자와 공산주의자 간의 사상과 노선에
관한 갈등을 유화시켜 민족운동의 새로운 노선을 제시하려 했던 것이
다.[83] 다양한 세력의 공존, 독립 쟁취를 위한 융화, 민족과 민중의 주
도권 등 민주공화제의 이념을 안창호는 주창했던 것이다.

앞의 제3장 번스의 리더십 모델에서 "카리스마 리더십의 가장 강
력한 구성요소는 스스로의 비전을 찾게 해주고, 열정을 불러일으키고,
스스로가 할 수 있도록 해주는 것"이라고 강조하면서 변환 리더십을
제시했다. 이는 "추종자들을 노예화하는 것이 아니라 그들을 자유롭게
하고 힘을 돋아줌으로써 달성된다."는 점을 강조한 바 있다. "리더십이
란 지도자와 추종자들이 공유하는 가치와 동기 — 욕구와 요구, 열망과
기대 — 에 해당하는 분명한 목표들을 위해 추종자들이 행동하도록 지
도자들이 유도하는 것"이기 때문에, "기술을 포함한 서로 다른 수준의
동기와 잠재 권력을 가진 사람들 사이에서 이루어지는 상호작용"이다.
이 상호작용이 거래 리더십의 형태를 띠면 거래당사자들은 서로 상대

82) 위의 책, p. 303.
83) 위의 책, pp. 303-304.

방의 권력 자원과 태도를 의식하므로 거래자들은 그들을 결속시킬 영
속적인 목적을 갖고 있지 않고 각자의 길을 가게 된다. 반면 변환 리더
십은 "지도자와 추종자가 서로 상대방의 동기와 도덕성을 더 높은 수
준까지 끌어 올리려고 서로 어우러질 때 발생한다. 그들의 목적은 거
래 리더십의 경우처럼 각각 따로 시작되었다 하더라도 결국은 융합"한
다고 기술했다. 또한 "변환 리더십을 구사하는 지도자들은 추종자들을
변화의 과정에 참여시키기 위해 동원하고 집단 정체성과 집단 효능감
을 고취시키며 앞장선다."는 점도 기술했다. 이러한 번스의 리더십 모
델을 보면 1920년대 안창호가 상하이 임시정부 안팎에서 전개했던 독
립운동 방략의 본질은 바로 이 변환 리더십이었다고 할 수 있다.

　안창호에게 독립 조국은 모든 투쟁세력이 평등한 정치 주권을 가
지고 참여해야 하는 공화국이어야 했다. 이를 위해서는 독립 투쟁에
참여하는 모든 세력의 통합, 적어도 공동전선 혹은 연대를 이룩할 필
요가 있었다. 안창호가 시야에 넣었던 것은 투쟁을 위한 방법론으로서
의 연대(신민회, 삼두정치)뿐만 아니라 독립 쟁취 이후 국가 모습을 상정
한 목적론으로서의 통합이었다. 불행하게도 안창호는 자신이 추구한
독립국가 모습을 실현하지도 또 확인하지도 못하고 순국했지만, 이미
상하이 임시정부 탄생 이전부터 독립 조국의 모습을 그려 나가고 있었
다. 미국에서의 생활 경험으로부터 정치 소양을 체득하고 제1차 세계
대전 종결을 목도하면서 새로운 국제 조류를 간파했다. 군주국 정치체
제를 일소하고 공화국 체제로 전환해야 진정한 평화가 도래할 것이라
는 우드로 윌슨(Thomas Woodrow Wilson, 1856~1924) 식의 민주평화론84)

---

84) 강성학, "제8장 평화의 神 윌슨의 평화사상", 『인간神과 평화의 바벨탑: 국제정
　　치의 원칙과 평화를 위한 세계헌정질서의 모색』, (서울: 고려대학교출판부,
　　2007)[2007년도 대한민국학술원 기초학문육성 "우수학술도서" 선정], p. 250.
　　"윌슨의 말은 '영구적 세계평화수립'이라는 메시지를 담고 있었다. 고대 그리스
　　인들의 표현방식을 차용한다면, 윌슨은 '평화의 신'이었다. 제임스 터랜토(James

에 대한 지식을 정치 사고의 한 축으로 안창호는 지니고 있었다.

제3절 대공주의: 이상주의자의 소프트 파워

1923년 국민대표회의의가 무산된 뒤 1924년 다시 미국으로 건너가 2년 남짓 미주한인사회에서 활동하다가 안창호가 상하이로 돌아온 것은 1926년 5월의 일이었다. 이후 1927년을 전후한 시기에 대공주의가 대두한 것으로 알려져 있다.[85] 1927년이라면 국민대표회의가 무산된 뒤 안창호가 장도의 독립운동 방략으로 민족대당촉성운동을 새롭게 벌여나가던 때였다. 과거 3·1운동을 계기로 크게 고양되었던 독립운동은 독립전쟁론, 외교론, 실력양성론, 민중운동론 또 자본주의, 사회주의 등의 이념과 방법론상으로 내부에서 분열 대립하고 있었다. 향후 진로를 놓고 각양각색 노선과 이념으로 혼선을 빚고 있던 때라 이를 극복해야 하는 과제를 안게 되었다. 이에 대동단결운동을 뒷받침할 이론으로 안창호는 대공주의를 주창한 것이다.[86]

당시 안창호는 임시정부 국무령에 추대되었으나 사양하고, 민족대당건설운동을 주창해 나갔다. 안창호가 주창한 민족대당 결성 의지는

---

85) 안창호 스스로 대공주의가 어떠한 것인지를 구체적으로 천명하지 않아 그 실체를 밝히는 작업은 여전히 학계의 과제로 남아 있다고 장석흥은 지적한다. 장석흥, "차리석의 「한국독립당 당의의 이론체계 초안(1942)」과 안창호의 대공주의", 『한국독립운동사연구』, 제49집, p. 154. 특히 朴萬圭의 "島山 安昌浩의 大公主義에 대한 一考察", 앞의 책, pp. 207-234; "개혁운동과 안창호의 사회사상," 『도산사상연구』, 제2집, 1993, pp. 165-182; "島山 安昌浩의 大獨立黨 運動과 大公主義 試論", 『島山과 힘의 哲學』, 이당 안병욱 교수 정년 퇴임 기념 흥사단 아카데미 문집 발간 위원회, pp. 51-63 참조.

86) 朴萬圭, "島山 安昌浩의 大公主義에 대한 一考察", 앞의 책, p. 208.

1926년 7월 8일 삼일당 연설문에서 잘 드러나고 있다.

> 나는 혁명에 대하여 말하려 하되 어젯날 혁명이나 내일의 혁명이 아니고 오늘의 혁명을 말하려 합니다 … 지금 혁명의 주장점은 공산주의로 하자! 민주제로 하자! 무정부주의로 하자! 복벽[復辟; 물러났던 임금이 다시 왕위에 오름] 운동을 하자! 하야 각각 자기의 의사를 주장합니다 …
> 그러면 오늘날 우리의 혁명이란 무엇인가? 우리의 혁명은 민족 혁명이외다. 민족적 혁명은 무엇인가. 비민족주의자를 깨뜨려 민족주의자가 되도록 하자는 것이 아닙니다. 이상에 말한 대로 재래의 현상을 새 현상으로 바꾸어 놓자는 것이외다. 그러면 오늘 우리 민족은 어떤 현상을 가졌는가? 우리는 일본에게 압박 받는 현상을 가지고 있습니다. 이 현상을 변하여 자유스러운 생활을 할 수 있는 현상을 짓도록 일본의 압박적 현상을 파괴하고 새 현상을 건설하자는 것이외다. 이는 곧 민족적 감정과 이해 타산과 사활 문제를 원인으로 하여 일으키게 된 민족적 혁명이외다. 왜 내가 이것을 말하는고 하면 우리의 과거 혁명이 잘 되지 못하였으므로 오늘은 어떠한 혁명을 하여야 이 민족을 파괴하고 우리 민족을 자유롭게 할까 함에는 먼저 우리의 오늘 혁명이 무엇인 것을 알고 가야 할 것인 연고이외다.[87]

이때 연설회는 임시정부 존립 문제와 독립운동 각 단체 통일을 목적으로 개최된 것이었다. 안창호가 주창한 내용의 요지는 민족 혁명은 이민족의 통치에서 벗어나 신국가를 건설하는 것이었다. 신국가의 정체와 주의 여하를 불문하고 2천만 동포의 단합된 통일노선을 결성해야 한다고 주장하고 자치론 및 실력양성론을 비판했다. 조국 독립을 위해 조직적이고 유력한 일대 혁명당을 조직하여 임시정부를 계속 유지시켜야 한다는 것이었다.[88]

---

87) 안창호, "우리 혁명운동과 임시정부문제에 대하여"(상해 삼일당 연설), 『安島山全書』, 증보판, 주요한 편저, pp. 752-754.

국내에서 자치론을 중심한 개량주의가 등장하고 조선공산당이 창
립되어 공산주의운동이 본격화되고 있던 시기였다. 안창호는 독립운동
의 분명한 길을 제시해야 할 처지에 있었다. 그 처지는 지도자의 위치
에서 갖는 의무이기도 했지만, 안창호와 가깝던 이광수가 자치론을 제
창하고, 역시 특별히 가깝던 이동휘와 여운형(呂運亨, 1886~1947)이 공산
주의운동에 열중했다. 따라서 안창호 개인의 처지이기도 했다. 또 정의
부가 제안한 임시정부 통합안이 좌절되고 이상룡(李相龍, 1858~1932), 양
기탁, 안창호 등은 연이어 국무령 취임을 거부했다. 그러던 차에 1926
년 국내에서 6·10만세운동 발발 소식이 전해졌다. 안창호는 침체된
독립운동계를 고무시키는 계기로 삼고 삼일당 연설을 하며 대혁명당
조직결성운동에 나섰다.[89]

이때 민족대당 주창은 독립운동계를 일신시키는 방향 전환 신호
탄이 되었다. 그동안 고질과도 같았던 이념과 노선 차이를 극복하는
방도로서 대혁명당을 독립운동계에 제시한 것이었다. 1926년 삼일당
연설에서 대혁명당을 주창하면서, 한편으로는 임시정부 유지를 강조하
고 나선 것이다. 즉 임시정부는 존속하되, 별도 정당조직으로 대혁명당
을 제창한 것이다. 이는 안창호의 통합운동 구도가 국민대표회의 때와
는 달리 개조파와 창조파의 이론을 통합해가는 과정임을 보여준다. 안
창호는 국민대표회의 좌절을 경험하면서 명실공히 전 민중이 중심이
되는 통일기관의 필요성을 절감하고 민족운동에 입각한 독립운동의 새

88) 國會圖書館 編, 『韓國民族運動史料(中國篇)』, 日本外務省陸海軍省文書(第二輯), (서
　　울: 大韓民國國會圖書館, 1976).[이하 "國會圖書館 編, 『韓國民族運動史料(中國篇)』"
　　로 약칭], pp. 599-600. 조선총독부 경무국장이 외무차관에게 안창호연설의 대
　　요(大要)를 7가지 항목으로 정리 보고했다. 李明花, "자료: 대혁명당을 조직하자
　　림시정부를 유지-1926년 7월 8일 상해 삼일당에서의 安昌浩 연설-", 『한국근
　　현대사연구』, 제8집, 한국근현대사학회, 1998, p. 215. 이명화는 "이는 일제의 정
　　보보고용으로 위의 연설 요점만을 추려 작성한 것으로 위의 연설 자료가 발굴
　　되기 전에는 연구자들은 주로 이 자료를 인용했다."고 밝혔다.
89) 이명화, 앞의 책, pp. 269-271.

로운 방략을 선언한 것이다.90)

안창호는 임정유지에 대한 확고한 의지를 표방하면서 이의 실천으로 임시정부경제후원회를 조직해 7월 18일 총회에서 회장에 취임했다. 심각한 재정난에 봉착한 임시정부를 위해 외곽에서 임정의 존립을 재정적으로 후원하기 위한 것이었다. 임시정부를 민족독립의 최고기관으로 위치시키는 것에는 변함없지만, 실질적인 독립 투쟁과 혁명 활동은 민족대당을 통해서 전개하자는 것이었다.91)

안창호는 삼일당에서 개최된 6·10 만세운동 기념 연설회에서도 민족적 통일기관을 창립하고 그 정신을 계승 발전시키자고 다음과 같이 역설했다.

주장점이 다르다고 서로 다투지 말고 단순히 우리는 민족 혁명을 하여야겠다는 각오를 가지고 대혁명적 조직을 성립한 후에 일치적 행동을 취하여야 할 것입니다. 그래서 성공한 후에는 … 많은 수효를 가진 그가 세력을 가지게 될 것인즉 … 어떠한 주장점을 가진 혁명가든지 현상에 당해 있는 우리 민족을 건지기 위하여 개인의 사리를 붙이지 말고 큰 혁명당을 조직하도록 힘써야 할 것입니다 …

혹은 나에게 묻기를 네가 가진 주의는 무엇이냐 하겠지마는 나의 가진 주의가 무엇인지 나도 무엇이라고 이름지을 수 없습니다. 민족주의도 아니요, 공산주의도 아닙니다. 그러나 나는 사유 재산을 공유하자는 데 많이 동감합니다 … 오늘날 우리의 경제 곤란이 심하다고 단순한 경제 혁명으로만 할 수는 이미 말한 대로 될 수 없으되 우리 민족을 압박하는 일본을 대항하며 나가자는 민족적 현상을 절규함에는 자기의 주의가 무엇이든지 같은 소리로 나갈 수 있습니다. 대한 사람이면 어떤 주의 주장을 물론하고 이 민족 혁명에 같이 나갈 수 있습니다 … 나와 및 여러분은 대

---

90) 장석흥, "차리석의 「한국독립당 당의의 이론체계 초안(1942)」과 안창호의 대공주의", 『한국독립운동사연구』, 제49집, p. 175.

91) 이명화, 앞의 책, pp. 126, 275.

혁명당이 실현되도록 각각 사견을 버려 공리를 도모키 위하여 민족적 혁
명 정신으로 힘써 나갑시다. 그래서 우리의 대혁명적 기치하에 대중이 단
합되도록 하여야 하겠습니다.[92]

안창호가 주창한 대혁명당은 각자 주의와 주장을 초월하여 전민
족이 일치단결해 조국독립을 이루는 민족혁명 터전을 만들자는 것이었
다. 또 곤란한 경제 상황 타개책도 경제 혁명만으로 해결되는 것이 아
니라, 일제 압박에 대항하며 각자 사리와 사견을 버리고 공리를 도모
하는 민족혁명으로 함께 나가야 한다는 것이다. 이러한 대혁명당의 이
념 기반이 바로 대공주의였다고 볼 수 있다. 하지만 대공주의를 구호
로 표방하지 않았던 것은 주의의 통합과 단결을 강조하는 상황에서 또
다른 형태의 주의 주장으로 오인됨을 피하고 대혁명당을 통해 대공주
의 이념을 실현하려는 의도였다고 여겨진다.[93]

대혁명당 조직은 독립운동 세력의 구심체로서 민족혁명을 추진하
기 위한 것이었다. 기능이 쇠퇴한 임시정부를 대신할 민족적 통일기관
을 세우려는 것이기도 했다. 또 정치사상의 논쟁은 해방된 이후로 미
루고 조국독립 달성을 목표의 최우선으로 하자는 안창호의 주장은 국
내외 독립운동계의 호응을 크게 얻었다. 1920년대 후반 민족유일당운
동은 독립운동계의 가장 큰 이슈로 부각되었다. 그 운동은 1926년 10
월 최초 지역 단위 조직인 유일독립당조직북경촉진회의 결성을 필두로
만조우 지역에 이어 상하이, 광둥, 우한(武漢), 난징 등 5개 지역단위 촉
성회 조직 · 연합회 결성 · 대독립당주비위 조직 · 대독립당 조직의 4단
계를 상정하면서 추진되었다.[94]

---

92) 안창호, "우리 혁명운동과 임시정부문제에 대하여"(상해 삼일당 연설), 『安島山
   全書』, 증보판, 주요한 편저, pp. 754, 763.
93) 장석흥, "차리석의 「한국독립당 당의의 이론체계 초안(1942)」과 안창호의 대공
   주의", 『한국독립운동사연구』, 제49집, pp. 164, 176.

안창호가 민족대당촉성운동을 주창한 것은 당시 독립운동계의 현실 과제를 해결하기 위한 전략이었다. 그런 배경에서 대공주의라는 개념을 동원했던 것이다. 따라서 대공주의는 안창호가 근대화를 추진하고 독립운동을 전개했던 모든 경험 바탕 위에서, 독립달성을 위한 전략이라 보아야 할 것이다. 대공주의 내용은 신국가 혹은 신민주국 건설 전제 하에 전체 민족 성원을 대상으로 정치 자유는 물론 경제·사회 평등을 실현하고자 함이다. 그 사상의 성격은 비타협 반일민족주의, 진보 민주주의, 국제평화주의로 요약할 수 있다.[95]

안창호는 민족대당 결성 실현을 위해 중국 대륙 곳곳을 발 벗고 나섰다. 독립운동 지도자들 중 안창호만큼 만조우와 중국 내지를 수없이 발걸음을 한 인사는 거의 전무후무하다. 만나는 사람들의 성향도 각양각색으로 사회주의자, 무정부주의자 상관없이 민족혁명 대열에 동참한 자이면 가리지 않고 민족대당 건설을 위해 매진했다. 그 결과 민족대당운동이 한국 독립운동의 새 지평을 열게 되었다. 이때 안창호가 민족세력을 포용하고 통합하기 위해 대공주의를 주창한 것은[96] 안창호의 통합 전략이었다.

안창호가 1932년 윤봉길 의거 직후 일제에 피체되어 더 이상 중국에서 독립운동을 전개하지 못했지만, 안창호의 대공주의는 안창호를 따르던 인사들에 의해 계승 실천되어 갔다. 특히 차리석은 안창

거사에 앞서 태극기 앞에 선
윤봉길의사(1932. 4. 26)

---

94) 朴萬圭, "島山 安昌浩의 大公主義에 대한 一考察", 앞의 책, pp. 214－215, 217; 이명화, 앞의 책, p. 278.

95) 朴萬圭, "島山 安昌浩의 大公主義에 대한 一考察", 앞의 책, pp. 229－231.

96) 장석흥, "차리석의 「한국독립당 당의의 이론체계 초안(1942)」과 안창호의 대공주의", 『한국독립운동사연구』, 제49집, p. 177.

호를 평생 스승으로 섬기며 혁명 지도자로 존경하고 그의 뜻을 이어
흥사단을 중심으로 대공주의를 지키고 발전시켰다. 안창호 순국 후
1942년 차리석이 작성한 「한국독립당 당의의 이론체계 초안」은 1920년
대 후반 민족대당 운동을 제창했던 도산의 주장과 흡사했다. 도산주의
에 충실했던 차리석이 주장하는 이론체계 초안은 여러모로 안창호의
대공주의와 깊게 연결되어 있다.[97]

흥사단 제4주년 기념대회(1916)

대공주의 사상은 흥사단
이념의 근저를 이루고 있었
다. 흥사단은 창립자 안창호
의 사상과 정신을 바탕으로
하고 있다. 도산의 자력주의,
성실주의, 인본주의, 민족주
의, 대공주의는 곧 흥사단 이
념의 특징이 되었다. 자력주
의는 힘을 기르자는 것이었
다. 안창호는 세상만사에 작고 큰 것을 막론하고 일의 성공이라는 것
은 곧 힘의 열매라면서 힘이 작으면 성공이 작고, 힘이 크면 성공이 크
고, 힘이 없으면 죽고, 힘이 있으면 사는 것이 하늘이 정한 원리요 원
칙이라고 강조했다. 즉 우리의 독립을 위하여 믿고 바랄 바는 오직 우
리의 힘뿐이라는 것이다. 그러나 안창호가 말한 힘이란 무력이나 군사
력이 아니었다. 안창호에게 힘은 도덕과 지식과 경제력의 총합이었다.
그 중에서도 인격이 가장 기초가 되며 그 건전한 인격과 공고한 단결
에서 참된 힘이 나온다고 보았다.[98]

97) 위의 논문, p. 158. 안창호와 차리석의 인연과 관계에 관해서는 pp. 156−159와
    장석흥, 『임시정부 버팀목 차리석 평전』, pp. 15, 17, 113 참조.
98) 박의수·이순복, "흥사단 운동의 특징과 교육사적 의의", 앞의 책, pp. 300−301.

홍사단 목적으로 「약법」 제2조가 강조하고 있는 것은 무실역행, 즉 성실을 생명처럼 여겨야 한다는 것이다. 힘의 가장 본질적인 요소가 성실한 인격이라는 의미다. 이것이 홍사단이 추구하는 성실주의이며, 이는 곧 인본주의로 연결된다. 인본주의란 모든 일의 성패는 인격에 달렸다고 보는 인간중심주의와 인간 자체를 최고 가치로 보는 인간애의 두 가지 측면을 포함한다. 홍사단 「약법」 전문에서 강조하는 바와 같이 발전하는 민주사회는 국민 각자의 올바른 정신 자세에서 비롯하며, 이러한 자세는 환경개선의 창조 원동력의 바탕이 된다는 것이다. 또한 민주사회 정신은 바로 동지 간의 정의돈수(情誼敦修)는 물론 적에 대한 철저한 비폭력 정신으로 이어진다.[99]

자력주의, 성실주의, 인본주의는 홍사단 이념체계의 본질 즉 홍사단의 내면세계를 구성한다. 그 외연에 민족주의와 대공주의라는 홍사단의 또 다른 이념체계가 존재한다. 민족의 자주독립과 번영은 안창호 삶의 목표이며 홍사단 창립의 이유에 속한다. 안창호는 밥을 먹어도 잠을 자도 대한 독립을 위하여 했고, 그가 주창한 민족 자주독립이라는 민족전도대업을 이루기 위한 기초 수립이 홍사단의 궁극 목표였다. 여기서 등장하는 민족전도대업의 기초가 바로 소아(小我)를 버리고 대공(大公)을 위하여 출신 지역과 정치이념을 초월해 대동단결을 강조하는 대공주의라 할 수 있다. 결국 안창호 이념을 계승한 홍사단운동 방향은 대공주의라는 외연을 기초로 하여 건전 인격과 신성 단결로 집약되는 내면 정신세계의 강화로 나타날 수밖에 없는 것이었다. 이와 같은 이념의 특징은 홍사단운동이 근본적으로 교육 접근이므로 대외 사업에 소극적일 수밖에 없도록 했다. 이는 몰이해와 오해의 단초가 되어 준비론 혹은 민족개량주의라는 비판을 받기도 했다.[100]

---

99) 위의 책, p. 301.
100) 위의 책, pp. 301, 307.

대공주의는 안창호가 50대에 접어든 노련한 나이에 내세우기 시작한 것이다. 어찌 보면 당시 유행하던 공산주의 내지 전체주의에 대처하는 이념이기도 했다. 결코 위로부터 강요되는 통제 이념과 공익우선주의 또는 국가지상 이론이 아니라, 시민 각자의 개성 있는 자유의사에 기초하는 대공에의 협력을 의미하는 것이었다. 그는 일찍이 공익우선이란 종국에는 권력지상의 전체주의로 타락할 위험성이 있음을 간파하고 있었다. 결국 안창호의 대공주의는 개인의 자유와 공공의 이익을 조화하는 기동적(機動的)인 기준이었던 것이다.[101]

제2장에서 언급한 바와 같이 안창호에 대한 초기 연구는 안창호의 교육관, 철학, 인간상에 초점이 맞추어져 있었다. 이는 결국 그가 점진적이고 온건한 준비론 내지 실력양성론을 주장했고, 무장 투쟁 노선과는 거리를 두고 있었다는 해석으로 이어졌다. 요컨대 안창호가 민족혁명가 내지는 독립운동가로 부각되지 못하고, 교육자·도덕 인격자 등으로 묘사되는 경향이 있었다. 때로는 개량주의자로 간주되는 경우도 없지 않았다. 그러나 안창호가 출옥 후 1935년 9월 20일 압록강 연안의 '안동현한인청년회'가 마련한 초청만찬회에서 생애 최후로 행한 연설을 보면, 이 대공주의는 단순히 지향해야 할 건전 인격의 내면세계만을 강조한 것이 아니라는 사실을 알 수 있다.

우리 중에 인물이 없는 것은 인물이 되려고 마음먹고 힘쓰는 사람이 없는 까닭이다. 인물이 없다고 한탄하는 그 사람 자신이 왜 인물 될 공부를 아니하는가? … 나는 최후로 국가제일, 민족지상의 이념에서 내 나라를 부하게 하고 내 민족을 흥하게 함에는 민족자본주의를 주장하며 … 민족평등, 정치평등, 경제평등, 교육평등 등 이상 사대평등인 대공주의를 적극 주장합니다.[102]

---

101) 주요한, "교육가 안도산", 『續編 島山安昌浩』, 박현환, pp. 257-258.

말하자면, 개인생활이 대공을 위하여 공헌하는 생활이 되어야 한다는 것이다. 이것이 당시 유럽에서 막 유행하기 시작한 국가지상 전체주의 사상이 아니라는 점은 시기로 보아도 분명하다. 안창호가 주장한 것은 극단의 개인주의 폐해를 극복하기 위한 인격 향상이었고, 민족의식 강화였다. 이런 의미에서의 대공을 주장한 것이다. 민족자본주의와 평등은 개인생활과 사회생활의 혼연한 조화 일치를 의미하는 것이었다. 개인 인격 완성도 결국은 민족에 대한 봉사를 최종 목적지로 삼는 과정이었던 것이다.[103]

이와 같은 대공주의에서 탐색할 수 있는 안창호 리더십은 무엇인가? 본장의 제1절에서 언급한 바와 같이 그는 무장한 예언자를 지향했지만, 사실상 비무장 예언자로 남아 있었다. 그가 무장한 것이 있다면 외양으로 드러나지 않는 자신의 내면세계였고, 그와 동일한 방법으로 민족이 무장할 것을 주장했다. 말하자면 그가 주장한 대공주의는 일종의 소프트 파워(soft power)였던 것이다. 독립운동가에게 이러한 파워는 스스로의 한계를 노출하는 것임에 틀림이 없었고, 혁명 투쟁가에게는 자발적인 무장해제나 다름없는 것이었다. 정치 권력 작용의 외연은 부드러운(soft) 것일 수 있으나, 그 본질은 그렇지 않다. 가장 적나라한 힘의 대결이 정치는 물론 국가관계의 핵심(hard core)인 것이다.

제4장에서 언급한 바와 같이 안창호는 조국의 몰락을 목도하면서 힘의 중요성을 감지하고 있었다. 무기력이 가득한 현실 세계에서는 강력하게 무장하자는 이상론보다 단계적인 무장이 최종 목표인 민족독립을 위해 가장 현실적이라고 안창호는 판단했던 것이다. 이상주의 외피로 둘러싸인 듯 보이는 안창호 내면에는 현실주의 판단력이 자리 잡고

102) "第二十三章 修養中心 安東縣韓人靑年會主催 晩餐席上에서 最後演說", 『島山安昌浩雄辯全集』, 姜齊煥 編, pp. 133-135. "이 講演으로써 先生의 講演은 이 世上에서 終幕을 내리었다." 원문 내용을 한글로 띄어쓰기해서 옮겼다.
103) 주요한, "도산선생의 추억", 『續編 島山安昌浩』, 박현환, pp. 217-218.

있었다. 그 복잡한 현실주의 판단이 대공주의라는 아주 단순하고 빈약한 용어로 표출될 수밖에 없었던 것이다. 외세 지배라는 치열한 현실에 짓눌려 있는 현실주의자는, 결코 성공을 보장받지 못하는 무장 투쟁에 나서서 역사의 뒤안길로 사라지는 길을 선택하지 않는 한, 그 어떤 현실주의 방략을 제시해도 이상주의자로 비쳐질 수밖에 없는 운명을 짊어지고 있는 것이다.

제6장

비전 구현을
위한 실천:
적과의 투쟁과정

제6장

비전 구현을 위한 실천: 적과의 투쟁과정

이 책의 제3장 제2절에서 "정치가라는 직업은 권력감을 주기 때문에 사람들에 대한 영향력과 지배력을 갖고 있다고 생각해 자신이 평범한 사람들 위에 있다고 느끼게 된다."는 막스 베버의 주장을 제시한 바 있다. 이러한 우월의식을 경계하기 위해서 지도자는 당면문제에 대한 헌신의 열정을 갖되 책임감과 균형감각을 통해 내적 평정심을 갖추어야 한다는 베버의 주장을 기술했다.

이 열정은 "정치공동체를 이끌고 나가고자 하는 의지로서 정치권력을 추구하게 만들고 추종자들의 능력을 이끌어 내기 위해" 지도자가 지녀야 할 중요한 덕목이지만, 열정만으로는 정치가가 될 수 없으며, 책임감을 수반해야 한다는 것이 베버의 논리였다. 책임감이란 것은 "정치 지도자가 양을 이끌고 가는 목동이라면, 양을 어디로 인도할 것인지 그 결과에 대한 책임감"을 의미한다는 조지프 나이의 명제도 언급했다.[1]

그러나 어떤 인물에게 이러한 열정과 책임감이 갖추어져 있다고 해서 자연스럽게 추종자들이 생기는 것은 아니다. 열정과 책임감을 갖춘 인물 주변에 일종의 공동체의식을 갖고 정치 목적을 함께 추진하려는 의지를 지닌 추종자들이 모여들기 위해서는, 이 인물에게 잠재 추종자군을 강요하거나 설득할 수 있는 권력 혹은 권위가 필요하다.

빼앗긴 조국을 되찾기 위해 투쟁하던 안창호는 정치권력의 보유자가 아니었음은 분명하다. 그럼에도 불구하고 독립운동의 지도자로서

---

1) 이 책의 제3장 제2절 참조.

그의 명망을 결코 부인할 수 없는 것이라면, 그에게는 추종자들을 설득할 수 있는 모종의 권위는 틀림없이 있었을 것이라고 추정할 수 있다. 베버는 이 권위 원천의 하나로 카리스마를 언급했지만, 일제 강점기 독립운동가가 과연 카리스마 하나로 많은 추종자들을 거느리고 투쟁해 나아갈 수 있었을까? 카리스마는 과학으로 설명할 수 없는 초자연의 천부 자질을 의미하지만, 탁월한 정치성과를 거듭 쌓아가면서 얻어지는 것이기도 하다. 제국주의 지배를 경험한 식민지 독립운동 지도자들이 발산했던 카리스마는 대개 태생적 자질에서 비롯한 것이 아니라 투쟁성과가 축적되어 이룩된 권위에서 비롯한 경우가 많았다.

권위의 전제가 되는 그 성과는 기본적으로 적과의 투쟁의 산물이지만, 적과의 투쟁에서 승리를 거듭하기 위해서는 자파의 결집이 선행되어야 한다. 즉 지도자가 외세와의 투쟁에서 승리하기 위해서는 자파 세력 내부 투쟁에서 먼저 승리를 거두어야 한다. 일제 강점기 많은 독립운동 지도자들이 직면하고 또 많은 경우에 패배했던 것은 바로 이 내부 투쟁 과정이었다. 적전 분열을 거듭하는 세력으로는 적과의 투쟁에서 승리할 수 없다. 당시 많은 독립운동 지도자들은, 독립운동 세력의 내부 갈등 속에서 보다 많은 추종자를 거느리기 위한 리더십의 필요성을 인식하기보다는 우선 적과의 투쟁에서 승리를 거둠으로써 얻어지는 권위에 집착함으로써 내부 결속의 중요성을 간과했던 것이다.

추종자들이 지도자에 대한 신뢰와 공동체의식을 갖고 공통의 정치 목표를 향해 나아갈 수 있기 위해서는 미래의 뚜렷한 비전 못지않게 승리 가능성이 제시되어야 한다. 추종자들은 승리 가능성을 적의 무기력함에서 찾는 것이 아니라 지도자의 내부결속력에서 찾기 마련이다. 충성심의 대상이 되어야 할 조국이 존재하지 않는 비상(非常)한 현실 속에서 지도자는 그 충성심의 대상이 되어야 한다. 그 지도자에 대한 신뢰와 충성심은 지도자의 힘의 결집 능력 즉 통합 리더십에 대한 기대와 희망에서 비로소 생겨날 것이다.

따라서 제국주의의 지배와 사라진 조국이라는 비상시의 리더십에 필요한 덕목은 카를 슈미트(Carl Schmitt, 1888~1984)의 이른바 적과 동지의 구별[2] 능력이 아니라 막스 베버의 균형감각이라 할 수 있다. 이 균형감각은 현실을 직시하고, 상황 인식 시 인간관계와의 간극을 유지하며 객관적인 정치 판단을 하는 능력이다. 이를 일제 강점기 독립운동 지도자들에 적용하면 적의 취약점을 파악하는 능력은 물론 자파 세력 즉 독립운동 세력 내부 문제점도 동시에 간파할 수 있는 능력을 겸비한 감각이라 할 것이다. 무장한 예언자로서의 무력을 갖고 있지 못하다면, 즉 권력을 행사할 위치에 있지 못하다면, 비무장 예언자로서 또 직업 정치가(독립운동가)로서 책임감과 열정 그리고 이 균형감각을 지니고 있어야 할 것이다.

도산 안창호는 독립운동가로서 이러한 균형감각을 구비하고 있었던 것일까? 적의 전략과 전술에 대한 통찰력뿐만 아니라 독립운동 세력의 문제점과 취약점에 대한 관조적 능력을 함께 가지고 있었을까? 손자병법에 의하면 이것은 지피지기(知彼知己) 능력이다.[3] 안창호가 독립운동이라는 전쟁에서 고군분투하고 있을 때 안창호의 적이었던 일본 제국은 어느 정도의 힘을 갖추고 있었을까? 당시 시대 배경과 함께 일본의 식민지 통치 전략은 어떠했는지 등을 파악하는 것은 지피(知彼)의 첫 단계이다. 역설적으로 일제의 적이라 인식된 안창호의 저항과 투쟁에 대해 일제는 강온책과 회유책 등 기타 어떤 전략으로 대응할지를 예측하는 것도 지피의 한 면이라 할 수 있다. 그러나 적에 대한 대응을 위해 전열을 정비하는 자강의 노력에는 지기(知己)가 전제되어야 한다.

---

2) 카를 슈미트(Carl Schmitt), 『정치적인 것의 개념』(*Der Begriff Des Politischen*), 김효전 · 정태호 옮김, (파주: 살림, 2012), pp. 38－40.

3) 노병천, 『도해 손자병법(圖解 孫子兵法)』, (서울: 연경문화사, 2009), p. 91.

안창호의 독립운동과 국민계몽운동 활동은 지피와 지기의 일환으로 이해된다. 하지만 현실에서 지피와 피(彼)와의 투쟁이 성공으로 이어지지 못해 안창호의 독립운동은 뚜렷한 결과를 산출하지 못했다. 그렇다면 과연 지기 역시 실패했다고 보아야 할 것인가?

본 장에서는 먼저 일제의 팽창 정책과 조선 압제의 심화라는 두 가지 상황에서 적(彼)의 논리와 전략을 살펴보고, 그에 수반되어야 할 안창호(己)의 대응 논리를 분석한다. 이를 위해 역사학계 기존 연구 자료를 활용하여 안창호가 국내에서 펼친 개화·계몽 운동과 해외에서 전개한 독립 투쟁 사례를 중심으로 그의 통합 리더십이 어떻게 발휘되고 구현되었는지를 분석할 것이다.

제1절 적(彼)의 논리와 그 귀결: 일제 팽창과 조선 압제의 심화4)

1905년 러일전쟁 막바지에 승리를 눈앞에 둔 일본은 7월 27일 미국과 비밀리에 태프트-가쯔라 협정을 맺고, 8월 12일 제2차 영일동맹에 이어 9월 5일 포츠머스 조약을 체결했다. 전쟁에서의 승리와 한국에 대한 지배권을 서구 열강으로부터 외교적으로 인정받게 된 것이다. 특히 영일동맹 결과 일본 육군은 종래의 수세작전이 아닌 공세작전을 국방의 주된 목표로 할 것을 전후 경영의 가장 중요한 의미로 채택했

---

4) 이 책 제4장 제2절 참조. 본 장 본 절은 러일전쟁 이후 일본 제국주의로의 팽창 과정을 위주로 다루며 주로 다음을 참고하여 요약 기술했다. 강성학의『시베리아 횡단열차와 사무라이』중 '제9장 러일전쟁이 동북아에 미친 영향'과 '제10장 제1절 러일전쟁의 국제체제적 영향'; 신희섭, 「아시아태평양전쟁 원인에 관한 연구: 상대적 약국의 대강국 예방전쟁 사례연구」, 고려대 박사학위논문, 2013 중 '제4장 제1절 국가[일본]의 목적: 지정학과 현상타파적 국가이익' 참조.

다.5) 이를 1907년 4월 제국국방방침으로 공식화한 일본은 제국주의 확장을 국가 비전으로 설정했다. 한국과 만조우, 동남아시아를 넘어 태평양으로 확대해 아시아태평양 지역에 일본세력을 확장하는 것이 일본의 앞으로의 사명이라고 선언했다.6) 이렇듯 일본이 팽창주의에 박차를 가할수록 한국 식민지는 일제 전초기지와 병참기지로서 점점 더 중요한 전략 가치를 가지게 되었다. 이는 조선에게는 더욱 큰 압력이었고 고통이 심화됨을 의미하는 것이며, 안창호에게는 적이 더욱 강해지고 있음을 의미하는 것이었다. 이러한 일본의 구조적인 압력은 러일전쟁 이후부터 안창호가 순국하는 시기인 대동아공영권 주장 시기까지 계속 심화되었다. 이 시기 안창호는 국내외에서 독립운동을 이끌고 있었다.

그러나 러일전쟁 이후 국제정치에서 전개되는 일련의 사건들에 일본은 주도 참여국이었고, 안창호는 그들 변방에서 고립무원 처지였다. 1914년 발발한 제1차 세계대전과 1915년 중국의 21개조 요구사항을 기점으로 전개되는 일본의 중국대륙 진출과 1921년 워싱턴체제에 이르기까지 주인공은 일본이었다. 반면에 이에 대항해야 할 안창호는 분열된 독립운동 세력을 통합하기 위해 고군분투하고 있었다. 또 1931년 일제의 만조우 침략과 1937년 중일전쟁 발발에 이어 1938년 대동아공영권을 선포하기까지의 기간도 안창호는 국내에서 전국을 순회하며 독립운동에 영향력을 계속 행하기는 했다. 그러나 대부분 기간 동안 그는 감옥에 있어 날개를 잃은 상태였다.

일본의 러일전쟁 승리와 제2차 영일동맹 수립이 조선에 주는 의미는 실로 막중한 것이었다. 이제 조선을 위해 일본에 대항하여 개입해줄 수 있는 나라는 실질적으로 사라졌다. 아관파천을 감행하면서까

---

5) 고케츠 아츠시(纐纈厚), 『침략전쟁』, 박인식·박현주 옮김, (파주: 종합출판 범우, 2006), p. 50.
6) 위의 책, p. 53.

지 조선은 러시아를 통해 일본 팽창주의를 막아보려고 했지만, 러시아가 일본과의 전쟁에서 패배하면서 조선은 지원을 얻을 수 있는 방안이 사라진 것이다.

반면 일본은 제2차 영일동맹을 시작으로 유럽 강대국들과의 우호조약을 체결함으로써 강대국으로 인정받게 되었다.[7] 1907년 6월 10일 일본은 프랑스와의 협상을 통해 인도차이나와 중국 광둥, 광시(廣西), 윈난(雲南)성에 대한 프랑스의 특수이익을 인정했다. 대신 프랑스는 일본이 만조우, 멍구, 푸젠(福建)성에서 특수이익을 가지고 있다는 점을 인정했다. 이러한 프랑스 입장은 당시 영·프·러 간 3국협상이 체결되려는 상황에서 프랑스가 일본을 3국협상에 끌어들이면서 이루어진 것이다.

또한 일본은 1907년 7월 30일 제1차 러일협약을 통해 포츠머스조약에 명기된 특수이익 범위를 명확히 했다. 이 협약을 통해 러시아는 북만조우를 세력범위로 하며 와이멍구(外蒙古)를 특수이익지역으로 인정받았다. 그 대신 일본은 남만조우를 세력범위로 하고 조선을 특수이익 지역으로 인정받았다. 이후 미국이 달러외교를 기반으로 만조우에 철도사업 진출을 꾀하자 일본은 러시아와 제2차 러일협약을 체결한다. 이 협약에서 양국은 만조우의 남북 경계선을 상호 특수이익의 분계선으로 만든다는 점과 미국 개입에 따른 이익 침해의 경우 공동행동을 취할 것을 명시했다. 제2차 러일협약은 '만조우에서의 상호 이익권'(sphere of interests) 분할을 규정한 제1차 러일협약에서 더 나아가, '만조우에서의 상호 세력권'(sphere of influence) 분할을 완결지었다. 전후 러일 양국의 만조우 문제에 대한 최종 합의는 일본에게 한국병합의 가장 확실한 길을 열어주었다.[8]

---

7) 강성학, 『시베리아 횡단열차와 사무라이』, p. 533.
8) 石和靜, "러일협약과 일본의 한국병합", 『歷史學報』, 第184輯, 歷史學會, (서울: 역

　이렇게 하여 일본은 러일전쟁을 통해 조선을 식민화할 수 있는 기반을 완성하게 되었고, 1905년 11월 17일 을사늑약을 체결해 조선의 외교권을 박탈하게 된다. 국제정세 변화와 위태로운 지역체제의 변동과정에서 조선은 이제 주권을 가진 국가로서는 국제무대에서 사라지게 된 것이다. 이후 고종의 헤이그 밀사파견과 같은 노력이 있었지만 강대국이 된 일본은 이미 다른 강대국으로부터 조선 지배를 인정받았기에 조선의 외교 노력은 한계가 있었다.

　러일전쟁이후 일본은 조선을 식민지로 만들 수 있었지만 일본의 궁극 목표는 만조우와 중국이었다. 그런 점에서 일본은 러일전쟁으로 완전히 자신의 목적을 달성한 것은 아니었다. 일본은 자신의 목적을 달성하기 위해 점진적인 방식을 사용했다. 1914년 발생한 유럽에서의 전쟁을 이용하기로 한 것이다. 유럽에서 3국동맹과 3국협상의 두 중심축이 전쟁에 들어가면서 국제 역학관계에 변화가 생겼다. 독일은 의도하지는 않았지만 유럽 국가들을 장기 전쟁으로 빠져들게 했다. 유럽 전쟁은 발칸국가들의 참여로 확대되었다.[9]

　일본은 1차 대전을 하늘이 내린 기회로 생각했다. 원로 이노우에 가오루(井上馨, 1836~1915)는 전쟁 발발이 하늘이 준 기회라고 말했다. 일본 팽창에 대해 우려를 가지고 있던 열강들은 일본이 전쟁에 참전하는 것을 원하지 않았다. 하지만 일본은 영국을 이용해 전쟁에 뛰어 든다. 영국은 웨이하이웨이와 홍콩을 적대국가인 독일로부터 지키는데 일본 군사력이 도움이 될 것으로 보고 일본을 끌어들였다. 영국은 독일에 대해 8월 4일 선전포고하고 3일 후인 8월 7일 일본 해군 출동을 요청했다. 8월 9일 일본은 참전결정을 하고 영국정부에 통고한다. 하지만 이런 발 빠른 움직임에 영국은 일본 참전 취소를 요구했고, 미국은

사학회, 2004), pp. 292-293.
9) 강성학, 『시베리아 횡단열차와 사무라이』, pp. 55, 500.

중국이 중립을 선포하자 이를 지지하고 나섰다. 이러한 열강의 반응에
대해 일본은 전쟁에 참전할 수 있게 해달라고 영국에 요청했다. 영국
은 해상무역에 필요한 지역에 국한한다는 조건으로 일본 참전에 동의
하게 된다. 일본은 8월 15일 독일에 최후통첩을 보냈고 23일에는 독일
에 대해, 25일에는 오스트리아와 헝가리에 대해 전쟁을 선포한다.[10]

전쟁이 개시되자 일본은 정계, 재계, 군부의 의견을 결집하여 중
국에 대한 요구사항을 작성했다. 1915년 1월 18일 중국정부에 요구한
것이 대화교섭안(對華交涉案) 즉 21개조 요구이다. 21개조에는 산둥성의
이권을 타국에 넘기지 않고 철도부설권과 탄광채굴권 및 경제우선권을
일본에 허용한다는 조건이 있었다. 그 외에도 일본이 가진 만조우의
이권을 99년씩 연장한다는 조항과 중국 중앙정부의 정치·재정 및 군
사고문에 유력한 일본인을 초빙한다는 내용 등을 담고 있었다. 중국은
결국 일본 요구를 수락하게 되었고, 일본도 독일을 빌미로 하여 산둥
성의 독일 이권을 자국 이권으로 확보하게 되었다.[11]

일본의 중국에 대한 영토 이익과 경제 이익이 일본으로 하여금 참
전하게 했으나, 이것은 미국 문호개방정책과 정면으로 충돌하는 것이었
다. 미국은 문호개방정책으로 중국에 자유무역 개방과 영토 보존을 요
구하고 있었다. 미국은 중국이 일본 요구를 거부해주길 바랐고, 아울러
중국이 참전하기를 희망했다. 1917년 미국은 참전하면서 중국 참전을
더 강하게 요구하기 시작했다. 급기야 중국은 1917년 3월 독일에 대해
국교단절을 선언하고 8월 14일 독일에 전쟁을 선포했다. 일본이 독일과
의 전쟁에는 소극적이면서 중국 이권에 집중하는 동안 미국 개입으로
전쟁은 연합국 측 승리로 끝났다. 일본 역시 연합국 측에서 전쟁을 끝

10) 김용구, 『세계외교사』, (서울: 서울대학교출판문화원, 2006), pp. 591-592.
11) 마루야마 마쓰유기(丸山松幸), 『五·四運動의 思想史』(五·四運動の思想史), 일월
    총서 24, 김정화 옮김, (서울: 일월서각, 1983), pp. 41-42. 21개조 전문은 pp.
    42-44 참조.

낼 수 있었지만 중국도 독일에 선전포고를 하면서 연합국 측에 있었다. 이 때문에 일본의 중국이권 확보는 다시 국제 문제가 되었다.12)

제1차 대전을 전후로 하여 일본은 다이쇼 데모크라시 시기를 보낸다. 1911년 메이지천황(明治天皇, 1852~1912) 이후 다이쇼천황(大正天皇, 1879~1926)이 집권하면서 의회민주주의를 실험하게 된다. 이 시기 일본에서는 민주주의와 자유주의를 지향하는 가장 강력한 운동이 일어난다. 헌법을 지키자는 운동을 시작으로 보통선거권과 정치 자유를 요구하는 운동으로 확대되었다. 급기야는 침략전쟁을 거부하는 운동으로까지 이어졌다. 신해혁명과 러시아혁명을 경험하면서 일본에서는 군부의 정치지도에 대한 불만이 커졌다. 식민지 확보를 위한 전쟁을 거부하는 민간 저항운동이 거세졌던 것이다. 정당정치와 의회정치의 시도가 있었다는 점에서 일본 내부에는 군벌 보수파에 저항하는 자유주의와 민주주의 지지세력들이 있었다. 이렇듯 이 시기는 일본 내부가 분열되어 있어 일본의 타국에 대한 개입이 가장 약한 시기였다.13)

하지만 일본의 다이쇼 데모크라시는 1920년대 중반부터 일본 산업화가 더뎌지면서 일본제품들의 가격경쟁력이 유럽제품에 비해 떨어지게 되었다. 그 결과 일본 경제가 불황에 접어들기 시작했다. 1925년 공산주의자들의 득세로 치안유지법이 제정되고 보통선거권이 부여되면서 다이쇼 데모크라시는 약화된다. 결국 1929년 미국에서 시작된 대공황을 계기로 일본에 대불황이 찾아오면서 1932년에 다이쇼 데모크라시는 무너지게 된다. 특히 1931년 만주사변 이후 군부가 강화되고, 중일전쟁으로 이어지는 과정에서 수상과 내각에 대한 암살과 군부 쿠데

12) 신희섭, 앞의 박사학위논문, pp. 119, 124.
13) 앤드루 고든(Andrew Gordon), 『현대일본의 역사: 도쿠가와 시대에서 2001년까지』(A Modern History of Japan: From Tokugawa Times To the Present), 김우영 옮김, (서울: 이산, 2007), pp. 299-301. 다이쇼 데모크라시 시기 구분에 대해서는 다양한 설이 있다.

타가 자행되었다. 이로 인해 일본 정치에서 민간 목소리는 사라지고 결국 군부가 정치를 장악하게 된다.[14]

제1차 대전이 끝나자 미국은 전승국으로서의 명분과 힘을 모두 가지고 있었다. 미국은 중국과 태평양 지역을 둘러싼 문제에서 일본의 지정학 이익과 충돌하고 있었다. 미국이 문호개방으로 상징되는 보편 이익을 추구하고 있었다면 일본은 만조우와 중국으로의 지정학 이익이라는 구체화된 이익을 챙겼다. 그 결과 잠재 약탈국가로서의 일본은 중국 보호국으로 부상한 미국과는 타협할 수 없는 적국으로 보여졌다.[15]

반면 일본 입장은 달랐다. 지정학적으로 일본에게는 두 개 잠재 적국이 있었다. 대륙으로 가기 위해서 충돌하게 되는 러시아와 태평양으로 가기 위해 충돌이 불가피한 미국이었다. 러일전쟁에서 승리를 거둔 일본은 1차대전과 러시아 혁명으로 러시아제국이 무너지자 미국이라는 잠재 적대국 하나만을 가지게 되었다. 실제 1907년 일본 제국국방방침에서는 러시아가 주된 적이었지만 1918년 개정된 국방방침은 미국이 가장 중요한 주된 적국이 되었다. 1923년에 개정된 「제국국방방침」역시 일본 육해군 모두 미국을 주된 적국으로 상정했다.[16] 미국에서도 일본이 문제가 된다고 보고 일본에 대한 침공계획을 미해군 장교들을 중심으로 수립했다. '오렌지플랜'(War Plan Orange)이라 불린 이 계획은 체계적인 정부정책은 아니었지만 이 시기 태평양을 둘러싼 미일 양국의 갈등 수위가 얼마나 높았는지를 보여주는 지표가 된다.[17]

---

14) 허버트 빅스(Herbert P. Bix), 『히로히토 평전: 근대일본의 형성』(*Hirohito and the Making of Modern Japan*), 퓰리처상 수상, 오현숙 옮김, (서울: 삼인, 2010). 상세한 내용은 pp. 340-350 참조.

15) 폴 존슨(Paul Johnson), 『모던 타임스』(*Modern Times: The World from the Twenties to the Nineties*), I, 조윤정 옮김, (파주: 살림출판사, 2008), p. 355.

16) 신희섭, 앞의 박사학위논문, pp. 133-135.

17) Edward S. Miller, *War plan Orange: The U.S. strategy to Defeat Japan,*

미국은 일본을 끌어들여 워싱턴 체제를 구축했다. 당시 건함경쟁
으로 인해 야기된 군비증강 압박은 전쟁이 끝난 각국 정부들에게 엄청
난 부담을 주었다. 1921년 11월 11일부터 1922년 2월 6일까지 개최된
워싱턴회의는 4개국 조약과 5개국 조약, 9개국 조약을 체결했다. 워싱
턴회의는 제도를 통한 국제 합의를 태평양과 아시아지역에서 다자적으
로 달성했다는 의미를 가진다. 1921년 12월 13일 4개국 조약은 영일
동맹을 해체하게 만들었다. 미국은 영일동맹으로 인해 일본과의 갈등
이 영국과의 충돌로 이어지는 것을 부담스러워 했다. 1922년 2월 6일
승전 5개국의 주력함 비율을 정한 해군군축조약에서 일본은 미국에 대
해 70%의 주력함을 가지길 원했지만 이런 노력은 성공하지 못했다.[18]
일본에게 군함이나 대포는 외면 표시에 불과했다. 하지만 '사무라이의
칼'이 '용기의 상징'이었듯이, 그것은 바로 '불멸의 일본 정신'에 대한
상징이었다.[19] 이때 동시에 체결한 9개국 조약은 미국과 일본이 1918
년에 체결한 랜싱-이시이 조약(Lansing-Ishii Agreement)을 폐기하고 중
국의 문호개방과 주권수호를 인정했다. 이것은 중국에 대한 일본의 특
별한 이권을 인정할 수 없다는 것을 의미했다.

　워싱턴체제는 팽창하는 일본을 국제사회가 관리했다는 점에 의미
가 있다. 해군력증강과 중국에 대한 지정학 이해관계를 거부하게 만들
면서 일본을 국제사회로 끌어들인 것이다. 워싱턴회의에 대해 일본 내
에서는 조약을 체결하자는 입장과 조약을 일본 수치로 받아들이는 입
장으로 나뉘어 대립하게 된다. 조약체결 이후에도 일본해군의 경우 조

　　1897-1945, (Annapolis, Maryland: Naval Institute Press, 2007), pp. 1-2. 신희
　　섭, 앞의 박사학위논문, p. 133 재인용.
18) 신희섭, 앞의 박사학위논문, p. 81; 앤드루 고든, 앞의 책, p. 323. 워싱턴회의에서
　　는 최종적으로 해군력 비율을 "미:영:일:불:이=5:5:3:1.67:1.67"로 규정했다. 이는
　　일본 해군의 불만을 가져오게 되었다.
19) 루스 베네딕트(Ruth Benedict), 『국화와 칼: 일본 문화의 틀』(*The Chrysanthemum and
　　the Sword*), 제5판, 김윤식·오인석 옮김, (서울: 을유문화사, 2011), p. 47.

약파와 함대파가 나뉘어 대립한다. 조약을 받아들이는 것은 일본이 국제사회에서의 약속을 지키는 것이라고 보는 온건파와 조약 자체가 일본 수치이므로 이를 거부하고 군비 증강에 나서야 한다는 강경파로 갈리는 것이다. 이것은 다이쇼 데모크라시라는 국내 요인이 작동하여 민간지도자들이 군부에 대해 거부권을 가지고 정책을 결정할 수 있는 영향력을 행사할 수 있었기 때문이었다.[20]

전간기(戰間期)의 워싱턴체제는 일본 팽창정책에 족쇄역할을 했다. 국제사회에서 미국의 강력한 힘과 다른 열강들의 지지, 국내정치에서 민주주의와 자유주의에 대한 열망이 일본의 지속적인 팽창정책을 멈추게 했다. 하지만 워싱턴 체제는 그 후유증도 컸다. 워싱턴조약에서 일본이 보인 양보에도 불구하고 1929년 이후 대공황과 그에 따른 정치 갈등상황에서 서구 열강은 일본 입장을 고려하지 않았기 때문이다. 일본은 국제 약속보다는 자력구제가 중요하다는 점을 배우면서 일본내부에서 다시 군부가 강해지게 된다. 이런 계기의 중심에는 만주사변이 있었다.[21]

일본 군부는 워싱턴 체제로 상징되는 1920년대 평화 시기를 일본의 패배로 보았다. 일본 자존심과 관계없이 일본의 인구와 자원과 공간에 대한 필요는 지속되고 있었기 때문에 워싱턴체제에서의 일본의 양보는 그 한계가 명확했다. 미국발 대공황 이전에 이미 경제 불황 타격을 받았던 일본은 세계공황으로 직격탄을 맞았다. 일본 입장에서 워싱턴에서의 양보와 같은 양보를 서구국가들에게서 얻어낼 수 없다고

---

20) 허버트 빅스(Herbert P. Bix), 앞의 책, pp. 178-183.
21) 신희섭, 앞의 박사학위논문, pp. 130-132. 만주사변의 상세한 전개과정은 에드워드 베르(Edward Behr), 『히로히토: 신화의 뒤편』(HIROHITO Behind the Myth), 유경찬 옮김, (서울: 을유문화사, 2002), pp. 139-155의 '꿈틀대는 군국주의' 참조. 참고로 전간기(戰間期, Interwar period)는 1919년 제1차 세계 대전 종결에서 1939년 제2차 세계 대전 발발까지의 시대이다. 세계사 전체에서, 특히 유럽의 역사에서 중요하다.

생각한 일본은 워싱턴체제를 이탈하게 된다.[22]

앞서 살펴본 것처럼 일본의 제국주의 팽창은 여러 가지 이유에 기인하지만 지정학 측면의 압력이 강했다. 지리 조건의 불리함과 함께 선진국이 되기 위해서는 산업화를 추진해야 했다. 이를 위해 인구를 늘려야 했지만, 인구 증가는 일본에게 부족한 자원에 대한 심각한 압력으로 작동했다. 일본 인구가 늘어났을 때 이를 해결하는 방안이 몇 가지 있었다. 첫 번째는 일본 자국의 토지생산성을 늘리는 방안이다. 두 번째는 다른 지역으로 가서 자원과 공간을 확보하는 제국주의 방안이다. 세 번째는 타국으로 이민 등을 보내서 인구를 분산시키는 방안이다. 마지막 방안은 전쟁을 통해 인구를 조절하는 방안이다. 이 중에서 일본은 마지막 네 번째 방안을 선택했다.

만주사변은 이시하라 간지(石原莞爾, 1886~1949)로 대표되는 일본 육군에 의해 자행된 전쟁을 통한 해외 팽창정책이었다. 1920년대 다이쇼 데모크라시 시기의 휴식기를 거친 뒤 재팽창 시기를 출발시킨 것이 1931년 만주사변이다. 지정학 논리가 다시 작동하면서 일본의 정치 목적을 강화하게 만든 것을 잘 보여주는 것이 만주사변 이후 일본 팽창 과정이다. 일본 육군은 만주사변을 기점으로 전쟁을 확대해 1937년 중일전쟁을 시도했다. 이후 전쟁물자를 확보하고 장기적으로는 미국 · 영국 · 네덜란드와의 대립에 대비하기 위해 1938년 대동아공영권을 표방한 것도 이런 맥락에서 파악될 수 있다. 안창호가 순국한 이후지만 1940년 '기본국책요강'을 결정한 일본은 지리적으로 최대한 팽창을 꾀하면서 무력으로 프랑스령 인도차이나까지 남방 진출했다. 이를 저지하려한 미국에 대해 전쟁을 시도함으로써 일본 팽창의 역사는 종지부

---

22) 신희섭, 앞의 박사학위논문, p. 119. 당시 일본 내 국가주의자들의 반발에 관한 상세한 논의는 W. G. 비즐리(W. G. Beasley) 지음, 『일본 근현대 정치사』(*The Rise of Mordern Japan*), 장인성 옮김, (서울: 을유문화사, 1999), pp. 211-217 참조.

를 찍게 되었다.[23]

1932년 윤봉길 의거에 의한 안창호 피체이후 1938년 순국 직후까지 일본의 대내외 상황을 정리하면 아래와 같다. 공황에서의 탈피와 만조우가 일본 미래가 될 것이라는 희망과 영관급 장교들의 진급 문제들이 결합되어 류탸오후(柳条湖) 자작극이 벌어졌다. 이 사건으로 시작된 만주사변은 일본을 향후 15년간 전쟁 속으로 빠져들게 만들었다. 당시 러시아가 사라지고 베르사유체제가 제대로 작동하지 않았던 국제무대에서 규칙 위반을 제재할 국가는 없었다. 이때 모호하게 규정된 만조우 문제는 일본에게 다시 지정학적 유혹이 되었다. 마침내 일본은 만조우를 점령하고 1932년 만조우국을 세워 푸이(溥儀, 1906~1967)를 황제로 앉혔다.[24]

관동군의 이시하라 간지는 1차 대전이 총력전으로 치러지는 것을 직접 목격했다. 총력전시대에 일본이 궁극적으로 세계를 지배하기 위해서는 미국과의 일전을 준비해야 했다. 이를 위해서는 총력전을 치를 수 있는 준비가 필요했다. 이 준비의 핵심은 만조우 지배를 통한 안정된 식량공급과 인구유지에 있다고 보았다. 일본 중간 장교들에 의해 계획된 류탸오후 사건으로 촉발된 만주사변에 대해 중앙 군부와 내각은 이를 승인했다. 체계적이고 전략적인 고려 없이 시작한 만주사변은 일본의 지속적인 개입에도 불구하고 큰 승리 없이 지지부진하게 진행되었다. 일본 중앙에서는 확전을 불허했지만 루거우차오(盧溝橋) 사건으로 인해 군부는 다시 중국에 대해 전쟁을 확대한다. 1937년 확전이 되면서 일본에게는 엄청난 재정 부담이 주어졌다.

만주사변에서 중일전쟁으로 이어지는 일련의 과정에서 발생한 일

---

23) 신희섭, 앞의 박사학위논문, pp. 110−111, 121, 133. 일본이 대영미전까지 확전한 상세한 진상에 관해서는 고케츠 아츠시, 앞의 책, pp. 111−115 참조.
24) 신희섭, 앞의 박사학위논문, pp. 137−138; W. G. 비즐리, 앞의 책, pp. 222, 240−247, 254.

본 재정 부담은 식민지에 대해 착취를 강화하는 정책으로 나타났다. 외부로는 제국을 확대하는 정책으로 나타났다. 일본은 1936년 독일·이탈리아와 방공협정을 체결했고 이것은 3국동맹 기틀이 되었다. 이렇게 파시즘 연합을 강화한 일본은 전 세계의 경제보호주의와 블록(bloc) 경제권 형성에 대항하여 중국 침략을 강화하면서 남방지역에 대한 자원 확보를 강구해 나갔다. 1937년 중일전쟁이 시작되고 1938년에는 중국 주요지역들이 일본 점령지가 되었다. 일본은 내부 파시즘을 강화하여 1938년 국가총동원법과 중요산업통제법을 시행했다. 이러한 일본의 자원 수탈구조는 식민지 조선에 대해서는 더욱 강력한 자원과 인적 착취로 나타나게 된다. 이런 과정을 거쳐 일본은 1940년 8월 기본국책요강을 공식 발표해 동아 신질서를 확장한 대동아 공영권을 주창하게 된다.

이처럼 일본 팽창은 만주사변을 기해 재개되었고 지속적으로 확장되었다. 이전 시기처럼 국제 간 노력을 통해 일본을 견제할 수 있었던 워싱턴체제와 같은 국제 제도나 연합은 이루어지지 않았다. 대공황과 보호주의로 인해 국가들은 다른 국가들을 통제할 여력이 부족했고, 잠재 패권국가인 미국은 고립주의를 표방했다. 일본 팽창을 억제할 수 있는 외부 조건은 더욱이 부재했다. 그 과정에서 일본 내부는 군부가 주도하는 군부 파시즘으로 귀결되어 갔다. 민간 정치인들은 2·26폭동과 같은 군부 쿠데타 이후 군부를 통제할 힘이 없었다. 게다가 원로 정치인들이 사라진 이후 일본 정치 내부에는 견제 방안이 사라졌다. 미치노미야 히로히토(迪宮裕仁, 1901~1989)[즉위 후 쇼와(昭和)] 천황은 군에 대한 과감한 숙청을 독려하며 개혁의 틀을 마련한 후 중국에 대한 전면전을 승인하고 철저한 전체주의 국가의 길로 들어섰다.25)

일본 내부의 파시즘 강화와 제국주의 외부 확대는 조선에 대한 강

25) 에드워드 베르(Edward Behr), 앞의 책, pp. 214, 228-230.

제와 착취 강화로 이어진다. 러일전쟁 이후 인민의 보호자인 국가가
사라진 상황에서 조선 인민들 삶은 더욱 처참해졌다. 이런 상황이 안
창호와 같은 독립운동가들에게는 엄청난 시련이자 도전이었다. 이런
시련과 도전 속에서 안창호는 일본 전략을 파악하고 이에 대한 대응
전략을 가지고 있었음은 분명하다.

　　당시 독립운동은 일제라는 적(彼)과 그 적이 가하는 압제와 맞서
싸우는 일종의 전쟁 상황이었다. 그렇다면 독립운동에서 안창호 리더십
은 정치 리더십이라 할 수 있다. 평화 시대가 아닌 전쟁 상황에서의 리
더십은 적과 동지를 명확히 구분하고, 아군에게 이를 명확히 인식시키
며 적개심을 불러일으킴으로써 발현된다. '전쟁은 다른 수단에 의한 정
치의 연속'26)이라는 카를 폰 클라우제비츠(Carl von Clausewitz, 1780~1831)
의 명제에 따른다면 전쟁 상황에서의 리더십은 정치 리더십이 된다. 전
쟁 목적은 적을 이기는 것이다.27) 안창호가 적을 이기기 위한 지피지
기는 일제라는 적(彼)과 안창호 자신과 조국독립이라는 나(己)의 위치가
당시 제국주의 열강들 틈바구니에서 어디에 자리매김 되어있는지를 아
는 것이었고, 그것은 당연히 중요했다. 열강들 중에서도 누가 적이고
아군인지를 파악해야 했다. 더 나아가 누가 내 편이 될 수 있는지, 또
될 수 없다면 최소한 적의 편이 되는 것만이라도 막는 방도를 찾는 외
교 전략을 강구해야 했다. 하지만 이는 현실의 힘이 바탕이 되어야 가
능한 것이다. 그러나 힘이 없었던 안창호는 큰 희생을 수반하는 무모
한 전투를 피하고 군사력과 경제력 등을 비축한 후에 독립전쟁을 수행
하는 장기 전략을 세워 나갔다. 지기가 선행되어야 함을 인식하고 있

---

26) Carl von Clausewitz, *On War*, ed. and trans. by Michael Howard and Peter
Paret, (Princeton NJ: Princeton University Press, 1976), p. 87. 번역본 카알 폰
클라우제비츠, 『전쟁론』(*On War*), 제1권, 국내 최초 원전 완역, 김만수 옮김,
(서울: 갈무리, 2007).

27) *Ibid.*, p. 90.

었던 것이다.

안창호의 지기 노력은 과연 독립운동의 한 방략으로 구상된 것일까? 그것을 실천하려는 분명한 의지로 뒷받침된 것이었을까? 이를 위해서 그가 전개한 현실적인 투쟁노선은 무엇이었을까? 그 지기의 노선은 추종자 군(群)을 형성하는 데 성공했다고 할 수 있을까? 조국 독립 실현이라는 현실 결과물을 산출하지는 못했다고 하더라도, 그러한 노력 과정에서 안창호의 통합(독립운동 세력의 규합) 리더십의 한 측면을 발견할 수는 없는 것일까? 다음 절에서는 일제 팽창 과정에서 강해지는 일본의 힘과 그에 따른 압력에 맞선 안창호의 대응전략 구상과 실천 방안을 조망한다. 또한 그가 어떻게 국내와 해외에서 대응하고자 했는지를 분석한다. 이는 안창호의 자강과 지기 전략에 수반되는 리더십의 요체를 분석하는 과정이기도 하다.

제2절 안창호(ㄹ)의 대응논리 I - 베버의 '열정': 국내 개화와 계몽운동

1910년 일제에 의한 조선의 강제병합 시까지 안창호의 대응논리는 적극적 투쟁과 소극적 자강의 동시 실천이었다. 긍정적인 관점에서 보면 혼합 전술이었고, 부정적인 관점에서 보면 혼돈 상태였다. 무엇이 가장 현실적인 투쟁방법인지에 관해서 명확히 판단하기 어려운 상황에서 일종의 암중모색의 시기였던 것이다.

적의 논리는 분명 팽창과 압제였지만, 대응논리는 거부와 저항이라는 단순도식 이외에 분명하게 떠오르는 것이 없었다. 따라서 리더십 관점에서 보면, 이 시기 안창호 리더십은 구체적인 노선 설정과 자파 세력 결집으로 즉시 나타났다기보다는 산통(産痛)의 혼란기를 경험하고

있었다고 보아야 할 것이다. 그 혼란이란 이질적 노선의 병진 혹은 결
합이었고, 이것이 신민회 활동과 청년계몽 운동의 동시 실현이라는 형
태로 나타났다.

1902년 미국으로 떠난 안창호가 나라의 위기 상황에서 국권회복
운동을 본격적으로 펼치는 것은 1907년 초 귀국하면서부터였다. 나라
가 망하는 상황을 미국에서 바라만 볼 수 없다는 실천 의지가 작동했
던 것이다. 이때 비밀단체로 조직한 것이 신민회였음은 제5장에서 기
술했다. 러일전쟁을 전후하여 의병전쟁과 함께 계몽주의 사상과 운동
이 양축을 이루었다. 사회진화론을 기초사상으로 하여 주로 언론과 교
육을 통해 국민을 계몽하며 실력양성을 하자고 주창했다. 그런데 의병
운동과 계몽운동이 구국에 성공하지 못하고 1905년 을사늑약 이후 광
무황제의 강제퇴위와 군대 해산을 거쳐 1910년 대한제국이 멸망했다.
그러자 의병운동과 계몽주의 강경파가 합류해 독립군 기지 개척을 추
진하는 등 독립운동은 재정비되었다.[28]

안창호가 비밀결사체로 조직한 신민회는 전통적 신민(臣民)이 아니
라 새 시대의 신민(新民)으로 공화주의를 표방하며 계몽주의 흐름을 흡
수해 나갔다. 장인환(張仁煥, 1876~1930), 전명운(田明雲, 1884~1947), 안중
근, 이재명(李在明, 1886~1910) 등 계몽주의 청장년의 행적이 그것을 말
해준다. 또한 사림계층을 지도집단으로 한 의병 투쟁 노선도 수용해
갔다. 그 예로써 이상룡은 신민회의 애국계몽주의로 개화하여 향후 상
당수 안동유림들이 서간도 독립군기지 개척지에 정착하는 데 영향을
주었다. 이렇듯 의병운동 수용과 함께 계몽주의 흐름을 조직체로 구현
한 것이 신민회였다.[29] 안창호가 대성학교를 세우고 청년학우회를 만

---

28) 조동걸, 『한국독립운동의 이념과 방략』, 한국독립운동의 역사 01, (천안: 한국독
   립운동사편찬위원회, 2007), pp. 12−13, 58−59.

든 것도 신민회 요원을 양성하려는 의도였다.[30]

계몽주의는 언론·교육 등의 방법만으로는 국권을 지킬 수 없다는 인식에 이르고, 의병의 무장 투쟁 방략을 수용하면서 독립군 전환을 모색해 나갔다. 그것이 바로 신민회의 해외독립군기지 개척이다. 안창호가 직접 구상한 해외독립군기지 개척은 망국이 기정사실화 되는 상황에서 독립전쟁에 대비한 장도 전략으로 해외에 독립군기지를 개척하여 독립군양성에 주력하여 장차 독립전쟁을 벌인다는 계획이었다. 안창호는 신민회 목표를 독립군기지 개척에만 두었던 것은 아니다. 다른 한편으로 언론·교육을 통해 계몽운동도 전개했다. 그런가 하면 민족

대성학교 학생과 교사

산업자본 육성에도 힘을 쏟아 나갔다. 당시 한국사회는 애국계몽운동이 광범위하게 전개되어 언론 창달, 신식학교 설립, 국학 연구 등이 크게 일어나 경성 소재 사립학교만 해도 62개교에 달했다. 이 무렵 안창호가 신민회 사업의 일환으로 세운 평양의 대성학교(1908)와 청년학우회(1909) 등은 대한제국을 수호해 보려는 안창호의 마지막 몸부림이었다. 대성학교를 세우기 위해 이용익(李容翊, 1854~1907) 손자인 이종호(李鍾浩, 1885~1932)로부터 10만 원의 거금을 기부받을 수 있었다. 당시 보성학교를 경영

29) 趙東杰, "민족운동가로서의 도산: 민족운동상의 도산의 위치", 『安島山全書』, 下, 도산사상연구회 編, pp. 35 – 36; "安東儒林의 渡滿經緯와 獨立運動上의 性向", 『大邱史學』, 第15·16輯, 大邱史學會, 1978, pp. 407 – 408; 李達淳 著, 『獨立運動의 政治史的 研究: 韓國政治史 II』, (華城: 水源大學校出版部, 1991), p. 181.

30) 대성학교와 청년학우회에 관한 상세한 내용은 곽림대, 「안도산」(직해), 『島山安昌浩全集』, 제11권, pp. 618 – 620 참조.

하던 이종호가 선뜻 안창호 요청을 받아들인
것은 오로지 안창호 열정에 공감하고 있었기
때문이다.[31]

　　대성학교 교육에서 가장 강조한 것이
애국주의와 실력양성이었다. "이 학교는 …
愛X精神[애국정신 검열 삭제]을 고취하는 것을
목적으로 한 학교이었으므로, 매일 아침 엄
숙한 조회를 하되, XX歌[애국가]를 고창한 후
愛X[애국]에 관한 훈화가 있어 학생은 모두
聖話[성화]로 服膺[복응: 교훈을 마음에 간직하여 잠

대성학교 설립자금을
기부한 이종호

시도 잊지 아니함]하였다. 그리고 체조시간을 제일 존중하되, … 군대식으
로 학생을 교련하였다 … 전술강화를 하였고, … 행진을 하여 활기를 길
러 주었다." 이처럼 체육시간에 군사훈련을 시킨 것은 교육구국운동을
당시 신민회가 구상하는 국외 독립군창건과 보조를 같이 하기 위한 것
이었다. 또한 대성학교는 학생자치와 자치훈련을 권장하고 동문회를
조직하여 그 안에 강론부, 음악부, 운동부, 검찰부, 사교부 등을 두었
다. 예컨대 운동부는 경성·평양 축구대회와 서양인과 야구경기를 최초
로 개최했으며 학교 안에 군악대도 처음 설치했다.[32]

　　"거짓말을 하지 말아라, 바른말을 하여라." 대성학교 시절 안창호
가 늘 강조하던 말이었다. 한번은 어떤 학생이 결석계에 자기 도장을
찍지 않고 남의 도장을 희미하게 찍은 것을 확인한 도산은, "이것은 비
록 적은 일 같지만, 그 정신으로 보아서 용서할 수 없는 일이오. 이런
마음씨는 만일 그대로 자란다면 나중에 어떤 협잡을 하고 어떤 죄를

31) 李光麟, "舊韓末 平壤의 大成學校", 앞의 책, pp. 91, 93−94, 118; 崔起榮 著, 『韓
　　國近代 啓蒙運動硏究』, 韓國史硏究 8, (서울: 一潮閣, 1997), pp. 274−275.
32) 김형식(金瀅植), '평양 대성학교와 안창호', (『삼천리』, 1932년 1월호), 『安島山全
　　書』, 증보판, 주요한 편저, pp. 114−116.

저질른[지를]지 모르는 것이오. 박절하지만 처벌을 할 수 밖에 없소."하
면서 한 달 정학처분을 내렸다.[33] 안창호는 신입생을 선발할 때 일일
이 면접을 시행하고 학생의 모든 사정을 고찰한 후 입학을 허락했다.
이렇게 검정한 3, 4백 명의 학생을 그 용모와 성명까지 기억할 정도로
총명했다. 화장실에서 대소변을 똑똑히 보는 것, 행좌간(行坐間)에 입
벌리는 것 등 일상생활에 대한 예의범절에도 항상 주의를 주었다. 그
뿐 아니라 아침 일찍 화장실을 순시하고 불결하면 손수 화장실 청소를
함으로써, 일반 학생들이 감화를 받고 화장실을 청결히 유지했다. 도산
은 당시 꿈도 꾸지 못했던 여성해방문제에도 선진 사고를 지니고 있었
다. 평양에 진명여학교를 세워 일반 여성에게 중등 신교육을 보급시켰
으며 화류계 여자까지 인도하여 서울 방면으로 유학시킨 일이 적지 않
았다. 대성학교 안에는 성경연구회를 두고 매주 수요일 방과 후에 기
독교 태두인 전덕기 목사, 기일(奇一, James Scarth Gale, 1863~1937), 부두
일(富斗一, W. R. Foote) 선교사 등을 초청해 기독교 정신을 고취시키는
동시에 일요일마다 교회당 가는 것을 장려했다. 고향을 떠나 외롭게
지내는 학생들 숙소를 일일이 방문해 따뜻하게 위무했다. 그 학생들은
마치 친부모 슬하에서 공부하는 듯한 느낌이 마음 가운데 용솟음 쳐
보통의 교장이나 선생이란 관념이 들지 않았다.[34] 이렇듯 사소한 일에
이르기까지 엄격하면서도 그 자신부터 솔선수범했던 도산의 가르침은
훗날에도 제자들에게 평생교훈으로 실천되었다.[35]

---

33) 전영택, "도산 선생의 유덕(遺德)", 『續編 島山安昌浩』, 박현환, pp. 233-234.
34) 일문하생(一門下生), "안도산의 교장시대(일화)", 『續編 島山安昌浩』, 박현환, pp.
    235-241; 동일한 내용으로 洪箕疇[홍기주], "安昌浩의 校長時代: 一學生의 메모
    란담"(『동광』 1933, 1·2), 『島山安昌浩全集』, 제13권, pp. 66-68 참조.
35) 그 사례로 김선량, "내가 감명받은 도산의 교훈", (『나라사랑』 39, 1981), 『島山
    安昌浩全集』, 제13권, pp. 479-481 참조. 거짓말 하지 말 것과 청결하라는 도산
    의 가르침은 수십 년이 지나도록 많은 제자들이 영향을 받아 실천했고, 도산 자
    신도 평생을 몸소 실천했다.

이렇게 세워진 대성학교에 대한 관서지방 사람들의 후원은 대단했다. 개교한지 1개월 가까이 되었을 때 평북 철산사람 오희원(吳熙源, 1873~1936)이 5천원, 선천사람 오치은(吳致殷)이 2천원, 평양사람 김진후(金鎭厚)가 3천원을 운영보조비로 각기 기부하는 쾌거가 잇달았다.[36] 대성학교는 신민회가 세운 모범학교로 발전해 1912년 3월 제1회 졸업생을 배출했고, 이들 대부분은 사회 요구에 부응해 보통학교 교원이 되었다. 그러나 불행하게도 이른바 1911년 105인사건 여파로 1913년 폐쇄되어, 1908년 9월 개교한지 5년 만에 일제에 의해 강제로 폐교당하고 말았다.[37]

대성학교와 함께 안창호가 힘을 기울여 1909년 2월 결성한 것이 청년학우회였다. 흥사단 전신인 청년학우회는 한국 최초 근대 청년운동 단체로서 청년이태리 운동을 모범으로 했다. 근본정신은 진실한 민족혼의 자각으로 진실한 독립국가를 찾자는 것이었다. 주로 청년들의 인격수양과 단체생활훈련, 1인1기 연마로 직업인 양성을 목적으로 삼았으며, 무실·역행·충의·용감의 4대 정신을 채택했다. 안창호가 최남선(崔南善, 1890~1957)에게 말한 목적·내용·취지의 요지는 다음과 같다.

우리 국가와 민족이 이렇게 쇠망한 근본 이유가 진실한 국민적 자각, 역사적 자각, 사회적 자각을 못 가진데 있다. 배일(排日)운동이 있기는 하지만 그 중에는 그냥 비분강개에 그치는 수가 많고 믿을 만한 책임심이 결여되어 있다. 그러므로 우리가 하는 청년운동(국민운동)은 어디까지나 '진실'을 숭상해야 한다. 언변보다도 실행을, 형용보다도 내용을 존중해야 한다. 그것이 '무실역행(務實力行)'이다. 이상(理想)과 목적을 책임 있게 실행할 능력도 기르고 정신도 기르자 … [38]

---

36) 李光麟, "舊韓末 平壤의 大成學校", 앞의 책, pp. 98.
37) 위의 책, pp. 115–117.
38) 흥사단운동 70년사 편찬 위원회, 앞의 책, p. 57.

이를 바탕으로 단재 신채호가 기초한 '청년 학우회 취지서'의 핵심은 유지(有志) 청년의 일대 정신단(精神團)을 조직하여 유신(維新)의 청년으로 유신의 기(基)를 책(策)하자는 것이었다.39) 청년학우회는 비밀결사인 신민회와 달리 일제의 감시와 탄압을 피하기 위해 관청 허가를 얻은 등록(합법)단체로서 덕·체·지육의 수련을 행하는 인격수양단체를 표방했다. 그러나 내면으로는 전쟁을 통해 독립을 쟁취하자는 독립전취(獨立戰取)를 추구하는 청년운동으로 국민운동의 선구적 역할을 하게 되었다.40)

청년학우회는 서울에 본부를 두고, 각 지방별로 회원 50명 이상이 되면 지방연회를 설립했다. 1910년 3월 한성연회가 조직되고, 6월에는 평양연회, 의주연회, 안주연회가 조직되었다. 이후 정주, 곽산, 선천, 삼화(진남포) 등지에서도 빠른 속도로 지방연회가 조직되었다. 그러나 1910년 8월 한일병합과 동시에 불법화되어 강제해산당하고 말았다. 여기서 특히 주목할 것은 가장 강력한 청년단체였던 한성연회의 일부 간부와 주요 회원들은 후에 서간도로 이주하여 신흥무관학교 설립 주체세력의 골간이 되었다는 사실이다. 청년학우회 회원은 통상회원과 특별회원으로 나누었다. 통상회원은 만 17세 이상 청년으로 중학교 이상 정도 학업을 받았거나 현재 받고 있는 자, 품행이 단정하고 국법에 의해 처벌받지 않은 자로 규정했다. 특별회원은 연령제한 없이 본회 목적을 이행할 만한 인사로 의연금 5원 이상을 내어 이 회의 인정을 받은 자와 특별한 허락을 받아 가입한 자로 규정했다. 까다로운 심사와 자격요건을 제한하여 민족 지도자가 되기 위한 어느 정도 자질이 검증된 자로 입회하도록 했다.41)

---

39) 신채호, "청년학우회취지서", 위의 책, p. 58.
40) 주요한 편저, 『安島山全書』, 증보판, pp. 126-128. 청년학우회가 흥사단의 근원임을 밝히는 안창호의 연설은 pp. 681-683의 "흥사단 제7회 원동대회에서 대회장 연설" 중 '본단 역사' 참조.

이와 같이 초창기 안창호의 주요 정치 활동은 신민회와 연계하여 추진한 대성학교 설립과 청년학우회 결성 등이었다. 그러나 실상은 상호 간 연계나 공통의 특성이 없는 방만한 것이었다. 이것은 전략과 전술이 열정을 따라가지 못하는 시기의 리더십 특색이기도 했다. 신민회 활동을 통해 무장 투쟁까지 아우르는 전투적 독립운동을 주장했다. 대성학교 설립을 통해 국민계몽과 엘리트 교육을 통한 미래세대 육성을 기도했으며, 청년학우회 설립 활동을 통해서는 젊은 세대의 정치 결사체를 형성하려고 했다. 이러한 제반 활동에서 굳이 공통점을 찾는다면 그것은 최종 목표 즉 조국 독립이었다. 그러나 그 실현을 위한 방략은 현세대의 투쟁, 차세대의 육성, 정치 결사체를 통한 시민운동 등 매우 광범위하고 또 정치 활동의 다양한 측면들을 포함하는 것이었다. 이 시기 안창호의 투쟁은 집중성과 통일성이 결여된 혼란스런 방식을 취하고 있었다고 볼 수밖에 없다. 그러나 그와 같은 혼란은 대개의 경우 열정의 리더십이 수반하는 필연의 현상이기도 하다.

제3절 안창호(ㄹ)의 대응논리 II – 통합 리더십: 미주 한인사회 개척과 통합

1910년 일제에 의한 조선의 강제병합을 전후로 한 시기부터 안창호가 미국에서 활동하던 시기 즉 1902~1907년, 1911~1919년, 1924~1926년은 도산의 대응논리와 적과의 투쟁 방법이 선명하게 드러나는 시기였다. 따라서 이 시기 안창호 리더십도 구체적인 모습을 띠고 있었다. 암중모색과 혼란의 시기를 거쳐 선명성이 부각되던 시기였고, 그

---

41) 신용하, 『한국 항일독립운동사연구』, (서울: 景仁文化社, 2006), pp. 65–66; 李明花, 『근대화의 선각자: 최광옥의 삶과 위대한 유산』, 독립기념관 한국의 독립운동가들, 한국독립운동사연구소 기획, (서울: 역사공간, 2006), pp. 216–217.

의 리더십을 구성하는 각종 정치 개념과 주의·주장이 형성되는 시기이기도 했다.

이전의 적극적 투쟁과 소극적 자강의 병진에서 이제는 적극적 투쟁을 위한 적극적 자강의 노선을 추구하게 된 것이다. 어떻게 거부하고 어떻게 저항할 것인가? 여러 독립운동 세력의 내부에서뿐만 아니라 도산의 머리와 가슴 속에서도 방법론은 만개하고 있었다. 그 귀결은 지기, 자강, 자파세력결집(단결)이었다. 투쟁의 결과라는 이상에 집착하지 않고, 냉엄한 현실을 직시하면서 적과 투쟁하는 방법을 찾아 나갔던 것이다. 그 구체화된 투쟁노선의 외연을 이루고 있던 것이 공립협회와 대한인국민회였다.

안창호는 1902년 미국 유학을 떠난 뒤 세 번에 걸쳐 미주 생활을 이어 나간다. 첫 번째가 1902년부터 1907년 귀국할 때까지 5년간의 기간이다. 두 번째는 망국 후에 연해주에 머물다가 1911년에 건너간 뒤 1919년 대한민국 임시정부를 수립하기 위해 중국으로 올 때까지 8년여 간의 기간이다. 세 번째는 임시정부가 혼란을 거듭하고 1923년 국민대표회의가 분열에 이르자 1924년부터 1926년까지 잠시 미국으로 건너가 머물렀던 기간이다.

첫 번째 기간의 안창호 업적은 무엇보다 산발적으로 삶을 영위하던 한인들을 묶어 한인사회를 개척한 점이다. 미주지역과 연관을 맺은 한인 역사는 오래되었다. 먼저 1883년 유길준(兪吉濬, 1856~1914)이 최초의 관비 유학생으로 미국 생활을 지낸 바 있고, 갑신정변이 실패하면서 망명 정객 서광범(徐光範, 1859~1897), 서재필(徐載弼, 1864~1951), 변수(邊燧, 1861~1891) 등이 미국을 찾은 일이 있었다. 그러다가 1902년 동서개발회사(East West Development Co.)가 미주 이민을 모집하면서 노동이민 응모자 97명이 1903년 1월 13일 하와이 호놀룰루에 상륙함으로써 한인의 집단적 미주생활이 시작되었다. 1905년 5월에는 1,000여

명의 이민자가 멕시코의 어저귀 농장으로 이주하여 노동으로 고된 삶을 영위하고 있었다. 미국 본토로의 이주는 1905년 하와이 교민 약 400명이 건너가면서 시작되었고, 1910년까지 약 2,000명의 한인이 미국 본토로 이주하였다. 그렇게 하여 미주 한인사회는 1910년대에 이르러 1만 명 규모로 성장하고 있었다.[42]

안창호는 1903년에 만든 한인친목회를 1905년 공립협회로 발전시켰고, 초대 회장에 피선되었다. 공립협회는 1905년 4월 5일 미국 샌프란시스코에서 미주지역 한인사회를 기초로 정치운동과 독립운동을 전개하기 위해 창립된 단체였다. 이 단체는 '동족상애, 환난상부, 항일운동'을 행동 지침으로 삼았으며, 회장 안창호의 주도아래 동년 11월 기관지『공립신보』를 창간하여 공립협회 본뜻을 실현하는데 힘을 쏟았다. 을사늑약으로 한국 공사관이 철폐되면서, 한인사회는 위기의식을 느끼고 한인단체 결속에 힘을 기울여 나갔다. 망국 위기를 느낀 광무황제는 호머 B. 헐버트(Homer B. Hulbert, 1863~1949)에게 미국대통령의 거중조정을 원하는 친서를 주어 밀파했다. 11월 12일 샌프란시스코에 도착한 헐버트가 공립협회를 방문해 을사늑약 체결을 서두르는 일제의 동태와 상황을 전달했다. 공립협회는 11월 14일 총본부인 공립관 건관식을 거행하는 동시에 11월 22일에는 기관지『공립신보』를 창간하는 등 조직체계를 정비했다.[43]『공립신보』는 충애상련·학업상권·환난상구·과실상규(忠愛相聯·學業相勸·患難相救·過失相規)의 구체적 실천 강령을 내세우고, 순국문으로 미주지역 교포를 주대상으로 발행했지만 국

---

42) 張圭植, "1900~1920년대 북미 한인유학생사회와 도산 안창호", 앞의 책, pp. 105-106.

43) 김도훈, "제2부 1910년대 미주지역항일운동",『1910년대 국외항일운동 Ⅱ-중국·미주·일본』, 강영심·김도훈·정혜경, 한국독립운동의 역사 17, 한국독립운동사편찬위원회, (천안: 독립기념관 한국독립운동연구소, 2008), pp. 113, 120, 125-126; 주요한 편저,『安島山全書』, 증보판, pp. 72-79.

내에도 상당량이 유입되었다.[44]

　1905년 11월 총회장 안창호는 지방회 설립 차 오리건(Oregon)주 레드랜드(Redland)로 출발해 12월 레드랜드 지방회, 1906년 3월 로스앤젤레스 지방회를 설립했다. 공립협회는 하와이 에와(Ewa) 친목회와 함께 재미한인공동대회를 개최하고 배일결의문을 한국정부에 발송했다. "보호조약을 체결할 때에 그 황실 그 정부는 이미 한국이 아니오 의연히 한국으로 남아있는 것은 오직 2천만 민족이라"고 하여 황실과 대한제국정부를 부정하고 2천만 민족을 국권회복의 주체로 설정하기에 이르렀다. 재미한인들은 공립협회를 소멸된 국가를 대신할 보호기관으로서 우리의 공사관과 영사관으로 인식하기 시작했다.[45]

공립협회 창립회원(앞줄 왼쪽부터 송석준, 이강, 안창호 뒷줄 임준기, 정재관)

　주미 한국 공사관이 철폐되고, 1906년 2월 대한제국정부가 "해외한인은 어느 곳에 있던지 일본영사의 보호를 받으라."고 선언하면서 미주한인은 사실상 망국민으로 전락했다. 에와 친목회와 북미의 공립협회는 재미한인공동대회를 개최해 일본 배척을 결의하고 대한제국정부에 배일결의문을 발송했다. 이때부터 하와이와 미주 한인사회는 국권회복운동을 전개하기 위한 민족운동기관 설

44) 崔起榮, "舊韓末 『共立新報』·『新韓民報』에 關한 一考察", 앞의 책, pp. 577, 601. 1908년 초에는 3,000부 이상이 국내에 발송되어, 오히려 미주에서의 배부숫자보다 월등히 많았다. 1908년 8월 현재 국내 발매소 전국 40개소 중 관서 17개소, 영남 7개소에 집중된 것으로 보아 그 지방민들이 국내의 주독자층이었을 것으로 최기영은 추측한다.
45) 『공립신보』, 1906년 10월 22호 잡보, 1908년 7월 8일 잡보. 김도훈, "제2부 1910년대 미주지역항일운동", 앞의 책, p. 127 재인용.

립을 본격화했다. 1906년 5월 총회 평의회를 개최한 공립협회는 평의회를 대의회로 개정하고 학무부 · 사법부 · 구제부를 설치했다. 한편, 총회장 송석준(宋錫俊, 1865~1907), 서기 정재관(鄭在寬, 1880~1930), 학무 안창호를 선정하는 등 조직을 개편했다. 또한 공립협회는 하와이까지 조직을 확대하는 등 미국정부 보호 아래 한인자치기관으로서 역할을 의결했다. 이는 공립협회가 하와이를 포함하는 미주 내 한인자치기관으로 전환하기 위한 체제정비였다.[46]

이무렵 1906년 4월 18일 샌프란시스코에 대지진이 일어나 공립협회 회관이 소실되는 등 한인들이 크게 피해를 입는 일이 일어났다. 당시 한국정부는 재미한인들을 위한 구휼금을 보냈는데 그 분급처가 샌프란시스코의 일본영사관이었다. 공립협회는 일본영사관을 통해 구휼금을 받는다는 것은 사실상 일제의 해외한인 통치를 인정하는 것으로 규정하고, 도산은 단호히 구휼금 거부를 천명했다. 교회를 통해 보냈으면 문제가 없으나, 일본 공사관의 돈은 받을 수 없다는 것이었다. 대의원들에게 의견을 요청했더니 모두 받지 말자는 회답을 보내왔다. 이에 공립협회는 "이번에 재난으로 인하여 회관이 소화되고 신문을 정간하는 경우에 처하였으며 동포들이 곤경에 있으나 그러나 왜적의 간섭을 거절하는 우리로서 일본 영사가 분급하는 구휼금은 받지 않을 것이다."라는 내용의 통고문을 발포하고 그 등본을 대한매일신보사에도 보냈다. 또 일본영사에게는 총대(總代)를 파견해 한인사회에 간섭하지 않겠다는 약속을 받아 내기도 했다. 이로써 공립협회는 미국의 묵인아래 한인자치기관 및 대표외교기관으로 자리를 잡기에 이르렀다. 이때 공립협회는 국민을 국권회복의 주체로 내세우며 국내와 미주, 일본, 해삼위(海蔘r威, Vladivostok)의 한인단체를 통합하려는 통일연합론을 주창했

---

46) 김도훈, "제2부 1910년대 미주지역항일운동", 위의 책, pp. 117, 127.

다. 1907년 1월 공립협회는 통일연합론에 입각한 통일연합기관 설치를 결정하고 리버사이드에 총본부를 둔 대한신민회를 발기했다. 제5장에서 기술했듯이 이때 초대 총회장 안창호가 '대한신민회취지서'와 '대한인통용장정'을 가지고 국내지부 설치를 위해 국내로 파견되어 도쿄(東京)를 거쳐 그해 2월 20일 한국에 도착했다.[47]

이후 공립협회는 1907년 2월에는 락스프링스(Rock Springs) 지방회 설립을 시작으로 솔트레이크시티(Salt Lake City)·새크라멘토(Sacramento)·핸포드(Hanford)·프레즈노(Fresno) 등 캘리포니아 주를 중심으로 한 서해안 일대에 지방회를 설립하며 지속적으로 미주지역 한인단체의 통합을 추진했다. 그러다 1908년 3월 스티븐스처단사건의 주역인 장인환·전명운 의사의 재판 후원을 계기로 공립협회와 대동보국회가 공동회를 구성함에 따라 미주 독립운동은 일대 전환기를 맞이해 미주한인단체 통합을 적극 추진하게 되었다. 마침내 1909년 2월 1일 미주한인사회는 4천여 명의 회원으로 구성된 국민회가 창립되어 공립협회는 국민회 북미지방총회, 하와이 합성회의는 국민회 하와이지방총회로 개칭하고 활

국민회 하와이 지방총회 임원

동했다. 이때 국민회는 『共立新報』를 『新韓民報』(영문 제호: The New Korea)로 개제(改題)하여 발행했다.[48] 국민회는 『신한민보』 창간호에서 국민이란 두 글자는 그 나라의 주인이라는 명사이니 국민회는 국민의 자격

47) 김도훈, "제2부 1910년대 미주지역항일운동", 위의 책, pp. 128, 130, 159; 김원용 지음, 『재미한인오십년사』, 손보기 엮음, (서울: 혜안, 2004), pp. 235-237.
48) 김도훈, "제2부 1910년대 미주지역항일운동", 위의 책, pp. 127, 130-131, 160-163; 崔起榮, "舊韓末 『共立新報』·『新韓民報』에 關한 一考察", 앞의 책, p. 581.

을 양성하는 학교, 국민의 의무를 실행하는 공소, 국민의 권리를 확장하는 의회라고 제창했다. 재미한인들은 국민회 탄생이 우리 역사에 없었던 일이며 우리 민족에 처음 있는 일이라고 평가했다. 이듬해 1910년 5월 국민회는 대동보국회가 참가해 대한인국민회로 개칭하면서 해외한인 최고기관임을 선포했다.[49]

두 번째 미주 활동 기간은 안창호가 거국가를 남기고 망명해 칭다오회담 결렬 후 연해주와 유럽을 거쳐 다시 미국으로 온 1911년 9월부터 1919년 임시정부 수립을 위해 상하이로 올 때까지의 기간이다. 도산은 미주지역뿐 아니라 시베리아 연해주와 남북만조우 등에 지회를 두어 국외 한인사회를 하나로 연결하려는 구상을 지니고 있었다. 그 실천으로 그 해 10월 시베리아 지방총회, 11월에는 만조우 지방총회 설립을 인가했다. 곧 이어 안창호는 1912년 11월에 북미 및 하와이 지방총회를 포함한 네 곳의 지방총회 대표자 회의를 상항(San Francisco)에 소집해 중앙총회를 정식으로 조직하고 총회장으로 선출되었다. 이로써 안창호는 칭다오회담에서 주창한 독립운동방략의 첫걸음을 내딛게 되었다. 또한 안창호는 독립운동방략 실현이라는 민족 전도 대업의 기초를 준비하기 위해 1913년 5월 13일 상항에서 흥사단을 창립했다. 앞에서 언급한 바와 같이 청년학우회를 근원으로 한 흥사단 목적은 무실역행의 충의남녀를 단합해 정의를 돈수하고, 덕·체·지 삼육을 동맹수련해 건전한 인격과 신성한 단결을 조성한다고 약법에 명시하고 한국 8도 대표들로 창립위원을 구성했다. 흥사단에서 양성된 단원들은 해방 전후에 걸쳐 활약하는 인재로 성장하게 되었다.[50]

대한인국민회와 흥사단이 창립된 지 얼마 안 되어 일제 강점 후

---

49) 김도훈, "제2부 1910년대 미주지역항일운동", 위의 책, pp. 163−164, 167. 김도훈은 『신한민보』(1909. 2. 10) 기사를 인용 기술함.

50) 주요한 편저, 『安島山全書』, 증보판, pp. 159−160, 169. 흥사단에 관한 상세한 내용은 pp. 169−175와 본장 각주 40) 참조.

리버사이드 오렌지 농장에서
노동하는 안창호

국제사건에 대해 일본 영사 간섭을 거절하는 운동이 있었다. 1913년 6월 27일 한인 노동자 11명이 리버사이드 헤멧(Hemet) 지방의 영국인 살구농장으로 일하러 갔다가 일본인 노동자로 오인 받아 축출당한 일명 헤멧 사건이 신문에 보도되었다. 이때 일본 영사가 미국정부에게 한국은 1910년 병합 이후 일본제국 식민지가 되었으므로 일본제국 신민인데 그들을 박해했으니 이에 대한 대책을 세워 달라며 개입했다. 그러자 6월 30일 대한인국민회의 북미지방총회장 이대위(李大衛, 1878~1928)는 미국 국무장관 브라이언(William Jennings Bryan, 1860~1925) 앞으로 서신을 보냈다. 재미한인들은 병합 전에 한국을 떠난 사람들이니 일본 신민이 될 수 없으므로 일본과는 따로 독자적으로 교섭해 달라며 재미한인에 대한 일본 영사 간섭을 중지하도록 요청했다. 이에 국무장관은 재미한인에게 관계되는 일은 한인사회와 교섭할 것이라고 발표했다. 관청과 민간에서는 한인과 일인 간 분별을 공식화했고 대한인국민회는 재미한인 대표기관의 대우를 받았

리버사이드 오렌지농장 노동자들과 도산

다.51) 하와이 지방총회도 하와이주정부의 인허를 얻어 자치기관으로 활동하게 되었다. 이에 따라 대한인국민회는 1913년 7월 12일 「대한인국민회헌장」을 개정 반포하면서 제1조8에 "본회는 대한국민으로 성립하여 이름을 대한인국민회라 칭함."이라고 명실공히 대한국민을 기반으로 한 자치정부임을 선포했다. 1914년 4월에는 가주(California) 지사로부터 사단법인 인가를 받았고 영문 명칭은 Korean National Association으로 미국에 알려져 한국인 대표기관으로 인정받았다.52)

멕시코 방문 시
여권사진(1918)

　　　　　1916년 안창호는 자본금 2만여 달러로 북미실업주식회사를 설립했다. 1918년 도산이 멕시코 동포들을 순행할 시기에는 실업회사에 흥미를 가지고 응모하는 주주가 많아서 총자본금이 5만여 달러로 확대되었다. 자금이 10만 달러가 되면 동양화 20만 원이 되니 그것을 중국으로 옮겨 한중 합작은행을 설립해 국제무역에 신용거래를 하려는 계획을 가지고 있었다.53)

　1917년 10월부터 1918년 8월까지 안창호는 멕시코 한인사회 곳곳을 돌아보았다. 한인동포들에게 신용이야말로 모든 사업의 자본이

51) 김원용 지음, 앞의 책, pp. 96-98. 이대위는 서신에서 "미국정부 국무장관 뿌라이언 귀하 … 귀국의 법률 밑에 사는 한인들은 대개 한일합방 전에 한국을 떠난 사람들이고 한일합방을 반대하며 … 일본정부의 간섭을 받지 않을 터이니 … 한인에 관한 문제는 한인사회와 교섭하시기 바라나이다."라고 요구했다. 이에 대해 7월 2일 미 국무장관이 "이로부터 재미 한인에게 관계되는 일은 공사나 사사를 물론하고 일본정부나 일본관리를 통하지 말고 한인사회와 교섭할 것이다."라고 발표했다.
52) 김도훈, "제2부 1910년대 미주지역항일운동", 앞의 책, pp. 223-224; 주요한 편저, 『安島山全書』, 증보판, p. 167. 참고로 「대한인국민회헌장」(개정본) 전문은 『島山安昌浩全集』, 제5권, pp. 547-558에 수록.
53) 곽림대, 「안도산」(직해), 『島山安昌浩全集』, 제11권, pp. 640-641.

된다는 것을 강조하고 거류 한인들 생활
이 안정되도록 도와주었다. 1902년 하와
이 한인 이민계약이 체결되어 다수 한인
노동자들을 사용한다는 소식이 발표되면
서 멕시코 농주들도 한인노동자들을 사
용하기로 교섭해 6백여 명의 한인들이
멕시코로 이민하게 되었다. 이민 경비는
농주들이 부담하여 처음부터 노동자들은
봉급이 없어 소액의 숙식비만 지불하는
것으로 생활을 유지했다. 1912년 멕시코
한인노동자들 생활상이 대한인국민회에
보고되었다. 국민회는 견묵(見墨)위원으
로 황사용(黃思溶), 방화중(邦化重, 1877~
1940. 12) 2인을 멕시코에 파견했다. 멕시

멕시코 순방에 앞서 가족사진
앞줄 왼쪽부터 안필선(安必鮮,
Philson Ahn, 1912~2001),
안도산, 안수라, 안필립(安必立,
Philip Ahn, 1905~1978),
안수산(安繡山, Susan Ahn
Cuddy, 1915~2015), 이혜련

코 정부와 교섭 결과 한인노동자들의 안정을 도모할 수 있었다. 이후
1917년 멕시코 농장에서 노동자들이 실직하게 되어 생활난을 당하자,
안창호는 국민회 중앙총회장의 책임으로 멕시코에 가게 되었다. 멕시코

멕시코 흥사단원들

농장에서 하는 일은 어
저귀 농업으로 딴 수효
만큼 임금을 주는데,
한인노동자들이 어린잎
까지 따서 수효만 많게
하려다가 다음 해 수확
을 할 수 없게 되었다.
이에 손실을 본 어저귀
농장 주인들이 한인은

신실하지 못하다 하여 전부 면직시
켜 버린 것이다. 1918년 1월 도산이
멕시코에 내려가서 한인동포들에게
신용이야말로 모든 사업의 자본이
된다는 것을 강조했다. 신뢰받는 사
람이 될 것을 약속받고, 농주들을 일
일이 심방하면서 새로운 계약을 체
결해 주었다. 다시는 한인노동자들
이 그같이 불합리한 행사가 없을 것
을 역설하는 한편 거류 한인들 생활
이 안정되도록 도와주며 그곳에 국
어학교도 설립했다. 어저귀 농장에

한옥양식 건물에 모인
멕시코 한인들(1918)

서 노동하는 한인노동자들에게 반드시 신용을 지키고 실업을 일으켜
한인사회를 쇄신할 것을 유세하고 로스엔젤스로 돌아왔다.[54]

　　1918년 8월 국치기념일을 맞이하여 안창호는 연설회에서 남의 나
라에 둥지를 틀어 살고 있는 한인들의 처지를 한탄하면서 그럴수록 한
인들이 단결해야 함을 호소한 바 있다. 1918년 10월 1차 세계대전이
휴전되자, 도산은 북미 캘리포니아 주의 흥사단원에게 '전쟁 종결과 우
리의 할 일'이라는 담화문을 발표했다. 해외 한인의 대동단결을 위해서
는 대동 집합할 만한 상식, 큰 단체를 옹호할 만한 중추력, 단체 전부
를 통어할 만한 중심적 위대 인물이라는 구성 요소가 있어야 하나 현
재는 이러한 조건이 갖춰지지 않았다고 지적했다. 또한 전쟁 후에 흥
사단우들이 해야 할 일은 실업발전과 수학(修學)발전을 도모하여 생활
독립의 기초를 다지는 것이라고 도산은 주창했다. 대한인국민회는 전

54) 위의 책. pp. 643-644.

쟁이 종결된 이후부터 활발한 대외 활동을 추진했다. 승리의 주역이
된 미국이 파리강화회의를 준비하고 있었고, 여기에 고무된 체코(Czech)·
폴란드(Poland)·리투아니아(Lithuania) 등 20여 약소민족들이 1918년 12
월 뉴욕에서 약소국동맹회를 준비하는 등 국제정세가 급변하고 있었
다. 대한인국민회는 이런 국제정세 변화가 한국 독립에 유리하게 작용
되리라는 희망을 가졌다.[55]

　　제1차 세계대전 종전 후 안창호는 1918년 11월 14일 대한인국민
회 북미총회 특별임원회를 개최했다. 11월 25일에는 북미지방총회 임
원 및 인사들을 소집해 파리강화회의와 뉴욕약소국민동맹회에 한국대
표를 파송해 독립청원 활동의 전개를 결의하는 등 적극적 대외 활동에
들어갔다. 12월 23일에는 한인 전체대회를 소집해 뉴욕약소국민동맹회
파견 대표인 민찬호(閔贊鎬, 생몰미상)와 정한경(鄭翰景, 1891~1985)으로부
터 경과상황을 보고 받은 후 시국문제와 진행방침을 토의하면서 시국
대처 방안을 세워 나갔다.[56] 그러던 중 1919년 3월 9일 원동통신원 현
순(玄楯, 일명宋元相, 1880~1968)이 보내온 전보를 통해 3·1운동 소식을
접했다. 3·1운동 소식은 도산에게 큰 변화를 주는 일대 사건이었다.
적극적 독립운동의 시기가 도래했음을 감지하는 순간이기도 했다. 도
산은 3·1운동이야말로 우리 민족이 독립국이 될 자격이 있음을 만천
하에 공표한 대사라고 평가했다. 3월 13일 대한인국민회 중앙총회 위
원회를 개최한 안창호는 3·1운동의 정신을 계승해 미주 한인들이 해
야 할 일에 대하여 다음과 같이 연설했다.[57]

---

55) 황민호·홍선표, 『3·1운동 직후 무장투쟁과 외교활동』, 한국독립운동의 역사
　　22, 한국독립운동사편찬위원회, (천안: 독립기념관 한국독립운동연구소, 2008),
　　p. 171. 연설 '불쌍한 우리 한인은 희락이 없소.'와 담화문 '전쟁 종결과 우리의
　　할 일'의 전문은 주요한 편저, 『安島山全書』, 증보판, pp. 600−608, 609−615
　　참조.
56) 이명화, 『島山 安昌浩의 獨立運動과 統一路線』, p. 50.
57) 위의 책, p. 51; 『신한민보』(호외 1919. 3. 13), 『島山安昌浩全集』, 제5권, p. 899

우리가 독립선언의 대사건이 발생하기 전에는 내지 동포의 내정을 몰라 앞뒤를 돌아보며 주저하였지만 오늘 전국 민족이 나라를 위하여 생명을 바치는 때에는 대한 민족의 한 분자된 우리는 재주와 힘을 다하며 생명을 희생하여 죽기까지 용맹스럽게 나아갑시다. 죽기를 맹세하고 앞으로 나아가는 우리는 서로 의리의 감동이 있으리다 … (一)우리는 피를 흘린 후에 비로소 목적을 관철할지니 이로써 준비하여 마땅히 지킬 비밀 외에는 비밀을 지키지 않을 것이오. (二)북미, 하와이, 멕시코에 재류한 한인은 특별히 담부한 책임을 깨달을 것이오. 특별 책임이 무엇이냐하면 미국에 있음으로 담부한 책임이올시다. 미국은 지금 세상에 가장 신성한 공화국으로 자유와 정의를 힘써 창도하나니 장래 미국이 활동하면 우리에게 큰 관계가 있을 것이올시다. 우리는 지금으로부터 준비하여 널리 유세하며 각 신문 잡지를 이용하여 여론을 불러일으키고 종교계에는 지금 한국 교도의 악형 받는 참상을 널리 고하여 우리를 위하여 기도하여 주기를 청구하옵시다 … (三)재정공급이 또한 북미, 하와이, 멕시코 재류 동포의 가장 큰 책임이올시다. 2천 5백만 민족이 다 일어나는 이때에 우리는 대양을 격하여 내왕을 임의롭지 못함을 말미암아 몸을 바치는 대신에 재정공급에 중임을 담부하였으니 우리는 '금전으로써 싸호난 군인'으로 생각하옵시다.58)

안창호의 미주 정치 활동 핵심은 공립협회와 대한인국민회를 중심으로 한 대한인국민회 중앙총회장 역할이었다. 이는 멕시코와 연해주, 만조우 등 원동 조직을 국민회(臣民會가 아닌)에 집결시키는 것과 흥사단 결성에 주력한 이른바 점진론의 실천 시기라 할 수 있다. 1910년

참조. "大韓獨立宣言: 대한독립션언이벽력갓치진동하야온다 — 한국 독립은 三月 一日 하오一시에 선언하얏다."라는 제하의 호외.

58) 위의 책, p. 52; '듕앙총회댱 안챵호씨의 쥬견'[부제는 재산과 생명을 아울러 희생합시다. — 삼월십삼일 중앙총회 위원회 석상에서](『신한민보』, 1919. 3. 20), 『島山安昌浩全集』, 제5권, p. 905.

대에는 모든 독립운동 기지에서 준비론이 재고되고 있던 시기였다. 나라를 잃고 독립전선을 정비하면서 다가올 결정적 시기에 대한 준비를 굳혀간다는 뜻이었다.[59] 안창호 역시 독립 투쟁의 전제가 한인 생활안정, 민족의식 고양, 해외한인 대단결임을 문필 활동과 연설을 통해 강조했다. 이때 북미실업주식회사와 국어학교 등을 설립하면서, 경제 투쟁과 함께 교육과 계몽을 통한 문화 투쟁을 병행해 나갔다. 특히 '금전으로써 싸호난 군인'이라는 표현은 경제 투쟁의 중요성을 일깨우는 동시에 경영·관리자로서의 리더십을 발휘하는 것이기도 했다. 미주 시절의 경제 투쟁과 문화 투쟁을 통한 민족의식의 각성 노력은 초기 국내에서 개화와 계몽운동을 시도했던 것처럼 투쟁방법의 혼란스런 병진이 아니었다. 해외한인 대단결이라는 뚜렷한 목표를 지닌 체계적인 병행이었다. 경제와 교육 이 두 가지가 단결과 통합을 가져올 수 있다는 신념을 갖고 있었던 것이다. 그 신념과 방법론은 상당한 성과를 가져왔다.

하지만 한계도 있었다. 미주에서 안창호의 활동이 경제와 문화 측면에 초점을 맞추면서 미주 한인들을 단결과 통합의 길로 이끄는 계기를 마련할 수 있었던 것은, 정치와 권력이라는 요소가 배제되어 있었기 때문이다. 그러나 자파 세력 내에 혹은 추종자들 사이에 권력이라는 정치 요소에 눈을 뜨거나 매력을 느끼는 자들이 존재할 때 통합 리더십은 한계에 봉착할 수밖에 없었다.

---

59) 趙東杰, "민족운동가로서의 도산", 『安島山全書』, 下, 도산사상연구회 編, p. 37. 조동걸은 준비론에 관해 학계의 논란이 있음을 지적한다.

제4절 통합 리더십의 실패: 중국에서의 독립 투쟁

안창호가 중국에서 독립 투쟁을 펼치는 과정에서 부딪친 가장 큰 문제는 독립운동 세력 간 파벌, 이념과 노선 차이로 인한 갈등과 대립이었다. 어느 면으로는 독립운동계의 난립상이 독립운동의 다양성 내지 다원성으로 비쳐지기도 하지만, 도산에게는 난관이며 걸림돌이었다. 안창호는 이를 극복하기 위해 민족세력 통합을 마치 신앙처럼 여기며 독립운동 통합 내지 통일의 길을 개척해 나간 지도자로서 발자취를 남겼다.[60] 안창호의 독립 투쟁 활동을 부문별로 상세히 논하기에 앞서 제5장에서 기술한 내용을 개괄적으로 회고할 필요가 있다.

1919년 임시정부가 수립될 때 실질 지도자로 활동하던 안창호의 통합 운동은 임시정부 조직체의 물리적 통합을 넘어 정치 이념을 초월했다. 사회주의 인사들도 임시정부에 참여하는 민족 통합이라는 점에서 독립운동사의 새로운 기원을 이루는 것이었다. 1920년 무렵 연아론(聯俄論)을 주장하며 사회주의 진영과의 결합도 마다하지 않았다. 8월 미의원단과 만나 중국·러시아와의 연대를 역설한 바 있었다. 이는 3국 동맹에 의해 독립군을 양성할 수 있으면 임시정부를 반대하는 세력도 포용할 수 있다는 통합 실현의 의지였다. 이런 도산의 역정(歷程)은 민족대당의 꿈을 이루기 위한 정신에서 비롯한 것이었다.[61]

---

60) 장석흥, "차리석의 「한국독립당 당의의 이론체계 초안(1942)」과 안창호의 대공주의", 『한국독립운동사연구』, 제49집, pp. 168, 174; 주요한 편저, 『安島山全書』, 증보판, p. 241. 주요한은 안창호가 중국에서 대동단결을 통일이라 주장하며 활동했던 경과를 세 시기로 구분한다. 1919년 임시정부의 수립과 통합, 1921년부터 주도한 국민대표회의, 1924년 이후 장기적인 독립운동 근거지로 이상촌 건설을 추진한 시기 등이다.

61) 위의 논문, 위의 책, p. 174; 주요한 편저, 『安島山全書』, 증보판, pp. 328–329. 베이징에서 미국의원단 일행을 만날 때 중국대사를 지낸 랜취(Paul Reinsch)가 한국은 자치운동을 우선해야 한다고 주장하자, 안창호는 자치론의 부당성과 미국의 위임통치론이 부당함을 설파하고 오직 독립만을 강조했다. 도산은 "우리

안창호는 독립운동 노선과 방략에서 폭넓은 반경을 보이며 군사·외교·교육·사법·재정·통일 등 전반 부문에서 독립운동을 추진해 갔다. 도산은 1920년 1월 3일 임시정부·임시의정원 신년축하회 석상에서 구체적인 독립운동 방략을 제시하며 1920년을 독립전쟁의 해로 선포했다. 도산은 시종일관 독립전쟁 수행을 준비할 것과 절대 독립운동을 전개했다. 이런 점에서 외교론 내지 실력양성론에 치우쳤다는 도산에 대한 일부 평가는 그의 진면목을 보지 못한 단견에 불과한 것이다.[62]

임시정부가 대통령문제로 독립운동계에서 구심력을 상실하기에 이르자, 대독립당 건설을 앞장서 주창한 이도 안창호였다. 정부수립 이래 반이승만 운동세력들이 결집하며 독립운동계가 분열되었다. 1920년 9월 안창호는 각 독립운동 세력 간 공통 목표 설정과 함께 사상과 노선을 일치시키기 위해 정부와는 별도 협의체로서 대독립당이라는 정당체 결성을 주창했다. 비록 대독립당 조직안이 채택되지 않았지만 도산은 임시정부 한계를 극복하고 민족세력 통합을 이루려는 의지를 잃지 않았다. 이후 안창호는 통일전선운동을 벌여 국민대표회의를 통해 정부개조를 실현함으로써 정부유지파와 창조파의 세력을 통합하고자 했다. 이는 한국 독립운동을 지원하려던 코민테른의 통일전선론 내지 국민당을 중심으로 전개된 국공합작과도 맥락을 같이하는 것이기도 했다. 그러나 국민대표회의는 각처에서 사상과 노선을 달리하는 다양한 세력이 운집하면서, 정부존립 여부를 둘러싼 저마다의 주장과 노선 차이만을 드러낸 채 좌절되었다. 그렇지만 대공주의 형성이란 점에서 보

독립운동을 러시아인과 더불어 항일하고자 하는바, 혹 세계가 우리를 의심할까 하노라. 또 중국으로 더불어 대대적으로 일본을 항거할까 하노라."라며 러시아 및 중국과 동맹하여 한국의 독립운동을 전개할 계획을 설명하였다.

62) 위의 논문, 위의 책, p. 174; 이명화, 『島山 安昌浩의 獨立運動과 統一路線』, pp. 79-80; 안창호, "6대사업(시국대강연)", 『安島山全書』, 증보판, 주요한 편저, pp. 654-669. 독립신문 기자가 연설을 요약 초록해 『독립신문』(1920. 1. 8)에 보도.

면 이러한 좌절은 오히려 훗날 통합을 위한 새로운 전환을 불러일으키는 계기가 되었다. 당시 독립운동계는 국제 정세로 보아 독립 달성에 대한 전망을 전혀 예측하기 어려웠다. 일제의 분열정책에 의한 자치론이 등장하면서 각 세력 간 갈등과 대립은 더욱 심화되고 있었다. 결국 국민대표회의는 통합의 결실을 이루지 못한 채 1923년 6월 결렬되고 많은 지사들은 독립운동에 회의를 느끼고 각지로 분산되어 갔다. 그런 상황에서 안창호는 1924년 동명학원을 세우고, 이상촌사회 건설을 위해 매진하기도 했지만 탈진 상태에 이르며 건강이 악화되어 갔다. 도산은 재충전 시간을 가지며 대독립당 창건의 정치 사업과 이상촌 건설을 본격화하기에 필요한 운동자금을 후원받기 위해 1924년 11월 22일 상하이를 출발해 미국으로 갔다.63)

미주에 도착한 안창호는 약 13개월간 미주 각지 동포들을 방문하고 흐트러진 대한인국민회와 흥사단 조직을 정비하며 독립운동의 새 방도를 모색한 후 1926년 5월 다시 상하이로 돌아왔다.64) 7월 8일 삼일당 연설에서 안창호는 독립운동은 민족혁명이라고 단언하고 대혁명당 조직과 임시정부 유지를 주창했다. 즉 임시정부는 존속하되 별도 대조직체로서 대혁명당을 결성하자는 것이었다. 대혁명당 주창은 독립운동계를 일신시키는 방향 전환의 신호탄이자 대공주의 실천의 첫걸음이었다. 그동안 고질과도 같았던 이념과 노선 차이를 극복하는 방도였다. 대혁명당 결성 제안은 반임시정부 세력에게 고무적인 것이었으며, 또 한편으로 임시정부 존치 주장은 정부유지파에게도 수용할 여지를 주었다. 두 분열 세력 간 통일협상의 돌파구를 제공하는 대안이었다.

63) 이명화, 『島山 安昌浩의 獨立運動과 統一路線』, pp. 259-265; 장석흥, "차리석의 「한국독립당 당의의 이론체계 초안(1942)」과 안창호의 대공주의", 위의 책, p. 175.
64) 주요한 편저, 『安島山全書』, 증보판, p. 422. 이때 안창호가 미주를 다녀온 것이 가족들과는 마지막 이별이 되었다.

안창호는 정치사상과 이념에 관해서는 민족 최대 당면 과제인 조국독
립을 달성한 이후 해방된 조국의 발전을 위해 나중에 논의하자고 역설
했다. 이렇듯 도산의 통합운동 구도는 국민대표회의의 좌절 때와는 달
리 개조파와 창조파의 주장을 절충해 가는 과정으로 민족세력 통합을
위한 새로운 방도를 제시한 것이었다.[65]

1. 대한민국임시정부: 통합을 위하여

대한민국 임시정부 청사(1919)

안창호가 미주 대한인국민회에서
모은 2만 5천 달러를 가지고 상하이에
도착한 것은 1919년 5월 25일이었다. 안
창호는 도착하자마자 5월 26일 상하이
북경로 예배당에서 "나는 여러분의 머리
가 되려 하지 않습니다. 여러분을 섬기러
왔습니다."라고 선언했다.[66] 곧 이어 6
월 25일 '독립운동 방침'에 대한 연설에
서 통일·외교·군사 행동·재정의 방침

을 수행하는 데 전력할 것을 호소하며 통일방침으로 3두정치론을 제시
했다.[67] 해외 한인사회에서 정식으로 투표한 의정원을 모아 7총장 위
에 러시아, 중국, 미주에서 집권자 3인을 택해 독립운동을 통합하자는

65) 장석흥, "차리석의 「한국독립당 당의의 이론체계 초안(1942)」과 안창호의 대공
   주의", 『한국독립운동사연구』, 제49집, pp. 175−176; 이명화, 『島山 安昌浩의 獨
   立運動과 統一路線』, pp. 271, 273. 안창호, "우리 혁명 운동과 임시정부 문제에
   대하여(상해 삼일당 연설)", 『安島山全書』, 증보판, 주요한 편저, pp. 751−768
   참조.
66) 안창호, "제1차 북경로 예배당 연설"(1919년 5월 26일), 『安島山全書』, 증보판,
   주요한 편저, p. 619.
67) 안창호, "독립운동 방침"(교민 친목회 사무소에서 운동 방침에 관하여 행한 연
   설 요지, 1919년 6월 25일), 『安島山全書』, 증보판, 주요한 편저, pp. 625−626.

것이었다.[68) 6월 28일 내무
총장 취임석상에서도 안창
호는 이 제안을 거듭 천명
했다.[69)

임시정부 국무원 성립기념(1919. 10. 11)
앞줄 왼쪽부터 신익희(申翼熙, 1894∼1956), 안창호,
현순, 뒷줄 김철, 윤현진(尹顯振, 1892∼1921),
최창식(崔昌植, 1892∼1957), 이춘숙(李春塾,
1889∼1935)

안창호는 미주에서 상
하이로 올 때부터 정부 형태
보다는 정당체의 독립당 결
성을 구상하고 있었다. 정부
의 수직 체계보다 수평 협의
체가 되어야 한다는 논지에
서 비롯된 것이다. 그러나

이미 임시정부가 수립되어 세계에 공포된 상태였다. 따라서 임시정부
체제로 독립운동 방도를 구상해 갔다. 당시 내각은 모두 취임하지 않
아 안창호가 국무총리 서리를 겸임하며 차장제를 설치해 차장내각을
이끌고 있었다. 임시정부에서는 안창호가 위임통치를 제안한 이승만을
비호한다는 반대 여론에 곤혹을 치러야 했다. 그럼에도 도산은 위임통
치문제를 접어두고 이승만이 국무총리직을 수행할 수 있도록 도와주어
야 한다고 호소했다. 그러면서 한편으로는 "미국의 위임통치나 왜놈의
식민통치나 마찬가지이며, 미국의 위임통치가 낫다는 것은 악독한 주
인의 개보다 부자 주인의 개가 낫다는 소리와 같다."며 위임통치에 대
한 자신의 입장을 분명히 밝혔다. 그런 가운데 도산은 미주 동포들이

---

68) 이명화, 『島山 安昌浩의 獨立運動과 統一路線』, pp. 67, 256–259, 264. 안창호가
    말한 3두체제란 이승만, 이동휘, 안창호가 지역 및 역할을 분담해 임시정부를
    효과적으로 이끌어가자는 것이었다. 이를 기반으로 대독립당운동을 주장했다.
69) 안창호, "내무총장(內務總長)에 취임하면서", 『安島山全書』, 증보판, 주요한 편저,
    p. 629. "아(俄)·중·미 각지로부터 정식 의정원을 소집하여 거기서 주권자 삼인
    을 택하여 … 이 주권자 세 분은 꼭 상해에서 일 볼 사람을 택하여야 하오."

임시정부 대통령 이승만 환영식(1920.12)

모금한 자금으로 임시정부 청사를 마련해 정부 외형을 갖추고, 정부 재정마련과 조직 정비를 위해 힘을 쏟았다.[70)]

상하이 임시정부 기틀을 마련한 안창호는 연해주에 세워진 대한국민의회와 통합을 추진해 갔다. 이때 도산은 상하이와 연해주의 정부를 해소하고 국내에서 성립한 한성정부를 계승할 것을 제안했다. 정부 위치는 각지와 연락이 용이한 상하이에 두고, 현재 정부와 각원은 일제히 퇴직하고 한성정부 각원으로 정부를 인계할 것 등을 제안했다. 우여곡절 끝에 연해주의 대한국민의회는 해산을 선언했고, 도산은 8월 28일 임시정부 개조안과 헌법개조안을 임시의정원에 회부했다. 도산 자신은 노동국총판에 임명되었다. 임시의정원 의원들은 노동국을 노동부로 격상하고 총판이 아닌 총장으로 직함을 변경할 것을 권고했지만 도산은 강경하게 반대했다. 결국 도산의 원안대로 9월 6일 임시의정원을 통과하고 9월 11일 통합임시정부가 출범하게 되었다. 그러나 대한국민의회 측은 집정권총재 대신에 대통령제로 변경한 것에 대해 반발하고 나섰다. 상하이 임시정부 측은 정부만을 통합하고 임시의정원은 그대로 유지한 처사도 인정할 수 없다고 반발하며 임시의정원 해산을 요구했다. 이런 외중에 교통부 총장에 임명된 문창범(文昌範, 1870~1934)은 취임을 거부했다.[71)]

---

70) 주요한 편저, 『安島山全書』, 증보판, p. 228; 이명화, 『島山 安昌浩의 獨立運動과 統一路線』, pp. 55 − 56, 257 − 258; 李明花, "島山 安昌浩와 民族統一戰線運動", 『한국독립운동사연구』, 제18집, 독립기념관 한국독립운동사연구소, 2002, p. 144; 면담 이정식 · 편집해설 김학준, 『혁명가들의 항일회상: 김성숙 · 장건상 · 정화암 · 이강훈의 독립투쟁』, 수정증보 김용호, (서울: 민음사, 2005), p. 203.

임시정부 통합과정에서 일
어났던 분란의 큰 걸림돌 중 하
나가 이승만이었다. 위임통치 문
제로 재중 재러 한일들로부터
거부감이 컸던 이승만은 대한국
민의회와 상하이 임시정부의 국
무총리였으나, 스스로 대통령으
로 자처했다. 자신은 임시정부

통합임시정부로 처음 맞은 신년축하식 기념사진

보다는 한성정부 집정관총재라는 사실을 더 강하게 내세웠다. 게다
가 이승만이 국제 사회에서 President(대통령)라 행세하고, 일방적으로
구미위원부 설립을 반포했다는 것이 문젯거리가 되었다. 이 사건은 이
승만 반대 여론을 더욱 부채질해 임시정부와의 갈등은 더욱 깊어만
갔다.[72]

　　그러자 안창호는 조직 구성에서 임시정부와 한성정부의 공통분모
를 찾아내고 이를 적절하게 절충하는 방안을 제시했다. 도산은 이승만
이 임시정부 국무총리인 동시에 한성정부 대통령을 겸함은 "세상으로
하여금 아민족(我民族)에게 두 개 정부의 존재를 의심하게 한다."고 우
려하면서 "우리 정부의 유일무이함을 내외에 표시"하기 위해 "상해정
부를 희생하고 한성의 정부를 승인함이 온당"하다고 주장하였다. 그
핵심은 이승만에게 대통령 이름을 합법적으로 붙여주기 위해 한성정부
를 정통정부로 인정하고, 국무원도 한성정부 구성 그대로 따르되 다만
국무총리제를 대통령제로 개정하자는 것이었다. 안창호는 이를 9월 임

71) 이명화, 『島山 安昌浩의 獨立運動과 統一路線』, pp. 60-65. 당시의 상세한 경위
　　와 임시의정원에서의 도산의 발언 내용 등은 주요한 편저, 『安島山全書』, 증보
　　판, pp. 240-246와 629-640의 "임시의정원 회의록 초(抄)" 참조.
72) 이명화, 『島山 安昌浩의 獨立運動과 統一路線』, p. 57; 주요한 편저, 『安島山全書』,
　　증보판, pp. 249-250.

시 헌법 개정안으로 통과시킴으로써 대통령 칭호 문제를 일단락지었다. 안창호가 국무총리로 추대한 이동휘가 임시정부 참여를 결정하면서 주요 정부 각원들과 함께 11월 3일 합동 취임식을 거행하며 통합정부의 틀을 지켜나갈 수 있었다. 이것은 통합을 추진한 안창호의 절충과 포용의 결실이라고 평가해야 할 것이다. 독립운동 거두들을 한데 뭉쳐 대동단결할 중심 세력을 이루겠다는 자신의 통합 계획이 그 첫 고비를 넘긴 기쁨을 안창호는 취임식 축하연설에서 다음과 같이 표현했다.

"오늘 나의 기쁨은 극도에 달하여 마치 미칠 것 같다."

그러나 안창호의 기쁨은 헛된 기쁨이었고, 임시정부 내부 분규는 도리어 이 날부터 격화되어 갔다.73)

2. 연통부와 교통국: 국내 통합을 위하여

임시정부 수립과 함께 안창호가 역점 사업으로 추진한 것은 국내 기반을 확보하는 것이었다. 1919년 7월 10일 국무원령 제1호로 임시정부 내무부의 국내지방조직으로 임시연통제를 선포했다.74) 안창호는 9월 통합정부 성립 이후 노동국총판으로 옮겼지만, 연통제는 그의 지휘 아래 국내 전국 각처에 연통부 조직 건설과 특파원 파견 등 다양한 활동을 전개했다.75) 1919년 말부터 조직이 탄로나 와해되는 수난을 겪

---

73) 이명화, 위의 책, p. 65; 주요한 편저, 『安島山全書』, 증보판, pp. 245 – 246, 250, 634.
74) 내용은 韓詩俊 編, 『大韓民國臨時政府法令集』, (서울: 國家報勳處, 1999), pp. 95 – 98 참조.
75) 朴敏泳, "대한민국임시정부의 연통제 시행과 운영", 『대한민국임시정부수립80주년 기념논문집』, 상, 한국근현대사학회 편, (서울: 國家報勳處, 1999), pp. 342 – 343. 연통부는 도·군·면의 행정조직에 따라 전국 각 도에 감독부를 두고, 그 아래 군에 총감부, 면에는 사감부(司監部)를 두도록 되어 있었다. 즉 임시정부 내무부 직할 하에 감독부—총감부—사감부의 3부 체계로 상하 명령계통을 유지했다.

으며 전국 규모의 독립운동 방향이 시위 성격이나 단순한 지원 활동을 벗어나 무장 투쟁으로 바뀌어 가는 양상을 보여주었다.[76]

한편 1919년 8월 20일 「임시지방교통사무국장정」이 마련되면서 정식으로 임시안동교통사무국이 설치되었다. 제5장에서 언급했듯 쇼우가 경영하는 이륭양행 소속 무역선 계림환(鷄林丸)은 상하이와 주요 문서, 폭탄 무기 등 화물수송과 통신연락의 일을 했고, 상하이로 오고 가는 청년들과 독립운동가들 가족들을 국내와 만조우 등지에서 호송했다. 1920년 7월 이륭양행에 무기와 폭탄 및 제조 원료를 숨겨둔 사건으로 오학수(吳學洙, 1885~미상) 등이 체포되었다. 그때 쇼우도 신의주행 열차에서 검거되어 내란 죄인으로 재판받았으나 영국과 일본정부 간 외교문제로 되어 11월 19일 보석으로 풀려났다. 그 이후에도 쇼우는 독립운동을 계속 지원했다.[77] 교통국 활동은 비밀리에 임시정부 명령을 전달하고 독립운동을 목적으로 한 각종 비밀결사 및 동지들에 대한 정보와 한국 내 정황을 임시정부로 전달했다. 그러던 중 1919년 12월 평양의 교통국 관서지부가 습격당해 지부원들이 검거되면서 어려운 지경에 이르렀다.[78]

그런 상황에서 임시정부 국무회의는 1920년 1월 19일 국내를 대상으로 한 일종의 정보기구인 내부선전기관과 외교 선전 활동을 위한 외부선전기관을 조직하기로 결정했다. 안창호를 선전위원장으로 선임하면서 선전기관 설치와 운영에 관한 사무 일체를 위임했으며, 이 과정에서 선전기관 명칭은 지방선전부로 결정되었다.[79] 동년 3월 10일

---

76) 張錫興, "大韓獨立愛國團 研究", 앞의 책, p. 198.

77) 독립운동사 편찬위원회 편, 『독립운동사』, 제4권: 임시정부사, (서울: 독립유공자사업기금 운용위원회, 1972), pp. 298–299. 쇼우는 1963년 3월 1일 건국공로훈장이 수여되었다.

78) 이명화, 『島山 安昌浩의 獨立運動과 統一路線』, p. 119.

79) 韓詩俊, "대한민국임시정부의 국내 정보활동", 『한국근현대사연구』, 제15집, 겨울, (서울: 한국근현대사학회, 2000), p. 75.

국무원령 제3호로 지방선전부규정, 선전대 설치규정, 선전대 복무규정 등이 공포되면서 지방선전부가 정식 발족되었다.[80] 국무총리 직속 기관으로 설치된 지방선전부 총판은 선전부 위원장이었던 안창호가 맡았다. 부총판은 김철(金澈, 1886~1934)에 이어 이유필(李裕弼, 1885~1945)이 맡았고, 이사는 김병조(金炳朝, 1895~1938)와 차리석이 맡았다. 결국 지방선전부는 통합정부를 구성하고 각원들이 활동을 시작하면서 종전 연통제·교통국·조사원·특파원 등의 활동을 총괄하는 기관이었다. 국민에 대한 선전사무를 강구 집행하는 비밀기관인 정보기구라고 할 수 있다.[81]

한편 연통부와 교통국, 선전대 등 국내 조직은 소속 부서와 조직의 임무가 조금씩 달랐지만, 실제 임무수행 과정은 유사했다. 이들은 임시정부의 선전, 국내 독립운동조직과 연락, 군자금 모집, 시위운동 지원 등을 주요 임무로 하여 국내 활동을 전개해 갔다.[82]

3. 국민대표회의: 다시 통합을 위하여

대한민국임시정부는 1920년을 넘기면서 혼란과 침체에 빠져들어 갔다. 그동안 한국독립 지원에 대해 기대했던 파리강화회의가 아무 소득 없이 종료되었고, 1920년 봉오동전투와 청산리전투에 대패한 일본군 보복으로 경신참변과 1921년 자유시사변을 겪으면서 활기를 잃었다. 게다가 안창호 구도로 겨우 초창기 터전을 잡은 임시정부 안에서는 이승만과 이동휘의 반목으로 독립운동 노선의 갈피를 잡기 어렵게

---

80) 각 규정의 조항 전문은 韓詩俊 編, 『大韓民國臨時政府法令集』, pp. 231-236 참조.
81) 韓詩俊, "대한민국임시정부의 국내 정보활동", 앞의 책, pp. 76-77.
82) 張錫興, "대한민국임시정부와 국내독립운동: 1920년대를 중심으로", 앞의 책, p. 322.

되었다.[83]

1921년 1월 들어 이동휘가 국무총리직을 사임하고 임시정부를 탈퇴하자 반이승만 여론은 통합임시정부에 대한 비판 여론으로 전환·확대되었다. 2월에 박은식 등 13명의 연서로 발표된 격문인 「아동포에게 고함」(我同胞에게 告함)은 국민대표회의 소집을 공론화시켰다. 이에 안창호는 새로운 독립운동계 통합을 이룩할 수 있는 길을 모색하기 위해 임시정부 노동총판직을 사임하고 자연인이 되었다. 여운형 등과 함께 내분을 조정, 오로지 독립운동에 힘을 쏟도록 중재할 목적이었다. 프랑스 조계에 위치한 상현당(尙賢堂)에서 시국대연설회를 개최했다. 5월 12일과 19일 2회에 걸쳐 '독립운동의 진행책과 시국문제의 해결방침'이라는 주제로 조속한 시일 내 국민대표회의를 소집할 것을 호소했다. 도산은 쇠약해진 임시정부를 되살리기 위해 중앙기관에 총집중하고 공론(公論)을 세워 복종해야 한다며 독립운동계 통일을 강조했다.[84]

안창호의 국민대표회의 개최 주장은 연설회에 모인 400명 중 300여명의 기립 찬동으로 5월 19일 국민대표회의 기성회 결성 계획을 결정하고 여운형, 원세훈(元世勳, 1887~1959) 등 준비위원 20명을 선정했다. 이에 이승만 계열의 임시정부는 '불온언동에 대한 주의의 건'이라는 내무부 통첩 전문을 통해 견제했음에도 불구하고 기성회는 북경 측과 협의하여 국민대표회의주비위원회로 발전시켜 나갔다. 그런데 이 시점에서 이승만은 임시의정원에 '외교상의 긴급과 재정상 절박으로 인해 상해를 떠난다.'는 교서를 남기고 5월 29일에 상해를 떠나 미국으

83) 尹炳奭, "<解題> 島山 安昌浩 관련 國民代表會議 및 同友會 資料", 『島山安昌浩資料集』, 〈I〉, 國會圖書館 編譯, pp. 解題 (23) − (24).

84) 신주백, 『중국지역 민족운동사(1920~1930년대)』, (서울: 선인, 2005), p. 209; 이명화, 『島山 安昌浩의 獨立運動과 統一路線』, pp. 70, 151−152; 안창호, "정부에서 사퇴하면서"(시국대연설, 1921년 5월 12일 제1회, 5월 19일 제2회 연설), 『安島山全書』, 증보판, 주요한 편저, pp. 702−704; "上海韓人獨立運動者間의 紛爭", 『韓國民族運動史料(中國篇)』, 國會圖書館 編, pp. 278−279.

로 향했다. 상해와 북경의 연합은 본격화
되어 9월 15일에 국민대표회의를 개회하
기로 목표를 세웠으나 개회일은 계속 연
기되었다. 그것은 자금 문제와 함께 미국
과 소련에서 개최되는 워싱턴회의와 극
동인민대표대회에 한국문제가 상정되었
기 때문이다. 독립을 담보하는 실마리를
찾을 수 있기를 대부분 독립운동가들이
기대하고 있었다. 그러나 1921년 11월에
서 1922년 2월 초까지 열린 워싱턴회의
주된 과제는 동아시아, 태평양에서의 제

도산과 함께 국민대표회의를 제창한
여운형

국주의 간 세력관계를 조정하는 것으로 당초 기대와는 달리 허무하게
끝나고 말았다. 이런 상황에서 코민테른이 워싱턴회의에 대응하기 위
해 1922년 1월 모스크바 개최 극동인민대표회의에 참석한 여운형 등
대표들이 1922년 4월 초 상하이로 돌아왔다. 8개월 가까이 중단되었던
국민대표회의 준비 움직임은 다시 전개되었다.[85]

　　국민대표회의 개최를 중단시켰던 두 가지 문제점을 극동인민대표
회의가 모두 해결해 주었다. 그 내용은 외교적으로 극동인민대표회의
에서 공인을 받게 된 것과 레닌의 자금 지원으로 자금 문제가 해결된
것이었다. 4월 6일 안창호는 개인 자격이란 전제 하에 '국민대표회를
지지하자'는 연설회를 열어 가장 중요한 당면 과제가 국민대표회의를
소집하는 일이라는 점을 거듭 밝혔다. 이때 천세헌(千世憲, 1879~1945)

---

85) 金喜坤, 『中國關內 韓國獨立運動團體硏究』, (서울: 지식산업사, 1995), pp. 150－152;
　　이명화, 『島山 安昌浩의 獨立運動과 統一路線』, pp. 152－154. 참고로 이명화가
　　기술한 이승만의 미국 도착 직후 활동은 다음과 같다. "이후 이승만은 7월 14일
　　하와이에서 '현 정부를 옹호하고 대동단결을 꾀함'을 목적으로 한 대한인동지회
　　를 결성하고 현 정부유지 및 자신의 옹호여론을 조성하는데 힘을 기울였다."

등 102명이 연서로 제출한 이른바 <102인 인민청원안>에 대한 논란
이 일었다. 인민청원안 요지는 국민대표회의 개최를 요구하는 것이었
다. 이에 대해 백성이 의회에 청원하는 것이 합법 행위인지, 또 의정원
이 있음에도 불구하고 별도 대표회를 추진하는 것은 위법인지에 대한
찬반양론이 대립되었다. 표결 결과 인민청원안은 과반수 찬성으로 통
과되어 4월 17일 임시의정원은 국민대표회의 개최 건을 정식으로 승인
하게 되었다.86)

그러자 5월 10일 국민대표대회주비위원회는 회의소집을 선언하며
과거 모든 분규와 문제를 해결하고 미래 방침을 수립해 다시금 독립운
동 통일과 조직을 추진하기 위해 대회를 주비하는 책임을 진다고 밝혔
다. 한편 임시의정원은 무정부 상태가 됨을 우려하여 미국의 이승만에
게 책임 이행을 촉구하고 불신임안을 제출할 것이라 통보했다. 하지만
이승만이 거부하자 1922년 6월 17일 임시의정원은 이승만을 대통령과
국무원에 대한 불신임을 결의했다. 이러한 노력에도 불구하고 9월 1일
개최 예정이었던 국민대표회의는 대표들의 도착 지연과 자금문제로 계
속 연기되었다. 12월 27일 62명의 주비위원들이 예비회의를 가진 결과
이제 역사적인 개최만 남아 있게 되었다.87)

드디어 1923년 1월 3일 국민대표회의가 개최되었다. 개최일에 참
석한 대표는 62명이며 임시의장에 안창호가 선임되고, 5월 15일까지
63차례의 회의가 진행되었다.88) 그러나 2월 말에 들어 이른바 창조파

---

86) 金喜坤, 위의 책, pp. 152-153; 이명화, 위의 책, pp. 158-159(『독립신문』,
   1922년 5월 27일, 6월 3일, 6월 14일, 6월 24일 인용); "國民代表會 開催 準備狀況
   의 件", 『韓國民族運動史料(中國篇)』, 國會圖書館 編, pp. 277-278. 안창호, "국민
   대표회를 지지하자", 『安島山全書』, 증보판, 주요한 편저, pp. 723-729 참조.
87) 金喜坤, 위의 책, pp. 153-154; 이명화, 위의 책, pp. 159-160.
88) 회의 일정과 내용은 金喜坤, 위의 책, pp. 156-159의 '표 2-1 국민대표회의 일
   정과 대표자격 인정 인원' 참조. "國民代表會에 關한 報告文書"(朝鮮總督府 警務局
   에서 京城地方法院 檢事局 檢事正 앞으로 낸 報告書)는 國會圖書館 編譯, 『島山
   安昌浩資料集』, 〈I〉 pp. 3-116 참조.

42명이 공약을 채택하며 파행 국면을 맞이했다. 본회의에서 3월 5일(제
34일)부터 시국문제가 토론되면서 창조파와 개조파의 대립이 생겨난 것
이다. 3월 13일(제39일)부터 개조안이 토론되기 시작하자 찬반양론이 거
세게 일어났고, 그 후유증으로 결국 국민대표회의는 20일 동안 열리지
못했다. 개조파와 창조파는 공백기인 3월 28일부터 4월 10일까지 비공
식회의를 통해 시국문제 쟁점사항을 유보하기로 했다. 그 대신 안창호
는 임시정부와 임시의정원을 설득해 국민대표회의를 인정하고 참가할
수 있는 여건을 만들기로 했다. 그러면서 우선 정치적으로 마찰이 적
은 각 분과문제 토의에 들어갔다. 군사·재정·외교·생계·교육·노동
등의 문제가 모두 통과된 것이 5월 10일(제60일)이었다. 다음 날 5월 11
일(제61일)부터 시국문제 토의가 재기되자마자, 또 다시 개조파와 창조
파 간에 격돌이 일어났다. 5월 15일(제63일) 이후로 개조파가 본회의를
떠나면서 사실상 국민대표회의는 막을 내렸다.[89)

　안창호가 주도했던 국민대표회의는 3·1운동 이후 국내외 독립운
동 세력의 결집을 시도한 최대 규모 모임이었다. 임시정부에 대한 재
평가와 지난 독립운동의 공과에 대한 반성을 통해 독립운동 세력 간
통합을 추진하며 전민족의 역량을 결집하고자 했다. 당시 안창호는 임
정 개조론 입장에 있었지만 개조파로 분류됨을 거부했다. 안창호의 관
심은 오로지 임시정부를 중심으로 민족주의와 공산주의라는 이념의 벽
을 넘어 독립운동계 통합을 이루자는 것이었다. 이렇듯 이념의 벽을
허물고자 했던 도산의 목표는 각 세력 간 주도권 장악을 위한 파쟁의

---

89) 金喜坤, 위의 책, pp. 160-161; 尹大遠, "임시정부와 국민대표회의", 『임시정부
　의 수립과 독립전쟁』, 신편한국사 48권, (서울: 국사편찬위원회, 2002), p. 154;
　"國民代表會의 狀況 및 附隨問題에 관한 件", 『韓國民族運動史料(中國篇)』, 國會圖書
　館 編, pp. 311-313; 『島山安昌浩資料集』, 〈I〉, 國會圖書館 編譯, pp. 78-81. "국
　민대표회의 경과에 관한 건" 등, 『島山安昌浩資料集』, 〈I〉, 國會圖書館 編譯, pp.
　75-95 참조.

벽을 넘지 못했다. 임시정부 통합 실패
에 이은 국민대표회의 실패는 도산에게
독립운동계 현실을 자각하는 계기가 되
었다. 이후 안창호의 통일대당 결성의
유일당 운동은 임시정부 존립여부와 관
계없이 정당조직운동으로 전개되어 이
당치국체제(以黨治國體制)로의 개편을 추
진하게 되었다. 그 준비의 일환으로 안
창호는 미주 동지들의 후원을 얻기 위
해 1924년 11월 상하이를 떠났다. 앞서
언급한 대로 미주에서 대한인국민회와

1926년 도산이 중국상해로 떠나기 전
마지막 가족기념사진
앞줄 도산, 수라, 이혜련, 수산, 뒷줄
필립, 필선.

홍사단 조직 재정비 후 생애 마지막으로 가족들 품을 떠나 1926년 5월
16일 다시 상하이로 돌아왔다. 이후 안창호는 1932년 4월 피체될 때까
지 홍사단 확대, 이상촌 건설, 대독립당 조직이라는 새로운 구상을 중
국에서 실천해 나갔다.[90]

4. 홍사단원동위원부: 내부 단결의 도모

안창호는 신민회 산하단체인 청년학우회 목표와 취지를 계승해
수양단체로 1913년 미국 샌프란시스코에서 홍사단을 창설했다. 북미
여러 지역과 하와이·멕시코 등지에 지부를 설치하면서 확장해 나갔다.
수양단체라 해서 단순히 수양을 해 민족을 개선하려는 것이 아니라 조
선민족의 인구증식·부력증진·지위향상·조선독립·기타 일체의 행복
과 번영 등 5가지 목적으로 홍사단을 조직했다.[91] 1919년 5월 안창호

---

90) 金喜坤, 『中國關內 韓國獨立運動團體研究』, pp. 190－191; 이명화, 『島山 安昌浩의
    獨立運動과 統一路線』, pp. 159－160; 주요한 편저, 『安島山全書』, 증보판, p. 403.

1918년 흥사단 청년단원들과 함께

가 흥사단 동지 정인과(鄭仁果, 1888~1972)와 함께 상하이로 온 이후 흥사단운동의 필요성을 절감했다. 미주에 대해 원동(遠東)이라 지칭된 중국을 중심으로 러시아·일본·국내 등지에도 지역 단위로 흥사단 조직을 확장시키고자 했다. 1920년 1월 도산은 미주의 흥사단 동지 박선(朴宣, 본래 이름 朴宣濟, 1884~1950)과 김항주(金恒作, 作을 '주'라 발음함, 미상~1926)를 상하이로 불러 사무와 조직 책임을 각각 맡기고 흥사단원동임시위원부 조직에 착수했다. 공공 조계 모이명로(慕爾鳴路) 빈흥리(彬興里) 301호에 단소를 마련하고 활동에 들어갔다. 그 해 4월 도산은 이광수를 친히 문답하여 최초 단우로 입단시키며 상하이 유망 청년들에게 흥사단 이념과 독립운동 방략을 펼치며 단원 가입을 적극 권유했다. 1921년 9월 20일에는 국내를 비롯한 중국·연해주·일본 등지를 관할하는 지부로 흥사단원동임시위원부가 정식 출범하고 12월 29일과 30일에 걸쳐 301호 단소에서 흥사단 제7회 대회를 개최했다. 이 대회는 원동대회로는 처음 열리는 것이었다. 이후 1926년 5월 국내에서 『東光』이란 잡지를 창간하고 안창호는 산옹(山翁)이라는 필명으로 꾸준히 기고했으나 일제 당국의 심한 검열로 게재 못하거나 삭제 당했다. 결국 총독부의 식민지출판법에 의해 1933년 1월 총권 40호로 종간되었다.[92]

---

91) "동우회 관계자 검거에 관한 건", 『島山安昌浩資料集』, 〈Ⅰ〉, 國會圖書館 編譯, p. 221.

92) 주요한 편저, 『安島山全書』, 증보판, pp. 337, 342; 이명화, 『島山 安昌浩의 獨立運動과 統一路線』, pp. 309, 314-319, 330-331; 李明花, "興士團 遠東臨時委員部의 人的 構成과 그 性格", 『한국근현대사연구』, 제22집, p. 88. 이광수가 전하는 입단문답의 내용은 이광수, 『도산 안창호』, pp. 178-226 참조.

흥사단원동위원부원
들의 입단은 매우 엄격했
다. 흥사단 정신과 주의
를 반영하는 모든 의무사
항을 단원들은 철저히 이
행해야 했다. 위원부 아
래 회계부, 검사(찰)부, 도
서부, 강론부, 운동부, 음
악부, 접제부 등 부서를

흥사단원동위원부 창립대회(1921)

구성했다. 최하위 조직으로 원동반을 구성하고 조직의 가장 기초는 반
원들이었다. 흥사단원동위원부는 부서 조직을 통해 각 개인의 지·덕·
체 균형 발달을 도모함은 물론 조직력을 바탕으로 각종 사업을 전개했
다. 단원은 통상단원과 임시단원으로 구분했다. 통상단원들은 상하이,
난징, 베이징 등 주거와 활동영역에 따라 원동반(1반~14반)에 소속되었
다. 단원들은 의무 활동을 통해 흥사단 주의를 실천하고 결속을 다져
나갔다. 의무사항으로는 단우회, 월례회, 원동대회를 개최해 각자 활동
사항에 대해 보고하는 통상보고 의무와 위원부 주재의 각종 단우회와
대회 출석 의무, 의무금 출연, 동맹저축, 동맹운동, 동맹독서, 육체운동
등이 있었다. 여러 의무 실천성과에 대해 개인별 성적을 매기는 등 엄
격한 의무규정을 두었다. 이에 대한 실행을 독려하며 조직을 강화시켰
고 단원들 간 결속과 통일을 꾀했다.[93]

흥사단원동위원부 결성 목적은 조선독립이라고 분명히 천명했다.
미주에서도 흥사단은 조선독립을 목적으로 한 혁명단체임을 선포한 바

---

93) 이명화, 『차리석 생애와 독립운동』, 독립운동가열전 12, (천안: 독립기념관 한국
   독립운동사연구소, 1997), pp. 95 – 96. 특히 출석의무에 대해서는 "참석치 못할
   시에는 출·결석의 여부를 사유와 함께 통보해야 한다."며 엄격히 관리했다.

있다. 그러나 미주와 중국과는 달리 국내에서는 이러한 목적이 알려지면 표면 활동이 불가능했기에 수양과 비정치성을 표방하며 수양동우회로 단체를 위장하지 않을 수 없었다. 이로 인해 정체성 모호로 단원들이 방황하고 일제 분열책에 의해 문치파·자치파로 매도당하면서 점차 침체해 갔다. 반면 흥사단원동위원부 정치 성향은 헤게모니(hegemony) 장악에 두지 않았다. 독립운동계 분열을 막고 통합하고자 했다. 단원들은 주로 재정 기초를 마련해 독립운동이 계속 가능할 수 있도록 계획하고 실천하는 역할을 했다.94)

5. 이상촌건설운동과 동명학원: 다시 문화 투쟁으로

안창호는 임시정부 활동과 모든 독립운동, 혁명 활동을 수행하는 데 재정 확보가 우선함을 강조하는 현실주의자였다. 따라서 흥사단원동위원부 핵심 사업은 지속적인 독립운동 전개와 생활안정을 위한 근거지 개척운동이었다. 기지건설 착수는 1920년 12월 원동에서 처음으로 개최된 흥사단 제7회 원동대회를 전후해 시작되었다. 1923년 5월 국민대표회의 결렬 후에도 독립운동 근거지가 되고 토지경영을 할 수 있는 적임지를 물색하기 위해 도산은 각처를 다닌 바 있었다. 도산의 기지건설운동은 이상촌 건설운동으로 불리었고, 신민회의 독립운동기지 건설운동의 연장이었다. 기지건설운동은 생활기반 없이 방황하는 한인들을 집단 이주시켜 농업을 경영하게 했다. 한인들 생활안정을 도

---

94) 이명화, 『島山 安昌浩의 獨立運動과 統一路線』, pp. 341, 343−344. 이광수의 수양 동맹회는 국내에 들어온 원동위원부 단원 들 중 대성학교 출신들로 결성된 동우구락부와 통합하여 1926년 1월에 출범했다. 참고로 김산의 회고에 의하면, 안창호는 민주적 대중운동을 대변하는 반면에 이광수는 부르조아 지식층의 자유주의적 문화운동을 대변한다고 했다. 안창호와 이광수의 상세한 비교는 님 웨일즈·김산 지음, 앞의 책, pp. 148−153의 "안창호와 이광수" 참조.

도산과 원동 흥사단 단원
왼쪽부터 김복형,
전재순(田在淳,1884~1950), 유상규(劉相奎,
1897~1936)

모함은 물론 이를 바탕으로 독립 운동 재정 기반을 마련한다는 방책이었다. 즉, 해외 독립운동 근거지를 마련하는 동시에 장기간 독립운동을 전개할 수 있는 유일한 방도로 보았다.[95]

안창호는 1923년 8월 이후 베이징에 머물면서 베이징 부근 시산(西山) 일대를 돌아보며 이상촌 후보지를 물색했다. 흥사단원으로 난카이(南開)대학 재학 중인 박일병(朴日秉)을 대동하고 산하이관(山海關), 진조우(錦州), 후루다오(葫蘆島) 등지를 답사했다. 도산이 이상촌 후보지로 물색한 곳은 난징과 전장(鎭江) 사이의 샤슈(下蜀) 일대였다. 샤슈는 멀리 양쯔(揚子)강이 내다보이는 나지막한 야산으로 계곡에는 기름진 전답이 있는 곳이다. 이곳은 독일 선교사들이 부락을 이루고 있는 곳으로 우물을 파서 저수탑을 세우고 자가발전기로 수도와 전기 시설을 갖추고 있었다. 도산은 이 지역을 이상촌 건설의 적지로 여겼다.[96] 도산은 이상촌

95) 李明花, "興士團遠東臨時委員部와 島山 安昌浩의 民族運動", 『한국독립운동사연구』, 제8집, pp. 237, 239. "안창호는 1923년 7월 7일자로 미주 동지들에게 보낸 편지에서 국민대표회의의가 결렬된 후 독립운동의 근거지가 되고 토지경영을 할 수 있는 적임자를 물색하기 위해 각처를 다니고 있음을 전언하고 있다.(「同志諸位에게」『興士團資料』獨立紀念館소장)" 이명화, 『島山 安昌浩의 獨立運動과 統一路線』, p. 215에서 재인용.
96) 이명화, "島山 安昌浩의 理想村運動에 關한 研究", 『韓國史學報』, 제8호, pp. 144-145, 147; 이명화, 『島山 安昌浩의 獨立運動과 統一路線』, pp. 216, 218.

건설 대상지로 네이멍구(內蒙古) 지역까지도 주목하였다. 한인들 이주가 이루어진 곳은 네이멍구 바오터우전(包頭鎭)이었다. 이곳에는 1923년 평북 출신 신우현(申禹鉉, 1865~1935) 외 한인 4명이 3천여 원으로 토지를 구입해 한인 수백 명을 이주케 할 계획임이 당시 동아일보에 보도된 바 있다. 한편 난징으로 거처를 옮긴 도산은 1천 5백여 평 토지를 구입해 흥사단원동위원부 근거지로 삼고 교육사업을 우선 전개하기로 했다.97)

국민대표회의가 결렬된 후 안창호는 흥사단 미주본부에 청원해 받은 교육비로 난징에 토지를 매수해 학교기지를 정하고 동명학원을 설립했다.98) 1924년 3월 3일 동명학원은 기지에 교사를 짓기 전에 임시로 중국인들이 교회당으로 사용하던 건물 상층을 빌려 개교했다. 동명학원은 상위학교 진학을 위한 3개년 과정의 영어과·중어과, 1개년 과정의 대학예비과를 개설했다. 정기수업 외 1개월 방학 중 열리는 하기강습회는 영어·중국어·국어·역사 등을 강습했으며 40명 내지 80여명의 청년들이 청강했다.99)

동명학원은 초기에 어학강습소 과정만을 갖추고 시작했으나, '민족정신을 기본으로 한 중등교육과 구미나 중국 각 대학 입학 지원자의 어학전수를 위(爲)케함'이라는 취지로 발전했다. 중등교육은 고등중학과라는 명칭으로 시행되어 총24개에 달하는 광범위한 과목이 개설되어

---

97) 이명화, 위의 논문, pp. 149, 152; 이명화, 위의 책, pp. 220, 223−224, 326. 이명화는 당시 보도된 『동아일보』(1923. 11. 28일자) 인용.

98) 곽림대, 「안도산」(직해), 『島山安昌浩全集』, 제11권, p. 654.

99) 박영국, 「1920년대 중반 동명학원의 설립과 운영」, 국민대 석사학위논문, 2013, pp. 15, 17, 20; 이명화, 『島山 安昌浩의 獨立運動과 統一路線』, pp. 327−328. 동명학원은 원생모집을 위해 『동아일보』(1925년 2월 20일자, 1925년 2월 27일자, 1925년 3월 2일자)와 『동광』, 제5호, 1926년 9월호 뒷표지 등에 대대적인 광고를 했다. "본원은 중국 혹은 구미에 유학하고자하는 학생에 대하여 어학과 기타 부족한 과목을 전수하여 가장 빠른 기간에 성취하게하며 이런 학원은 전무하다."라고 그 목적과 함께 학년별 과목을 명시했다.

대학예과의 발전된 형태를 보였다. 이는 상업과 공업을 기본으로 하는 대학을 건설하기 위한 점진적인 실행이었다. 상과와 공과를 우선 두고 자 한 것은 취업이나 생활 방도를 통해 자립 기반을 마련코자 한 뜻이 었다. 동명학원 원장은 안창호였고 명예원장은 남경기독교청년회 총목 질레트(Phillip L. Gillette, 1872~1938)였으나, 원동위원부와 동명학원 실질 책임자는 안창호로부터 전권을 위임받은 차리석이었다. 교사들 현황은 다음과 같다. 개설 당시에는 인성학교 교사를 지낸 정해리(鄭海理)가 전 임교사였고, 선우혁(鮮于爀, 1882~?)이 예비반 담임교사를 맡았다. 그 외 이일림(李一林·李承林), 주요섭(朱耀燮, 1902~1972), 김두봉(金枓奉, 1889~?), 김수형과 외국인으로는 중국인, 밀즈부인, 워크박사가 교사로 근무했 다. 그런데 동명학원은 1926년 9월 화재를 당해 학교 건물과 기구 등 이 모두 불타버리는 재난을 당했다. 학교재건운동이 일어나 의연금이 모집되고 흥사단 본부에서 3천원의 보조금을 받아 1927년 4월 신학기 부터 다시 수업이 이루어질 수 있었다. 동명학원은 임시정부가 설립한 인성학교와 더불어 재중 한인들에게 가장 큰 영향력을 발휘한 교육기 관이었다. 인성학교는 초·중등교육기관을 자처했고 동명학원은 대학 교 수준의 고등교육기관을 목표로 하고 있었다. 이후 동명학원은 흥사 단원동위원부 본부가 난징에서 상하이로 이동하면서 폐쇄되었다.[100]

6. 민족대당촉성운동: 좌우통합 연합전선 촉구

　동명학원 설립 직후 건강이 좋지 않았던 안창호는 미주 동지들의 후원을 얻기 위해 1924년 11월 22일 미주를 향해 출발해 다시 상하이

---

[100] 박영국, 위의 석사학위논문, pp. 13−14, 25, 46; 이명화, 위의 책, pp. 327−329.
　동명학원의 교직원과 출신 인물에 관한 상세한 내용은 박영국의 석사학위논문 pp. 24−43 참조.

로 돌아온 것은 1926년 5월 16일이었다. 그동안 미주에서 안창호는 동포들에게 독립운동계 실상을 알리며 향후 유일당을 결성해 무력 독립투쟁을 전개한다는 독립운동 방략을 호소하고 5만 달러 자금을 마련해 미주를 떠났다. 도산이 상하이에 도착하기 전 5월 8일 임시정부는 이상룡 사퇴와 양기탁 취임 거부로 공석이 된 국무령에 안창호를 임명했다. 상하이에 돌아온 안창호는 임시정부가 어려운 상황에 놓여있어 취임을 일단 승인했다. 하지만 일부 반대에 부딪치자 취임하지 않고 난징으로 떠나 이상촌 건설과 동명학원 운영에 매진한 것은 앞에서 기술한 바와 같다.[101]

안창호가 국무령에 임명되리라는 상해통신이 미주에 전달되자, 대한인국민회는 『신한민보』(1926. 5. 27)를 통해 그의 취임 반대 논설 '상히 정계에 대하야'를 실었다. 안창호가 미주에 있을 때 이미 『신한민보』(1925. 6. 25)는 도산이 "미국에서 볼셰비키 주의를 선전함으로 미국 법률에 범했다."는 모략 선전과 어떤 한인이 익명으로 미국무성에 영문으로 '안창호가 주의선전자'라고 투서를 보낸 사실을 보도했다. 미주에서 도산은 독립운동 최후 방략으로 좌우 운동세력 통합과 전민족 연대, 또 이를 기반으로 한 독립전쟁을 주창했었다. 이때 미국 내에서 도산이 사회주의자며 위험분자라는 모략과 소문이 뒤따랐던 것이다. 이에 대해 안창호는 "나는 미주에 가서 공산주의라는 지목을 받았습니다. 만일 러시아에 가게 되면 반공주 즉 자본주의라는 지목을 받을 것입니다."라고 항변했다. 안창호는 자신이 주장하는 주의와 노선에 대해 "나의 가진 주의가 무엇인지 나도 무엇이라고 이름질 수 없습니다. 민족주의도 아니요, 공산주의도 아닙니다."라며 이념 분파주의를 거부했

101) 李明花, "島山 安昌浩와 民族統一戰線運動", 『한국독립운동사연구』, 제18집, pp. 150-151, 154; 이명화, "도산 안창호의 독립운동과 노선", 『安島山全書』, 下, 도산사상연구회 編, p. 106. 조동걸, "민족운동가로서의 도산", 『安島山全書』, 下, 도산사상연구회 編, pp. 40, 43-46의 '안창호의 상해시대 연보' 참조.

다. 또한 당시 자치론이 대두되어 논란이 일자, 자치·참정 운운은 일제가 우리 민족을 영멸시키려는 계획이라고 안창호는 설파했다. 도산은 한국이 처한 현실에서 자치제는 불가능하다고 강조하며, 자치론을 주장하는 사람들은 어리석은 자들이라고 단언했다.[102]

　　안창호가 민족대당을 공론화한 것은 삼일당 연설회에서였다. 5월 22일 상하이귀환 환영연설회 석상에서 주의를 초월해 전민족운동계가 혁명을 진행시켜 나가자는 안창호의 호소와 국내 6·10만세운동 발발 소식은 침체된 독립운동계를 고무시키는 계기가 되었다. 이런 기운을 타고 독립운동촉진회 주최 7월 8일 삼일당 연설회에서 도산은 민족대단결을 주장했다. 그 대요는 제5장에서 기술한 바와 같다. 그동안의 이념과 노선 차이를 극복하고 국민대표회의 때와는 달리 개조파와 창조파의 이론을 통합해가는 방책이었다. 이는 독립운동계를 일신시키는 방향 전환의 신호탄이자 대공주의 실천의 첫걸음이었음은 제5장에서 이미 언급했다. 안창호는 국내에서 춘원 이광수를 중심으로 제기된 자치론과 실력양성론을 신랄히 배격하고 전 민중이 중심이 될 민족대당 필요성과 임시정부 유지에 대한 확고한 의지를 다음과 같이 천명했다.[103]

　　六. 독립운동자 중 사상의 오류 혹자는 혁명수단에 의하여 완전한 독립을 얻기란 불가능하다. 그 이유는 실력이 없고 또 단계를 밟지 않은 때문이다. 차라리 자치를 먼저 얻고 그리고 독립을 얻어야 한다고 창도(唱道)하나 이것은 큰 잘못이다. 그 이유는 일본정부는 오히려 우리들에게 자치를 허여할 시기가 빠르기를 원하고 있을 뿐 아니라 일본은 그들의

---

102) 이명화, 『島山 安昌浩의 獨立運動과 統一路線』, pp. 270, 272−274.
103) 제5장 각주 88), 90) 참조. 장석흥, "차리석의 「한국독립당 당의의 이론체계 초안(1942)」과 안창호의 대공주의", 『한국독립운동사연구』, 제49집, p. 175; 이명화, 위의 책, pp. 270−271.

준비에 다망(多忙)을 극하고 있다. 그 자치제가 시행되기에 이르렀을 때에 있어서의 현상은 여하한가를 말하건대 한국 내에 거주하는 일본인 내지 일본동화자(同化者)만으로 정권을 장악하게 될 것이다. 왜냐하면 현재 한국에 있어서의 지면(地面)의 대부분은 그들의 손에 있고 그리고 국내의 경제 또한 그들의 수중에 있으므로 장래 독립할 기회가 있어도 자치를 얻는다는 것은 절망일 것이다. 또 일파에서는 먼저 실력을 양성해야 한다고 칭하나 이것 또한 불가하다. 자본, 지력, 경험이 부족한 아(我)민족은 가령 일본정부가 간섭하지 않는다 해도 일본인 자본가와 경쟁할 수 없다. 하물며 우리에게 실력과 문화의 진보를 할 기회를 주지 않을 때에 있어서랴. 이제 한국 내의 토지의 대부분은 일본인의 수중으로 넘어가고 불쌍한 우리 동포는 동으로 일본의 공장에서 혈한(血汗)을 흘리고 북으로는 만조우의 황야에서 방랑하지 않으면 안 되게 되었음은 실력양성 주창자의 이상을 웅변으로 말하는 것이 아니겠는가.

七. 우리들이 생명의 부활을 위해서는 혁명의 한 길이 있을 뿐이며 그것을 유력하게 함에는 보편적으로 또 유력한 일대혁명당의 조직을 필요로 한다. 과거의 산만적 운동보다도 조직적 운동을 하려고 노력하지 않으면 안 된다.[104]

위와 같이 안창호는 자치론과 실력양성론을 철저히 배격하고 혁명노선을 강조하고 있었다.

지금 혁명의 주장점은 공산주의로 하자! 민주제로 하자! 무정부주의로 하자! 복벽운동을 하자! 하야 각각 자기의 의사를 주장합니다 … 이것이 우리의 실제인즉 그 주장이 다르다고 서로 다투지 말고 단순히 우리는 민족혁명을 해야겠다는 각오를 가지고 대혁명적 조직을 성립한 후에 일치적 행동을 취하여야 할 것입니다 … 우리 민족을 건지기 위하여 개인의

104) 안창호, "우리 혁명운동과 임시정부문제에 대하여"(상해 삼일당 연설), 『安島山全書』, 증보판, 주요한 편저, pp. 755-756의 연설 내용이 잘 요약된 國會圖書館 編, 『韓國民族運動史料(中國篇)』, pp. 599-600의 "安昌鎬演說(大要)" 중 일부를 한글로 옮겼다.

사리[私利]를 붙이지 말고 큰 혁명당을 조직하도록 힘써야 할 것입니다.[105]

안창호는 7월 16일 6·10만세운동 기념 연설회에서도 그 정신을 계승 발전시키기 위한 민족 통일기관 성립을 역설했다. 안창호는 6·10만세운동을 한층 유력한 것으로 만들려면 내부 쟁투를 그치고 공동의 적인 일본과 싸울 준비를 해야 한다고 강조했다. 연설회 첫 연사로 나선 김단야(金丹冶, 1901~1938)가 민족협동전선에 대한 사회주의 진영의 입장 표명이었다면, 안창호 연설은 민족주의 진영의 답변이나 마찬가지였다. 민족혁명이란 각 독립운동 세력이 정치·경제·종교 이념의 차이를 떠나 민족 역량을 결집해 일제 압박에서 민족 자유를 찾자는 것이다. 대혁명 조직은 민족혁명을 추진하기 위한 독립운동 세력 구심체를 뜻하고 있었다. 이 무렵 쇠퇴한 임시정부 기능을 대신할 민족 통일기관을 세우자는 것이기도 했다. 안창호는 민족 당면 최대 과제는 조국 독립인만큼 일단 독립을 달성한 뒤, 정치사상 논쟁은 해방된 조국 발전을 위해 쏟아 붓자고 호소했다. 이는 국내외 민족운동계의 커다란 호응을 얻었고, 민족유일당운동은 1920년대 후반 독립운동계의 가장 큰 과제로 부상했다.[106]

안창호는 1926년 8월과 9월에 베이징으로 가서 좌파세력의 대표 원세훈을 만나 대동단결을 거듭 촉구했다. 이 만남은 촉성회 결성을 위한 본격적인 첫 접촉이었다. 베이징에서 발표된 선언서는 러시아 무

---

105) 안창호, "우리 혁명운동과 임시정부문제에 대하여"(상해 삼일당 연설), 『安島山全書』, 증보판, 주요한 편저, p. 754.

106) 윤대원, 『상해시기 대한민국임시정부 연구』, (서울: 서울대학교출판부, 2006). pp. 278-279; 장석흥, "제1부 (6) 독립운동 세력의 통일을 향하여: 島山 '이념 떠나 獨立위해 대동단결을' 1926년 민족유일당운동 제창", <실록 대한민국림시정부: 망명정부 수립서 환국까지(1919~1945)>, 『조선일보』, 2005. 2. 16, 특집 A10면.

산혁명자가 공산당 깃발 아래 모였고 중국 혁명자가 국민당에, 아일랜
드 혁명자가 신페인당(Sinn Fein)에 각각 집결한 사실을 예로 들면서, 당
(黨) 결합이 필요하다는 당위성을 강조했다. 이것은 소련·중국이 하나
의 정당 조직으로 국가를 다스려 나가는 것처럼, 북경촉성회 구성원들
도 이당치국 형태로 민족협동전선을 결성하려 했다는 사실을 말해준
다.107)

　　그러한 결실로 베이징에서 1926년 10월 28일 동지들을 당으로 결
합시킬 것을 목표로 하는 대독립당조직북경촉성회가 결성되었다. 중국
관내에서 상하이가 아닌 베이징에서, 그것도 당시 중국 국민혁명에서
제1차 국공합작이 균열되어 가고 있던 상황에서 대독립당조직북경촉성
회가 먼저 조직될 수 있었던 것은 주목할 필요가 있다. 국민대표회의
결렬 후 베이징 지역 민족운동은 진보 진영에 의해 전개되고 있었다.
도산의 대동단결과 대혁명당 조직론은 베이징의 그것과 차이가 있었
다. 도산의 대혁명당 조직론은 민족유일당을 결성해 임시정부를 개조
하고 임시정부 위상을 높이려는 것이었다. 이에 반해 베이징 세력은
민족유일당으로 임시정부를 대체하자는 것이었다.108) 그렇지만 안창호
는 앞으로 결성될 대혁명당 완성이 제1의 과제이고, 두번째 과제로 대
혁명당을 조직하기까지 임시정부를 "엇더케던지 붓들어 가야한다."고
주장했다. 또한 도산은 대혁명당, 즉 민족유일당과 임시정부의 관계에
대해서도 대혁명당이 조직되는 동시에 임시정부보다 더 큰 어떤 조직
체가 생기면 그때 그만두어야지 미리 임시정부를 집어치운다면 오히려
운동의 열기를 식히는 결과만 초래할 뿐이라고 보았다. 이것이 당장의
현실인식 차이에도 불구하고, 도산의 대혁명당 조직론이 베이징 지역

---

107) 김희곤, 『대한민국임시정부 I-상해시기』, pp. 224-225.
108) 신주백, "안창호와 1920년대 사회주의운동," 『도산사상연구』, 제8집, p. 214.;
　　이현주, 『1920년대 재중항일세력의 통일운동』, 한국독립운동의 역사 47, (천안:
　　한국독립운동사편찬위원회, 2009), pp. 148-150.

과 합의될 수 있는 배경이었다. 이때의 안창호는 민족유일당 결성 시점에서 통합 임시정부의 해체를 인정하고 있었다는 점에서 1920년대 초반의 주장과 크게 달라졌다.[109]

한편 1926년 12월 13일 국무령에 취임한 김구는 최고 권력을 정부보다 당으로 삼아 독립운동을 전개한다는 이당치국 원리에 따른 개헌을 추진하면서 민족대혁명당 운동을 지원했다. 최고 권력인 민족대혁명당이 결성되면, 그 당으로 임시정부를 유지해 간다는 전망을 담고 있었다. 그와 함께 광둥, 우한, 난징에서도 한국유일독립당촉성회가 차례로 조직되었다. 1927년 5월에는 광둥에서 의열단 주도로 170명이 참가한 가운데 대독립당광동촉성회가, 7월에는 우한에서 한국유일독립당무한촉성회가, 9월에는 난징에서 한국유일독립당남경촉성회가 창립되었다. 지방별 촉성회가 만들어지는 가운데 1927년 11월 상하이에서 중국관내 지역연합체인 한국독립당관내촉성연합회가 탄생하면서 민족유일당운동은 한걸음 진전되었다.[110]

1927년 4월 15일에는 지린 신안툰(吉林 新安屯)에서 남북 만조우 지역 통일단체 대표들이 모여 이른바 신안둔회의라 불리우는 독립운동 대표자회의를 개최했다. 신안둔회의는 만조우 지역의 유일당조직을 결성하기 위한 준비 활동으로 정의부 주도하에 열린 제1회 각 단체 대표자회의로 안창호도 참석했다.[111] 이 회의는 김동삼(金東三, 1878~1937)·오동진(吳東振, 1889~1944)·김원식(金元植, 1889~1940)·이웅(李雄) 등 정의

109) 신주백, 위의 논문, pp. 215－216; 이현주, 위의 책, p. 150.
110) 장석흥, "제1부 (6) 독립운동 세력의 통일을 향하여",『조선일보』, 2005. 2. 16, 특집 A10면; 金正明 編,『朝鮮獨立運動 Ⅱ: 民族主義運動 篇』, 明治百年史叢書, 百部 限定版, 原書房, 昭和四十二年[1967년] 發行, (서울: 국학자료원, 1980), p. 329. 1919~1932년 시기 독립운동에 관한 일제의 상세 기록은 pp. 187－371의 "<附>朝鮮民族運動年鑑" 참조.
111) 이명화,『島山 安昌浩의 獨立運動과 統一路線』, p. 279. 이명화는 안창호의 참석 여부는 알려지지 않았으나, 영주(필명)의 회고록에 의거 참석했다고 밝혔다.

부 간부 28명, 안창호와 함께 조선공산당 만조우 총국 등 좌·우익 20 여개 단체 55명의 각지 대표가 참석해 이루어졌다. 4월 16일 회의 첫 날 동맹을 어떻게 운영할 것인가에 대해 4개항으로 된 「언약문」 초안 이 제출되었고, 국내외 민족운동 통일기관으로 조선혁명당을 조직하자 는 의견도 제시되었다. 민족유일당 이름을 조선혁명당으로 제안한 것 은 조선의 혁명독립을 위해 활동하는 정당이라는 취지였다. 그러나 회 의는 순조롭게 진행되지 않았다. 조선혁명당의 공산주의적 강령은 비 공산파도 있는 만조우 지역 민족운동의 현실에서 대동단결의 취지에 맞지 않는다는 비판이 제기되었다. 「언약문」 초안에 대해서도 내용이 압박적이고 명령적이어서 마치 제국주의자의 것과 같다는 지적이 있었 다. 이 때문에 회의 도중 강령과 「언약문」 초안 모두 폐기되었다.[112]

이렇게 되자 회의 이탈자들이 늘어나면서 민족운동자들의 첫 공 식만남은 끝나고 말았다. 이를 안타깝게 생각한 일부 참석자들이 조직 한 시사연구회가 주최한 전민족유일당조직촉성회가 1928년 5월 12일 부터 열렸다. 그러나 이 역시 시국문제 토론 직후인 5월 26일 일부 단 체가 이탈하면서 결렬되었다. 결국 민족유일당 결성운동과 자치운동은 실패했지만, 국내와 관내지역 민족운동과 다른 만조우 지역 민족운동 의 특수성을 재만한인 민족운동자들에게 확산시키는 계기가 되었다. 수십여 개 각 단체와 조직을 양대 조직으로 묶을 수 있었던 것은 값진 결실이었다. 하지만 안창호가 궁극적으로 촉구했던 연합전선은 각 파 벌의 주도권 경쟁과 중국의 국공합작 와해 등 대내외 요인으로 불발되

---

112) 이현주, 앞의 책, pp. 273−274. 「언약문」의 초안은 다음과 같다. ① 본 동맹회 에서 제정한 강령에 절대 복종한다. ② 본 동맹에서 결의한 일체의 사항을 적 극 실행한다. ③ 종래 당적 관계있는 자는 결당을 해체 혹은 변체하고 그 역량 을 본 동맹에서 조직하는 당에 집중하는 데 노력한다. ④ 본 동맹 또는 본 동 맹에서 조직하려는 당에서 지정된 기간 내에 협상이 해결 불능일 때는 일절 관 계를 단절한다.

었다. 안창호는 이에 좌절하지 않고 이념과 노선을 달리하는 민족주의
와 계급주의를 통합하고 모두에게 적용될 수 있는 독립운동정당 강령
을 마련하고자 고심했다.113)

7. 한국독립당: 통합 이념의 기초

1920년대 후반 안창호가 온갖 정열을 기울여 추진했던 민족대당
촉성운동은 1928년 코민테른 6차대회 이후 12월 테제로 일국일당주의
에 의해 좌경화되어 갔다. 상황은 더욱 어려운 지경으로 치달아 갔
다.114) 그런 가운데 1929년 광주학생운동은 양극화 현상을 보이던 독
립운동계에 새로운 자극제가 되었고 광주혁명으로 높이 평가되었다.
1930년 1월 11일 상하이에서 열린 군중대회에서 유호(留滬)한국독립운
동자동맹, 상해한인학우회, 재상해한인여자구락부, 중국본부 한인청년
동맹상해지부 등이 격문을 살포했다. 광주학생운동은 민족운동을 활성
화시키는 계기가 되었고, 소극적 수준이나마 항일운동 세력의 통일문
제가 다시 제기되었다. 베이징의 한족동맹회, 텐진(天津)의 조선대독립
당주비회 발족의 직접 동인이 되었다.115) 이들은 종래의 침체된 국면
을 탈피하고 민족대당 운동의 재시도를 추구했다. 안창호는 텐진으로

---

113) 신주백, 『만주지역 한인의 민족운동사(1920~1945)』, (서울: 아세아문화사, 1999),
   pp. 164, 166 - 167, 179, 190 - 191; 이명화, 『島山 安昌浩의 獨立運動과 統一路線』,
   pp. 279, 286. 참고로 이명화는 "시사연구회는 국민대표회의 개최 전에 각 계
   층의 합의를 도출하기 위해 안창호가 중심이 되어 결성한 시사책진회를 상기
   시킨다."고 기술했다.
114) 盧景彩 著, 『韓國獨立黨 研究』, (서울: 신서원, 1996), pp. 40 - 41. "특히 12월 테
   제에서는 조선공산주의운동에 나타난 분파투쟁을 청산하고 노동자·농민에 기
   초한 당 재건을 제시했다. 코민테른 방침은 그때까지 민족주의 세력과의 반제
   통일전선을 추구해 온 사회주의자들의 운동노선에 영향을 미쳐 중국지역에서
   전개된 유일당운동의 저해요인으로도 작용했다. 중국의 제1차 국공합작 와해
   도 유일당운동 발전에 불리한 여건으로 작용했다."
115) 김성민, 『1929년 광주학생운동』, (서울: 역사공간, 2013), pp. 444 - 447.

달려가 조선대독립당주비회를 주도해 갔는데, 이는 그가 내세운 대공주의를 실천한 것이었다. 이런 시대 배경에서 결성된 한국독립당의 당의·당강은 도산의 대공주의가 일정하게 반영되었고 조소앙의 삼균주의와도 크게 어긋나지 않았다. 즉 서로의 주의가 공유되는 접점에서 당의를 채택한 것이었다.116)

안창호는 좌우통합의 유일당 결성이 어렵다면, 우익진영만이라도 정당조직을 결성한 후 좌익진영을 포용하기로 하고 1930년 1월 25일 한국독립당을 창당했다. 안창호는 흥사단계와 임시정부 인사들을 중심으로 임시정부의 「임시약헌」을 법적 근거로 해서 임시정부 판공처에서 창당을 했다. 한국독립당은 민족대당촉성운동이 쇠퇴하면서 좌우를 아우를 수 없는 상황에서 민족주의세력을 중심으로 결성한 독립운동 정당이었다. 진정한 좌우통합의 대독립당이 결성되는 날, 한국독립당은 자진 해산할 것을 약정한 중간 단계 정당조직임을 자인하고 임시정부 체제 하에서 여당 역할을 맡았다.117)

한국독립당 당의·당강은 안창호를 비롯한 조소앙 등 기초위원들의 충분한 토론을 거쳐 사회주의 평등 요구와 경제평등주의가 수렴되었다. 여기 당의·당강에 나타난 독립운동 노선과 정치이념은 안창호가 그동안 임시정부 시정방침과 독립운동 진행 연설에서 강조해 왔던 내용과 대공주의 이론이 그대로 반영되었다. 보통선거제와 국민기본권 평등조항 등을 우선으로 내세우고 있다. 복국(復國)후 건립할 국가의 국체와 정체는 민주입헌제와 민주공화국을 각각 주장했다.118) 여기서 민

---

116) 장석홍, "차리석의 「한국독립당 당의의 이론체계 초안(1942)」과 안창호의 대공주의", 『한국독립운동사연구』, 제49집, p. 178.

117) 이명화, 『島山 安昌浩의 獨立運動과 統一路線』, pp. 287−288. 金正明, 앞의 책, pp. 511−512의 "主要團體의 現況" 중 '韓國獨立黨' 참조.

118) 이명화, 『島山 安昌浩의 獨立運動과 統一路線』, p. 289; 김희곤, 『대한민국임시정부 I−상해시기』, p. 269; 趙素昻, "韓國獨立黨之近象", 『素昻先生文集』上, 三均學會 編, (서울: 횃불사, 1979), p. 108. "日政治均等化, 日經濟均等化, 日敎育均等化.

주주의란 서구 민주주의와는 다른 형태를 취한다. 민족주의의 정치 기본 원리에 바탕을 두고 있다. 한국민족주의는 정치자유와 함께 경제번영과 경제독립의 지향이 민중 속에 침투되어 추구되었다. 이 가운데 정치자유란 개인의 자유가 아니라 집합체로서 국민이나 민족의 자유를 의미했다. 민주주의는 민족주의의 기본원리였다.[119] 한국독립당 이념의 또 다른 특성은 토지와 대규모 생산기관을 국유로 하는 사회주의 성격이었다. 이런 경향에 대한 몇 가지 견해를 집약한 연구를 참고하면 다음과 같다. 첫째, 러시아혁명 이후 파급된 사회주의 물결이나 쑨원의 삼민주의 영향으로 파악하는 견해가 하나이다.[120] 둘째, 제도와 정책면에서 서유럽의 사회주의 계보에 속하기는 하지만, 기존 이념들과는 다른 새로운 유형의 정치 이데올로기로서, 혁명성·민족성·평화 지향성을 내포했다는 견해도 있다. 셋째, 이것은 강령적 사고에만 머물 뿐, 구체적인 국정운영의 경륜에서 우러난 정치 이념이 아니다. 오히려 독립운동 세력 집산과정에서 정치적 상징조작의 성격을 가진 강령상의 사회민주주의 보색(補色)에 지나지 않는다는 지적도 있다.[121] 넷째, 일제의 누적된 식민지 경제정책 아래 대량 수탈된 토지를 비롯한 대생산기관을 되찾는 방법으로 국유를 주장한 것이라고 파악한 경우도 있

實行普選制, … 然則所立之國, 屬何國體, 依何政體, 曰民主立憲之共和國家耳"

119) 김희곤, 『대한민국임시정부 I - 상해시기』, p. 269의 각주 46) 참조 재인용. 車基壁, 『한국민족주의의 이념과 실태』, 車基壁 著作集, (서울: 한길사, 2005), p. 108, 상세한 논의는 pp. 99-110의 "3. 한국 민족주의의 특성" 참조. 千寬宇, 『韓國史의 再發見』, 重版, (서울: 一潮閣, 1979), pp. 373-374의 "韓國民族主義의 歷史 3. 韓國 民族主義의 第2期" 참조.

120) 김희곤, 『대한민국임시정부 I - 상해시기』, p. 271의 각주 49) 참조 재인용. 胡春惠 著, 『中國안의 韓國獨立運動』(韓國獨立運動在中國), 辛勝夏 譯, 華鏡文庫 ③, (서울: 단국대학교출판부, 1978), pp. 223-225,

121) 김희곤, 『대한민국임시정부 I - 상해시기』, p. 271의 각주 50) 참조 재인용. 申一撤, "韓國獨立運動의 思想史的 性格", 『亞細亞研究』, 第59號, (서울: 高麗大 亞細亞問題研究所, 1978), p. 152. 상세한 논의는 신일철 논문 중 '五. 社會主義의 受容過程'와 '八. 1930年代의 社會民主主義的 傾向'의 pp. 125-133, 152-159 참조.

다.[122] 다섯째, 공산주의 입장보다는 한국 역사에 그 근거를 가진 것이며, 영국노동당의 사회주의와 연결성을 갖는 것으로 파악한 견해도 있다. 이러한 견해를 통해 볼 수 있는 한국독립당, 나아가 임시정부 구성원이 이해한 사회주의 성향은 1920년대 후반기 민족대당촉성운동을 통해 익숙해지거나 영향을 받은 것이다. 또한 세계경제공황을 지켜보면서 굳어진 것이었다. 여기서 주목할 것은 사회주의 내용을 강령에 포함한 것이다. 1920년대 후반 이념 분화와 갈등을 거쳐 처음으로 이념 접근이 이루어졌다는 사실이다.[123] 이는 도산이 내세운 대공주의 실천이라 할 수 있다.

중국에서의 독립운동은 안창호의 정치 활동 전성기에 해당한다. 그럼에도 불구하고 적어도 통합과 단결이라는 목표의 가시적 성과라는 점에서 보면, 그의 중국에서의 활동은 미주에서의 활동에 비해 뚜렷한 족적을 그리지는 못했다. 미주에서의 활동과 달리 중국에서의 독립운동 과정에 고려되었어야 할 요소는 정치권력과 이념을 둘러싼 갈등이었다. 이는 달리 표현하면 독립운동 제 세력들 사이의 주도권 다툼이었다.

중국에서의 안창호의 독립운동에 관한 한 연구는 그의 정치 활동을 다음과 같이 총괄하고 있다.

---

122) 김희곤, 『대한민국임시정부 I─상해시기』, p. 271의 각주 51) 참조 재인용. 趙東杰, 『韓國近代史의 試鍊과 反省』, (서울: 지식산업사, 1989), p. 109; 趙凡來, "韓國獨立黨研究(1929-1945)", 『한국민족운동사연구』, 2, 손보기교수정년기념호, 한국민족운동사연구회 편, (서울: 지식산업사, 1988), p. 198.

123) 김희곤, 『대한민국임시정부 I─상해시기』, pp. 271-272의 각주 52) 참조 재인용. 金容新, "趙素昻 三均主義의 歷史的 位置", 『史叢』 23권, 고려대학교 역사연구소, 1979, p. 54. 조소앙은 "韓國之現狀況及其革命趨勢", 앞의 책, pp. 63-66의 '人民生活權利之不平等'에서 한국의 전통적인 토지제도와 그것의 문란으로 인한 토지의 사유화 등의 문제점을 한국사의 내부에서 찾아내고 그것에 대해 비판하여 토지국유화의 논리적 근거를 제시하였다.

안창호는 무장투쟁론, 교육산업우선론, 의열투쟁론, 무정부주의론, 외교론, 준비론 등 다양한 독립운동 노선 간의 사상적, 방법론적 갈등을 극복하고 각 노선 간에 조화롭게 역할분담할 것과 상황대처할 것을 시종일관 주장했다. 각각 독립운동 세력들이 활동하는 지역적 조건과 투쟁과정에서의 체험이 가져온 차별성으로 인해 각 운동계는 자신에게만 유리한 노선을 고집했던 소아적 견지를 벗어나 상대의 투쟁을 인정하되 상황에 맞게 서로 협의를 통해 최선의 투쟁방략을 실행하고자 한 것이다. 이러한 역할분담과 상황대처론은 독립투쟁 과정에서 여러 상황과 경우를 당하면서 나름대로 구축된 신념의 총체이기도 하다. 안창호의 독립운동 노선은 각 운동세력의 주장을 수용하고 어느 한편의 노선을 고집하지 않고 전체 한인사회의 역할분담론과 상황대처론에 입각한 모든 독립운동 노선을 포괄한 성격을 띠고 있다.124)

이 주장대로 노선 간 갈등의 극복을 위해 안창호가 주창한 것은 "각 운동세력의 주장을 수용하고 어느 한편의 노선을 고집하지 않"는 "모든 독립운동 노선을 포괄한" 것이었다. 즉 변환 리더십을 통해 통합이라는 이상을 구현하고자 했던 것이다. 그러나 정치 권위나 권력이 부재한 리더십은 통합만으로 추종자를 모을 수 없다. 도산의 이념과 사상을 따르는 흥사단의 결속력은 강해질 수 있었지만, 독립운동 세력들의 대동단결을 포괄과 연합전선만으로는 도출할 수 없었다. 권력의 사다리가 존재하지 않는 비상시의 지도자와 추종자에게 우선적으로 필요한 것은 서열화된 권력이었다. 이것이 통합으로 이르기 위해 거쳐야 하는 길목이었다.

그러나 현실 정치의 권력 투쟁에 뛰어들기에는 도산이 추구하는 이념과 목표가 지나치게 순수했다. "자신에게만 유리한 노선을 고집했던 소아적 견지를 벗어나 상대의 투쟁을 인정하되 상황에 맞게 서로

---

124) 李明花, 「中國에서의 安昌浩의 獨立運動硏究」, 앞의 박사학위논문, p. 262.

대전형무소에서 가출옥하는 도산을 마중하는
여운형과 함께(1935)

협의를 통해 최선의 투쟁방략을 실행하고자 한" 비무장 예언자였던 것이다. 통합 리더십이 내포한 한계이기도 했다.

그러나 비록 권력이 없는 비무장 예언자였지만 안창호는 그들에게 실망하지 말라며 희망 제공[125]은 할 수 있었다. 1938년 도산이 순국하기 직전의 다음 일화는 민족에게 유언과 같은 희망을 주는 안창호의 마지막 모습이 담겨있다.

총독부 고관 중에는 단 몇 명의 조선 사람이 있었다. T씨는 그 한사람, 나와는 일찍부터 친분을 갖고 있었다. …

때는 1938년 봄 어느 날 밤 구시 경, 곳은 서울 삼각정 중앙호텔 …

먼저 도산은 T씨가 긴 시간에 걸쳐서 설명하는 그 시국관과 정세 판단을 경청했다. 이것은 대개 이 몇 점에 요약되는 것이었다.

1. 거대해진 일본의 국력.

2. 돌릴 수 없는 일본의 대륙정책.

3. 일본은 조선통치를 영구화하고 또 이런 정책을 수행하는데 있어서 그 거점을 삼기로 한 것.

4. 실력을 써서 독립쟁취란 가망없는 노릇.

그리고 일본정부 고위층 일부에서는 그 수도를 경성으로 옮길 필요를 말하는 사람까지 생겼다고 덧붙였다. 더 간추려 이것은 즉 일본은 조선을 내놓지 않는다. 그런데 우리는 힘으로써 빼앗을 수는 없다라는 정세판단인 것이다.

내가 믿는 한, 이것은 그때 T씨 한 사람의 견해만은 아니다. 이런 판

---

125) Laurence Rees, *op. cit.*, p. 56. 이 책 제3장에서 제시한 리스의 '카리스마 정치 리더십의 구성요소' 참조.

단에로 기울어지게 하기 위한 총독부의 회유와 선전은 적어도 상당수의 생각하는 국민으로 하여금 이런 사실을 부인할 수 없다는 데까지 이끈 것이다. 바로 이 시점에 이르러 커다란 심히 커다라한, 민족적 문제가 떠오른 것이다. ―「그렇다면 우리 겨레는 어떻게 할 것이냐」 어쩔 수 없는 현실에 직면해서 민족적 감정과 대의명분을 어떻게 살릴 것인가, 이러한 명제는 뜻있는 많은 사람을 정녕 번민케 했다. 이때에 약빠른 현실론을 말하는 사람도 얼마 있었다. 일본의 일장기 밑에서 민족의 권익을 도모하는 것밖에 다른 길이 있지 않다는 것이다 …

이제 도산이 이 중대한 민족문제에 관해서 그 소신을 말하려는 순간에 이르러서는 그의 태도가 보다 더 근엄한 듯 했고 또 침통한 빛이 짙은 듯 했다.

「고맙소. 잘 알아들었소. 나는 일본 국력이 강대하다는 것을 모르지 않소. 또 일본의 야심이 크다는 것도 알고 있소. 그러나 한민족(조선)의 운명은 그렇게 간단하게 결정되고 마는 것이라고 나는 믿지 않소. 나는 우리 민족문제에 대해서는 비관을 갖지 않소.」…

도산은 그저 막연하게 들리는 신념론만을 말한 것이 아니다. 그는 계속해서 일본 위정자들의 허위성을 지적했다. 조선통치에 있어서는 말할 나위도 없지만 소위 대륙정책이니 세계정책이니 하는 것에 아무런 진실성이 없다고 했다. 그들이 말하는 「일시동인」[一視同仁]을 누구가 믿는가. 또 「공존공영」이니 「세계평화」니 하는 것을 그 어느 누구가 진실성 지닌 말이라고 인정하는가, 거짓은 어디서나 파탄이 생기고야 만다고 했다. 그리고 세계정세는 일본에 대해 점점 불리해지고 있는 것이라고 지적했다. 우리가 독립을 얻는데 있어서 정세를 의지한다는 것이 아니지만 어쨌든 국제정세는 일본에 불리한 방향으로 움직여가고 있다고 했다. 도산은 마지막으로 우리 겨레의 긴 역사에 있는 수난의 경험을 설명했다.

결론은 요약해서 「실망하지 마시오」다.126)

---

126) 장리욱<전주미대사>, "안도산 비록", 『도산안창호전집』, 제13권, pp. 457-459. 원문의 한자는 한글 또는 숫자로 변환하고 띄어쓰기하여 옮겼다.

안창호는 "한민족의 운명은 그렇게 간단하게 결정되고 마는 것"이 아니기 때문에 "우리 민족문제에 대해서는 비관"하지 않는다고 했다. 그러면서 "대륙정책이니 세계정책이니" 또 "공존공영이니 세계평화니 하는 것"은 "아무런 진실성이 없"고 "거짓"이므로 결국은 "파탄이 생"길 것이라 했다. "독립을 얻는데 있어" "국제정세는 일본에 불리한 방향으로 움직여가고 있"으니 "실망하지" 말고 희망을 가지라 했다.

조국독립에 대한 희망이 다가올 미래에 대한 비전 개발[127]을 위한 부싯돌이라면, 독립 이후에 건설할 자유로운 민주공화국이라는 비전은 횃불이었다. 도산은 이미 이러한 횃불을 밝히고 있었으나, 그 이전 단계인 독립을 얻을 수 있다며 제공한 희망의 부싯돌은 너무나 추상적이었고 작았다. 그렇다고 큰 부싯돌의 불꽃을 일으킬 메시아적 영웅의 출현[128]을 제시하거나 안창호 스스로가 그런 메시아의 모습을 보여주지도 않았다. 안창호는 카리스마 지도자임에는 틀림없었으나 동시에 그는 카리스마 리더십의 기술적 한계를 함께 내포하고 있었다.

---

127) Laurence Rees, op. cit., p. 44. 이 책 제3장에서 제시한 리스의 '카리스마 정치 리더십의 구성요소' 참조.
128) Laurence Rees, op. cit., p. 33. 이 책 제3장에서 제시한 리스의 '카리스마 정치 리더십의 구성요소' 참조.

제7장

안창호의
정치 리더십에
대한 평가

제7장

안창호의 정치 리더십에 대한 평가

1. 리더십의 비극[1]

그는 존경받을 만한 명성을 쌓아 죽은 후에도 자신의 이름이 회자되기를 열망했다. 때문에 그는 궁핍한 어린 시절을 극복하고 새로운 운명을 개척했고, 계속된 좌절을 이겨낼 수 있었다. 그의 꺾이지 않는 목적의식은 [독립운동세력]의 분열과 암울했던 [독립 투쟁] 속에서 그를 지탱해주는 힘이 되었다. 그는 힘겨운 시절에도 한결같이 좌절에 빠진 동포에게 힘을 주었고, [독립운동가]들의 불화를 달랬으며, 반목하는 [동료]들을 중재했다. [그는] 평생 친절하고 겸손한 태도를 잃지 않았고, … 그랬기 때문에 그는 예전에는 적대적이었던 사람들에게서 우정과 협조를 이끌어냈고, … 더 중요한 문제를 위해 작은 것을 양보할 수 있었다.[2]

[그는] 다른 라이벌들보다 더 재능이 있거나, 많은 혜택을 누리고 살아온 사람이 아니었다. 그러나 라이벌보다 더 치열한 인생을 살아왔고 동시에 천성적으로 고귀한 인품을 가진 사람이었다. … 그는 타인의 입장을 이해하고, 그들의 느낌을 공감하며, 그들의 동기와 욕망을 이해할 줄 아는 남다른 재능을 가졌기에 승리할 수 있었다. 그가 적수들을 한데 모으

---

1) 이 표현은 강성학, 『평화神과 유엔 사무총장: 국제 평화를 위한 리더십의 비극』의 부제에서 빌려 왔다.

2) 도리스 컨스 굿윈(Doris Kearns Goodwin), 『권력의 조건: 라이벌까지 끌어안은 링컨의 포용 리더십』(*Team of Rivals*), 이수연 옮김, (파주시: 북이십일 21세기북스, 2009), p. 805. [독립운동세력]은 원문의 '연방'을, [독립 투쟁]은 원문의 '전쟁'을, [독립운동가]는 원문의 '장군'을 각각 필자가 바꾸어 쓴 것이다. Doris Kearns Goodwin, *Team of Rivals: The Political Genius of Abraham Lincoln*, (New York, Simon & Schuster Paperbacks, 2006), pp. 748–749. Helen H. Hong, *AHN CHANG HO — Korea's Abraham Lincoln*(『新韓民報』, 1938. 3. 24), 『島山安昌浩全集』, 제13권, p. 295 참조.

고, 역사상 가장 기이한 내각을 구성하고, [조국의 독립]과 [적과의 투쟁]의 승리를 위해 그들의 재능을 결집할 수 있었던 것도 바로 그 능력들 덕분이었다.3)

흥사단 단소 태극기
앞에서(1925)

　　도산 안창호의 일생을 묘사한 것과 같은 이 문장은 사실 링컨의 리더십의 성공비결에 관한 한 연구자의 평가이다. 이 문장만으로 판단하면 링컨은 도산과 비슷한 리더로서의 자질과 상황 조건 속에서 성공한 지도자로 평가받고 있다고 할 수 있다. 굳이 이러한 평가를 인용하지 않더라도 미국의 제16대 대통령 에이브러햄 링컨(Abraham Lincoln, 1809~1865)을 실패한 지도자로 인식하는 사람은 거의 없다.

　　정치적 결과를 배제하고 리더십 관점에서만 판단한다면, 그 동기와 정치 활동 과정에 대해서는 안창호의 경우도 탁월한 리더십의 보유자로 평가해야 할 것이다. 그러나 링컨과 유사한 환경, 아니 그보다 더 열악한 환경 속에서 유사한 정치 활동을 전개한 안창호에 대해서는 성공한 지도자로 평가하는 데 일반적으로 인색하다. 그것은 과연 통합을 이룩한 지도자와 독립을 쟁취하지 못한 지도자의 차이에서만 연유하는 것일까?

　　"시대가 영웅을 낳고 영웅이 시대를 낳는다." 또는 "난세는 영웅을 만든다."는 격언처럼 안창호는 분명히 시대의 산물이었다. 그는 조국을 빼앗긴 한민족의 독립을 위해 일생을 바친 선구자이며 민족 지도

---

3) 위의 책, p. 811. [조국의 독립]과 [적과의 투쟁]은 원문의 '연방의 보전'과 '전쟁'을 필자가 바꾸어 쓴 것이다.

자 중 한 분이었다. 도산은 자신이 그렇게 헌신적으로 모색해왔던 민족의 새로운 독립 시대를 열지 못했다. 일본제국이 소위 대동아 공영권 구축을 선포하며 식민통치의 억압정책을 가일층 강화하던 1938년에 한 맺힌 일생을 마감했다. 안창호는 '비극의 지도자'였다.

일본제국주의에 짓밟히고 빼앗긴 조국의 독립을 수복하고 노예의 삶을 살아가는 동포를 구원하려는 안창호의 정치 목표와 실천 과제는 그의 역량을 넘어서는 것이었다. 당시 상황으로서는 다른 독립운동 지도자들도 마찬가지였다. 그들은 모세처럼[4] 신의 힘으로 무장하지 못했으며 그들의 비무장 투쟁은 점점 강대해져만 가는 일본제국에 직접 맞서 싸워나갈 방법이 없었다. 즉 리더십이란 상황의 소산이기도 했던 것이다.

당시 일본제국은 1930년대 들어서면서 군부의 정치 개입과 사실상의 지배로 군국주의를 강화해 나갔다. 따라서 다른 독립운동가처럼 안창호의 독립 투쟁도 그의 생전에 좌절의 연속일 수밖에 없었지만, 그가 남긴 유산은 소중하다. 특히 그가 생전에 보여준 정치 리더십은 그의 사후에 많은 한국인들에게 본받아야 할 귀감으로 알려졌으나 그 실상과 내용은 모호하다 해도 과언이 아니다. 일반적으로 정치 지도자의 리더십에 관해 역사적 인물들의 본보기로 회자할 때 그들의 미덕이 지나치게 단순화되거나 과장되었다. 안창호의 경우도 예외는 아니었다.

이 책에서는 가능한 그런 유혹을 경계하고 최대한 객관적으로 그의 정치 비전과 실천을 집중적으로 조사하고 그의 정치 리더십의 특징을 조명하려고 했다. 그 결과 도출된 안창호의 정치 리더십의 면모를 제3장에서 제시한 리더십 모델에 비추어 보면 독립운동가 특히 도산의

---

4) 모세가 유태 민족을 영도하여 애굽에서 나오는 것을 주제로 한 "나가자"라는 제목의 연설은 안창호의 생애 마지막 강연이 되었다. 정일형,『오직 한 길로: 항일·반독재 투쟁사』, 재판, (서울: 을지서적, 1998), pp. 99-100; 이태영,『나의 만남 나의 인생』, (서울: 正宇社, 1992), p. 106; 주요한 편저,『安島山全書』, 증보판, p. 88.

리더십에 관한 기존의 평가들과는 다른 새로운 시각을 형성할 수 있다. 적어도 리더십에 관한 한 링컨에게 주어지는 평가 가운데 도산에게도 주어질 수 있는 부분을 찾아낼 수 있을 것이다.

2. 하드 파워 없는 소프트 파워

안창호는 무엇보다도 민족주의자로서 일생 동안 조국 독립과 공화주의 근대국가 수립을 위해 일제에 대항해 투쟁한 정치가이자 혁명가였다. 그는 민족 독립을 위해 민족의 힘을 키우는 데 집중했다. 그는 궁극적으로 무장독립 투쟁을 실행하기 위해 우선 민족의 근대 지식과 애국심을 진작시키려고 헌신했다. 제3장에서 논의한 것처럼 안창호 리더십은 마키아벨리 식으로 표현한다면 비무장 예언자, 즉 소위 소프트 파워[5]로만 무장한 혁명가요 정치 지도자였다. 거기에 그의 한계가 있었다.

소프트 파워의 주창자인 조지프 나이에 의하면, "소프트 파워는 타인이 선호하는 것을 형상화해내는 능력에 기초하고 있으며 … 이는 일상적인 민주 정치의 주요 요소가 된다."[6] 이런 점에서 보면 도산의 공화주의 혹은 대공주의는 타인으로 하여금 선호할 수 있는 대상이었고, 도산은 이를 만들어낼 능력을 지니고 있었다. 그러나 이 소프트 파워는 나이의 주장처럼 민주주의 국가의 일상적 정치 활동 요소였다.

따라서 강력하게 무장한 일제와의 투쟁에서 그의 소프트 파워는

---

5) '소프트 파워'(soft power)라는 개념을 처음 제시한 조지프 나이는 국가 간에 서로 타국의 행위에 영향을 미쳐 자국의 목적을 성취하는 두 가지 측면의 능력을 '하드 파워'(hard power)와 '소프트 파워'(soft power)라 했다. Joseph S. Nye Jr., *Soft Power: The Means to Success in World Politics*, (New York: PublicAffairs, 2004), pp. xv, 7; 조지프 S. 나이(Joseph S. Nye, Jr.), 『소프트 파워』(*Soft Power: The Means to Success in World Politics*), 홍수원 옮김, (서울: 세종연구원, 2008), pp. 15, 33 참조.

6) *Ibid.*, pp. 5, 6.

분명히 한계가 있을 수밖에 없었다. 뿐만 아니라 나이는 "하드 파워와 소프트 파워는 동전의 양면처럼 상관성을 지닌다."[7]고 주장하며, 스마트 파워 즉 진정한 권력이란 "하드 파워와 소프트 파워를 결합시키는 방법을 제대로 습득하는 것"을 의미한다고 주장했다.[8] 정부 귀속성이 강한 하드 파워를 도산과 같은 외세 강점기의 독립운동가들이 어떻게 겸비할 수 있었겠는가?

대공주의 전략은 물론이고 민족 실력양성을 위한 사회운동과 교육에 대한 안창호의 모든 노력은 소위 소프트 파워를 강화시키고 그 힘의 발휘를 통해 조선 독립을 기약하는 것이었다. 그러나 조선의 멸망은 조선의 도덕적 힘을 포함해 소프트 파워 부족 때문이 아니었다. 그것은 하드 파워, 즉 군사력의 절대적 빈곤 때문이었다.

국제정치는 언제나 변함없이 힘의 정치가 지배하는 마키아벨리의 세계이다. 법과 도덕이 지배하는 칸트(Immanuel Kant, 1724~1804)의 세계[9]가 아니다. 환언하면 국제정치 세계란 하드 파워 없이 소프트 파워만으로는 국가 안전이 보장되지 않는 세계이다. 조선 멸망이 바로 뚜렷한 증거의 하나였다. 초기의 안창호는 조선 독립이라는 혁명적 정치 목적을 위해 수많은 애국애족 단체들을 결성하고 끈질기게 관리하고 유지했었다. 오직 소프트 파워만을 믿고 그것의 육성 · 관리에만 집중했다는 것은 그가 결국 구한말 위정자들처럼 유교 선비의 한계를 넘어서지 못했다고 말할 수 있다. 이런 점에서 그에게는 정치 이상주의자 혹

---

7) 나이, 『소프트 파워』, p. 33.

8) 하드 파워는 군사력(military)과 경제력(economic)이며, 소프트 파워는 그 나라의 문화(culture), 정치적 가치관(political values), 대외정책(foreign policies)이며 이 두 파워가 결합한 것이 스마트 파워라 했다. Nye, *Soft Power*, pp. 5, 11. 32.

9) 임마누엘 칸트(Immanuel Kant), 『영구 평화론: 하나의 철학적 기획』(*Zum ewigen Frieden. Ein philosophischer Entwurf*), 개정판, 이한구 옮김, (파주: 도서출판 서광사, 2008), pp. 63, 87. "도덕은 우리가 그것에 따라야만 하는 무조건적인 명령적 법칙의 총체", "모든 정치는 그 법적 토대로서 도덕과 조화를 가능한 한 최대로 확립해야 한다."

은 정치 낭만주의자의 속성도 없지 않았다.

그러나 도산은 조선왕조와 대한제국이 플라톤(Plato, B.C.427~B.C.347) 의 도덕 지상주의 정책만을 유지하다가 마키아벨리의 사무라이 제국 일본에 조국이 힘없이 짓밟히는 것[10]을 직접 목격했다. 당시 조선 민족은 몹시 가난하고 세상사에 어두워 무기력과 무지의 잠에 빠져 있었다. 이런 처지에서 안창호는 나라의 힘 즉, 하드 파워의 중요성을 누구보다도 잘 인식하게 되었다. 하지만 우선적으로 해야 할 일은 그들을 무기력과 무지의 잠에서 깨워 근대 지식을 가르치고 애국정신을 일깨우는 일이라고 판단했다. 사실 이런 점에서는 안창호는 아주 현실주의 인물이라고 할 수 있었다. 당시 그의 현실적인 판단과 행동이 옳았다 하더라도 후세의 평가는 그를 비무장 예언자 혹은 정신적 혁명가에 머물게 했다. 그래서 그에게는 자랑스런 투쟁의 승리라는 트로피가 없었다.

3. 열정의 변환 리더십, 그러나 유교의 굴레

안창호는 일본제국 식민통치하의 조국을 해방시키려는 단일하고 변함없는 정치 목적을 일생 동안 추구한 혁명가였다. 이러한 정치 리더십의 성격은 오늘날 리더십 이론 관점에서 볼 때, 번스가 주창한 변환 리더십에 속한다. 비록 안창호의 변환 리더십이 한국 독립이라는 결실을 이루지는 못했을지라도 그의 정치 리더십의 성격은 단순한 현실 관리자로서의 거래 리더십이 아닌 혁명가로서의 변환 리더십이었다고 할 수 있다.

이러한 안창호의 변환 리더십은 다분히 카리스마에 근거하고 있었다.[11] 그는 베버가 분류한 정치 권위의 근거 중 전통 권위나 합법

---

10) 강성학, 『시베리아 횡단열차와 사무라이』, p. 619.
11) Nye, *The Powers to Lead*, p. 61.

권위에 입각한 지도자는 분명 아니었다. 하지만 조국 독립이라는 시대 사명을 실현코자 했던 개인의 카리스마에 입각한 민족 지도자로서 그의 정치 권위는 누구도 의심하지 않았다. 독립운동이나 투쟁을 외치고 또 그렇게 행동한다고 해서 모두가 민족 지도자가 되는 것은 아니다. 그럼에도 안창호는 수많은 독립운동가들 중에서 독보적으로 모두에게 인정받는 정치 지도자였다. 베버가 말한 열정어린 헌신의 자세를 도산은 갖추고 있었다. 정치 지도자로서 그의 권위는 인품, 독립 투쟁 과정의 모범 행동, 헌신적인 실천에 의해서 아주 자연스럽고 굳건하게 형성되었다. 따라서 지도자로서 안창호의 정치 권위의 정당성에 대해서 한국인은 누구도 의심하지 않았다.

그러나 정당성의 원천인 카리스마 리더십을 의심할 나위 없이 갖추고 있었고, 그 리더십 때문에 많은 사람들이 그를 지지하고 존경했다. 그럼에도 불구하고 위험을 무릅쓰면서 추종하는 열렬한 자파 세력은 형성되지 않았다. 물론 도산의 활동영역은 주로 해외였고 또 국내에서 자유롭게 활동할 수 없었던 한계도 분명히 있었다. 그렇다 하더라도 안창호를 열렬히 추종하는 세력화된 민중이 없었다는 것은, 그의 카리스마가 실제 독립 투쟁에 미친 영향력이 제한될 수밖에 없는 결과를 초래했다.

민중 혹은 대중 동원 능력의 심각한 결핍은, 윤리와 덕치라는 관점으로 정치를 생각하는 뿌리 깊은 유교 전통에서 도산이 자유롭지 못했다는 사실에 연유한다. 실제로는 도산의 의식은 서구화를 지향했고, 또 근대 평등주의 이념을 구현하며 공화주의를 주창했다. 하지만 현실 정치 문제에 있어서는 개인의 도덕 행위를 강조하는 유교사상 전통에 의지했던 것이다.

민중의 집단 동원을 통한 거족적 투쟁의 정신과 힘을 결집시켜 강력한 정치적 힘으로 전환시키는 안목과 능력을 안창호는 발휘하지 못

했다. 동시에 타도해야 할 적과 동지에 대한 명확한 정의와 이해를 토
대로 한 혁명적 불길을 살리지도 못했다. 바로 이 점이 안창호의 카리
스마 리더십의 정치적 한계였다. 마키아벨리식으로 정치적 현실주의
관점에서 평가하자면, 안창호에게는 제국주의 지배라는 주어진 포르투
나(fortuna)도 열악했지만, 이를 초월하고 극복할 만한 비르투(virtú)도 충
분한 것은 아니었다.

4. 확고한 신념과 전술 부재(不在)의 부정합(不整合)

안창호에게 카리스마는 있었지만, 그것을 정치 능력으로 승화시킬
수 있는 전술 테크닉은 부족했다. 제3장에서 언급한 바 있는 리스의
카리스마 조건이라는 측면에서 보면, 다른 민족 지도자들과 마찬가지
로 도산 역시 당시 조선의 국내외 정치 조건 하에서 자신의 민족주의
사명을 발견했다(discovering a mission).[12] 그리고 다가올 미래에 대한 비
전도 개발했다(developing a vision).[13] 그는 재미 시절 자유롭고 풍요로
운 미국인들 삶을 직접 목격하고 체험함으로써 앞으로 다가올 독립된
조국의 정부형태로 민주공화주의라는 비전을 채택했다.

그러나 그는 공화정이 어째서 독립된 조국에 가장 적합한 정치질
서 또는 정치체제인지에 관해 구체적으로 설명하지 않았다. 정치철학
적 논의를 통해 자신이 주장하는 공화제란 구체적으로 어떤 형태의 것
이며 그 공화정이 미국식 공화제인지 소련식인지, 아니면 입헌군주제
는 왜 적합하지 않은 것인지 등에 관한 논리체계를 심화시키지도, 논
쟁 대상으로 부각시키지도 못했다.

만일 미국식 공화제를 말한 것이라면 민주주의 전통이 전혀 없고

---

12) Rees, *op. cit.,* p. 9.
13) *Ibid.,* p. 44.

단 일순간도 경험한 적이 없는 한국인들에게는 매우 생소한 개념이었
을 것이다. 따라서 공화주의가 얼마나 적합한 것인지, 한국인들이 과연
그것을 곧바로 수용해 잘 운영해나갈 수 있을 것인지와 같은 실제 중
요한 정치 문제들에 관한 현실 방안도 함께 제시해야 했다. 그러나 그
의 사상은 단지 공화제에 대한 추상적 생각의 단계에 머물고 말았다.
마찬가지로 독립국가 수립을 위한 수단 혹은 전략으로서 제시한 대공
주의도 구체적인 설명을 결여한 추상적 단계에 머물렀다. 심지어는 대
공주의라는 용어는 그가 직접 언급하지도 않은 것이었다

　　다시 말해서 도산이 주장한 이러한 이념과 체제가 가까운 장래에
실현될 수 있다는 것을 당시 한국인들에게 믿게 할 만한 희망을 제공
(offering hope in a crisis)14)하기에는 지나치게 추상적이었다. 결국 대중
들과의 감성적 연계(making a connection)15)를 형성할 수 있는 그의 천부
적인 웅변능력 즉 설득의 능력을 발휘하지 못한 셈이었다. 또한 민족
사적 영웅의 부활과(searching for a hero)16)같은 메시아 모델을 제시하거
나 스스로 그런 모델이 되지 못했다. 이와 관련된 것이기도 하지만 그
는 자신의 역할에 대한 확신감(being certain)17)으로 자신을 유일한 지도
자로 내세우는 고집스럽고 비타협적인(intransigent)18) 자세를 견지하지
도 않았다. 환언하면 그는 헤겔(Georg Wilhelm Friedrich Hegel, 1770~1831)
의 세계사적 개인19)이나 니체(Friedrich Wilhelm Nietzsche, 1884~1900)가

---

14) *Ibid.*, p. 56.
15) *Ibid.*, p. 21.
16) *Ibid.*, p. 33.
17) *Ibid.*, p. 68.
18) *Ibid.*, p. 68.
19) 프리드리히 헤겔(Georg Wilhelm Friedrich Hegel), 『역사철학강의』(*Vorlesungen über die Philosophie der Geschichte*), 권기철 옮김, (서울: 동서문화사, 2008), p. 75. "세계사적 개인(a world historical man)이라 불릴만한 위인들의 행동은 그들이 의식하고 있지 않은 내면적인 의미에서도 정당화될 뿐만 아니라, 또 세계의 흐름이라는 입장에서 볼 때도 정당화된다." 즉, 일반 개인이 아닌 역사를 만들어낸

말하는 소위 초인20)과 같은 면모를 스스로 보여주려 하지 않았고 또
시도하지도 않았다. 안창호가 할 수 있었고 또 실제로 했었던 것은 제
한된 수의 흥사단원들을 중심으로 한 추종자들과 자신을 도덕 당위성
으로 고양하고 또 강화시키는 일이었다. 그는 한국인들을 감화시킴으
로써 한국 독립을 성취하려는 교육자로서의 역할이 뚜렷했던 그런 지
도자였다. 그런 점에서 그는 잔혹한 군국주의로 변질해가는 일본제국
의 국내외 정책변화나 정치 상황에 대한 엄밀한 분석이나 전망을 제시
하는 국제정치적인 냉정한 안목과 그에 따른 적절한 대응책 강구가 부
족했다. 즉, 전략적 사고가 부족했다고 할 수 있다.

5. 통합 리더십, 독립운동세력의 공통 한계

안창호는 조선의 비극적 멸망과정을 직접 체험하면서 주권국가로
서 사실상 허울뿐인 자국 생존과 국민 안전을 위해 아무런 힘도 발휘
하지 못하는 군주제도에 대해 혁명적인 변화의 필요성을 확신했다. 그
대안으로 제시한 것이 민주공화제였다.

그러나 그는 민주공화제란 국민이 주인되고 정치가 국민 여론에
따르는 정치제도라는 단순한 이유 외에 민주공화제를 채택해야 할 절
실한 이유나 성공 실현 가능성에 대해 아무런 이론 근거나 입장을 제

역사적 인물이나 위인을 말한다.
20) 프리드리히 니체(Friedrich Wilhelm Nietzsche), 『차라투스트라는 이렇게 말했다: 모
든 사람을 위한, 그러나 그 누구를 위한 것도 아닌 책』(*Also Sprach Zarathustra*),
서문 레지널드 홀링데일(Reginald Kohn Hollingdale), 홍성광 옮김, (서울: 임프
린트 펭귄클래식 코리아, 2009), p. 150. "모든 신은 죽었다. 이제 우리는 초인
(superman)이 나타나기를 바란다."; 프리드리히 니체(Friedrich Wilhelm Nietzsche),
『인간적인 너무나 인간적인』(*Menschliches, Allzumenschliches*), 강두식 옮김, (서울:
동서문화사, 2009), p. 1028의 "초인개념은 우리 인간이 지향해 자기초극 훈련을
해야 할 규범이념이다." 외에 초인에 대한 상세한 해설은 이 책의 pp. 992-996,
1027-1032 참조.

시하지 않았다. 미국에서 민주주의 정치를 직접 경험하면서, 그 바탕 위에서 민주공화제에 대한 신념을 굳히게 되었을 것이다. 이 점에 있어선 당시 미국에서 독립운동을 벌이던 이승만21)도 비슷한 정치 사고를 하고 있었다.

그러나 안창호는 이승만과는 다른 국제정치관을 가지고 있었다. 제국주의 국제정치 속에서 당시 조선인들은 자신들이 처한 상황을 '고래싸움에 새우등 터지는 격'이라고 인식하고 있었다. 조선은 당시 일본을 위시한 강대국들의 각축장이었고 그 희생물이었다. 국제정치가 한 민족의 운명에 미치는 영향이 거의 절대적이었다. 그럼에도 불구하고 안창호는 그렇게 중대한 국제정치 문제에 대한 자신의 안목을 구체적으로 제시하거나 그 문제를 학리적(學理的)으로 논한 바가 거의 없었다. 제5장에서 논의한 것처럼 그는 단지 민주공화정이 세계의 항구적 평화를 돕는 힘이기 때문에 독립된 한국이 민주공화정을 수립하면 동양평화가 견고해질 것이며 더 나아가 세계평화로 이르게 될 것이라고 단순하게 생각했다. 물론 이러한 그의 생각은, 제1차 세계대전 발발과 함께 당시 미국 대통령 우드로 윌슨이 주창해 미국인들의 지배적 사상이 된 민주평화론을 추종한 것이다. 즉 도산의 국제정치관은 윌슨주의 즉 정치 이상주의였다고 볼 수 있다. 독립을 위해 국제정치와 외교가 무엇보다도 중요하다고 믿고 행동했던 이승만의 그것과는 커다란 차이가 있었다.22)

이러한 국제정치 사고의 연장선상에서 그가 국내 각 독립운동 정

---

21) 이승만은 미국 가기 전 영어(囹圄)의 시절부터 입헌군주제를 주장하고 있었다. 지은이 우남 이승만,『풀어쓴 독립정신』, 풀어쓴 이 김충남 · 김효선, (서울: 청미디어, 2008), pp. 158 – 161.

22) 강성학, "제1장 한민족과 국제정치: 역사의 교훈과 전망",『새우와 고래싸움: 한민족과 국제정치』, 重版, (서울: 博英社, 2007), pp. 11, 32 – 41. 윌슨의 민주평화사상에 관한 상세한 논의는 강성학, "제8장 평화의 神 윌슨의 평화사상",『인간神과 평화의 바벨탑』, pp. 249 – 299 참조.

파의 대통합을 부르짖은 것은 당연한 논리의 귀결이었다. 이를 위한 정치 수단 혹은 전략이 바로 대공주의였다. 새로운 국가를 수립하려는 변환 리더십의 비무장예언자에게는 무엇보다도 모든 독립운동 세력을 결집해 그 결집된 세력의 유일 지도자로서의 권위가 요구된다. 도산은 국내외 독자적으로 산재한 수많은 독립운동 지도자들을 하나로 결집시키고 통합해 한민족의 총력전을 수행해야 한다고 생각했고, 또 그것을 위해 헌신했다.

이점에 있어서도 그는 한계에 봉착했다. 변환 리더십 관점에서 보면 이것은 도달하기 어려운 정치 목표였다. 일본제국을 타도하고 조국 독립을 쟁취하기 위해서는 모든 독립운동세력이 하나로 결집하는 것이 합리적이었겠지만, 그것은 논리적으로도 실현 불가능한 목표였다. 윌리엄 라이커(William H. Riker, 1920~1993)는 저서 *the Theory of Political Coalitions*[23])에서 그러한 통합이 왜 불가능한지 명쾌하게 설명했다.

강자에 맞선 약자들이 하나로 힘을 합치는 것은 약자들에겐 아주 합리적인 행동이기 때문에 일반적으로는 모든 약자들이 힘을 합칠 것이라고 생각하기 쉽다. 그러나 정치세력들 간 연합 즉 통합이 성공하기 위해서는 통합 대상 집단의 구성원들에게 충분히 매력적인 대가가 지불[24])되거나 적어도 그러한 지불이 전제되어야 한다. 정치 자원이 없던 독립운동가 안창호에게 그런 지불능력이 있을 리 없었다. 또한 조국 독립이 요원한 상황에서 통합대상 집단들에게 조국 독립 후를 가정해 제

---

23) William H. Riker, *the Theory of Political Coalitions*, (New Haven and London, Yale University Press, 1962).

24) *Ibid.*, pp. 108-114. 라이커는 대가의 지불(side-payments in politics)의 종류로 다음 다섯 가지를 예시했다. '보복에 대한 두려움(The threat of reprisal), 현금 가치가 있는 물질 보상(Payment of objects the value of which can be reckoned in money), 정책에 대한 약속(Promises on policy), 후속 결정에 대한 약속(Promises about subsequent decisions), 감정적 만족으로서의 보상(Payment of emotional satisfaction)'

공멸 잠재 대가 지불이나 보상은 그 어떤 설득력도 없었다. 정치 통합을 성공으로 추진하는 데 사용할 수 있는 아무런 정치 자원이 없었던 것이다.

카리스마만으로 통합 문제를 해결할 수는 없다. 맨슈어 올슨(Mancur Olson, Jr., 1932~1998) 역시 저서 *the Logic of Collective Action*(『집단행동의 논리』)[25]에서 그 이유를 명쾌하게 설명하고 있다. 올슨의 주장에 의하면, 아무리 조국 독립이라는 공공선을 위해 단합이라는 선택이 합리적이라고 공감할지라도, 실제로 널리 산재되어 있는 정치 집단들이 하나의 정치세력으로서 행동하기는 어렵다. 각 집단은 공공선을 위해 지불하는 대가보다 낮은 이득을 기대할 수밖에 없고, 또 자신의 기여로 인해 추진의 결과가 크게 달라질 것이라고 생각하지도 않기 때문이다.[26] 따라서 이런 경우엔 아이러니컬하게도 공동의 집단 목표를 달성하기 위해서 협력하는 것이 오히려 비합리적이 된다. 이런 경우 각 개인들이 공동 이익을 위해 행동하게 하는 강압이나 아니면 모종의 특별한 방법이 있지 않는 한, 합리적이고 자신의 이익을 생각하는 개인들은 그들의 공동이나 집단 이익을 달성하기 위해 행동하지 않을 것이다.[27]

일제 강점기의 안창호는 합리적 대공주의를 내세우는 것 말고는, 독립운동 제 정파를 통합시킬만한 어떤 강제력도, 또 지불할 수 있는 정치 자원도 갖고 있지 않았다. 바로 그러한 이유 때문에 그는 대공주의 전략을 제시했을 뿐 적극적으로 꾸준하게 통합을 추진하는 거래 리

---

25) Mancur Olson, *the Logic of Collective Action: Public Goods and the Theory of Groups,* Harvard Economic Studies, Volume CXXIV, (Cambridge · Massachusetts · London · England: Harvard University Press, 1971); 번역본 멘슈어 올슨(Mancur Olson, Jr.), 『집단행동의 논리: 공공재와 집단이론』(*The Logic of Collective Action: Public Goods and the Theory of Groups*), 최광 · 이성규 옮김, (서울: 한국문화사, 2013), pp. 2 – 3, 30 – 31 참고.

26) *Ibid.,* p. 21.

27) *Ibid.,* pp. 1 – 2.

더십 방안을 실천하지 않았다. 다시 말해서 위에서 지적한 바와 같이 안창호는 카리스마 기술을 효과적으로 발휘하지 못했을 뿐만 아니라, 그의 대공주의는 본격적으로 실행되지도 못했다. 그러나 이러한 한계는 안창호만의 것은 아니었다. 당시 거의 모든 독립운동 세력들이 결코 극복할 수 없었던 공통된 한계였던 것이다.

6. 비무장예언자의 투쟁방편: 교육, 조직관리, 민주주의

안창호는 결코 무인이라고 할 수 없는 철두철미한 문인이었다. 그는 독립 투쟁 전기간 동안 단 한 번도 적과 직접 대결해 본 적이 없었다. 물리적으로 뿐만 아니라 국제 사회에서 치열한 외교 노력을 통해 적과 직접 아니면 적어도 간접이나마 정면 대결을 통해 일본제국에 맞선 적이 없었다. 그는 절대적이고 동시에 상대적인 힘의 엄청난 격차를 잘 인식하고 있었던 것이다. 그래서 동포들에게 속 시원한 투쟁이나 관련 강대국에 외교 공세를 취해본 적이 없었다.[28] 그래서 독립 투쟁의 어떤 뚜렷한 전설을 남기지 못했다.[29] 안창호는 거대한 일본제국이라는 골리앗에 직접 맞서는 다윗이 아니었다. 막강한 한니발 (Hannibal, B.C.247~B.C.183) 군에 지구전으로 대항해 승리를 거둔 로마의 지도자 파비우스 막시무스(Fabius Maximus, 미상~B.C.203 무렵)[30]와 같았다. 그런 점에서만 본다면 그는 철두철미 현실주의자 요소도 동시에 가지고 있었던 지도자였다.

---

28) 주요한 편저, 『安島山全書』, 증보판, p. 75.

29) 예를 들면 안중근과 윤봉길 등의 의거나 북한에서 주장하는 김일성의 보천보 전투와 같은 전설을 남기지 못했다. 참고로 보천보 전투에 관해서는 김일성, "보천보의 불길 (1), (2)", 앞의 책, 6－2, pp. 149－179 참조.

30) 플루타르코스(Plutarchos), "파비우스 막시무스(Fabius Maximus)", 『플루타르크 영웅전 I』(Plutarchos Bioi Paralleroi), 홍사중 옮김, (서울: 동서문화사, 2008), pp. 308－331.

독립 투쟁이 기나긴 지구전이 될 것이라고 판단한다면, 현실주의
자가 선택할 수 있는 길은 오직 하나였다. 자파세력 결집 즉 통합이 어
렵다면 장기적으로 독립을 열망하는 세력을 확대할 필요가 있었다. 그
는 많은 독립운동을 위해 수많은 일종의 제자들을 길렀다. 흥사단이
좋은 실적의 증거가 될 것이다. 그러나 그들도 식민지 시대에 조국 독
립에 직접 기여했기 보다는 대한민국 수립 후 각계 요소에서 국가발전
에 기여했다고 볼 수 있다.[31] 그런 의미에서 안창호의 독립 투쟁 방식
은 국가 탄생보다는 국가 발전에 기여했다고 하겠다. 이런 의미에서
안창호는 좁은 의미의 정치 지도자라기보다 민족 스승이라는 교육자로
서의 역할이 훨씬 컸던 민족 선각자였다고 정의하는 것이 더 적절할
것이다.

안창호는 비록 자신의 민족사적 사명과 정치 비전을 생전에 실현
하지는 못했다. 하지만 민족 역량강화(실력양성)를 위해 망국 직후 국내
의 신민회 조직을 출발점으로 대성학교, 태극서관, 청년학우회, 평양마
산동 자기회사를 창업했다. 해외에는 공립협회, 대한민국임시정부, 동
명학원, 이상촌 등의 조직은 물론이고 흥사단 창설과 한국독립당을 결
성 창업했다. 이처럼 안창호는 수많은 크고 작은 단체와 조직을 창업
하고 유지하고 또 관리해 나가는데 있어서 그 누구보다도 탁월한 능력
을 발휘했다. 그렇게 하기 위해서는 막대한 자금이 필요했을 것이다.
도산은 자신의 카리스마 설득력을 통해 당시 지극히 어려운 국내외 상
황 속에서도 필요한 자금을 모금할 수 있었다. 요즈음 널리 사용되는
용어로 표현한다면 그는 당시 최고 펀드레이저(fund-raiser) 또는 최고
경영자였던 셈이다.

---

31) 이 책 제2장 각주 115)-116) 참조. 장규식의 논문 "미군정하 흥사단 계열 지식
인의 냉전 인식과 국가건설 구상", 앞의 책, pp. 250-253의 '<표> 미군정 참
여 흥사단계 인사' '자료: 「興士團友 國內在籍者[舊團友]」(1947. 11); 『大韓民國人
事錄』(1950), 內外弘報社; 『신한민보』 외' 참조.

이 책 제3장에서 도산 안창호의 리더십 분석을 위해 그 유형의 하나로 비무장 예언자를 상정했다. 안창호는 대부분 비무장 예언자들과 같은 운명의 길을 걸었다. 독립 조국의 새로운 정치질서 수립이라는 약속의 땅에 들어서지 못한 채 일생 동안 오직 독립 투쟁을 위한 혁명가로서 생을 마감해야만 했던 비극의 주인공이었던 것이다. 그가 순국한 지 7년 후 제2차 세계대전에서 일본제국이 패망한 1945년 8월에야 승전국들의 선물처럼 그의 조국은 해방을 맞았다.

만일 그가 생존해 있었더라면, 분단으로 치달은 1945~1948년의 치열한 해방정국에서 어떤 정치 입장에 섰을 것이며, 어떤 국가질서 수립에 매진했을까? 어떤 방식으로 자신의 리더십을 발휘했을까? 이것은 역사의 추정 영역으로 남아 있다. 이승만에 동조했을지 아니면 김구와 손을 잡았을지, 또 아니면 김일성 노선을 택했을지, 추측조차 할 수 없다. 다만 그의 정치 비전과 실제 실천행동의 측면에서 판단컨대, 적어도 전적으로 소련 주도 하의 북한에서 전체주의 공산 독재정권을 수립한 김일성에 동조하거나 지원했을 가능성은 아주 희박하다. 그가 주창한 공화주의 정치 비전은 소련의 볼셰비즘이 아니라 미국에서의 오랜 생활을 통해 체득한 민주주의 삶을 기반으로 한 것이었기 때문이다.

7. 비무장예언자

지금까지 논의과정에서 보면 안창호의 카리스마 리더십이 성공하지 못한 최대 약점은 그의 비무장 투쟁에 있는 것처럼 보인다. 그러나 당시 조선 독립을 위해 헌신한 무장한 예언자들도 성공하지 못했던 것 또한 사실이기 때문에 안창호의 비무장 투쟁에 모든 실패 원인을 돌릴 수는 없다. 인도의 간디는 대영제국을 상대로 오히려 비무장 투쟁을 수행했기에 성공할 수 있었다. 반면에 알제리는 무장 투쟁으로 독립을 쟁취했다.32) 따라서 독립 투쟁 성공여부는 독립혁명가들의 무장 여부에만 달려있다고 결론을 내릴 수는 없을 것이다.

리더십 성패에는 독립혁명가들의 리더십 스타일 못지않게 그들이 대적해 투쟁했던 적들 즉 식민종주국의 정치체제 유형과 정책 역시 중요한 요인이 된다. 간디는 의회민주주의 국가인 영국을 상대로 투쟁했으며 벤 벨라는 드골 대통령 등장 이후 면모 일신한 프랑스를 상대로 무장 투쟁을 했다. 안창호의 투쟁대상은 결코 의회민주주의 국가가 아니었다. 그가 타도해야 할 대상은, 드골과 같은 영웅 지도자의 권력 장악으로 인한 정책의 근본 변화 같은 것을 전혀 기대할 수 없었던 군국주의 일본제국이었다. 결국 일본제국을 패배시킬 만한 규모의 군사력을 사용하지 않고서는 아무리 무장을 하더라도 결코 성공할 수 없었을 것이다. 이는 역사로도 입증된 사실이다.

그러므로 절대 약소국이었던 조국의 독립을 위해 비무장 투쟁을 전개한 도산 안창호의 리더십을 평가하는 데 단순히 조국독립의 달성이라는 정치 결과의 유무를 그의 정치 리더십 평가의 절대 기준으로 삼을 수는 없을 것이다.

8. 안창호의 정치 리더십 재평가

모든 것을 결과로만 평가한다면 우리는 때로 사탄을 숭배하고 천사를 조롱해야 할 것이다. 반면 모든 것을 도덕이라는 잣대로만 재어야 한다면 우리는 사악한 제국의 후예가 아닌 고상한 패망국의 후손임을 자랑스러워해야 할 것이다. 그러나 인간은 사탄을 숭배하지 않고 우리는 일본제국의 신민이 되지 못했음을 통탄하지 않는다. 분명 정치

---

32) 이 책 제1장 각주 15) 참조.

는 동기보다 결과를 중시하고, 역사는 패자보다는 승자를 사랑하지만, 정치학은 선의(善意)의 패인을 찾아내는 데 인색하지 않고, 역사학은 패자의 궤적에서 가능성을 모색하는 데 소홀하지 않다.

마키아벨리 관점에서 보면, 도산 안창호의 정치 궤적은 분명 실패와 패배로 점철되어 있다. 그러나 안창호는 "궁핍한 어린 시절을 극복하고 새로운 운명을 개척했고, 계속된 좌절을 이겨"냈다. "꺾이지 않는 목적의식"을 가지고 "힘겨운 시절에도 한결같이 좌절에 빠진 동포에게 힘을 주었"다. 그는 독립운동 세력들 사이의 "불화를 달랬으며, 반목하는 각료[동료]들을 중재"했다. 안창호는 "평생 친절하고 겸손한 태도를 잃지 않았고", 이승만이나 김구 같은 독립운동가들보다 "더 재능이 있거나, 많은 혜택을 누리고 살아온 사람이 아니었"음에도 그들보다 "더 치열한 인생을 살아왔고 동시에 천성적으로 고귀한 인품을 가진 사람이었다." 다만 그는 "타인의 입장을 이해하고, 그들의 느낌을 공감"했음에도 불구하고, "그들의 동기와 욕망을 이해할 줄 아는 남다른 재능"을 갖추지 못했기 때문에 패배할 수밖에 없었다.[33]

만일 도산이 권력이라는 칼을 가지고 있었다면, 그도 링컨처럼 "적수들을 한데 모으고, 역사상 가장 기이한 내각을 구성"하고, 조국 독립과 적과의 투쟁에서 "승리를 위해 그들의 재능을 결집할 수"도 있었을 것이다.[34]

그러나 그에게는 하드 파워는 없었지만 소프트 파워가 있었다. 유교 굴레 속에서도 세상을 바꾸려는 열정이 있었다. 세상을 바꾸는 데 필요한 치밀한 전술을 가지고 있지는 않았지만, 바꿀 수 있다는 확고한 신념을 가지고 있었다. 비록 실패했지만 동시대 모든 독립운동세력

---

33) 도리스 컨스 굿윈(Doris Kearns Goodwin), 앞의 책, pp. 805, 811. Doris Kearns Goodwin, *op. cit.*, pp. 748-749.
34) 위의 책, p. 811.

들이 갖지 못했던 통합에의 열의도 있었다. 뿐만 아니라 다른 독립운
동가들이 간과했던, 정교하고 체계화되지는 않았지만 교육입국과 민주
주의에 대한 신념을 가지고 있었으며, 이를 꾸준히 실천하려 했다.

그는 분명 힘으로는 무장하지 않았지만, 조국이 칼이 아닌 다른
것으로라도 무장하기를 원했다. 민중의 공감을 이끌어 내지 못함으로
써 변환 리더십을 확립했다고 평가할 수는 없다. 하지만 그것은 거래
리더십의 자산이 없었기 때문이지, 추종자를 형성하고 공감대를 만들
어 내려는 노력을 소홀히 했기 때문은 아니었다. 도산은 내부 경쟁자
들과 소수 추종자들에게 끊임없이 대화를 시도하고 설득에 공을 들였
다. 동시대 동포들의 암울한 현실을 타개하려 했고, 조국의 민주적 미
래를 지향했다.[35]

다만 안창호는 링컨이 가지고 있던 제도 권력과 설득의 테크닉을
지니고 있지 못했다. 물론 지도자라면 이러한 자질과 특성을 구유(具有)
해야 할 것이며, 그렇게 해야 성공한 리더십이라고 평가받을 수 있을
것이다. 그러나 제국주의 지배라는 시기 특성을 고려하면 이것은 난망
(難望)한 일이다. 시대 상황이라는 운명(fortuna)도 그를 외면했던 것이다.

그럼에도 불구하고, 도산은 후일 모든 사람들이 지향하는 가치들
을 선각(先覺)하고 실현하려고 애썼다. 무장할 수 없는 상황에서 미래
세대를 무장하기 위해 끊임없이 조직을 만들고 관리했다. 거래 자산이
부족했음에도 불구하고 세상을 변환시키려는 열정을 발휘한 지도자였
다. 안창호는 비무장 예언자로서 변환 리더십을 발휘한 카리스마 지도
자였던 것이다.

---

35) 安昌浩, "比律賓視察記", 『三千里』, 5, 영인본, 金英植 編, pp. 220-221; 『島山安昌
浩全集』, 제1권, pp. 222-223.

Political Leadership

제8장
———

맺는말

제8장

맺는말

　안창호는 의심할 나위 없는 한민족의 자랑스러운 대표 독립운동가, 혁명가, 정치 지도자 가운데 한 사람이었다. 안창호는 자신의 필생목표인 한국 독립과 공화주의 근대 민주국가 실현을 위해 일생을 바친한민족의 드문 영웅들 가운데 한 사람이었다. 하지만 많은 역사 영웅들과 달리 자신의 헌신과 노력의 결실을 끝내 직접 보지 못한 채 가혹한 일제 압제에 의해 사실상 타살된 비극의 영웅이었다.

　안창호는 독립운동가로서 정치 리더십의 필수 요소인 비전을 가지고 있었으며, 성공적으로 실천하지는 못했지만 전략도 가지고 있었다. 그러나 그에게는 일개 시민이 군주가 되기 위한 전제 요소로 마키아벨리가 제시했던 포르투나(fortuna)와 비르투(virtú)가 없었다. 그래서그는 정치 지도자로서 결코 성공할 수 없었다. 그의 비무장 투쟁 역사에는 무장 투쟁가들이 누리는 자랑스러운 투쟁의 승리라는 빛나는 순간이 없었던 것이다. 그럼에도 불구하고 조국 독립을 향한 그의 비전즉 민족주의, 민주공화주의, 전략으로서 대공주의는 한민족이 추구해야할 정치 목표로 후대에 전수되었다.

　안창호는 민족 선각자요 지도자로서, 무엇보다도 비무장 예언자로서 조국에 봉사했고 또 그렇게 인정되었다. 하지만 그는 모세처럼 약속의 땅에 도달하지는 못했다. 어쩌면 그것은 처음부터 불가능한 목표였는지도 모른다. 그렇지만 그는 비무장 예언자였던 예수(Jesus, 4추정~30)처럼 조국에 대한 사랑과 헌신의 정신을 후대에 남겼다. 안창호의 위대함은 바로 그런 예수와 같은 비극성에 있는 것인지도 모른다.

　역사에서 가정이란 부질없는 일이라지만 그래도 한편으로 그가

판결을 받고 형무소로 호송되는
용수를 쓴 도산(1932)

1938년 만 60세의 나이에 타계하지 않고 살아서 독립 투쟁을 계속할 수 있었다면 제7장에서 내린 평가 이상으로 정치 지도자로서 분명히 더 많은 업적을 달성할 수 있었을 것이다. 또한 1945년 해방 후 참담할 정도로 혼란했던 해방정국의 치열한 권력 투쟁에서 그가 어떤 지도자의 모습을 보였을지 그 누구도 자신 있게 말할 수 없을 것이다.

오늘날 우리가 자신 있게 말할 수 있는 것은 그가 정치 지도자로서 기여할 수 있는 많은 기회를 비교적 짧았던 생애로 인해 너무도 일찍이 박탈당했다는 사실일 것이다. 그러나 바로 그러한 이유 때문에 안창호는 오직 헌신적 희생만으로 일관한 생애를 보여준 민족 지도자로 기억되고 특히 많은 지식인들에게 추앙받고 있는지도 모른다.

일경에 취조받을 당시 도산

이러한 현상은 한국 지성사의 특징 가운데 하나이다. 조선 창업자인 이성계(太祖 李成桂, 1335~1408)보다도 지식인 정도전(鄭道傳, 1342~1398)이 더 높게 평가받고, 중국을 최초로 통일한 진시황(秦始皇, B.C.259~B.C.210)보다도 교육자인 공자(孔子, B.C.551~B.C.479)가 더 칭송받으며, 대한민국 초대 대통령 이승만보다도 안창호나 김구가 더 높게 평가되고 추앙받는 기이한 역사 현상을 과연 어떻게 설명할 수 있을 것인가? 한국 지식인들은 두렵고 치열한 권력 투쟁에서 승리한 자의 업적보다는 일종의 지성적 스승을 더 높게 평가하는 역사 전통을 가지고 있다.

이러한 지성 편향의 옳고 그름을 논하는 것은 이 책의 주제가 아닙니다. 안창호는 대한민국 탄생은 차치하고 조국 해방이라는 결과에 중요한 원인을 제공했거나 결정적 기여를 했다고 평가받기는 어려운 민족 지도자이다. 안창호의 정치 리더십은 제한된 역사의 시·공간 내에서 발휘된 다른 민족 지도자들의 리더십과 동시에 비교 평가될 때 그의 정치 리더십은 보다 객관적으로 평가될 수 있을 것이라는 점을 지적하려는 것이다.

이 책은 독립운동가 안창호의 정치 리더십을 해부하여 그 특징을 발견하고 평가하기 위한 시도로서 제3장에서 민족의 독립운동가라는 정치 지도자들에 대한 하나의 정치 리더십 모델을 상정했다. 안창호가 달성하려는 조국 독립이란 결국 하나의 국가창업, 즉 새로운 정치질서 탄생을 의미한다. 새로운 국가 창업에 대한 현실주의 정치이론으로 가장 유명한 이론가는 마키아벨리이다. 그는 국가 창업 모델로서 무장한 예언자(armed prophets)와 비무장 예언자(unarmed prophets)로 분류하고 오직 무장한 예언자만이 성공할 수 있다고 주장했었다. 역사에는 근대 민족국가를 창업하려는 무장하지 않은 예언자인 독립운동가들도 많았다. 안창호도 그런 역사 인물들 가운데 하나였다. 따라서 앞의 분석들을 통해 다음과 같은 결론을 도출할 수 있다.

첫째, 안창호의 정치 리더십의 제1차 특징을 마키아벨리 용어로 표현한다면 그는 비무장 예언자 혹은 혁명가였다. 따라서 그는 자신의 정치 목적을 직접 달성하는 데 필수 수단, 즉 비르투(virtú)를 갖고 있지 못했다. 그의 성공여부는 오직 행운, 즉 포르투나(fortuna)에 의존할 수밖에 없었다. 그러나 포르투나는 결코 그의 편에 서지 않았다. 마키아벨리는 당시까지 비무장 예언자가 성공한 사례가 없었다고 주장했는데 비무장 안창호도 마키아벨리 주장을 반증하는 예외의 경우가 되지 못했다.

둘째, 안창호의 정치 리더십은 민족 독립을 이루려는 일종의 비제도(non‑institutional) 지도자로서 그가 활용할 무기와 전략은 자신의 카리스마에 전적으로 의존하는 것이었다. 그런 면에서 그는 막스 베버가 말하는 소위 카리스마(charismatic) 지도자였다. 그러나 그는 카리스마를 발휘하는 다양한 기술이나 실천 방략들을 효과적으로 활용하지 못했다. 그런 면에서 그는 부분적으로만 카리스마 지도자였다고 말할 수 있을 것이다.

셋째, 안창호가 일생 동안 구사했던 그의 리더십 특징을 종합할 때 안창호의 정치 리더십은 현대 리더십 연구의 대표 이론가인 제임스 맥그리거 번스가 말하는 소위 변환 리더십(transforming leadership)에 속한다고 말할 수 있다. 안창호는 독립을 위한 정치 투쟁을 하면서도 윤리와 도덕의 힘을 가장 중요한 것으로 간주했다. 윤리의 힘을 과도하게 믿었던 한국의 전통 선비 세계에서 벗어나지 못한 도덕주의 정치 지도자였다. 임시정부 시절을 포함해 그의 대공주의 통합이라는 변환 리더십은 결국 성공하지 못했다. 더구나 그런 변환 리더십이 일본제국에 대해서는 시도되지도 못했다. 일본제국은 변환시킬 수 있는 교육 대상이 아니라 타도되어야 할 적이었기 때문이다. 이 점에서 그의 변환 리더십은 뚜렷한 한계를 보여주었다.

넷째, 안창호의 '비무장 카리스마 변환 리더십'(unarmed charismatic transforming leadership)은 최종적으로 1938년 그의 서거로 인해 좌절되고 말았다. 안창호의 독립 투쟁이 조국의 궁극적인 독립에 실질적으로 기여했다고 평가하기는 어렵다. 그는 분명히 정치 지도자였지만 결코 마키아벨리언이 아니었다. 더구나 그는 1938년 서거했기에 해방 후 극심한 이념적 권력 투쟁에 빠져들지 않았다. 그의 일생은 오직 조국의 독립 투쟁만으로 끝났다. 따라서 그의 민족애, 조국애와 함께 그의 인격은 전혀 손상을 받지 않았다. 해방 후 이념적 권력 투쟁과 뒤이은 한

국전쟁의 참담한 비극을 혐오하는 많은 한국인들에게 안창호는 하나의
대안 지도자의 모델로 인식되었다. 안창호는 분명한 현실주의자였음에
도 불구하고 아주 아이러니컬하게도 비현실적인 이상주의적인 면을 부
각시켜 오히려 높게 평가하는 기이한 현상을 낳았다. 무장할 수 없는
상황에서 안창호의 현실적인 독립 투쟁은 윤리 도덕과 인격의 힘을 강
조한 교육을 통해서 이루려는 것이었다. 이는 이상주의적인 양면성을
갖는다. 그래서 그는 마키아벨리가 일찍이 예견했듯이 새로운 국가의
창업이라는 정치 목적을 달성하는 데는 성공하지 못했다. 그러나 안창
호는 한국인들에게 정치 지도자라는 이미지보다는 민족 스승, 즉 민족
교육자라는 이미지로 더 크게 인식되었다. 그런 면에서 그는 교육자로
서는 성공한 셈이다. 바로 그런 이유 때문에 때로는 한국인들에게 해
방 후 실제로 국가창업, 새로운 정치질서 수립에 참여 했던 정치 지도
자들보다도 더 진정한 민족 지도자로 지금까지 추앙을 받아 왔다고 말
할 수 있다. 그것은 어쩌면 대한민국의 지폐에 실린 인물들이 명백히
보여주듯이[1] 한국의 유교 문화는 정치 지도자보다 스승을 더 추앙하
는 전통을 계승했기 때문일 것이다.

　　다섯째, 안창호는 정치 지도자였지만 무장하지 않았을 뿐만 아니
라 자신의 영향력을 효과적으로 발휘할 수 있도록 도움이 될 힘의 자
원이 없었다. 카리스마 기술도 부족했다. 뿐만 아니라 안창호는 당시
민족 독립을 위해 투쟁했던 다른 많은 지도자들 가운데 한 사람이었기
에 민족 염원을 독점할 위치에 있지도 않았다. 어쩌면 안창호보다 더
카리스마 있고 정치 자원을 조금은 더 효과적으로 활용했던 다른 정치

---

1) 각 나라의 지폐 속 인물은 그 나라의 '무언의 외교관'이며 '인물세계사'라 한다.
　우리나라 지폐에 등장한 인물은 이승만 초대 대통령(제1공화국 시절 발행된 8
　권 종의 모든 지폐), 충무공 이순신(1973년 발행 500원 지폐), 그리고 현재의 신
　사임당, 세종대왕, 율곡 이이, 퇴계 이황이다. 박구재 지음,『지폐 꿈꾸는 자들의
　초상; 세계 화폐 인물열전』, (서울: 황소자리 출판사, 2006), pp. 6, 304－307.

지도자들이 있었을지도 모른다. 그런 상황에서 자신을 힘의 중심부로 삼는 그의 대공주의 변환 리더십은 공허한 것이었다. 그럼에도 불구하고 당시 어둠의 시대, 일제 폭정(tyranny)이 질식할 정도로 짓누르던 시대에 조국 독립이라는 횃불을 들고 그 폭정 종식을 향해 고독한 투쟁을 했던 안창호의 거룩한 정신과 헌신은 민족사에 길이 기억될 것이다. 안창호가 오늘의 우리에게 전해주는 최고 유산은 조건 없는 민족애와 애국심이라는 의무감이라 해도 과언이 아닐 것이다.

소크라테스(Socrates, B.C.470~B.C.399)의 "조사되지 않은 삶은 살 가치가 없다."는 말을 원용하여 표현한다면 정치 관점에서 조사되지 않은 정치 지도자는 지도자의 삶을 살았다고 말할 수 없을 것이다. 민족 지도자로서 안창호는 마키아벨리가 『군주론』에서 일관되게 촉구했던 그런 정치 지도자는 아니었다. 어쩌면 바로 그런 이유 때문에 민족 지도자로서 안창호 삶을 조사해온 학술연구들이 역사학이나 교육학 분야에서는 이미 많았지만 정치학 분야에서 조사하는 연구는 사실상 전무했던 것이 아닌가 싶다. 그 이유는 한국 정치학이 미국의 압도적인 사회과학화 영향으로 인해 역사학과 결별한지 오래 되었고, 역사학에서도 정치 지도자에 관한 연구는 소위 신 역사(New History)의 헤게모니 현상 때문이라 해도 과언이 아닐 것이다.[2]

따라서 이 책에서 시도한 것과 같은 과거 정치 지도자들에 관한 연구가 보다 더 활발하게 이루어지기 위해서는 정치학과 역사학의 접목이나 결합이 필요하다. 나아가 이런 학제 간(interdisciplinary) 접근법을 격려하고 권장해야 할 것이다. 이런 맥락에서 이 책이 정치학 분야에서 한국 독립운동가들에 대한 더 심도 있고 더 많은 연구를 위한 하나의 작은 출발점이 되기를 희망한다.

---

2) 이 점에 대한 좀 더 상세한 논의는, 강성학, 『시베리아 횡단열차와 사무라이』, '제12장 제1절 외교정책과 역사', 특히 pp. 593-595를 참조.

Political Leadership

부록

2015년은 도산 안창호(島山 安昌浩, 1878~1938)가 "죽더라도 魂이 있다면 獨立運動은 계속할 것"이라며 평생을 바쳐 염원했던 조국 광복의 70주년이 되는 뜻깊은 해이다. 특히 작년 2013년 흥사단 창립 100주년을 맞이한 현시점에서 안창호에 관한 연구는 더욱 시의적절할 것이다. 그동안 안창호 연구를 학문 분야별로 보면, 주로 역사학계와 교육학계에서 진행되어 왔고, 정치학계에서의 연구는 거의 전무하다. 교육자가 아닌 정치가·혁명가로서의 안창호의 정치 리더십에 대한 학문적 연구는 한국정치학뿐만 아니라 도산학 연구에서도 필요한 시점이라 본다.

20세기 전반기 아시아와 아프리카 및 아랍의 민족주의는 식민지 민족주의라는 공통점을 갖고 있다. 제국주의 강대국의 식민지하에서 자국 민족의 독립을 도모한 지도자들도 많았다. 그들은 현대 정치학이나 행정학에서 말하는 통치자나 최고정책결정권자가 아닌 비제도(non-institutional) 정치 지도자들로서 카리스마 지도체계를 구축한 혁명가들이었다. 안창호도 일본 제국주의의 식민지가 된 조국의 자주독립과 공화주의 근대 민족국가를 수립코자 했던 카리스마 정치 지도자이자 혁명가였다. 이런 주장을 밑받침하기 위해 저자는 마키아벨리, 막스 베버의 고전 리더십 이론과 제임스 맥그리거 번스의 현대 리더십 이론을 결합하여 원용할 것이다.

16세기 초 프랑스와 스페인에게 주권을 상실한 조국 이탈리아의 해방을 촉구했던 마키아벨리의 『군주론』은 해방된 근대국가를 세우려는 모든 독립운동가들에게 적용될 수 있다. 마키아벨리는 조국을 다시 얻기 위해서는 '무장한 예언자'(armed prophets)로서의 지도자가 필요하며, '비무장 예언자'(unarmed prophets)는 실패할 수밖에 없음을 주장하며 지도자의 가장 중요한 본질을 권력 사용으로 보았다. 이 관점에서 보면 안창호는 분명 '비무장 예언자'였다.

막스 베버가 분류한 전통 권위, 카리스마 권위, 합법 권위의 세 가지 유형 중 당시 독립운동가의 권위의 원천은 카리스마(charisma)이다. 베버가 카리스마 리더십을 제시한 이후, 정치 리더십 연구에서는 합리적 분석을 넘어서는 알 수 없는 부분들을 그 인물이 지닌 카리스마에 기인하는 것으로 간단히 치부하는 경향이 있어 왔다. 그러므로 카리스마가 행사되는 구체적 방법을 연구할 필요가 있다. 이는 '카리스마 정치 리더십의 구성요소'를 분석·정리한 로렌스 리스의 이론이 보완해줄 것이다.

한편 제임스 맥그리거 번스는 베버의 '순수한'(pure) 카리스마 리더십이 지도자─추종자 관계를 왜곡하여 양측 간의 창의적인 상호작용이 결여되어 있다고 비판했다. 번스는 카리스마 리더십의 가장 강력한 구성요소는 추종자들로 하여금 스스로의 비전을 찾게 해주고, 열정을 불러일으키고, 스스로가 할 수 있도록 해주는 것이라고 강조하며 '변환 리더십'(transforming leadership)을 제시했다.

본 논문은 독립운동가의 정치 리더십 이론화를 최종 목적으로 하지만, 그 구체 사례로서 안창호의 정치 리더십 분석을 시도한다. 이를 위해 마키아벨리의 리더십 유형, 베버의 리더십 유형, 번스의 리더십 유형을 기본 틀 혹은 전제로 하여, 권력을 가질 수 없었던 시대의 지도자의 가능성과 한계를 서술하고자 한다. 위에 언급된 여러 모델들을 묶어 표현하자면 '비무장 카리스마 변환 리더십'(unarmed charismatic transforming lesdership)이 될 것이다.

일반적으로 역사적 인물의 리더십에 관해서는 그들의 미덕이 지나치게 단순화되거나 과장되었다. 안창호의 경우도 예외는 아니었다.

본 논문에서는 가능한 한 그런 유혹을 경계하고 최대한 객관적으로 그의 정치 비전과 실천을 집중적으로 조사했다. '비무장 카리스마 변환 리더십'모델에 비추어 안창호의 리더십에 관한 기존의 평가들과는 다른 새로운 시각을 형성하려 했다. 이를 위해 안창호와 관련된 역사 사실과 사건들 중 정치 활동의 사례들을 광범위하게 사용하지만, 그의 모든 정치 활동들을 연대순으로 정리하는 편년체(historiographical)의 접근방법을 취하지는 않았다. 그보다는 정치 리더십에 대한 이론적 (theoretical) 접근을 시도했다.

이와 같이 과거 정치 지도자들에 관한 연구가 보다 더 활발하게 이루어지기 위해서는 정치학과 역사학의 접목이나 결합이 필요하다. 나아가 이러한 학제 간(interdisciplinary) 접근법을 격려하고 권장해야 할 것이다. 이런 맥락에서 본 논문이 정치학 분야에서 한국의 독립운동가들에 대한 더 심도 있고 더 많은 연구를 위한 하나의 작은 출발점이 되기를 희망한다.

A Study on Ahn Chang-ho's Political Leadership: An Application of the Unarmed Charismatic Transforming Leadership Model

The year 2015 marks the 70th anniversary of Korea's national independence, eagerly aspired by Dosan Ahn Chang−ho(1878~1938) who during his entire lifetime fervently led the movement for it. In 2013, the centenary of the establishment of Heung Sa Dahn(Young Korean Academy: Y. K. A.) was celebrated. A study on Dosan and his leadership is thought to be more opportune than ever. While most of the research on him has been done in the fields of history and education, almost no serious effort has been made in political science thus far. Therefore, studying Dosan's political leadership as a political leader and a revolutionary, instead of an educator, should be of great importance today.

In the first half of the twentieth century, nationalisms in Asia, Africa and the Middle East had one thing in common, and it was that they were all against foreign colonialism. This created many national leaders who fought for independence of their own nations under the imperial rule of foreigners. In definition, they were not official leaders but instead 'non−institutional' political leaders who constructed their own form of charismatic leadership. Dosan Ahn Chang−ho, who struggled for independence of the Korean nation and dreamed of the founding of a new modern republican nation−state, was one of them. By combining classical theories of leadership by Niccolò Machiavelli and Max Weber with the modern theory of James MacGregor Burns, this dissertation will explain Dosan's role as a political leader and a revolutionary.

The Prince, written by Machiavelli who exhorted liberation of his fatherland from the rule of France and Spain in the early sixteenth century, is the guide for any national independence activists. Machiavelli himself urged upon the contemporary Italian leaders to become 'armed prophets,' and stressed the use of power as the most essential part of a great leader. To him, 'unarmed prophets' were doomed to failure, and Dosan was clearly an 'unarmed prophet.'

Weber classified political authority into traditional, charismatic and legal ones. Among these three types of political authority, charismatic authority best describes the source of power possessed by leaders of national independence movement in Dosan's days. Since Weber, in the study of political leadership, there has been a strong tendency to simplify the story of great leaders by attributing its unexplainable aspects to their charisma. Beware of this pitfall, one is asked to closely look into how precisely this charisma was exercised by leaders themselves. Laurence Rees's theoretical analysis on elements of charismatic political leadership will be of great help for this attempt.

Meanwhile, Burns criticized Weber's 'pure' charismatic leadership as distorting leader—follower relationships and highlighted the lack of the creative interaction in them. He then presented 'transforming leadership' by professing that envisioning, energizing, and enabling are the strongest components of charismatic leadership.

While the ultimate objective of this dissertation is to theorize political leadership of leaders of national independence movement, it aims to analyze, in particular, Dosan's leadership itself. For this purpose, based on the framework built on the combination of the leadership theories offered by Machiavelli, Weber and Burns, the author will describe and explain opportunities and limits of Dosan as a leader who could not have actual political power. This framework is one of 'unarmed charismatic transforming leadership.'

Throughout history, leadership of historical figures have been widely beautified, overly simplified, or exaggerated. The case of Dosan is no exception. Alert to such a temptation, this dissertation will analyze Dosan's political vision and practice in the most unbiased manner and will seek to form an entirely new perspective on his leadership in light of the 'unarmed charismatic transforming leadership' model. For this purpose, historical events surrounding him will be extensively examined and judiciously interpreted. The general approach of study will be a theoretical one, instead of a historiographical one.

In order to further stimulate the research on political leaders of the past, some sort of integration or combination of political science and history is considered inevitable. Such an interdisciplinary approach should be widely and highly recommended for the students of leadership. This borne in mind, it is hoped that this dissertation on the leadership of Dosan Ahn Chang—ho would be a humble starting point for future research on the leaders of the Korean national independence movement within the field of political science.

참고문헌

Ⅰ. 자료집

곽림대, "안도산"(원본), 『島山安昌浩全集』, 제11권, 도산안창호선생전집편찬위
　　원회 편, 서울: 島山安昌浩先生記念事業會, 2000, pp. 455－601.

_____, "안도산"(직해), 『島山安昌浩全集』, 제11권, 도산안창호선생전집편찬위
　　원회 편, 서울: 島山安昌浩先生記念事業會, 2000, pp. 603－674.

具益均, "島山先生의 大公主義 思想"(『기러기』, 1980. 6), 『島山安昌浩全集』,
　　제13권, 도산안창호선생전집편찬위원회 편, 서울: 島山安昌浩先生記念事
　　業會, 2000, pp. 726－728.

_____, "上海에서의 島山: 證言ㆍ中國 上海時節"(『기러기』, 1980. 11), 『島山安
　　昌浩全集』, 제13권, 도산안창호선생전집편찬위원회 편, 서울: 島山安昌浩先
　　生記念事業會, 2000, pp. 737－740.

金東元, "平壤人 氣質과 그 出身 人物들"(『民聲』, 1949. 12), 『島山安昌浩全集』,
　　제13권, 도산안창호선생전집편찬위원회 편, 서울: 島山安昌浩先生記念事業會,
　　2000, pp. 424－425.

김선량, "내가 감명받은 도산의 교훈", (『나라사랑』 제39호, 1981), 『島山安昌浩
　　全集』, 제13권, 도산안창호선생전집편찬위원회 편, 서울: 島山安昌浩先生記
　　念事業會, 2000, pp. 479－483.

김일성, "안창호의 시국대강연", 『세기와 더불어: 회고록』, 1－3, 평양: 조선로동
　　당출판사, 1999, pp. 285－300.

_____, "보천보의 불길 (1), (2)", 『세기와 더불어: 회고록』, 6－2, 평양: 조선
　　로동당출판사, 1999, pp. 149－179.

김형식(金瀅植), '평양 대성학교와 안창호', (『삼천리』, 1932년 1월호), 『安島山全書』, 증보판, 주요한 편저, 서울: 흥사단 출판부, 1999, pp. 114-118.

白基昊, "島山先生 別世時 病名"(『興士團報』 1948年 4月號), 『安島山全書』, 주요한 編著, 서울: 三中堂, 1963, pp. 883-884.

백낙준, "위인 안 도산의 진면목"[외솔회, 도산안창호 특집호, 계간 『나라사랑』, 제39호, 11권 2호, 1981], 『島山安昌浩全集』, 제13권, 도산안창호선생 전집편찬위원회 편, 서울: 島山安昌浩先生記念事業會, 2000, pp. 467-470.

成雲朱, "安昌浩氏 演說私評"(『三千里』 1936. 8), 『島山安昌浩全集』, 제13권, 도산안창호선생전집편찬위원회 편, 서울: 島山安昌浩先生記念事業會, 2000, pp. 133-135.

신민회, "大韓新民會趣旨書", 『安島山全書』, 증보판, 주요한 편저, 서울: 흥사단 출판부, 1999, pp. 1067-1070.

_____, "大韓新民會通用章程", 『安島山全書』, 증보판, 주요한 편저, 서울: 흥사단 출판부, 1999, pp. 1071-1072.

신채호, "청년학우회취지서", 『흥사단운동七○년사』, 흥사단운동 70년사 편찬위원회, 서울: 흥사단 출판부, 1986, p. 58.

여상한인추도안도산선생대회주비처(旅湘韓人追悼安島山先生大會籌備處), "韓國革命領袖安島山先生遺像", 『島山安昌浩全集』, 제11권, p. 45.

안창호[?], "下卷 講論篇", 『島山安昌浩雄辯全集』, 姜齊煥 編, 서울: 雄辯俱樂部出版部, 檀紀 四二八三年[1950년].

_____, (漢北學生 金聖烈 述), "三仙坪演說 초록"(1907년 5월 12일 서북학생친목회 운동장 연설), 『安島山全書』, 증보판, 주요한 편저, 서울: 흥사단 출판부, 1999, pp. 582-585.

_____, "제1차 북경로 예배당(北京路禮拜堂) 연설"(1919년 5월 26일), 『安島山全書』, 증보판, 주요한 편저, 서울: 흥사단 출판부, 1999, pp. 618-619.

_____, "독립운동 방침"(교민 친목회 사무소에서 운동 방침에 관하여 행한 연설 요지, 1919년 6월 25일), 『安島山全書』, 증보판, 주요한 편저, 서울: 흥사단 출판부, 1999, pp. 623-627.

_____, "내무총장(內務總長)에 취임하면서"(북경로 예배당에서 1919년 6월 28일), 『安島山全書』, 증보판, 주요한 편저, 서울: 흥사단 출판부, 1999, pp. 627-629.

_____, "6대사업"(시국대강연, 1920년 1월 3일, 5일 상해교포 신년축하회), 『安島山全書』, 증보판, 주요한 편저, 서울: 흥사단 출판부, 1999, pp. 654-669.

_____, 「大韓民國二年新元의 나의 비름」(『독립신문』 1920.1.13.일자), 『安島山全書』, 증보판, 주요한 편저, 서울: 흥사단 출판부, 1999, pp. 670-671.

_____, "정부에서 사퇴하면서"(시국대연설, 1921년 5월 12일 제1회 연설), 『安島山全書』, 증보판, 주요한 편저, 서울: 흥사단 출판부, 1999, pp. 691-715.

_____, "일기"(一九二〇年一月~一九二一年三月), 『安島山全書』, 증보판, 주요한 편저, 서울: 흥사단 출판부, 1999, pp. 773-1005.

_____, "국민대표회를 지지하자"(『독립신문』 1922. 1. 1 신년사), 『安島山全書』, 증보판, 주요한 편저, 서울: 흥사단 출판부, 1999, pp. 723-729.

_____, 「同志諸位에게」(1923. 7. 7 미주 동지들에게 보낸 편지), 『興士團資料』, 獨立紀念館 소장(이명화, 『島山 安昌浩의 獨立運動과 統一路線』, p. 215에 명기).

_____, "우리 혁명운동과 임시정부문제에 대하여"(상해 삼일당 연설, 1926. 7. 8), 『安島山全書』, 증보판, 주요한 편저, 서울: 흥사단 출판부, 1999, pp. 751-768.

_____[山翁 필명], "靑年에게 呼訴함: 人格完成, 團結訓練에 對하야"[『東光』, 1931. 2], 『島山安昌浩全集』, 제1권, 도산안창호선생전집편찬위원회 편, 서울: 島山安昌浩先生記念事業會, 2000, pp. 211-212.

_____, "比律賓視察記[필리핀시찰기]"(1933年 三月號의 pp. 10-11.), 『三千里』, 5(1933. 2-1933. 12), 全32卷, 二版, 영인본, 金英植 編, 서울: 圖書出版 한빛, 2008, pp. 220-221; "比律賓視察記"(『三千里』, 1933. 3), 『島山安昌浩全集』, 제1권, 도산안창호선생전집편찬위원회 편, 서울: 島山安昌浩先生記念事業會, 2000, pp. 222-223.

_____, "第二十三章 修養中心 安東縣韓人靑年會主催 晩餐席上에서 最後演說"(1935. 9. 20), 『島山安昌浩雄辯全集: 一后·民族修養書』, 上卷 壇上篇, 姜齊煥 編, 서울: 雄辯俱樂部出版部, 檀紀四二八三年[1950년], pp. 126-135.

_____, "太平洋上의 一小島"[『朝光』 1937. 8], 『島山安昌浩全集』, 제1권, 도산안창호선생전집편찬위원회 편, 서울: 島山安昌浩先生記念事業會, 2000, pp. 236-237.

旅湘韓人追悼安島山先生大會籌備處, "韓國革命領袖安島山先生遺像", 1938, 『島山
　　安昌浩全集』, 제11권, 도산안창호선생전집편찬위원회 편, 서울: 島山安昌浩
　　先生記念事業會, 2000, p. 45.

_____, "旅湘韓國革命志士追悼安昌浩"[『新華日報』, 1938. 4. 15], 『島山安昌浩
　　全集』, 제13권, 도산안창호선생전집편찬위원회 편, 서울: 島山安昌浩先生記
　　念事業會, 2000, p. 182.

李光洙, "先導者"[동아일보, 1923. 3. 27~7. 17 연재], 『李光洙全集』, 3, 新撰藏
　　書版, 上篇: 518-557, 中篇: 557-625, 서울: 三中堂, 1976, pp. 518-625.

_____, "李舜臣과 安島山"(『三千里』 1931, 盛夏號), 『島山安昌浩全集』, 제13
　　권, 도산안창호선생전집편찬위원회 편, 서울: 島山安昌浩先生記念事業會,
　　2000, p. 50.

_____, "朝鮮民衆의 指導者總觀: 安昌浩論─事情으로 이─篇은 畧합니다.[삭
　　제]"[『三千里』 1935. 3], 『島山安昌浩全集』, 제13권, 도산안창호선생전집편
　　찬위원회 편, 서울: 島山安昌浩先生記念事業會, 2000, p. 78.

_____, "初版例言(一九四七年)"; "한글판 서문", 『도산안창호』, 한글판(五版),
　　서울: 大成文化社, 단기四二九二년[1959년].

_____, "島山 安昌浩", 『李光洙全集』, 7, 新撰藏書版, 서울: 三中堂, 1976, pp.
　　116-218.

李善行·張成心·安聖潔, "女性이 본 島山先生"[『기러기』, 1968. 3], 『島山安昌浩
　　全集』, 제13권, 도산안창호선생전집편찬위원회 편, 서울: 島山安昌浩先生記
　　念事業會, 2000, pp. 639-640.

이승만, "청년 이승만 자서전", 『초대 대통령 이승만의 청년시절』, 부록 1, 이정
　　식 지음, 권기붕 옮김, 서울: 동아일보사, 2002, pp. 248-316.

李乙 記, "卷頭辭", 姜齊煥 編, 『島山安昌浩雄辯全集: 一后·民族修養書』, 下卷 講
　　論篇, 서울: 雄辯俱樂部出版部, 檀紀四二八三年[1950년], pp. 01-02.

일문하생(一門下生), "안도산의 교장시대(일화)", 『續編 島山安昌浩』, 박현환[島
　　山記念事業會刊行], 서울: 三協文化社, 단기四二八七[1954], pp. 235-244.

張利郁<前駐美大使>, "安島山 秘錄: 내가 지내 본 島山이야기"(『思想界』, 1965. 3),
　　『島山安昌浩全集』, 제13권, 도산안창호선생전집편찬위원회 편, 서울: 島山安
　　昌浩先生記念事業會, 2000, pp. 445-461.

_____, "가깝게 본 도산"[외솔회, 도산안창호 특집호, 계간 『나라사랑』, 제39호, 11권 2호, 1981], 『島山安昌浩全集』, 제1권, 도산안창호선생전집편찬위원회 편, 서울: 島山安昌浩先生記念事業會, 2000, pp. 471-478.

전영택, "도산 선생의 유덕(遺德)", 『續編 島山安昌浩』, 박현환[島山記念事業會刊行], 서울: 三協文化社, 단기四二八七[1954], pp. 232-234.

주요한, "안창호선생의 추억", 『續編 島山安昌浩』, 박현환[島山記念事業會刊行], 서울: 三協文化社, 단기四二八七[1954], pp. 207-218.

_____, "교육가 안도산", 『續編 島山安昌浩』, 박현환[島山記念事業會刊行], 서울: 三協文化社, 단기四二八七[1954], pp. 246-261.

_____, "先導者 作品解說" 『李光洙全集』, 3, 新撰藏書版, 서울: 三中堂, 1976, pp. 633-634.

플루타르코스(Plutarchos), "파비우스 막시무스(Fabius Maximus)", 『플루타르크 영웅전I』(Plutarchos Bioi Paralleroi), 홍사중 옮김, 서울: 동서 문화사, 2008, pp. 308-331.

피천득, "도산島山", 『인연因緣』, 개정판, 서울: 샘터사, 2002, pp. 144-146; "島山"[『珊瑚와 眞珠』, 一潮閣, 1969], 『島山安昌浩全集』, 제13권, 도산안창호선생전집편찬위원회 편, 서울: 島山安昌浩先生記念事業會, 2000, pp. 465-466.

피천득 외 3명, "도산과 춘원-인연에 대하여": 8-16; "죽음도 배워야 한다 - 나이듦에 대하여": 58-65, 『대화』, 서울: 샘터사, 2005.

한승인, "민족의 빛 도산 안창호", 『島山安昌浩全集』, 제11권: 전기 I, 도산 안창호 선생전집편찬위원회 편, 서울: 島山安昌浩先生記念事業會, 2000, pp. 698-709.

洪箕疇[홍기주], "安島山의 校長時代: 一學生의 메모란담", 『東光』, 第五卷 第一號, 一·二月合倂號, 1933, 韓國學文獻硏究所 編, 『東光』, 7, 서울: 亞細亞文化社, 1977, pp. 585-589; 도산안창호선생전집편찬위원회 편, 『島山安昌浩全集』, 제13권, 서울: 島山安昌浩先生記念事業會, 2000, pp. 66-69; 『續編 島山安昌浩』, 박현환의 일문하생(一門下 生), "안도산의 교장시대(일화)"와 동일한 내용이다.

Hong, Helen H., AHN CHANG HO—Korea's Abraham Lincoln[『新韓民報』, 1938. 3. 24], 『島山安昌浩全集』, 제13권, 도산안창호선생전집편찬위원회 편, 서울: 島山安昌浩先生記念事業會, 2000, p. 295.

"國民代表會 開催 準備狀況의 件", 『韓國民族運動史料(中國篇)』, 日本外務省 陸海軍省
　　文書(第二輯), 國會圖書館 編, 서울: 大韓民國國會圖書館, 1976, pp. 277-278.

"國民代表會에 關한 報告文書"(朝鮮總督府 警務局에서 京城地方法院 檢事局 檢
　　事正 앞으로 낸 報告書), 『抗日獨立運動關係 島山安昌浩資料集(朝鮮總督府警
　　務局 所藏 秘密文書)』, 〈Ⅰ〉, 비매품, 國會圖書館 收書 整理局 編譯, 서울:
　　國會圖書館, 1997, pp. 3-116.

"국민대표회의 경과에 관한 건" 등, 『抗日獨立運動關係 島山安昌浩資料集(朝鮮總
　　督府警務局 所藏 秘密文書)』, 〈Ⅰ〉, 비매품, 國會圖書館 收書 整理局 編譯,
　　서울: 國會圖書館, 1997, pp. 75-95.

"國民代表會의 狀況 및 附隨問題에 관한 件", 『韓國民族運動史料(中國篇)』, 日本
　　外務省 陸海軍省文書(第二輯), 國會圖書館 編, 서울: 大韓民國國會圖書館,
　　1976, pp. 311-313; 『抗日獨立運動關係 島山安昌浩資料集(朝鮮總督府警務
　　局 所藏 秘密文書)』, 〈Ⅰ〉, 비매품, 國會圖書館 收書 整理局 編譯, 서울: 國
　　會圖書館, 1997, pp. 78-81.

「대한인국민회헌장」(개정본), 『島山安昌浩全集』, 제5권, 도산안창호선생전집편찬
　　위원회 편, 서울: 島山安昌浩先生記念事業會, 2000, pp. 547-558.

"大韓獨立宣言"(『신한민보』호외 1919. 3. 13), 『島山安昌浩全集』, 제5권, 도산안
　　창호선생전집편찬위원회 편, 서울: 島山安昌浩先生記念事業會, 2000, p. 899.

"도산선생 심[신]문기(訊問記)", 『續編 島山安昌浩』, 박현환[島山記念事業會刊行],
　　서울: 三協文化社, 단기四二八七[1954], pp. 72-94.

"島山先生 訊問記", 『島山餘祿: 島山安昌浩 새資料集』, 李萬根 엮음, 서울: 흥사
　　단 출판부, 1986, pp. 80-95.

"도산언행유습(遺拾): 해운대 좌담 기록(海雲臺座談記錄)", 『續編 島山安昌浩』, 박현
　　환[島山記念事業會刊行], 서울: 三協文化社, 단기四二八七[1954], pp. 95-193.

"동우회 관계자 검거에 관한 건", 『抗日獨立運動關係 島山安昌浩資料集(朝鮮總督
　　府警務局 所藏 秘密文書)』, 〈Ⅰ〉, 비매품, 國會圖書館 收書整理局 編譯, 서울:
　　國會圖書館, 1997, pp. 215-229.

"듕앙총회댱 안챵호씨의 쥬견"(『신한민보』, 1919. 3. 20), 『島山安昌浩全集』, 제5
　　권, 도산안창호선생전집편찬위원회 편, 서울: 島山安昌浩先生記念事業會, 2000,
　　p. 905.

"＜附＞朝鮮民族運動年鑑", 『朝鮮獨立運動Ⅱ: 民族主義運動 篇』, 金正明 編, 明治百年史叢書, 百部 限定版, 原書房, 昭和四十二年[1967년] 發行, 서울: 국학자료원, 1980, pp. 187－371.

"上海韓人獨立運動者間의 紛爭", 『韓國民族運動史料(中國篇)』, 日本外務省 陸海軍省文書(第二輯), 國會圖書館 編, 서울: 大韓民國國會圖書館, 1976, pp. 278－279.

"安昌鎬演說(大要)", 『韓國民族運動史料(中國篇)』, 日本外務省 陸海軍省文書(第二輯), 國會圖書館 編, 서울: 大韓民國國會圖書館, 1976, pp. 599－600.

"안창호씨의 해괴한 체포"(『대륙보』, 1932. 5. 3, 사설), 『도왜실기』(屠倭實記), 2판, 김구 지음, 엄항섭 엮음, 서울: 범우사, 2002, pp. 98－100.

"여상한국혁명지사추도안창호(旅湘韓國革命志士追悼安昌浩)"(『新華日報』, 1938. 4. 15), 『島山安昌浩全集』, 제13권, p. 182.

"豫審訊問記 補遺", 『安島山全書』, 주요한 編著, 서울: 三中堂, 一九六三, pp. 895－899.

"원두우학당 학생·접장 활동 2"(1896 F. S. Miller, Report of Boys School of Korea Mission, Oct 16th, 1896), 『島山安昌浩全集』, 제5권, 도산안창호선생전집편찬위원회 편, 서울: 島山安昌浩先生記念事業 會, 2000, pp. 67－75.

"임시의정원 회의록 초(抄)", 『安島山全書』, 증보판, 주요한 편저, 서울: 흥사단 출판부, 1999, pp. 240－246, 629－640.

"자필이력서", 『島山安昌浩全集』, 제1권, 도산안창호선생전집편찬위원회 편, 도산안창호선생전집편찬위원회 편, 서울: 島山安昌浩先生記念事業會, 2000, pp. 149－153.

국가보훈처, "이기준", 독립유공자 공훈록, 공훈전자사료관.

島山安昌浩先生記念事業會, "도산안창호기념관·도산학회 홈페이지", 2014. 12. 1. ＜http://www.ahnchangho.or.kr/site/main/f01_02.php＞.

한국교육학술정보원(KERIS), "학술연구정보서비스(RISS)", 2014. 12. 1 ＜http://www.riss.kr/search/Search.do?detailSearch＝false&search Gubun＝true&old－Query＝&query＝%EC%95%88%EC%B0%BD%E D%98%B8&x＝41&y＝18＞

II. 단행본

강범석, 『잃어버린 혁명: 갑신정변 연구』, 서울: 솔출판사, 2006.

江西郡誌增補版編纂會 編, 『江西郡誌 增補版』, 비매품, 서울: 江西郡誌增補版編纂會, 1987.

강성은, 『1905년 한국보호조약과 식민지 지배책임: 역사학과 국제법학의 대화』, 한철호 옮김, 선인한국학연구총서, 036, 서울: 선인, 2008.

강성학, 『시베리아 횡단열차와 사무라이: 러일전쟁의 외교와 군사전략』, 서울: 고려대학교출판부, 1999.

_____, 『새우와 고래싸움: 한민족과 국제정치』, 重版, 서울: 博英社, 2007.

_____, 『인간神과 평화의 바벨탑: 국제정치의 원칙과 평화를 위한 세계헌정 질서의 모색』, 서울: 고려대학교출판부, 2007.[2007년도 대한민국학술원 기초학문육성 "우수학술도서" 선정]

_____, 『무지개와 부엉이: 국제정치의 이론과 실천에 관한 논문 선집』, 서울: 博英社, 2010.

_____, 『평화神과 유엔 사무총장: 국제 평화를 위한 리더십의 비극』, 서울: 고려대학교출판부, 2013.

_____ 편저, 『용과 사무라이의 결투: 중(청)일전쟁의 국제정치와 군사전략』, 서울: 리북, 2006.

강영심·김도훈·정혜경, 『1910년대 국외항일운동 II – 중국·미주·일본』, 한국독립운동의 역사 17, 한국독립운동사편찬위원회, 천안: 독립기념관 한국독립운동연구소, 2008.

姜齊煥 編, 『島山安昌浩雄辯全集: 一后·民族修養書』, 上卷 壇上篇, 下卷 講論篇, 서울: 雄辯俱樂部出版部, 檀紀四二八三年[1950년].

고든, 앤드루(Gordon, Andrew), 『현대일본의 역사: 도쿠가와 시대에서 2001년까지』(A Modern History of Japan: From Tokugawa Times To the Present), 김우영 옮김, 서울: 이산, 2007.

고케츠 아츠시(纐纈厚), 『침략전쟁』(侵略戰爭), 박인식·박현주 옮김, 파주: 종합
　　출판 범우, 2006.

국사편찬위원회, 『한민족독립운동사자료집』, 29: 의열투쟁 Ⅱ, 서울: 국사편찬위
　　원회, 1997.

───────, 『임시정부의 수립과 독립전쟁』, 신편한국사 48권, 서울: 국사편찬위원
　　회, 2002.

國會圖書館 收書整理局 編譯, 『抗日獨立運動關係 島山安昌浩資料集(朝鮮總督府
　　警務局 所藏 秘密文書)』, 〈Ⅰ〉, 비매품, 서울: 國會圖書館, 1997.

國會圖書館 編, 『韓國民族運動史料(中國篇)』, 日本外務省陸海軍省文書(第二輯),
　　서울: 大韓民國國會圖書館, 1976.

國會圖書館 編譯, 『抗日獨立運動關係 島山安昌浩資料集(朝鮮總督府警務局 所藏
　　秘密文書)』, 〈Ⅱ〉, 비매품, 서울: 國會圖書館, 1998.

굿윈, 도리스 컨스(Goodwin, Doris Kearns), 『권력의 조건: 라이벌까지 끌어안
　　은 링컨의 포용 리더십』(*Team of Rivals*), 이수연 옮김, 파주: 북이십일 21
　　세기북스, 2009.

김 구, 『백범일지』, 도진순 주해, 파주: 돌베개, 2008.

───────, 『도왜실기(屠倭實記)』, 2판, 엄항섭 엮음, 서울: 범우사, 2002.

김경욱, 『지조를 지킨 지도자들: 도산 안창호』, 서울: 월인, 2011.

김기혁, 『근대 한·중·일 관계사』, 현대한국학연구소 학술총서, ⑪, 서울: 연세대
　　학교출판부, 2007.

김삼웅, 『투사와 신사 안창호 평전』, 서울: 현암사, 2013.

김상구, 『다시 분노하라: 이승만의 숨겨진 친일행적』, 서울: 도서출판 책과 나무, 2014.

───────, 『김구 청문회: 독립운동가 김구의 정직한 이력서』, 1, 서울: 매직하우스,
　　2014.

───────, 『김구 청문회: 김구는 통일의 화신인가?』, 2, 서울: 매직하우스, 2014.

김성민, 『1929년 광주학생운동』, 서울: 역사공간, 2013.

김영범, 『의열투쟁 Ⅰ─1920년대』, 한국독립운동의 역사 26, 한국독립운동사편찬
　　위원회, 천안: 독립기념관 한국독립운동연구소, 2009.

김용구, 『세계관 충돌과 한말 외교사, 1866─1882』, 서남동양학술총서, 14, 서울:
　　문학과 지성사, 2004.

_____,『세계외교사』, 서울: 서울대학교출판문화원, 2006.

김용달,『한국독립운동의 인물과 노선』, 파주: 한울아카데미, 2004.

김원용 지음,『재미한인오십년사』, 손보기 엮음, 서울: 혜안, 2004.

김일성,『회고록 세기와 더불어』, 1-3; 6-2, 평양: 조선로동당출판사, 1999.

金俊燁·金昌順,『韓國共産主義運動史』,〈第1卷〉, 亞細亞問題研究所 北韓共産圈
    研究叢書, ①, 서울: 高麗大學校 亞細亞問題研究所, 1967.

_____,『韓國共産主義運動史』,〈第2卷〉, 亞細亞問題研究所 北韓共産圈研究叢
    書, ⑥, 서울: 高麗大學校 亞細亞問題研究所, 1970.

金喜坤,『中國關內 韓國獨立運動團體研究』, 서울: 지식산업사, 1995.

_____,『대한민국임시정부 I - 상해시기』, 한국독립운동의 역사 23, 한국독립운
    동사편찬위원회 편, 천안: 독립기념관 한국독립운동연구소, 2009.

나이, 조지프 S. (Nye, Jr., Joseph S.),『소프트 파워』(Soft Power: The Means
    to Success in World Politics), 홍수원 옮김, 서울: 세종연구원, 2008.

_____,『리더십 에센셜』(The Powers to Lead), 김원석 옮김, 서울: 교보문고,
    2008.

盧景彩 著,『韓國獨立黨 研究』, 서울: 신서원, 1996.

노병천,『도해 손자병법(圖解 孫子兵法)』, 서울: 연경문화사, 2009.

니체, 프리드리히(Nietzsche, Friedrich Wilhelm),『인간적인 너무나 인간적인』
    (Menschliches, Allzumenschliches), 강두식 옮김, 서울: 동서 문화사, 2009.

_____,『차라투스트라는 이렇게 말했다: 모든 사람을 위한, 그러나 그 누구를 위한
    것도 아닌 책』(Also Sprach Zarathustra), 서문 레지널드 홀링데일(Reginald
    Kohn Hollingdale), 홍성광 옮김, 서울: 임프린트 펭귄클래식 코리아, 2009.

님 웨일즈·김산 지음,『아리랑』, 송영인 옮김, 파주: 동녘, 2005.

다홀편집실 편,『한국사 연표: 북한·세계사 포함』, 서울: 다홀미디어, 2007.

도산기념사업회 編,『安島山全書』, 中: 言論·資料 篇, 서울: 범양사 출판부, 1990.
    [上은 주요한 著 참조]

도산사상연구회 編,『安島山全書』, 下: 研究 論文 篇, 서울: 범양사 출판부, 1993.
    [上은 주요한 著 참조].

_____ 편,『도산사상연구』, 제3집: 도산 안창호의 사상과 민족운동, 서울: 학문사, 1995.

_____ 편, 『도산사상연구』, 제4집: 1997, 제5집: 1998, 제6집: 2000, 제7집: 2001, 제8집: 2002, 서울: 도산사상연구회.

도산사상연구회 엮음, 『도산사상연구』, 제2집: 변혁기의 개혁운동과 도산사상, 서울: 언구사, 1993.

도산아카데미 엮음,『한국 사회의 발전과 도산 안창호』, 서울: 흥사단 출판부, 2007.

도산아카데미연구원 엮음, 『한국 사회의 변화와 도전』, 세미나 보고서 제2집, 서울: 도산아카데미연구원, 1992.

_____ 엮음, 『도산 안창호의 리더십』, 서울: 흥사단 출판부, 2004.

島山安昌浩先生記念事業會[안병욱], 『민족의 스승 도산안창호』, 비매품, 1966~2014.

도산안창호선생기념사업회, 『수난의 민족을 위하여』, 서울: 도산안창호선생기념사업회, 1999.

도산안창호선생전집편찬위원회 편, 『島山安昌浩全集』, 전14권, 총목차, 서울: 社團法人 島山安昌浩先生記念事業會, 2000. 권별 내용은 제1권: 시문, 서한 I, 제2·3권: 서한 II·III, 제4권: 일기, 제5권: 민족운동·대한 인국민회, 제6권: 대한민국임시정부·유일당운동, 제7권: 흥사단, 제8권: 흥사단원동위원부, 제9·10권: 동우회 I·II, 흥사단우 이력서, 제11권: 전기 I, 제12권: 전기 II, 제13권: 논찬·추모록, 제14권: 사진이며 별권으로 총목차가 있다.

도산학회, 『도산학연구』, 제11·12집: 2005·2006, 제13집: 2010, 서울: 도산학회.

_____ 편, 『미주국민회자료집』, 전22권, 2005.

독립기념관 한국독립운동사연구소 편, 『島山安昌浩資料集(1): 在露同胞와의 書信類』, 韓國獨立運動史資料叢書, 第4輯, 천원군: 獨立記念館 附設 韓國獨立運動史研究所, 1990.

_____ 편, 『島山安昌浩資料集(2): 在中國關內·滿洲·유럽同胞와의 書信類』, 韓國獨立運動史資料叢書, 第5輯, 천원군: 獨立記念館 附設 韓國獨立運動史研究所, 1990.

_____ 편, 『島山安昌浩資料集(3): 在露領·中國關內·滿洲·유럽·國內同胞와의 書信類』, 韓國獨立運動史資料叢書, 第6輯, 천원군: 獨立記念館 附設 韓國獨立運動史研究所, 1990.

_____ 편, 『헤이그특사와 한국독립운동』, 헤이그한국특사 100주년 기념, 천안: 독립기념관 한국독립운동사연구소, 2007.

독립운동사편찬위원회 편(원호처 안), 『독립운동사』, 제4권: 임시정부사, 서울: 독립유공자사업기금운용위원회, 1972.

_____ 편, 『독립운동사』, 제7권: 의열투쟁사, 서울: 독립유공자사업기금운용위원회, 1976.

딕슨, 피터(Dickson, Peter), 『키신저博士와 歷史의 意味』(Kissinger and the Meaning of History), 姜聲鶴 譯, 서울: 博英社, 1996.

마루야마 마쓰유기(丸山松幸), 『五·四運動의 思想史』(五·四運動の思想史), 김정화 옮김, 일월총서 24, 서울: 일월서각, 1983.

마키아벨리, 니콜로(Machiavelli, Niccolo), 『군주론』(The Prince), 개역판, 강정인·문지영 옮김, 서울: 까치, 2007.

_____, 『군주론/정략론[로마사논고]』(Il Princeipe/Discorsi), 황문수 옮김, 서울: 동서문화사, 2007.

_____, 『마키아벨리의 전술론』(The Art of War), 이영남 옮김, 서울: 스카이, 2011.

모리야마 시게노리(森山茂德), 『近代韓日關係史硏究: 조선식민지화와 국제 관계』, 김세민 옮김, 서울: 玄音社, 1994.

민두기, 『辛亥革命史: 중국의 共和革命(1903~1913)』, 대우학술총서·인문 사회 과학, 76, 서울: 민음사, 1994.

박구재 지음, 『지폐 꿈꾸는 자들의 초상; 세계 화폐 인물열전』, 서울: 황소 자리 출판사, 2006.

박은숙 번역, 『추안급국안(推案及鞫案) 중 갑신정변 관련자 심문·진술 기록』, 서울: 아세아문화사, 2009.

朴殷植, 『韓國痛史』, (上), 李章熙 譯, 박영신서, 1, 서울: 博英社, 1996.

_____, 『韓國痛史』, (下), 李章熙 譯, 박영신서, 2, 서울: 博英社, 1996.

_____, 『한국독립운동지혈사』(韓國獨立運動之血史), 김도형 옮김, 서울: 소명출판, 2008.

박의수, 『도산 안창호의 생애와 교육사상』, 서울: 학지사, 2010.

박현환[島山記念事業會刊行], 『續編 島山安昌浩』, 서울: 三協文化社, 단기四 二八七[1954].

_____[흥사단], 『흥사단운동(興士團運動)』, 서울: 大成文化社, 단기四二八八 [1955].

백범학술원(사단법인 백범김구선생기념사업협회 부설) 편, 「백범과 민족운동연구」, 제10집, 2013.

번즈, 제임스 맥그리거(Burns, James L. MacGregor), 『리더십 강의』 (Leadership), 한국리더십연구회 옮김, 서울: 미래인력연구센터, 2000.

_____, 『역사를 바꾸는 리더십: 변혁의 정치 리더십 연구』(Transforming Leadership), 조중빈 옮김, 서울: 지식의 날개, 2008.

베네딕트, 루스(Benedict, Ruth), 『국화와 칼: 일본 문화의 틀』(The Chrysanthemum and the Sword), 제5판, 김윤식 · 오인석 옮김, 서울: 을유문화사, 2011.

베르, 에드워드(Behr, Edward), 『히로히토: 신화의 뒤편』(HIROHITO Behind the Myth), 유경찬 옮김, 서울: 을유문화사, 2002.

베버, 막스(Weber, Max), 『직업으로서의 정치』(Politics as a Vocation), 전성우 옮김, 나남신서 · 1190, 파주: 나남출판, 2007.

비즐리, W. G.(Beasley W. G.) 지음, 『일본 근현대 정치사』(The Rise of Mordern Japan), 장인성 옮김, 서울: 을유문화사, 1999.

빅스, 허버트(Bix, Herbert P.), 『히로히토 평전: 근대일본의 형성』(Hirohito and the Making of Modern Japan), 퓰리처상 수상, 오현숙 옮김, 서울: 삼인, 2010.

서상목 · 안문혜, 『도산 안창호의 애기애타 리더십: 사랑 그리고 나눔』(Dosan's Way to Leadership: Love Yourself, Love Others), 성남: 북코리아, 2010.

서중석, 『이승만의 정치 이데올로기』, 서울: 역사비평사, 2005.

孫世一, 『李承晚과 金九』, 서울: 一潮閣, 1977.

_____, 『이승만과 김구』, 손세일의 한국현대사 이승만과 김구 1부(1875~1919), 1권; 2권; 3권, 파주: 나남, 2008.

슈미트, 카를(Schmitt, Carl), 『정치적인 것의 개념』(Der Begriff Des Politischen), 김효전 · 정태호 옮김, 파주: 살림, 2012.

신복룡 지음, 『한국의 정치사상가: 전기정치학을 위한 試論』, 서울: 집문당, 1999.

申相楚, 『레닌과 러시아 혁명』, 서울: 明文堂, 1992.

愼鏞廈, 『獨立協會研究: 독립신문 · 독립협회 · 만민공동회의 사상과 운동』, (상), 新版, 신용하저작집 5, 서울: 일조각, 2006.

_____, 『獨立協會研究: 독립신문 · 독립협회 · 만민공동회의 사상과 운동』, (하), 新版, 신용하저작집 6, 서울: 일조각, 2006.

_____,『한국 항일독립운동사연구』, 서울: 景仁文化社, 2006.

신주백,『만주지역 한인의 민족운동사(1920~1945)』, 서울: 아세아문화사, 1999.

_____,『중국지역 민족운동사(1920~1930년대)』, 서울: 선인, 2005.

안병욱,『민족의 스승 도산안창호』, 비매품, 서울: 大成文化社, 1966.

_____,『島山思想』, 서울: 大成文化社, 一九七0.

_____,『島山思想』, 三版, 서울: 三育出版社, 一九七四.

_____, 안창호, 김구, 이광수 외,『안창호 평전』, 서울: 도서출판 청포도, 2005.

_____,『島山思想』, 重版, 서울: 三育出版社, 2007.

安在祜(안재호) 편,『安裕 安昌浩 安重根 略傳』, [출판사 불명], 1965.

안중근 옥중집필,『안중근 의사 자서전(安應七 歷史)』, 편집부 엮음, 107 · 사르
비아총서, 서울: 범우사, 2000.

안창호 · William, F. E. C. 공편,『감리교회 죠례』(*Instructions to Methodists*),
한국: [발행처불명], 구쥬강성일 일천구백팔년[1908].

_____,『島山安昌浩論說集』, 서울: 을유문화사, 1973; 1974.

_____,『나의 사랑하는 젊은이들에게』, 1판: 1987; 7판: 2008, 안병욱 엮음,
서울: 지성문화사.

_____,『도산 안창호에세이: 한국 청년에게 고하는 글』, 靑木에세이, 서울: 靑
木文化, 1988.

_____,『젊은이들에게 보내는 따스한 공기: 안도산 연설문집』, 안암신서, 2, 서
울: 고려대학교출판부, 1998.

_____,『나의 사랑 혜련에게: 도산 안창호 서간집』, 박재섭 · 김형찬 편저, 서울:
도서출판 小花, 1999.

_____,『그대 가슴 속에 살아있고 싶다』, 윤병욱 엮음, 서울: 샘터사, 2007.

야마구치 게이지(山口啓二) 지음,『일본근세의 쇄국과 개국』(鎖國と開國), 김현
영 옮김, 서울: 도서출판 혜안, 2001.

『역사비평』편집위원회 엮음,『역사용어 바로 쓰기』, 서울: 역사비평사, 2006.

오동춘박사 · 안용환박사,『애국가와 안창호』, 서울: 사단법인 흥사단, 2013.

吳洙彰 著,『朝鮮後期 平安道 社會發展 硏究』, 서울: 三信文化社, 2002.

올슨, 멘슈어(Olson, Jr., Mancur), 『집단행동의 논리: 공공재와 집단이론』(*The Logic of Collective Action: Public Goods and the Theory of Groups*), 최광·이성규 옮김, 서울: 한국문화사, 2013.

왕현종 외 4인, 『청일전쟁기 한중일 삼국의 상호전략』, 동북아역사재단연구총서, 48, 서울: 동북아역사재단, 2010.

유경환 엮음, 『겨레의 스승 도산 안창호』, 서울: 흥사단, 1984 외 아동도서.

柳永烈, 『大韓帝國期의 民族運動』(*Studies on the National Movements in the Era of Great Korean Empire, 1897~1910*), 서울: 一潮閣, 1997.

柳永益, 『甲午更張研究』, 서울: 一朝閣, 1990.

_____, 『건국대통령 이승만: 생애, 사상, 업적의 새로운 조명』, 연세대 이승만 연구원 학술총서, 제5권, 서울: 일조각, 2013.

_____ 편, 『이승만 연구: 독립운동과 대한민국 건국』, 현대한국학연구소 학술총 서, 제2권, 서울: 연세대학교출판부, 2003.

유한준, 『안창호 리더십: 나라를 사랑하라(Love the Country)』, 파주: Book Star, 2013.

윤경로, 『새문안교회 100년사(1887~1987)』, 서울: 대한예수교장로회새문안 교 회 역사편찬위원회, 1995.

_____, 『한국 근현대사의 성찰과 고백』, 서울: 한성대학교출판부, 2008.

_____, 『105인사건과 신민회 연구』, 개정증보판, 서울: 한성대학교출판부, 2012.

윤대원, 『상해시기 대한민국임시정부 연구』, 서울: 서울대학교출판부, 2006.

윤병석·윤경로 엮음, 『안창호 일대기』, 서울: 역민사, 1997.

윤병욱 엮음, 『도산의 향기, 백 년이 지나도 그대로: 안창호의 세계와 사상』, 서 울: 기파랑, 2012.

李光麟 著, 『開化黨研究』, 서울: 一朝閣, 1975.

이광수, 『도산 안창호』, 서울: 大成文化社, 단기 四二八〇년[1947년].

_____, 『도산안창호』, 한글판(五版), 서울: 大成文化社, 단기四二九二[1959년].

_____, 『李光洙全集』, 3, 新撰藏書版, 서울: 三中堂, 1976.

_____, 『李光洙全集』, 7, 新撰藏書版, 서울: 三中堂, 1976.

_____, 『도산안창호』, 2판, 파주: 범우사, 2008.

李達淳 著, 『獨立運動의 政治史的 研究 韓國政治史 II』, 華城 水源大學校出版部, 1991.

이당 안병욱 교수 정년 퇴임 기념 흥사단 아카데미 문집 발간 위원회, 『島山과 힘의 哲學』, 서울: 흥사단 출판부, 1985.

이동초, 『천도교 민족운동의 새로운 이해』, 서울: 도서출판 모시는 사람들, 2010.

李萬甲 外 著, 『狀況 '80: 興士團 금요개척자강좌 代表選集』, 서울: 도서출판 多樂園, 1980.

李萬根 엮음, 『島山餘祿: 島山安昌浩 새資料集』, 서울: 흥사단 출판부, 1986.

이만열, 『역사의 중심은 나다: 우리 역사를 말하는 푸른 화법』, 서울: 현암사, 2007.

李明花, 『차리석 생애와 독립운동』, 독립운동가열전 12, 천안: 독립기념관 한국독립운동사연구소, 1997.

_____, 『島山 安昌浩의 獨立運動과 統一路線』, 서울: 경인문화사, 2002.

_____, 『근대화의 선각자: 최광옥의 삶과 위대한 유산』, 독립기념관 한국의 독립운동가들, 한국독립운동사연구소 기획, 서울: 역사공간, 2006.

이사야·서형석, 『성서와 리더들』(Bible and Leaders), 서울: 북코리아, 2010.

이승만 지은이, 『풀어쓴 독립정신』, 풀어쓴이 김충남·김효선, 서울: 청미디어, 2008.

이은자, 『의화단운동 전후의 산동: 민간종교결사와 권회에 관한 연구』, 서울: 高麗大學校 出版部, 2004.

이정식, 『韓國民族主義의 運動史』(The Politics of Korean Nationalism), 미래신서, 28, 서울: 미래사, 1986.

_____, 『초대 대통령 이승만의 청년시절』, 권기붕 옮김, 서울: 동아일보사, 2002.

이정식 면담·김학준 편집해설, 『혁명가들의 항일회상: 김성숙·장건상·정화암·이강훈의 독립투쟁』, 수정증보 김용호, 서울: 민음사, 2005.

이중환, 『택리지』, 허경진 옮김, 파주: 서해문집, 2007.

이태복, 『도산 안창호 평전』, 파주: 도서출판 동녘, 2006.

이태영, 『나의 만남 나의 인생』, 서울: 正宇社, 1992.

이태진·사사가와 노리가츠(笹川紀勝) 공편, 『한국병합과 현대: 역사적 국제법적 재검토』, 국제공동연구, 파주: 태학사, 2009.

이현주, 『1920년대 재중항일세력의 통일운동』, 한국독립운동의 역사 47, 천안: 한국독립운동사편찬위원회, 2009.

임중빈, 『도산 안창호 그 생애와 정신』, 서울: 명지사, 1983.

자로스, 딘(Jaros, Dean), 『정치사회화』(*Socialization to Politics*), 임영철·김항원 공역, 서울: 지구문화사, 1986.

장석흥, 『임시정부 버팀목 차리석 평전』, 서울: 역사공간, 2005.

_____, 『6·10만세운동』, 한국독립운동의 역사 40, 천안: 한국독립운동사편찬위원회, 2009.

張利郁, 『島山의 人格과 生涯』, 서울: 大成文化社, 1973.

_____, 『도산의 인격과 생애』, 서울: 흥사단 출판부, 1998; 2010.

정경환, 『백범김구의 정치사상』, 부산: 이경, 2008.

정일형, 『오직 한 길로: 항일·반독재 투쟁사』, 재판, 서울: 을지서적, 1998.

趙東杰, 『韓國近代史의 試鍊과 反省』, 서울: 지식산업사, 1989.

_____, 『韓國民族主義의 발전과 獨立運動史研究』, 서울: 지식산업사, 1994.

_____, 『한국독립운동의 이념과 방략』, 한국독립운동의 역사 01, 천안: 한국독립운동사편찬위원회, 2007.

_____, 『대한제국의 의병전쟁』, 于史 趙東杰 저술전집, 04, 서울: 역사공간, 2010.

趙素昻, 『素昻先生文集』, 上, 三均學會 編, 서울: 횃불사, 1979.

조선일보사 편, 『뭉치면 살고…: 언론인 이승만의 글모음(1898~1944)』, 서울: 조선일보사, 1995.

조재곤, 『근대격변기의 상인 보부상』, 서울: 서울대학교출판부, 2003.

조항범, 『정말 궁금한 우리말 100가지』, 고양: 위즈덤하우스, 2009.

존슨, 폴(Johnson, Paul), 『모던 타임스』(*Modern Times: The World from the Twenties to the Nineties*), I, 조윤정 옮김, 파주: 살림출판사, 2008.

주요한 編著, 『安島山全書』, 서울: 三中堂, 一九六三.

_____ 編著, 『安島山全書』, 新訂版(修正增補版), 서울: 三中堂, 一九七一.

_____ 著, 『安島山全書』, 上: 傳記篇, 서울: 범양사 출판부, 1990. [中은 도산기념사업회 編, 下는 도산사상연구회 編 참조.]

_____ 편저, 『安島山全書』, 증보판, 서울: 흥사단 출판부, 1999.

車基璧, 『한국민족주의의 이념과 실태』, 車基璧 著作集, 서울: 한길사, 2005.

차, 존, 『버드나무 그늘 아래: 도산 안창호의 딸 안수산 이야기』(*WILLOW TREE SHADE: The Susan Ahn Story*), 문형렬 옮김, 서울: 문학세계사, 2003.

千寬宇,『韓國史의 再發見』, 重版, 서울: 一潮閣, 1979.

崔起榮,『韓國近代 啓蒙運動硏究』, 韓國史硏究 8, 서울: 一潮閣, 1997.

최덕수 외,『조약으로 본 한국 근대사』, 파주: 열린책들, 2010.

최문형,『한국을 둘러싼 제국주의 열강의 각축』, 서울: 지식산업사, 2006a.

_____,『명성황후 시해의 진실을 밝힌다: 선전포고 없는 일본의 대러 개전』, 서울: 지식산업사, 2006b.

_____,『국제관계로 본 러일전쟁과 일본의 한국병합』, 서울: 지식산업사, 2006c.

칸트, 임마누엘(Kant, Immanuel),『영구 평화론: 하나의 철학적 기획』(*Zumewigen Frieden. Ein philosophischer Entwurf*), 개정판, 이한구 옮김, 파주: 도서출판 서광사, 2008.

코지마 신지(小島晋治)·마루야마 마츠유끼(丸山松幸),『中國近現代史』, 朴元熇 譯, 서울: 지식산업사, 2006.

크세노폰(Xenophon),『키로파에디아: 키루스의 교육』(Cyro Paedia), 이은종 옮김, 인천: 주영사, 2014.

클라우제비츠, 카알 폰,『전쟁론』, 제1권, 국내 최초 원전 완역, 김만수 옮김, 서울: 갈무리, 2007.

키쿠치 타카하루(菊池貴晴) 지음,『신해혁명과 중국근대화』(辛亥革命と中國 近代化), 엄영식 옮김, 한벗신서, 16, 서울: 도서출판 한벗, 1982.

터랜토, 제임스(Taranto, James)·레오, 레너드(Leo, Leonard),『미국의 대통령』(*Presidential Leadership*), 최광열 옮김, 서울: 도서출판 바움, 2008.

투퀴디데스,『펠로폰네소스 전쟁사』, 천병희 역, 고양: 도서출판 숲, 2011.

平安南道誌編纂委員會 編,『平安南道誌』, 서울: 平安南道誌編纂委員會, 1977.

포츠, 존(Ports, John),『카리스마의 역사』(*A History of Charisma*), 이현주 옮김, 서울: 도서출판 더숲, 2010.

플루타르코스(Plutarchos),『플루타르크 영웅전I』(*Plutarchos Bioi Parallēroi*), 홍사중 옮김, 서울: 동서문화사, 2008.

피천득,『인연因緣』, 개정판, 서울: 샘터사, 2002.

_____ 외 3명,『대화』, 서울: 샘터사, 2005,

하원호 외 5명 지음,『개항기의 재한 외국공관 연구』, 동북아역사재단연구총서, 38, 서울: 동북아역사재단, 2009.

한국근현대사회연구회 지음, 『한국근대 개화사상과 개화운동』, 서울: 도서출판 신서원, 2001.

_____ 편, 『대한민국임시정부수립80주년기념논문집』, (상), 서울: 國家報勳處, 1999.

한상일, 『1910 일본의 한국병탄』, 서울: 도서출판 기파랑, 2010.

韓詩俊 編, 『大韓民國臨時政府法令集』, 서울: 國家報勳處, 1999.

한우근, 『동학 농민 봉기』, 교양 국사 총서, 19, 서울: 교양국사총서 편찬위원회, 2000.

許東賢, 『近代韓日關係史硏究: 朝士視察團의 日本觀과 國家構想』, 韓國史硏究叢書, 15, 서울: 국학자료원, 2000.

_____ 지음, 『일본이 진실로 강하더냐: 근대의 길목에 선 조선의 선택』, 서울: 도서출판 당대, 2000.

헤겔, 프리드리히(Hegel, Georg Wilhelm Friedrich), 『역사철학강의』(Vorlesunggen über die Philosophie der Geschichte), 권기철 옮김, 서울: 동서문화사, 2008.

玄光浩, 『大韓帝國의 對外政策』, 서울: 도서출판 신서원, 2002.

胡春惠 著, 『中國안의 韓國獨立運動』(韓國獨立運動在中國), 辛勝夏 譯, 華鏡文庫 ③, 서울: 단국대학교출판부, 1978.

황민호·홍선표, 『3·1운동 직후 무장투쟁과 외교활동』, 한국독립운동의 역사 22, 한국독립운동사편찬위원회, 천안: 독립기념관 한국독립운동사연구소, 2008.

黃遵憲, 『조선책략』(朝鮮策略), 김승일 편역, 범우문고, 229, 사회과학, 파주: 범우사, 2007.

홍사단, 『홍사단운동 최근 20년 자료집(1984년~2003년),』, 서울: 홍사단 출판부, 2004.

_____, 『21세기 홍사단과 시민운동』, 수련자료 제2집, 서울: 홍사단 출판부, 2005.

홍사단 본부, 『홍사단』, 서울: 홍사단 본부, [1950?].

_____, 『홍사단교본(興士團敎本)』, 서울: 사단법인 홍사단, 1978.

_____, 『한국 사회 발전과 홍사단 시민운동: 월간 『기러기』 특별부록 ③』, 서울: 홍사단, 2002.

홍사단100년사위원회, 『홍사단100년사: 1913－2013』(*100 Years of the Young Korean Academy*), 서울: 사단법인 홍사단, 2013.

홍사단운동 70년사 편찬 위원회, 『홍사단운동七O년사』, 서울: 홍사단 출판부, 1986.

홍사단사편집위원회, 『홍사단운동50년사』, 서울: 大成文化社, 1964.

홍사단중앙수련원, 『도산 안창호와 홍사단운동』, 수련교재 제1집, 서울: 홍사단 출판부, 2004.

히틀러, 아돌프(Hitler, Adolf), 『나의 투쟁』(*Mein Kampf*), 이명성 옮김, 중판, 고전으로 미래를 읽는다, 012, 서울: 홍신문화사, 2009.

영문

Bass, Bernard M. and Riggio, Ronald E., *Transformational Leadership*, 2nd ed., Mahwah, Nj: Lawrence Erlbaum, 2006.

Bobbitt, Philip, *The Garments of Court and Palace: Machiavelli and the World That He Made*, New York: Grove Press, 2013.

Burns, James L. MacGregor, *Leadership*, First Harper Paperback, New York: Harper & Row, Publishers, 1979.

_____, *Transforming Leadership: A New Pursuit of Happiness*, New York: Grove Press, 2003.

Clausewitz, Carl von, *On War*, ed. and trans. Michael Howard and Peter Paret, Princeton N. J.: Princeton University Press, 1976.

Day, David V., ed., *The Oxford Handbook of Leadership and Organizations*, New York: Oxford University Press, 2014.

Goodwin, Doris Kearns, *Team of Rivals: The Political Genius of Abraham Lincoln*, New York, Simon & Schuster Paperbacks, 2006.

Kim, Byung－il, *Korean American Pioneer Dosan: A Biography of Chang－ho Ahn*, trans. and ed., The Pacific Institute for Peacemaking, Cerritos, The Pacific Institute for Peacemaking, 1995.

Kim, Hyung—chan, *A Profile of a Prophetic Patriot*, Seoul: Tosan Memorial Foundation, Seattle: Korean American Historical Society, Los Angeles: Academic Koreana, Keimyung—Baylo University, 1996.

Kim, Tschung—Sun and Reinschmidt, Michael, ed., *Strengthened Abilities: Assessing the Vision of Tosan Chang—Ho Ahn*, Cerritos: Academia Koreana, Keimyung University, 1998.

Machiavelli, Niccolò, *The Prince*, trans., Luigi Ricci, New York: Signet Classic, 2008.

Miller, Edward S., *War plan Orange: The U.S. strategy to Defeat Japan, 1897—1945*, Annapolis, Maryland: Naval Institute Press, 2007.

Nye Jr., Joseph S., *Soft Power: The Means to Success in World Politics*, New York: PublicAffairs, 2004.

———, *The Powers to Lead*, New York: Oxford University Press, 2008.

Olson, Mancur, *The Logic of Collective Action: Public Goods and the Theory of Groups*, Harvard Economic Studies, Volume CXXIV, Cambridge · Massachusetts · London · England: Harvard University Press, 1971.

Rees, Laurence, *Hitler's Charisma Leading Millions into the Abyss*, New York: Vintage books, 2014.

Riker, William H., *the Theory of Political Coalitions*, New Haven and London, Yale University Press, 1962.

Rhodes, R. A. W. and Hart, Paul't, ed., *The Oxford handbook of Political leadership*, New York: Oxford University Press, 2014.

Rumsey, Michael G., ed., *The Oxford Handbook of Leadership*, New York: Oxford University Press, 2013.

Suh, Sang—mok and Ahn Moon—hye, *Dosan's Way to Leadership: Love Yourself, Love Others*, trans., John Cha, Seongnam—si, Bookorea, 2011.

Thucydides, [*History of the Peloponnesian War. English*], *The landmark Thucydides: a comprehensive guide to the Peloponnesian War*, ed., Robert B. Strassler, trans., Richard Crawley(1840—93) published in 1874, New York: Free Press A Division of Simon & Schuster, Inc., 2008.

Weber, Max, *The Vocation Lectures: "Science as a Vocation" "Politics as a Vocation"*, ed., David Owen and Tracy B. Strong, and trans., Rodney Livingstone, Indianapolis: Hackett Publishing Company, Inc., 2004.

Xenophon, *Cyropaedia Books 1－4*, ed., Jeffrey Henderson, trans., Walter Miller, Loeb Classical Library, Cambridge, Massachusetts: Harvard University Press, First published 1914.

Yoon, Byung－wook and Lee, Chang－hoon, ed., *Heungsadhan International Movement,* Los Angeles: Young Korean Academy(Heungsadhan), 2013.

姜在彦(カンジエオン),『朝鮮の 開化思想』, 岩波書店, 1980.

金正明 編,『朝鮮獨立運動Ⅱ: 民族主義運動 篇』, 明治百年史叢書, 百部 限定版, 原書房, 昭和四十二年[1967년] 發行, 서울: 국학자료원, 1980.

信夫淸三郎 編,『日本外交史』, 1, 東京, 1974.

『季刊 三千里』, 40號 特輯: 朝鮮の近代と甲申政変, 冬, 1984.

Ⅲ. 논문

강성은, "1차사료를 통해서 본 '을사조약'의 강제 조인 과정", 이태진·사사가와 노리가츠(笹川紀勝) 공편,『한국병합과 현대: 역사적 국제법적 재검토』, 국제 공동연구, 파주: 태학사, 2009, pp. 196－236.

강성학, "용과 사무라이의 결투: 중일전쟁의 군사전략적 평가",『용과 사무라이의 결투: 중(청)일전쟁의 국제정치와 군사전략』, 강성학 편저, 서울: 리북, 2006, pp. 45－90.

_____,"제1장 한민족과 국제정치: 역사의 교훈과 전망", 『새우와 고래싸움: 한민족과 국제정치』, 重版, 서울: 博英社, 2007, pp. 19 – 55.

_____, "제8장 평화의 神 윌슨의 평화사상", 『인간神과 평화의 바벨탑: 국제정치의 원칙과 평화를 위한 세계헌정질서의 모색』, 서울: 고려대학교출판부, 2007[2007년도 대한민국학술원 기초학문육성 "우수학술도서" 선정], pp. 249 – 299.

_____, "제15장 지성과 정책: 지도자의 상황인식과 정책결정", 『무지개와 부엉이: 국제정치의 이론과 실천에 관한 논문 선집』, 서울: 博英社, 2010, pp. 643 – 674.

고석규, "18세기말 19세기초 평안도지역 鄕權의 추이", 『한국문화』, 11, 규장각 한국학연구소, 1990, pp. 341 – 406.

高挺烋, "李承晩의 上海'방문'과 臨政의 진로문제", 「임시정부 초기 세지도자의 노선 비교: 이승만, 이동휘, 안창호의 독립운동 방략」, 第16回 島山思想硏究發表會, 1996년 6월 8일, 서울: 도산회관 3층 강당, p. 8.

具奉洙, "도산(島山) 안창호(安昌浩)의 교육사상", 『淸州敎育大學 論文集』, 第20輯: 7 – 38, 1983; 第21輯: 73 – 89, 1984, 청주교육대 편, 청주: 청주교육대.

구선희, "개화파의 대외인식과 그 변화: 갑신정변 이전단계를 중심으로", 『한국근대 개화사상과 개화운동』, 한국근현대사회연구회, 서울: 도서출판 신서원, 2001, pp. 113 – 154.

권대봉, "흥사단운동의 사회 교육적 의의", 『島山學術論叢』, 제7집, 島山아카데미硏究院, 서울: 島山아카데미연구원, 1999, pp. 152 – 183.

권두연, "청년학우회의 활동과 참여 인물＝靑年學友會の活動とその參加人物", 『현대문학의 연구』(한국문학연구학회), 48, 2012, pp. 119 – 181.

김건호, "도산안창호가 활동한 단체들의 성격비교", 『도산학술논총』, 제1집, 島山아카데미硏究院, 서울: 島山아카데미연구원, 1991, pp. 321 – 348.

김도형, "멕시코지역 대한인국민회의 조직과 활동", 『國史館論叢』(國史編纂委員會), 第107輯, 2005, pp. 225 – 266.

_____, "안창호의 위임통치청원 관련 자료 검토", 『한국근현대사연구』, 제68집, 봄, 한국근현대사학회, 2014, pp. 104 – 139.

金度勳, "共立協會(1905~1909)의 民族運動 硏究", 『한국민족운동사연구』 제4집, 한국민족운동사학회, 1989, pp. 5－51.

_____, "안창호와 이강", 『도산학연구』, 제10집, 도산학회, 서울: 도산학회, 2004, pp. 129－150.

_____, "재미한인사회 조직의 리더와 오피니언 리더: 안창호와 홍언", 『도산학연구』, 제11·12집, 도산학회, (서울: 도산학회, 2005·2006, pp. 191－208.

_____, "제2부 1910년대 미주지역항일운동", 『1910년대 국외항일운동 Ⅱ－ 중국·미주·일본』, 한국독립운동의 역사 17, 천안: 한국독립운동사편찬위원회, 2008, pp. 107－226.

金祥起, "高宗의 헤이그특사 파견과 국내항일투쟁", 『헤이그특사와 한국독립운동』, 헤이그 한국특사 100주년 기념, 천안: 독립기념관 한국독립운동사연구소, 2007, pp. 347－371.

金外善, "島山 安昌浩의 敎育思想", 『敎育學論集』, 권5호, 효성여자대학교, 1988, pp. 49－65.

김용달, "도산 안창호와 임시정부 국내특파원", 『도산사상연구』, 제6집, 도산사상연구회, 서울: 도산사상연구회, 2000, pp. 243－276.

_____, "박은식과 안창호의 민족운동 비교 연구", 『북악사론』, 제10권, 국민대학교 북악사학회, 2003, pp. 321－349.

金容新, "趙素昂 三均主義의 歷史的 位置", 『史叢』 23권, 고려대학교역사연구소, 1979, pp. 41－91.

金峻憲, "大韓民國臨時政府의 聯通制와 怡隆洋行: 白山 安熙濟의 關聯活動 側面에서", 『社會科學硏究』, 4집, 嶺南大學校社會科學硏究所, 1984, pp. 171－185.

김희곤, "대한민국 임시정부를 지켜간 동반자: 안창호와 이동녕", 『도산학 연구』, 제10집, 도산학회, 서울: 도산학회, 2004, pp. 151－174.

남기호, "헤겔 철학에서의 이성의 교지(巧智) 개념"(Concept of Cunning of Reason in Hegel`s Philosophy), 『시대와 철학』, 제20권 4호, 2009, pp. 49－91.

다이동양(載東陽), "갑오 중일전쟁 기간 청 정부의 대일정책", 왕현종 외 4 인, 『청일전쟁기 한중일 삼국의 상호전략』, 동북아역사재단 연구총서, 48, 서울: 동북아역사재단, 2010, pp. 248－352.

민병학. "한·중 근대 개혁운동의 비교연구: 독립협회운동과 무술변법운동을 중심으로", 『大韓政治學會報』, 10집 3호, 대한정치학회, 2003, pp. 233－266.

박광득, "도산 안창호의 민주주의론에 관한 연구", 『민족사상』, 제5권, 제3호, 한국민족사상학회, 2011, pp. 9－42.

_____, "도산 안창호의 국가관에 관한 연구", 『민족사상』, 제6권 제4호, 한국민족사상학회, 2012, pp. 65－96.

朴萬圭, "島山 安昌浩의 大獨立黨 運動과 大公主義 試論", 『島山과 힘의 哲學』, 이당 안병욱 교수 정년 퇴임 기념 흥사단 아카데미 문집 발간 위원회, 서울: 흥사단 출판부, 1985, pp. 51－63.

_____, "島山 安昌浩의 大公主義에 대한 一考察", 『韓國史論』, 26, 서울大學校 人文大學 國史學科, 1991, pp. 207－234.

_____, "한말 안창호의 비밀 결사 조직과 독립 전쟁 준비론", 『島山學術論叢』, 第2輯: 남북 통일 문제 연구, 1992, pp. 269－290.

_____, "개혁운동과 안창호의 사회사상," 『도산사상연구』, 제2집: 변혁기의 개혁운동과 도산사상, 도산사상연구회 엮음, 서울: 연구사, 1993, pp. 165－182.

_____, "甲午改革의 政治的 指向", 『갑오개혁의 사회경제사적 의의』, 경제사학회, 1994, pp. 1－10.

朴明圭, "島山 安昌浩의 社會思想", 『한국학보』, 제33집, 서울: 일지사, 1983, pp. 28－75.

朴敏永, "대한민국임시정부의 연통제 시행과 운영", 『대한민국임시정부수립80주년기념논문집』, 상, 한국근현대사학회 편, 서울: 國家報勳處, 1999, pp. 337－357.

박병철·박동국, "도산 안창호의 국제관에 관한 연구", 『민족사상』, 제6권, 제4호, 한국민족사상학회, 2012, pp. 97－129.

朴尙煥, "한국 근대 민족운동가들의 지도노선에 대한 비교 검토(이승만·안창호·이동휘·신채호를 중심으로)", 『人文科學』(HUMANITIES), 제7권, 弘益大學校 人文科學研究所(THE INSTITUTE OF HUMANITIES HONG－IK UNIVERSITY), 1999, pp. 255－278.

박윤재, "1920年代 初 民族統一戰線運動과 國民代表會議", 『學林』, 第十七輯, 연세대학교 사학연구회, 1996, pp. 131－185.

朴義洙, "安島山의 漸進主義 教育思想과 그 現代的 意義", 『江南社會福祉學校 論文集』, 第十七輯, 강남사회복지학교 편, 1987, pp. 165－182.

_____, "도산 안창호의 4대정신", 『도산사상연구』, 제3집: 도산 안창호의 사상과 민족운동, 도산사상연구회 편, 서울: 학문사, 1995, pp. 125-150.

_____, "개화기 대성학교의 교육사적 의의", 『한국교육사학』, 제19집, 한국교육학회 교육사연구회(The Korean Society for History of Education), 1997, pp. 179-202.

_____, "도산 안창호의 '통일'사상이 통일교육에 주는 시사점", 『한국교육학연구』, 제11권 제1호, 안암교육학회, 2005, pp. 5-24.

_____, "개화기 인성교육의 특징과 안창호의 인격혁명론", 『한국교육학연구』, 제13권 제2호, 안암교육학회, 2007, pp. 5-24.

_____, "도산 안창호의 서번트 리더십 연구", 『敎育問題硏究』, 제33집, 동국대학교 교육문제연구소, 2009, pp. 1-27.

_____, "제2주제: 도산의 교육사상에 관한 연구성과와 과제", 「대주제: 도산학 연구의 회고와 전망」, 도산 탄신 133주년 기념 도산학회 정기 학술회의, 2011년 11월 9일, 서울: 도산안창호기념관 점진홀, pp. 25-39.

박의수·이순복, "흥사단운동의 특징과 교육사적 의의", 『한국교육학연구』, 제18권 제3호, 안암교육학회, 2012, pp. 293-314.

반병률, "도산안창호와 성재 이동휘", 『도산학연구』, 제9집, 도산학회, 서울: 도산학회, 2003, pp. 135-174.

서영희, "광무정권의 형성과 개혁정책 추진", 『역사와 현실』, Vol. - No.26, 한국역사연구회, 1997, pp. 12-55.

石和靜, "러일협약과 일본의 한국병합", 『歷史學報』, 第184輯, 歷史學會, 서울: 역사학회, 2004, pp. 281-299.

손정숙, "한국 주재 미국 공사관의 외교전략: 푸트와 앨런 공사를 중심으로", 『개항기의 재한 외국공관 연구』, 동북아역사재단연구총서, 38, 하원호 외 5 지음, 서울: 동북아역사재단, 2009. pp. 104-141.

愼鏞廈, "新民會의 創建과 그 國權恢復運動"(上, 下), 『韓國學報』, 제8집: 31-75, 제9집: 125-188, 서울: 일지사, 1977.

_____, "島山 安昌浩와 新民會의 創立", 『安島山全書』, 下: 硏究 論文 篇, 도산사상연구회 編, 서울: 범양사 출판부, 1993, pp. 47-71.

申一撤, "韓國獨立運動의 思想史的 性格", 『亞細亞硏究』, 第59號, 서울: 高麗大 亞細亞問題硏究所, 1978, pp. 97 – 163.

신주백, "안창호와 1920년대 사회주의운동", 『도산사상연구』, 제8집, 도산사상연 구회 편, 서울: 도산사상연구회, 2002, pp. 201 – 221.

심옥주, "도산 안창호의 정치활동의 성격과 의미: 공립협회와 신민회 활동의 연계성 을 중심으로", 『민족사상』, 제6권 제1호, 한국민족사상학회, 2012, pp. 135 – 172.

_____, "도산 안창호의 문명관에 관한 연구", 『민족사상』, 제6권 제3호, 한국민 족사상학회, 2012, pp. 39 – 70.

安炳煜, "基督敎와 民族思想: 島山思想을 中心으로", 『한국기독교 연구논총』, 1집, 1983, 숭실대학교 한국기독교문화연구소(Korea Institute for Christian Culture Studies), pp. 75 – 117.

楊尚弦, "東道西器論과 光武改革의 性格", 『東洋學』, Vol. – No.26, 단국대학교 동양학연구소, 1998, pp. 389 – 397.

양호민, "도산 정치사상의 현대적 구현", 『도산사상연구』, 제2집: 변혁기의 개혁 운동과 도산사상, 도산사상연구회 엮음, 서울: 연구사, 1993, pp. 43 – 72.

오비나타 스미오(大日方純夫), "청일전쟁 전후 일본정치의 동아시아 질서 구상", 『청일전쟁기 한중일 삼국의 상호전략』, 동북아역사재단 연구총서, 48, 왕현 종 외 4인 지음, 서울: 동북아역사재단, 2010, pp. 110 – 175.

왕현종, "[특집 – 역사용어 바로 쓰기] 광무개혁 논쟁", 『역사비평』, 통권 73호, 역사비평사, 겨울호, 2005, pp. 28 – 32.

_____, "광무개혁을 둘러싼 논쟁", 『역사용어 바로 쓰기』, 『역사비평』 편집위원 회 엮음, 서울: 역사비평사, 2006, pp. 63 – 75.

_____, "조선 갑오개혁 정권의 대일 정략과 종속의 심화", 『청일전쟁기 한중일 삼국의 상호전략』, 동북아역사재단 연구총서, 48, 왕현종 외, 서울: 동북아역사 재단, 2010, pp. 16 – 78.

柳炳勇, "大公主義 정치사상 연구", 『한국근현대사연구』, 제2집, 한국근현대사학 회, 1995, pp. 211 – 233.

_____, "도산의 정치사상", 『도산사상연구』, 제3집, 1995, pp. 151 – 176.

_____, "한국의 중도파 정치사상에 관한 일고찰: 안창호의 정치사상을 중심으 로", 『한국정치학회보』, 29집 4호, 한국정치학회, 1996, pp. 29 – 44.

尹慶老, "신민회의 창립과정",『史叢』, 第30輯, 1986, pp. 227-260.

_____, "도산의 국내에서의 행적과 구국계몽활동(1907~1910)",『도산사상연구』, 제3집: 도산 안창호의 사상과 민족운동, 도산사상연구회, 서울: 학문사, 1995, pp. 33-86.

_____, "도산연구의 새 지평을 위한 사례 연구: 도산의 행적 추적을 중심으로", 『도산사상연구』, 제4집, 서울: 도산사상연구회, 1997, pp. 225-252.

_____, "해제",『島山安昌浩全集』, 제5권, 도산안창호선생전집편찬위원회 편, 서울: 島山安昌浩先生記念事業會, 2000, pp. 9-22.

_____, "민족수난기 안창호와 양기탁의 민족운동가 동지애",『도산사상연구』, 제8집, 도산사상연구회, 서울: 도산사상연구회, 2002, pp. 115-155.

_____, "제1주제: 도산의 구국계몽운동에 관한 연구성과와 과제",「대주제: 도산학연구의 회고와 전망」, 도산 탄신 133주년 기념 도산학회 정기 학술회의, 2011년 11월 9일, 서울: 도산안창호기념관 점진홀, pp. 7-21.

_____, "제2주제: 도산의 상해생활과 개인적 고뇌에 관한 소고", 도산 탄신 136주년 기념 도산학회 정기 학술회의: 도산 안창호의 인격과 사상, 2014년 11월 7일, 서울: 도산안창호기념관 점진홀. pp. 59-86.

尹大遠, "임시정부와 국민대표회의",『임시정부의 수립과 독립전쟁』, 신편 한국사 48권, 서울: 국사편찬위원회, 2002, pp. 140-168.

_____, "서간도 대한광복군사령부와 대한광복군총영에 대한 재검토",『한국사연구』, 133, 한국사연구회, 2006, pp. 101-140.

윤병석, "<解題> 島山 安昌浩 관련 國民代表會議 및 同友會 資料",『抗日 獨立運動關係 島山安昌浩資料集(朝鮮總督府警務局 所藏 秘密文書)』,〈I〉, 비매품, 國會圖書館 收書整理局 編譯, 서울: 國會圖書館, 1997, pp. 解題 (19)-(38).

_____, "간행사",『도산사상연구』, 제8집, 도산사상연구회, 서울: 도산사상연구회, 2002, pp. 3-5.

_____, "민족수난기의 지도자, 도산 안창호",『도산사상연구』, 제8집, 도산사상연구회, 서울: 도산사상연구회, 2002, pp. 99-114.

_____, "만국평화회의와 한국특사의 역사적 의의",『헤이그특사와 한국독립운동』, 헤이그 한국특사 100주년 기념, 독립기념관 한국독립운동사연구소, 천안: 독립기념관 한국독립운동사연구소, 2007, pp. 13-62.

李光麟, "甲申政變에 대한 一考察", 『開化黨研究』, 서울: 一朝閣, 1975.

_____, "舊韓末 平壤의 大成學校", 『東亞研究』, 第10輯, 西江大學校 東亞研究 所, 1986, pp. 89－118.

이만열, "흥사단운동의 역사적 의의", 『島山學術論叢』, 第7輯, 島山아카데미研究 院, 서울: 島山아카데미연구원, 1999, pp. 151－170.

_____, "도산 안창호와 백범 김구", 『도산사상연구』, 제8집, 도산사상연구회, 서 울: 도산사상연구회, 2002, pp. 157－199.

_____, "도산 안창호와 기독교 신앙", 『도산사상연구』 8집, 도산사상연구회 편, 서울: 도산사상연구회, 2002, p. 30.

_____, "리더십의 대가 도산 안창호", 『역사의 중심은 나다: 우리 역사를 말하 는 푸른 화법』, (서울: 현암사, 2007), pp. 284－305.

李明花, "도산 안창호의 독립운동과 노선", 『安島山全書』, 下, 제1판, 도산사상연 구회 編, 서울: 범양사 출판부, 1993. pp. 91－114.

_____, "興士團遠東臨時委員部와 島山 安昌浩의 民族運動", 『한국독립운동사연 구』, 제8집, 독립기념관 한국독립운동사연구소, 1994, pp. 229－254.

_____, "도산 안창호 연구의 성과와 과제". 『한국근현대사연구』, 제6집, 한국근 현대사학회, 1997, pp. 267－302.

_____, "1910년대 재러한인사회와 大韓人國民會의 민족운동", 『한국독립운동사 연구』, 제11집, 독립기념관 한국독립운동사연구소, 1997, pp. 67－97.

_____, "자료: 대혁명당을 조직하자 림시정부를 유지－1926년 7월 8일 상해 삼 일당에서의 安昌浩 연설－", 『한국근현대사연구』, 제8집, 한국근현대사학회, 1998, pp. 215－232.

_____, "島山 安昌浩의 理想村運動에 關한 研究", 『韓國史學報』, 제8호, 3월, 고려사학회, 2000, pp. 121－182.

_____, "島山 安昌浩와 民族統一戰線運動", 『한국독립운동사연구』, 제18집, 독 립기념관 한국독립운동사연구소, 2002, pp. 141－185.

_____, "興士團 遠東臨時委員部의 人的 構成과 그 性格", 『한국근현대사연구』, 제22집, 가을, 한국근현대사학회, 2002, pp. 88－160.

_____, "독립운동기 인물사연구의 현황과 과제", 『한국인물사연구』, 창간호, 한 국인물사연구소, 2004, pp. 137－173.

_____, "헤이그특사가 국외 독립운동에 미친 영향", 『헤이그특사와 한국독립운동』, 헤이그 한국특사 100주년 기념, 천안: 독립기념관 한국독립운동사연구소, 2007, pp. 373 - 430.

_____, "도산의 교육관과 초기 미주 한인사회의 교육: 대한인국민회의 교육운동을 중심으로", 『한국독립운동사연구』, 제31집, 독립기념관 한국독립운동사연구소, 2008, pp. 37 - 86.

_____, "도산 안창호 연구의 현황과 과제", 도산아카데미 창립 21주년 기념 세미나, 2010년 12월 17일, 서울: 도산기념관 점진홀.

_____, "제4주제: 도산과 흥사단운동에 관한 연구성과와 과제", 「대주제: 도산학연구의 회고와 전망」, 도산 탄신 133주년 기념 도산학회 정기 학술회의, 2011년 11월 9일, 서울: 도산안창호기념관 점진홀, pp. 57 - 78.

李錫熙, "島山思想 構造論", 『島山과 힘의 哲學』, 이당 안병욱 교수 정년 퇴임 기념 흥사단 아카데미 문집 발간 위원회, 서울: 흥사단 출판부, 1985, pp. 64 - 96.

이재호, "안창호와 안정근·공근형제", 『도산학연구』, 제10집, 도산학회, 서울: 도산학회, 2004, pp. 105 - 127.

李鍾麟, "亞·阿 民族主義의 成長過程", 『論文集』, 第五輯, 東國大學校, 1968, pp. 285 - 299.

이태진, "1904~1910년 한국 국권 침탈 조약들의 절차상 불법성", 『한국병합과 현대: 역사적 국제법적 재검토』, 국제공동연구, 이태진·사사가와 노리가츠(笹川紀勝) 공편, 파주: 태학사, 2009, pp. 132 - 195.

이현주, "임시의정원 내 정치세력의 추이와 권력구도 변화(1919~1925)", 『정신문화연구』, 제30권, 제3호(통권 108호), 한국학중앙연구원, 2007, pp. 173 - 201.

_____, "도산과 초기 미주 한인단체", 『한국독립운동사연구』, 제31집, 독립기념관 한국독립운동사연구소, 2008, pp. 87 - 124.

이화수, "흥사단운동과 시민운동, 그 의의와 과제", 『島山學術論叢』, 제7집, 島山아카데미研究院, 서울: 島山아카데미연구원, 1999, pp. 185 - 198.

張圭植, "1900~1920년대 북미 한인유학생사회와 도산 안창호", 『한국근현대사연구』, 제46호, 가을, 한국근현대사학회, 2008, pp. 105 - 146.

_____, "미군정하 흥사단 계열 지식인의 냉전 인식과 국가건설 구상", 『韓國思想史學』, 第38輯, 韓國思想史學會, 2011, pp. 245 - 285.

장동진, "식민지에서의 '개인', '사회', '민족'의 관념과 자유주의: 안창호의 정치적 민족주의와 이광수의 문화적 민족주의", 『한국철학논집』, 제16집, 한국철학 사연구회, 2002, pp. 41－70.

張錫興, "大韓獨立愛國團 研究", 『한국독립운동사연구』, 제1집, 천안: 독립기념관 한국독립운동사연구소, 1987, pp. 179－200.

_____, "대한민국임시정부와 국내독립운동: 1920년대를 중심으로", 『대한민국 임시정부수립80주년기념논문집』, (상), 한국근현대사학회 편, 서울: 國家報勳 處, 1999, pp. 316－336.

_____, "광복단결사대의 결성과 투쟁 노선", 『한국근현대사연구』, 제17집, 여름, 한국근현대사학회, 2001, pp. 45－68.

_____, "제1부 (6) 독립운동 세력의 통일을 향하여: 島山 '이념 떠나 獨立 위해 대동단결을' 1926년 민족유일당운동 제창", ＜실록 대한민국림시 정부: 망명 정부 수립서 환국까지(1919~1945)＞, 『조선일보』, 2005. 2. 16, 특집 A10면.

_____, "대한제국의 멸망 과정과 동북아시아질서의 재편", 『史學研究』, 第88號, 한국사학회, 2007, pp. 151－181.

_____, "차리석의 「한국독립당 당의의 이론체계 초안(1942)」과 안창호의 대공 주의", 『한국독립운동사연구』, 제49집, 천안: 독립기념관 한국독립운동사연구 소, 2014[박사학위논문에는 2014. 12. 출판예정으로 표기], pp. 153－186.

張乙炳, "島山 安昌浩의 政治와 思想", 『島山思想研究』, 제1집, 도산사상연구회, 서울: 흥사단 출판부, 1986, pp. 9－52.

張利郁, "島山의 人格과 生涯"(1~14), 『기러기』, 제14호, 제26~27호, 제 29~32 호, 제35호, 1965~1968, 도산안창호선생전집편찬위원회 편, 『島山安昌浩全 集』, 제11권: 전기 I, pp. 333－382.

全英雨, "演士, 安昌浩의 Ethos에 대하여", 『수원대학논문집』, 제2집, 수원대학 교, 1984, pp. 101－116.

정경환, "도산 안창호의 정치사상에 관한 연구", 『통일전략』, 제10권 제2호, 한국 통일전략학회, 2010, pp. 129, 134－136.

_____, "도산 안창호의 국가론에 관한 연구", 『민족사상』, 제5권, 제3호, 한국 민족사상학회, 2011, pp. 43－86.

_____, "도산 안창호의 인간관에 관한 연구", 『민족사상』, 제6권 제3호, 한국민족사상학회, 2012, pp. 9 – 37.

_____, 신왕철, "도산 안창호의 역사관에 관한 연구", 『민족사상』, 제6권 제3호, 한국민족사상학회, 2012, pp. 71 – 99.

鄭榮國, "島山 安昌浩의 政治變動觀과 獨立運動", 『사회과학논집』, 2권, 연세대학교 사회과학연구소, 1990, pp. 71 – 97.

정영숙, "도산 안창호의 생애와 교육사상", 『靑坡敎育』, 10호, 淑明女子大學校 文理大 敎育硏究會, 1972, pp. 155 – 166.

趙東杰, "安東儒林의 渡滿經緯와 獨立運動上의 性向", 『大邱史學』, 第15·16輯, 大邱史學會, 1978, pp. 407 – 434.

_____, "민족운동가로서의 도산: 민족운동상의 도산의 위치", 『安島山全書』, 下: 硏究 論文 篇, 제1판, 도산사상연구회編, 서울: 범양사 출판부, 1993. pp. 33 – 46.

_____, "大韓民國臨時政府의 組織", 『韓國民族主義의 발전과 獨立運動史硏究』, 서울: 지식산업사, 1994, pp. 314 – 348.

조민, "변법개화파의 정치적 개혁구상", 『한국근대 개화사상과 개화운동』, 한국근현대사회연구회 편, 서울: 도서출판 신서원, 2001, pp. 35 – 58.

趙凡來, "韓國獨立黨硏究(1929 – 1945)", 『한국민족운동사연구』, 2, 손보기 교수 정년기념호, 한국민족운동사연구회 편, 서울: 지식산업사, 1988, pp. 163 – 202.

趙素昻, "韓國之現狀況及其革命趨勢", 『素昻先生文集』, 上, 三均學會 編, 서울: 횃불사, 1979, pp. 39 – 82.

_____, "韓國獨立黨之近象", 『素昻先生文集』, 上, 三均學會 編, 서울: 횃불사, 1979, pp. 105 – 109.

조철행, "국민대표회의 개최과정과 참가대표", 『한국민족운동사연구』, 제61집, 한국민족운동사학회, 2009, pp. 21 – 67.

周貞淑, "春園과 島山", 『晉州專門大學論文集』, 第12輯, 晉州專門大學, 1990, pp. 67 – 80.

채영국, "대한민국임시정부 교통국의 설치와 활동", 『대한민국임시정부수립 80주년기념논문집』 (상), 한국근현대사연구회 편, 서울: 國家報勳處, 1999, pp. 358 – 375.

崔起榮, "舊韓末『共立新報』·『新韓民報』에 關한 一考察", 『東亞 研究』, 제17집, 서강대학교 동아연구소, 1989, pp. 575－607.

_____, "해제", 『島山安昌浩全集』, 전1권, 도산안창호선생전집편찬위원회 편, 서울: 社團法人 島山安昌浩先生記念事業會, 2000, pp. 129－136.

하원호, "개화사상과 개화운동의 역사적 변화", 『한국근대 개화사상과 개화 운동』, 한국근현대사회연구회 편, 서울: 도서출판 신서원, 2001, pp. 9－31.

韓相龜, "1926－28년 민족주의 세력의 운동론과 新幹會", 『韓國史研究』, 86집, 한국사연구회, 1994. pp. 139－182.

한시준, "대한민국임시정부의 국내 정보활동", 『한국근현대사연구』, 제15집, 겨울, 서울: 한국근현대사학회, 2000, pp. 66－106.

_____, "도산 안창호의 피체와 석방운동", 『歷史學報』, 第210輯, 歷史學會, 서울: 역사학회, 2011, pp. 203－227.

_____, "제3주제: 도산과 대한민국임시정부에 관한 연구성과와 과제", 「대주제: 도산학연구의 회고와 전망」, 도산 탄신 133주년 기념 도산학회 정기 학술회의, 2011년 11월 9일, 서울: 도산안창호기념관 점진홀, pp. 43－56.

한철호, "시무개화파의 개혁구상과 정치활동", 『한국근대 개화사상과 개화운동』, 한국근현대사회연구회 편, 서울: 도서출판 신서원, 2001, pp. 59－111.

홍선표, "백일규의 민족운동과 안창호", 『도산학연구』, 제11·12집, 도산학회, 서울: 도산학회, 2005·2006, pp. 209－237.

영문

Brodbeck, Felix C. and Eisenbeiss, Silke A., "Cross－Cultural and Global Leadership", in Day, David V., ed., *The Oxford Handbook of Leadership and Organizations*, New York: Oxford University Press, 2014, pp. 657－682.

일문

姜在彦, "甲申政変百年", 『季刊 三千里』, 40號 特輯: 朝鮮の近代と甲申政変, 冬, 1984, pp. 22−33.

학위논문

具滋哲, 「도산 안창호 교육사상이 현대에 주는 의미」, 仁川大學校 敎育大學院, 석사학위논문, 2001.

김상태, 「근현대 평안도 출신 사회지도층 연구」, 서울대 박사학위논문, 2002.

김윤미, 「島山 安昌浩의 女性觀」, 단국대 교육대학원 석사학위논문, 2004.

박영국, 「1920년대 중반 동명학원의 설립과 운영」, 국민대 석사학위논문, 2013.

박정현, 「역사적 인물에 대한 인지도 분석−6학년을 중심으로」, 청주교육대 학교 교육대학원 석사학위논문, 2000.

손동유, 「안창호의 정치활동연구」, 홍익대 박사학위논문, 2004.

신희섭, 「아시아태평양전쟁 원인에 관한 연구: 상대적 약국의 대강국 예방전쟁 사례연구」, 고려대 박사학위논문, 2013.

심옥주, 「島山 安昌浩의 政治哲學에 관한 硏究: 그의 국가·자유·정의·평화의 관점을 중심으로」, 동의대 박사학위논문, 2013.

禹慶鳳, 「島山安昌浩의 敎育方法論에 關한 硏究」, 高麗大學校 敎育大學院 석사학위논문, 1975.

柳和榮, 「島山 安昌浩와 피히테의 敎育思想 比較硏究」, 建國大學校 敎育大學院 석사학위논문, 1990.

尹慶老, 「「105人事件」을 통해 본 新民會 硏究」, 高麗大 博士學位論文」, 1988.

李明花, 「中國에서의 安昌浩의 獨立運動研究」, 弘益大 박사학위논문, 2000.

李一天, 「島山 安昌浩의 敎育의 理念과 運動」, 高麗大學校 敎育大學院 석사학위논문, 1969.

李鎭鶴, 「島山 安昌浩의 國權回復運動 硏究」, 檀國大學校 敎育大學院 석사학위논문, 1986.

張圭植, 「日帝下 基督敎 民族運動의 政治經濟思想: 安昌浩·李承晩 계열을 중심으로」, 연세대 박사학위논문, 2000.

최진영, 「도산안창호의 교육사상과 교육운동」, 한양대학교 교육대학원 석사학위논문, 2010.

황수영, 「도산 안창호의 사회철학」, 충남대 박사학위논문, 2014.

Gardner, Arthur Leslie, "The Korean Nationalist Movement and An Ch'ang Ho, Advocate of Gradualism", Ph. D. diss., University of Hawaii, 1979.

박, 재클린, 「도산 안창호와 한국 민주주의의 근원」, 런던대 역사학 박사학위논문, [실체 미확인].

Ⅳ. 정기간행물

『기러기』, 1965~1967년, 제14호, 제26~27호, 제29~32호, 제35호; 1968. 3월 第44號, 特輯: 島山 先生 逝去 30周忌 記念; 5월, 제46호, 창단55주년 기념특집; 11월, 제52호, 제55차 단대회 특집; 1984. 1월, 신년호 등.

동아일보, "民族的 徑輪論", 1924.1.2.~6일자, 1면.

『東光』, 영인본, 4: 1931.5~10, 5: 1931.11~1932.3, 6: 1932.4~7, 7: 1932. 8~1933.1·2월 합병호, 韓國學文獻硏究所 編, 서울: 亞細亞文化社, 1977.

매일경제, "리더십에 목마르다", 2014. 8. 9일자, A1면, A6면.

『三千里』, 영인본, 全32卷(1929~1950), 二版, 金英植 編, 서울: 圖書出版 한빛, 2008.

『三千里 號別目次 및 索引: 1929~1950』, 32, 全32卷, 二版, 金英植 編, 서울: 圖書出版 한빛, 2008.

조선일보, <실록 대한민국림시정부: 망명정부 수립서 환국까지(1919~ 1945)>, 2005. 2. 16일자, 특집 A10면.

_____, "韓·日 강제병합 100년… 조선의 운명을 가른 '다섯조약' 현장을 찾아", 2010. 7. 21일자, A19면; 7. 28일자, A18면; 8. 4일자, A17면; 8. 10일자, A18면; 8. 11일자, A19면; 8. 18일자, A18면.

_____, "'합병조약'이 '중요문제'로 둔갑하다", 「제국의 황혼 '100년전 우리는',
239: 1909. 8. 29.~1910. 8. 29.」, 2010. 8. 24일자, A29면.
_____, "도산 안창호 '세계 인권 명예의 전당' 헌액", 2011. 9. 2일자, A35면.

찾아보기

[인명찾기]

[용어찾기]

저자소개

이 영 석(李 永 錫)

現 고려대학교 정책대학원 초빙교수
 　"통일한국과 사회통합연구" 강의(2015~)
2015년　고려대학교 일반대학원 정치외교학과 정치학박사학위 취득
 　　　　학위논문: "안창호의 정치적 리더십 연구: 비무장 카리스마적 변환의
 　　　　　　　　리더십 모델을 중심으로"
2004년　고려대학교 정책대학원 CRO과정 1기 수료
 　　　　서울대학교 자연대학교 과학 및 정책최고위과정 수료(SPARC 4기)
 　　　　수료논문: "6시그마 방법론을 활용한 부동산 경영의 과학화에 관한 연구"
1983년　고려대학교 정치외교학과 졸업
1975년　경동고등학교 졸업

(사)한국지정학연구원 설립자, 후원회장 ｜ (사)도산아카데미 운영이사(2003~)
ERA Korea Group ｜ Century21 Korea ｜ (주)창업리더십센터 등 창업

서울한강로타리클럽 회장(2012~13년도) ｜ 국제 로타리(RI) Major Donor
사회복지공동모금회 '아너소사이어티' 회원(156호) ｜ 유산기부 서약('13. 11. 14)
고려대학교 의과대학 '사후 시신기증 등록'(등록번호: 6787)
서울JC특우회(SENATOR 번호: 52446)

조부님 (고)이기준 독립유공자 건국훈장 애족장 수훈('14. 3. 1)

도산 안창호의 정치적 리더십

초판발행	2018년 11월 5일
중판발행	2019년 5월 30일
지은이	이영석
펴낸이	안종만 · 안상준
편 집	조보나
기획/마케팅	조성호
표지디자인	조아라
제 작	우인도 · 고철민
펴낸곳	(주) **박영사**
	서울특별시 종로구 새문안로3길 36, 1601
	등록 1959. 3. 11. 제300-1959-1호(倫)
전 화	02)733-6771
f a x	02)736-4818
e-mail	pys@pybook.co.kr
homepage	www.pybook.co.kr
ISBN	979-11-303-0207-2 93340

정 가   20,000원